환재 박규수 연구

환재 박규수 연구

瓛齋 朴珪壽 研究

임형택 · 신로사 · 오상학
김용태 · 김명호 · 김흥수 저

재단법인 실시학사 편

실시학사
실학연구총서 14

학자원

환재 박규수 초상

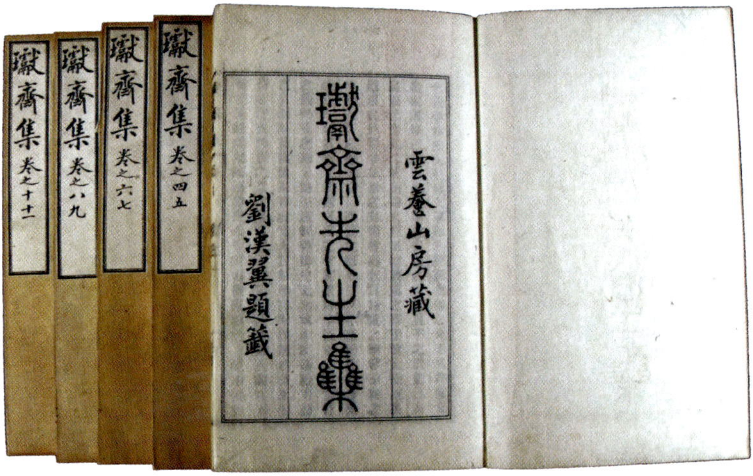

1913년 보성사에서 간행된 『환재선생집』

박규수의 서울 재동 집터 표지석(헌법재판소 경내)

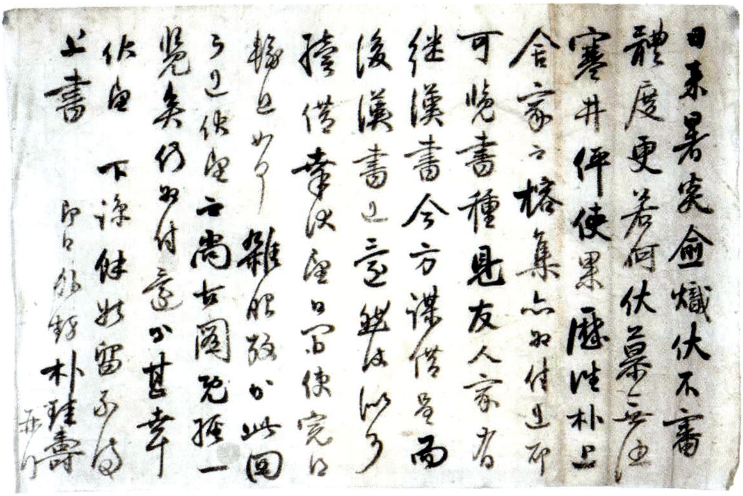

장인 이준수에게 올린 박규수의 간찰

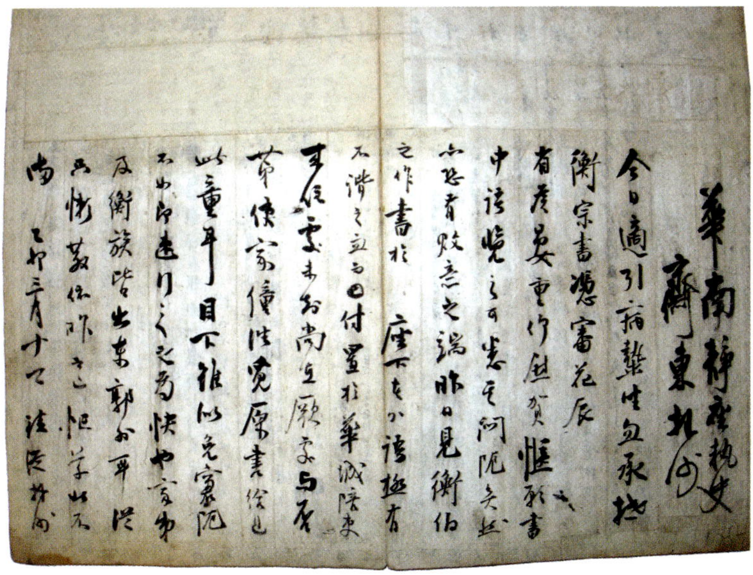

박원양에게 보낸 박규수의 간찰. 을묘(1855) 3월 11일자

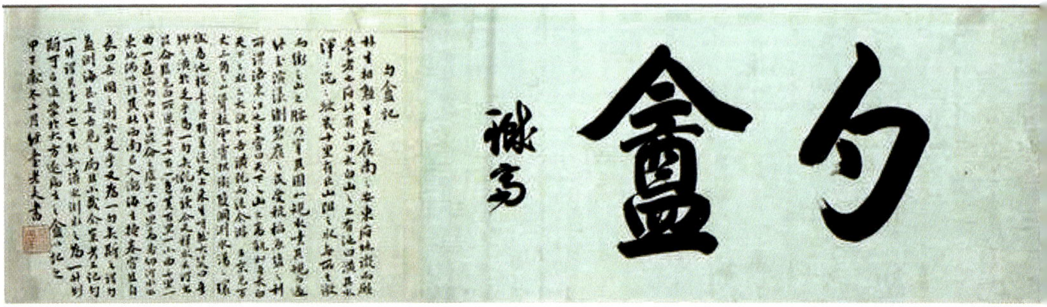

박규수가 박상훈(朴相勳)에게 써준 당호(1864). 기문은 김상현이 지음

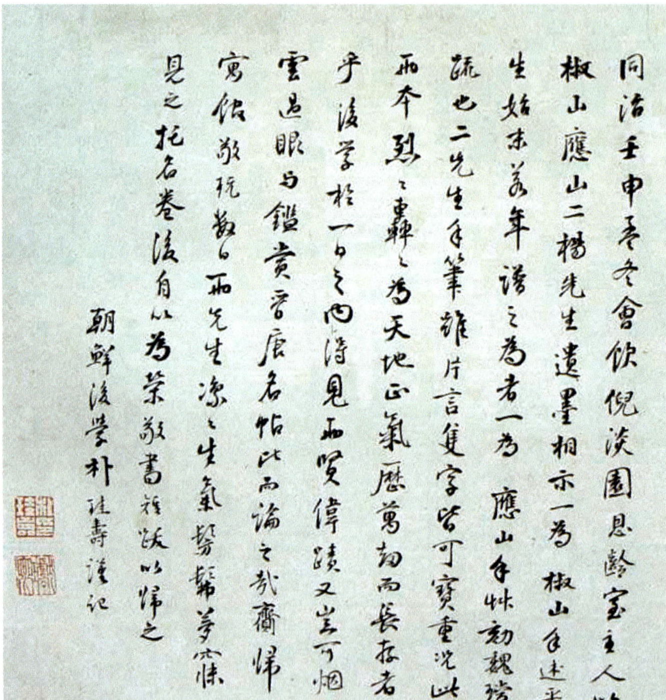

명나라 충신 양계성과 양연의 글씨에 대한 박규수의 친필 발문(1872)

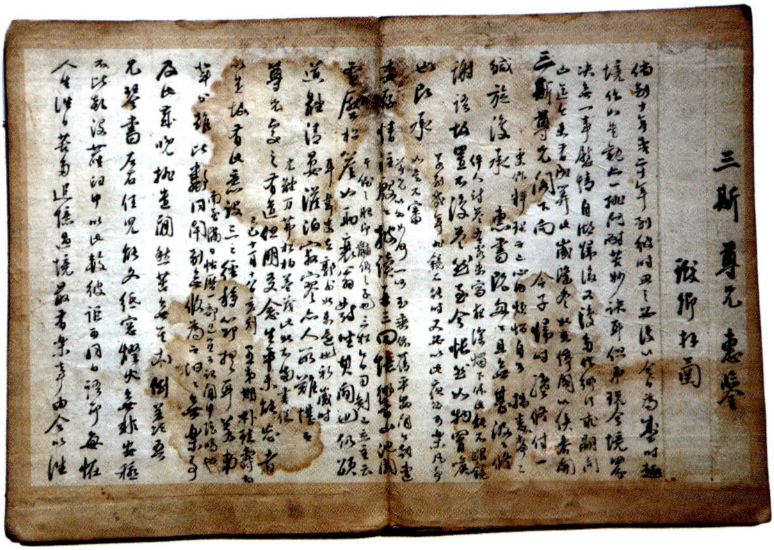

홍양후에게 보낸 박규수의 간찰. 기사(1869) 11월 18일자

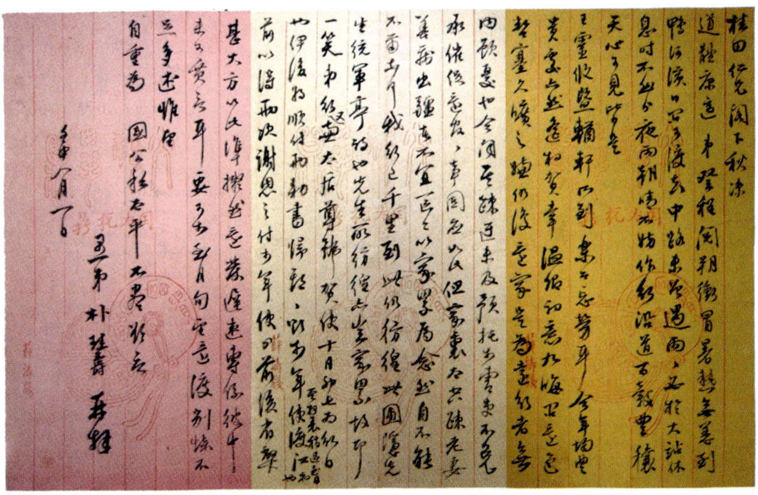

제2차 연행 때 신응조에게 보낸 박규수의 간찰. 임신(1872) 8월 1일자

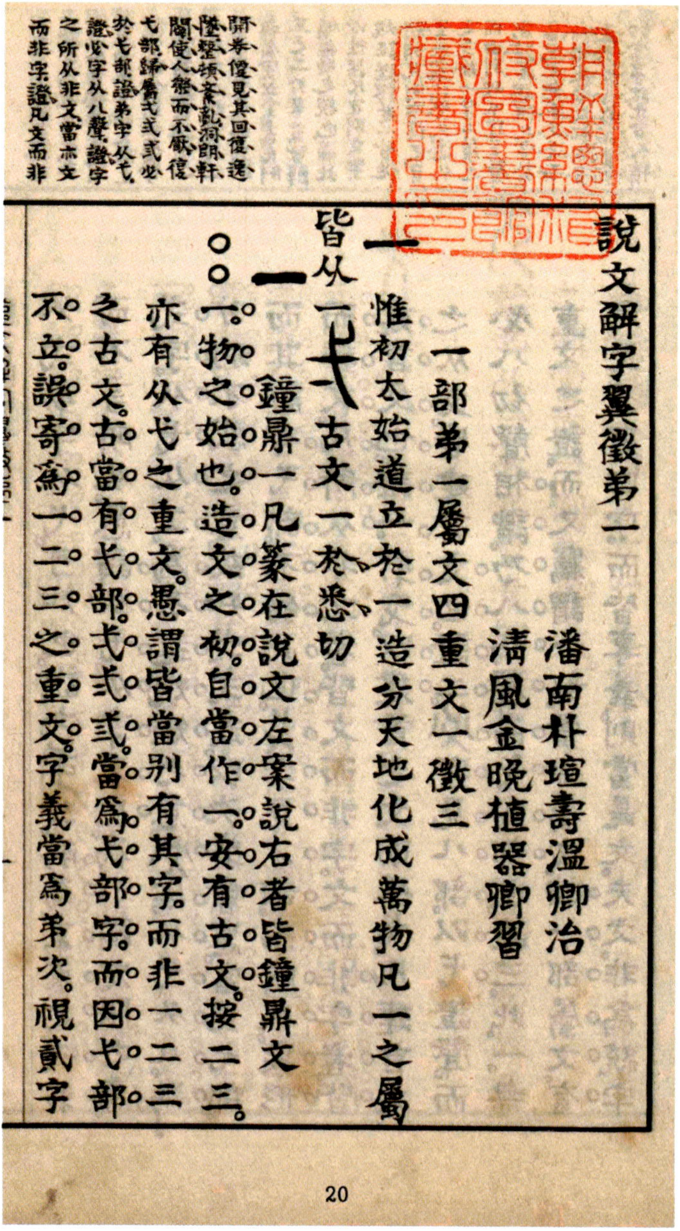

開卷便見其回復遶隆壁頑索亂洞朗軒闊使人發而不厭復弋部歸屬弌式弍必於弋部證弟字从弋證必字从八聲證字之所从非文當亦文而非字證凡文而非

說文解字翼徵第一

潘南朴瑄壽溫卿治

淸風金晚植器卿習

一部第一屬文四重文一徵三

一 惟初太始道立於一造分天地化成萬物凡一之屬皆从一

弌 古文一於悉切

一 鐘鼎一凡篆在說文左案說右者皆鐘鼎文

○○一。物之始也。造文之初。自當作一。安有古文。按二三。亦有从弋之重文。悉謂皆當別有其字。而非一二三之古文。古當有弋部。弌式弍。當爲弋部字。而因弋部不立。誤寄爲一。二。三。之重文。字義當爲弟次。視貳字

20

박선수의 『설문해자익징』(1912)

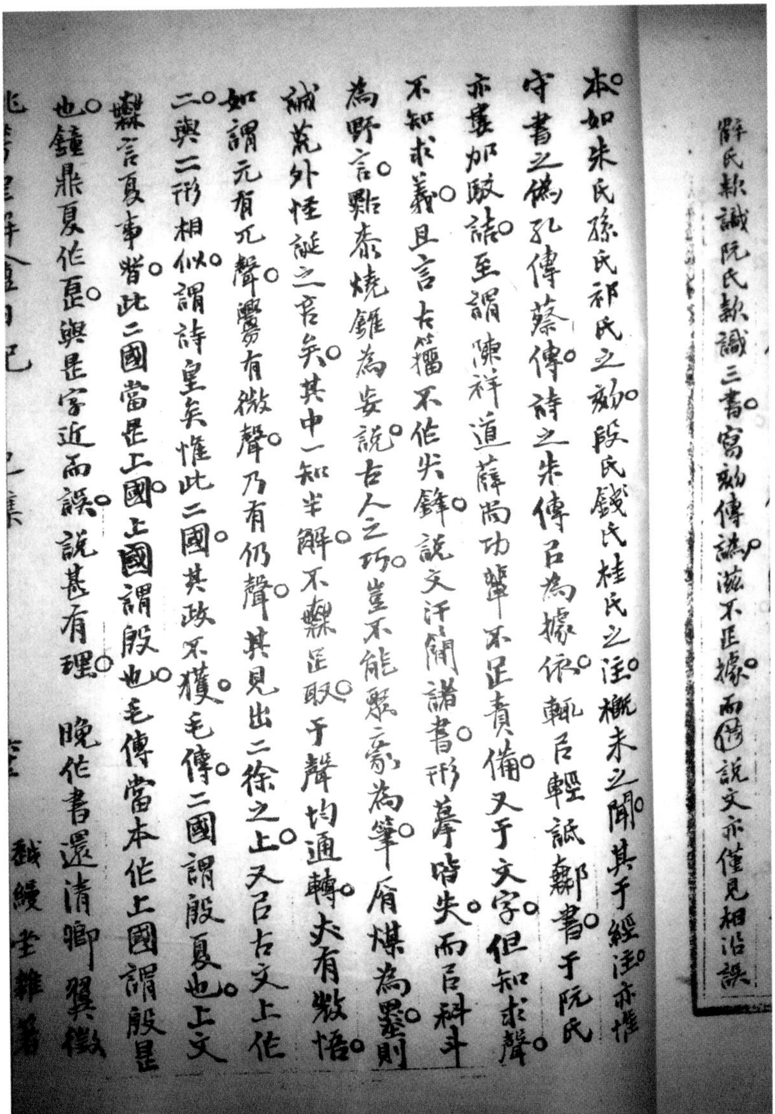

許氏款識阮氏款識三書。當...傳誤。滋不足據。而...說文亦僅見相沿誤
本。如朱氏孫氏祁氏之刻。段氏錢氏桂氏之注。概未之聞。其于經注亦惟
守書之偽孔傳蔡傳詩之朱傳呂為據依。輒呂輕詆鄭書。于阮氏
亦褒加駁詰。至謂陳祥道薛尚功輩不足責備。又于文字。但知求聲。
不知求義。且言古籀不作尖鋒。說文汗簡諸書。形摹皆失。而呂科斗
為野言。點黍燒錐為妄說。古人之巧。豈不能聚豪為筆。屑煤為墨。則
誠荒外怪誕之言矣。其中一知半解。不無足取。于聲均通轉。尤有數悟。
如謂元有兀聲。[illegible]有微聲。乃有仍聲。其見出二徐之上。又呂古文上作
二。與二形相似。謂詩皇矣惟此二國。其政不獲。毛傳二國謂殷夏也。上文
亦言夏事。皆此二國當是上國。上國謂殷也。毛傳當本作上國謂殷是
也。鐘鼎夏作[illegible]。與是字近而誤。說甚有理。 晚作書還清卿 撰徵
越縵堂雜著

이자명의 『월만당일기』(1872)에서 『설문해자익징』을 논평한 부분

實學硏究叢書를 펴내며

실학(實學)이 우리나라 학계에 연구주제로 떠올라, 정식의 학술논문으로 학술지에 등재(登載)되기 시작한 것은 1952년 이후의 일이다. 천관우(千寬宇)의 「반계 류형원(磻溪 柳馨遠) 연구」가 『역사학보(歷史學報)』 2·3집에 발표된 것이 그 시발점이다. 지난 계몽기(啓蒙期)의 몇몇 선학(先學)들이 실학에 대한 관심을 표명해 왔으나 일반 신문 잡지에 논설조(論說調)로 내놓은 것이 고작이었던 것에 비하면, 천관우의 글은 당시 비록 한편에서 저널리스트식 필치로 써내려온 것이란 비판이 있었지만 일단 수미정연(首尾整然)한 체제를 갖춘 논문으로 주목할 만하였다. 그러나 당시 연구자의 수가 많지 않고 학계의 관심도 분산되어 있어서 개별 실학자에 대한 연구가 간헐적으로 있는 정도였고 그리 활발한 편은 아니었다. 그중에서 1961년에 한우근(韓㳓劤)의 성호(星湖) 이익(李瀷)에 관한 연구가 『이조후기(李朝後期)의 사회(社會)와 사상(思想)』이란 책으로 나와, 그의 실증사학(實證史學)으로서의 견고한 학풍을 보여주었다.

그러다가 1970년에 이우성(李佑成)의 「실학연구서설(實學硏究序說)」이 나와, 그동안 유동적이었던 실학의 명칭문제가 일단 타결된 듯이 보이고,

나아가 실학의 내용을 경세치용(經世致用)·이용후생(利用厚生)·실사구시(實事求是)의 세 파로 나누어 설명함으로써 그 학문의 성격을 용이하게 파악할 수 있게 하였다. 또한 경세치용파를 근기지방(近畿地方)의 농촌토착적 환경에서, 그리고 이용후생파를 서울의 도시적 상황 속에 형성된 것으로 이해하면서 「18세기 서울의 도시적 양상」을 묘사하여 이용후생파의 성립 배경을 밝히려고 하였다. 다시 나아가 다산(茶山) 정약용(丁若鏞)에 이르러 위의 양파(兩派)가 회합(匯合)되는 동시에 호한(浩汗)한 경전해석(經典解釋)으로 실사구시파(實事求是派)를 추동(推動)시킨 느낌이 있어, 다산학이 실학의 대성을 의미하는 것이라고 언급하였다. 이후 계속해서 실학의 후속 학자로 최한기(崔漢綺)와 최성환(崔瑆煥)을 연구하여 최한기가 『기학(氣學)』과 『인정(人政)』을 저술하는 한편 서양과학지식을 대폭 수용하고, 최성환은 중인(中人) 출신으로 국왕(國王)의 자문에 응한다는 취지에서 『고문비략(顧問備略)』을 저술하여 전반적 제도 개혁을 주장한 것을 높게 평가하였다. 특히 최성환의 바로 뒤에 중인층의 후배들이 개화운동의 배후 공작자로 활약하게 된 것을 말함으로써 실학사상(實學思想)과 개화사상(開化思想)의 연결 관계를 미루어 알게 하였다.

한편 '실학국제회의(實學國際會議)'를 구성하여 한·중·일 삼국의 학자들이 각자 자국의 실학을 중심으로, 2년마다 돌아가면서 국제회의를 개최하도록 함으로써 동아시아세계로 실학의 지평을 넓혔다. 그리고 '한국실학학회(韓國實學學會)'를 조직하여 국내 학자들을 수시로 발표시키고 1년에 두 차례 학보를 발행하여 우리나라 실학연구를 다소 진작되게 하기도 하였다.

실시학사(實是學舍)가 서울에서 근기(近畿) 쪽으로 옮긴 뒤에도 나는 젊은 학도들과 강독 및 연토(硏討)를 지속해오고 있지만 연로신쇠(年老身衰)한 처지에서 불원 철수 은퇴할 것을 생각하고 있었다. 뜻밖에 나의 친구

모하(慕何) 이헌조(李憲祖) 형이 거액의 사재를 출연하여 실시학사를 재단법인으로 만들고 그 기금으로 실학연구에 박차를 가해 줄 것을 권유해 왔다. 나는 사회와 학문에 대한 그의 열정에 감동하여 사양치 않고 그의 뜻에 따랐다. 즉시 연구계획을 세우고 국내학자들을 널리 동원하여 1차 연도에 성호·다산을, 2차 연도에 담헌(湛軒)·연암(燕巖)과 실학파 문학을, 그리고 3차 연도에 반계와 초정(楚亭)을 다루기로 하였다. 각 팀에 5명을 한 단위로 하여 1년 동안의 공동연구 끝에 각자 논문을 제출하여 한 권의 책을 내기로 하였다.

이제 2년의 세월이 흘렀다. 각기 1년씩의 기간이 끝나 논문들이 함께 나와, 무려 5책을 한꺼번에 출판하게 되었다. 집필자들은 모두 해당 분야의 전문 연구자로서 가장 정예(精銳)로운 분들이라고 생각한다. 독자 여러분의 보살핌을 바란다. 앞으로 3차에 이어, 4차, 5차로 계속 진행될 것이다. 국내외 학계 여러분의 성원과 협조를 기대하여 마지않는다.

이 글을 마치려 함에 있어, 거듭 모하(慕何) 형에게 고마움을 표하면서 앞으로 그 뜻을 살려 더욱 성과를 내게 될 것을 다짐한다.

끝으로 이 책들의 출판에 임하여 주선과 지원에 진력(盡力)한 이승룡(李承龍) 사무국장, 김경희(金慶姬) 대리, 편집과 교정에 성의를 다한 최영옥(崔煐玉) 연구간사, 교정에 동참한 배성윤(裵晟允) 씨, 그리고 출판을 담당하여 여러모로 노고(勞苦)를 겪은 '사람의무늬'사(社) 여러분에게 심심(深甚)한 사의를 표해 둔다.

2012년 임진 4월 3일

李佑成

| 이 책을 내면서 |

재단법인 실시학사는 '조선후기 실학사의 재조명'을 목표로 2012년부터 실학연구총서를 잇달아 발간하고 있다. 작년에 나온 『어시재 최성환 연구』에 이어 실학연구총서 제14권으로 간행되는 이 책은 환재 박규수(1807~1877)에 관한 공동 연구의 성과물이다. 임형택 교수를 책임자로 다양한 분야의 연구자들이 참여해서 박규수의 사상과 문학, 학술, 정치 활동 등을 다각도로 규명하고자 한 것이다.

박규수는 19세기 조선의 역사적 격변 한가운데에서 활동한 인물이다. 평안 감사와 우의정 등을 역임하면서, 셔먼호 사건(1866)·강화도조약 체결(1876)과 같은 한국 근대사의 중대 사건들에 깊이 관여하였다. 한편 그는 연암 박지원의 손자로서 영정조 시대의 실학을 누구보다 충실히 계승한 19세기의 대표적인 실학자였다. 뿐만 아니라 박규수는 실학을 개화사상으로 발전시킨 선각자로 평가되기도 한다. 김윤식·김홍집·유길준 등 개화파가 그의 문하에서 배출된 사실은 널리 알려져 있다.

종래 박규수는 주로 19세기 후반의 저명한 정치가이자 개화파의 사상적 스승으로 주목받아 왔다. 하지만 그는 서유구·윤정현(尹定鉉)·홍양후(洪

良厚)·조면호(趙冕鎬)·신석희(申錫禧)·남병철 등 당대의 유수한 인재들과 교유했고, 천문학과 지리학에도 조예가 깊은 학자였으며, 연암의 문학적 계승자로 볼 수 있는 뛰어난 문인이기도 했다. 이와 같은 박규수의 폭넓은 활동과 다채로운 면모를 탐구한다면, 19세기에 실학이 어떻게 계승 발전되었는지를 해명하는 데 크게 기여할 수 있을 것이다.

그럼에도 불구하고 다른 실학자들에 비해 볼 때 박규수에 관한 연구는 매우 부진하였다. 전공자라 할 수 있는 학자도 몇 명 되지 않을 정도로 적막한 실정이다. 『초기개화사상 연구』(1989)·『박규수 연구』(1999)를 펴낸 이완재(李完宰), 『조선의 개국과 근대화(朝鮮の開國と近代化)』(1997)에서 박규수를 집중적으로 논한 하라다 다마키(原田環) 같은 원로 학자와, 『박규수의 개화사상 연구』(1997)를 남긴 고(故) 손형부(孫炯富) 교수 등을 들 수 있을 따름이다. 여기에 필자도 동참하여 1991년부터 현재까지 박규수의 생애와 사상과 문학에 관한 종합적인 연구를 진행하고 있다. 졸저 『초기 한미관계의 재조명－셔먼호 사건에서 신미양요까지』(2005)와 『환재 박규수 연구』(2008)는 그동안의 연구 결과를 정리한 중간 보고서라 할 수 있다.

돌이켜보면, 1992년 박규수의 현손(玄孫)인 박공서(朴公緖) 옹을 대전의 자택으로 찾아뵈었을 때 세간에 공개되지 않은 박규수의 유품들을 배견(拜見)하고 감격했던 기억이 새롭다. 그중에서 『상고도 회문의례(尙古圖會文義例)』를 비롯한 박규수의 초기 저술들을 발견한 것은 큰 수확이었다. 이는 연암과 박규수의 사상적 문학적 연결 고리를 찾을 수 있는 소중한 자료였기 때문이다. 1996년 성균관대학교 대동문화연구원은 박규수의 문집인 『환재집(瓛齋集)』에 이러한 새 자료를 대량 추가한 『환재총서(瓛齋叢書)』(전6권)를 간행하였다. 당시 이운구(李雲九) 원장은 필자와 함께 대전의 박공서 옹 댁까지 직접 찾아가서 귀한 자료들을 빌려오는 노고를 마다하지 않으셨다.

2008년 필자가 『환재 박규수 연구』를 출간했을 때 벽사 이우성 선생께서 친필 한문 편지를 보내주셨던 것도 잊을 수 없는 추억이다. 이 편지에서 선생은 "僕愛讀燕巖集, 因及於桓齋文字, 而訖無一字論述. 今讀貴著, 實獲我心.(나는 『연암집』을 애독하면서 인하여 환재의 글까지 읽었으되 여태껏 그에 관해 논술한 게 전혀 없는데, 이제 귀하의 저술을 읽으니 실로 내 마음과 합치되오)"라고 격려해 주셨다. 편지의 행간에서 필자는 벽사 선생도 일찍이 박규수 연구에 뜻을 두셨으며, 당신이 미처 이루지 못한 그 뜻을 후학들이 대신 이루어주기를 간절히 바라심을 읽을 수 있었다.

2015년 5월, 실학연구총서의 하나로 『환재 박규수 연구』가 기획된 것은 벽사 선생의 깊은 관심과 배려 덕분이라 하지 않을 수 없다. 필자는 연구책임자인 임형택 교수의 위임을 받아 다음과 같은 연구 계획을 짜보았다. 19세기 사상사를 조감하면서 박규수의 사상적 특징을 개관하는 서론(임형택), 연암과 담헌의 실학이 그 후예인 박규수와 홍양후에게 계승되어간 구체적 양상(신로사), 새 자료 「동여도(東輿圖)」를 중심으로 박규수가 천문학과 지리학에서 거둔 성과에 대한 종합적 논의(오상학), 조면호・신석희 등의 문집을 통해 본 박규수의 시사(詩社) 활동과 시인적 면모(김용태), 1872년 박규수의 제2차 연행(燕行)이 그의 사상적 발전에 미친 영향(김명호), 강화도조약 전후(前後) 박규수의 개화사상에 대한 실증적 검토(김흥수).

이와 같은 연구 계획이 벽사 선생의 재가를 얻음에 따라, 2015년 7월 고양시 화정로에 있던 구(舊) 실시학사 회의실에서 첫 모임을 가졌다. 모두 6인으로 구성된 박규수 연구팀은 벽사 선생을 모신 자리에서 상견례를 하고 앞으로의 연구를 위한 간담을 나누었다. 그 뒤 1년 남짓 동안 각자 맡은 주제를 가지고 연구하다가, 2017년 2월 종로에 있는 임형택 교수의 연구실 익선재(益善齋)에서 중간 점검 모임을 가졌다. 당시 연구차 영국에 가 있던 오상학 교수를 제외한 전원이 모여 각자 준비해온 연구 요지문을 발표하고 진지하게 의견을 나누었다. 그런데 그 모임에서 벽사 선생이 입원 중이시며 병환이 위중하다는 소식을 접하고 참담한 심경이었다. 결국 그 해 5월 12일에 벽사 선생은 향년 92세를 일기로 서거하시고 말았다. 한국 실학연구의 거목(巨木)인 선생의 서거를 애도하며 명복을 빌어 마지 않는다.

2017년 6월 19일 실시학사는 성균관대학교 600주년기념관에서 「환재 박규수 연구」를 주제로 제7회 실학연구 공동발표회를 개최하였다. 기조 강연으로 「19세기 사상사의 지형도와 박규수」(임형택), 주제 발표로 「박규수의 제2차 연행과 그 성과」(김명호 : 토론 김문식), 「박규수의 대일 수교론과 개화사상」(김흥수 : 토론 김종학), 「북학의 계승자들—박규수와 홍양후의 교유를 중심으로」(신로사 : 토론 김영진), 「박규수의 북촌시사 활동—신석희와 조면호의 자료를 중심으로」(김용태 : 토론 김대중)가 이어졌으며, 임형택 교수를 좌장으로 하여 종합토론이 진행되었다. 오상학 교수는 해외에 체류하고 있던 관계로, 원고만 제출하고 발표와 토론에는 부득이 참여하지 못했다. 당시 공동발표회에서 귀중한 조언을 해주신 김문식 교수 등 토론자 여러분께 감사드린다.

공동발표회를 마친 이후 박규수 연구팀은 각자 발표문을 바탕으로 원고를 수정 보완하는 작업에 매진하였다. 그러나 실시학사 이승룡 상임이사의 거듭된 독촉에도 불구하고 작업이 지지부진하다가, 해를 넘긴 2018년 7월 초에야 완성된 원고가 모두 수합되었다. 이에 따라 7월 6일 연구팀 전원이 종로의 새 실시학사 회의실에 모여 집담회를 가졌다. 이 책의 부록으로 실린 녹취록에서 보듯이, 집담회에서는 각자 수행한 연구 결과를 보고하고 박규수 연구의 쟁점과 실학자로서의 박규수에 대한 평가 등에 관해 의견을 나누었다.

이제 2년 남짓한 공동연구의 최종 성과물인 『환재 박규수 연구』의 간행을 앞두고, 필자의 소회를 피력하는 것으로 이 글을 맺고자 한다. 지난 1996년에 간행된 『환재총서』의 「해제」에서 필자는 "오는 2007년이면 환재 박규수 선생의 탄생 200주년이 된다"고 하면서, "아무쪼록 『환재총서』의 간행을 계기로 박규수에 대한 연구가 요원(燎原)의 불길처럼 일어나, 그의 탄생 200주년만큼은 풍성한 학술적 성과와 아울러 전국민적 관심 속에 맞이할 수 있었으면 하는 마음 간절하다"고 적었다. 당시 필자는 자국의 근대화를 주도한 인물들에 대한 연구가 왕성하게 이루어져 엄청난 학문적 성과를 축적하고 있는 중국과 일본의 학계를 생각하며, 울분의 심정과 아울러 일말의 기대를 드러낸 것이었다. 하지만 2007년 역시 아무런 기념 행사도 없이 조용히 지나가고 말았다.

이처럼 여전히 연구가 저조한 실정에서, 전공과 세대를 달리하는 다양한 연구자들이 최초로 공동 연구를 시도하여 『환재 박규수 연구』를 간행한 것은 우리 학계의 경사라 하지 않을 수 없다. 게다가 최근에는 김채식 · 이성민 두 분이 공들여 역주(譯註)한 『환재집』(전4권)이 간행되어 연구자들에게 큰 도움을 주고 있다. 실학연구총서 제14권 『환재 박규수 연구』가 일종의 기폭제로 되어, 장차 박규수의 사상과 문학에 대한 연구가 다각도로 활발하게 이루어지기를 기대해 본다. 끝으로, 이 책이 세상에 나오기까지 공동 연구의 실무를 도맡아 애쓴 김용태 교수, 그리고 「동여도」와 『위사시고(韋史詩稿)』 등 해외의 귀한 자료를 아낌없이 제공한 신로사 박사에게 감사드리고 싶다.

2018년 7월 31일

집필진을 대표하여 김명호 씀

| 차 례 |

박규수의 대일수교론과 개화사상

| 김흥수 |

부록

瓛 齋

19세기 사상사의 지도와 박규수

임형택 | 성균관대학교 명예교수

1. 서설

20세기의 바로 앞에 놓여 있는 19세기는 우리가 살아가는 오늘과 직접적인 계기로 이어진 시간대다. 곧 근현대로 이동하는 분수령이다.

19세기는 한국사에서 왕조체제의 마지막 단계인데 동아시아적 차원으로 말하면 '중국 중심적 세계'가 해체되면서 서구주도의 '지구적 세계'로 편입되는 과정이 되었다. 이 시간대는 역사적인 전환기이자 민족적인 위기의 시대였다. 이런 시대상황에서는 학술 사상이 중시되지 않을 수 없었다. 이 시간대를 대변하는 사상가로서 어떤 인물들을 호명할 수 있을까?

그 당시에 추구되었던 학술과 제기되었던 사상은 요컨대 전환기의 위기상황에 대응하기 위한 것이었다. 실학의 계보에서는 앞에 정약용(丁若鏞), 뒤에 최한기(崔漢綺)를 손꼽을 수 있다. 한편으로 민중운동의 계보에서는 최제우(崔濟愚), 그를 이은 최시형(崔時亨) · 전봉준(全琫準)을 거론할 수 있을 것이다 그리고 개화운동의 입장에서는 김옥균(金玉均), 이와 대척적인 위정척사(衛正斥邪)의 입장에서는 이항로(李恒老)가 중요한 존재이다. 당면한 시대가 워낙 복잡하고 험난했기에 서로 다른 행동의 논리가 제기된 터이며, 그에 따라 학술사상 또한 다기다양하게 전개되었다. 이런 가운데 박규수(朴珪壽)는 관점에 따라서는 중심적 위치에 서 있었다고 말할 수 있다. 그는 18세기 실학의 뚜렷한 존재인 박지원(朴趾源)의 친손자인데 실학운동으로부터 개화운동으로 넘어가는 가교자로 사상사에 자리매김이 된 존재이다.

박규수에 대해 여러 전공 분야에 걸쳐서 종합적 연구를 기획한 이 책에서 본고는 입문적이면서 전체를 포괄하는 취지로 '19세기 사상사의 지도와 박규수'란 제목을 설정한 것이다.

필자는 19세기로 향해서 학적 관심을 가져 왔다. 우리가 경험해 온 '근대'는 서구 주도로 진행되어 왔던 점을 부인하기 어렵다. 우리가 살아가는 21세기 오늘의 세계상황을 둘러보면 또 하나의 획기적인 변화가 예상되고 있긴 하지만, 서구적 근대에 매몰된 상태에서 우리들 자신부터 물질적으로나 정신적으로 탈피한 것 같지 않다. 필자 나름으로는 19세기에 대해 성찰적 의미로 돌아보았던 셈이다. 우리의 역사와 문화를 주체적이고도 진취적으로 모색하는 인식론적 거점으로 이 시간대를 유의한 때문이었다. 사상사에서는 최한기에 주목했다. 「개항기 유교지식인의 '근대' 대응논리 ―혜강 최한기의 기학을 중심으로」라는 제목의 글을 발표하기도 했다. 최한기를 중심으로 19세기를 인식한 터인데 이번엔 박규수를 중심에 놓고 19세기를 그려보려는 생각이다. 그런데 필자가 취해왔던 문제의식의 연장선에서 바라보는 까닭에, 자신이 표명했던 바와 중복되는 진술 또한 불가피할밖에 없다. 다만 새로운 자료들을 덧붙여서 폭을 넓혀 논의를 진전시키고자 노력한다.

2. 19세기 사상사의 배경

조선조의 19세기는 정조의 치세가 끝나면서 사교(邪敎, 천주교를 가리킴) 박멸이란 명분으로 일으킨 신유옥사로 개시된 시대다. 그 직전에 무서운 전염병이 휩쓸었는데, 이현기(李玄綺, 1796~1846)라는 문인이 남긴 『기리총화(綺里叢話)』라는 기록을 보면 이 질병의 창궐을 '액운'이란 표현을 써서 당시 소식을 전하고 있다. 관심을 끄는 이야기여서 먼저 들어본다.

> 정조 무오(1798)년 섣달그믐께 서도에서부터 사람들이 이 질병에 걸렸는데 증세가 여역(癘疫)과 다름이 없고 한번 감염되면 4, 5일 내에 죽었다. 삽시간에 서울로 들어와서 삼남지방으로 마치 역마가 달리듯 퍼져 나갔다. 이듬해 기미(1899) 년 정월 보름 사이에 사망자는 몇 만에 이를지 알 수 없는 지경이 되었다. 길에는 행인이 끊어졌고 장터에는 포백(布帛)이 동이 났다. 정월 보름이 지나면서 이 증세가 사라졌다.
>
> 대개 이 질병은 황(瘽)이라고도 부르는데 중국에서 시작되어 국내로 들어온 것이다. 중국에 다녀온 사신이 전하기를 "그때 연경(燕京)에서는 수레 소리가 새벽부터 저녁까지 그치지 않고 울렸는데 온통 시신을 실어가는 소리였다"고 했다. 우리나라에 비해 4,5배나 더 심했다는 것이다. 그야말로 전무한 일이었다.
>
> 어떤 무인이 전관(銓官, 인사담당의 관직, 이 경우 병조의 장-역주)을 보고 "금년에 천하의 사람이 괴질로 절반은 죽었다 할 겁니다. 이루 말할 수 없는 재앙이지요"라고 했다. 전관은 "많기야 많지만 당신이 어떻게 천하 사람의 절반이 죽은 줄 아시요?"라고 반문했다. 이에 무관이 "중국에 태상황과 신황제로 천자가 둘인데 하나가 서거했지요. (태상황은 건륭제이고 신황제는 가경제인데 건륭제가 죽었음-원주) 우리나라는 여섯 대신 중에서 셋이 세상을 떴고 (6대신 중에 김희金憙 · 이병모李秉模 · 심환지沈煥之는 살았고 채제공蔡濟恭 · 홍낙성洪樂性 · 김종수金鍾秀는 죽었음-역주) 8도의 감사 중에 넷이 (평안도 감사 민종현閔鍾顯, 황해도 감사 이의준李義駿, 경상도 감사 이의강李義綱, 강원도 감사 홍인호洪仁浩-원주) 돌아가셨지요. 천지간에 대인이 더도덜도 아니고 반이 죽었으니 서민들이 절반쯤 죽었으리라는 것은 미루어 알 수 있지 않겠습니까?"라고 대답하여 전관도 껄껄 웃었다.[1]

이 전대미문의 무서운 질병은 정체를 알 수 없었기에 '괴질'(호열자, cholera라는 병이었다 함)이라고 불렀던 것이다. 천하 사람의 반수가 죽었

---

1 『綺里叢話 下 · 己未厄運』, 덕양재본.

다는 말은 표현상의 과장이지만 다산도 이 괴질에 고령자가 취약했다고 지적한 바 있었다.[2] 고위직의 인물들이 많이 사망한 것은 이 때문이었지 싶다. 청의 건륭제는 60년 동안 제국을 호령하던 존재였다. 한반도상에서는 8도의 감사 중에 넷이 사망했고 전현직의 정승 6인 중에서 셋이 사망했다. 사망한 정승에는 노론당의 영수 김종수와 남인당의 영수 체제공이 포함되어 있었다. 또 곧이어 국왕 정조가 다른 어떤 원인으로 급서했다. 19세기로 들어오는 초입에서 중국대륙과 한반도에 일대 상황 변화가 일어난 것이다. 상황변화의 계기로 작용했던 괴질은 필시 서세(西勢)에 묻어서 들어왔을 터다. 괴질은 바야흐로 다가오는 시대, 19세기의 위기 상황을 경고한 징후가 되었던 셈이다. 한반도상의 19세기가 신유옥사로 시작된 것 또한 당시의 상황변화와 무관하지 않은 일처럼 보인다.

이렇게 막이 오른 19세기는 그 중반기를 전후하여 중국대륙에서는 1, 2차 아편전쟁, 태평천국의 반란, 영불연합군의 북경함락으로 이어졌으며, 일본열도에서는 개국통상=개항에 뒤이어 메이지유신이 일어났다. 한반도에서는 1862년에 임술민란이 발발하고 1876년에 개항을 하게 되며, 1894년으로 와서 동학농민전쟁이 갑오경장, 그리고 청일전쟁으로 이어졌다. 1894년은 실로 동아시아적 차원에서 크게 주목할 시공간이다. 한반도를 무대로 전개된 청일전쟁에 청국이 패배함으로 해서 중국 중심적 체제가 마침내 붕궤된 것이다. 동아시아의 19세기는 1894년으로 마감이 되었다고 볼 수 있겠다. 이런 19세기의 시대상황을 안팎으로 구분지어서 대략 묘사해 보려고 한다. 19세기 사상사 지도의 밑그림이 되었으면 하는 것이다.

---

2 『牧民心書 · 愛民 · 寬疾』

1) 농민저항

19세기 전후에 민란형태의 농민저항이 일어나기 시작하더니 1862년의 임술민란에 이르러는 삼남지역으로 확장되었고, 1894년으로 와서는 드디어 동학농민전쟁으로 발전한 것이다. 동학농민전쟁이 왕조체제를 무너뜨리고 청일전쟁까지 불러왔던 역사사실에 비추어보면 19세기는 민란의 시대이다.

민란이란 무엇인가? 필자는 일찍이 '군도(群盜)형태'의 농민저항에 비상한 관심을 두었던 터인데 민란은 '군도형태'에서 변형된 방식이다.[3] 주지하다시피 조선왕조는 '농자천하지대본'이라고 일컬었듯 민본위 국가였다. 농업에 기반한 사회였기에 농업생산의 주체인 민=농민의 중요성은 절대적이라고 말할 수 있다. 우리가 지금 살고 있는 국가의 헌법 제1조에 "대한민국의 주권은 국민에게 있고 모든 권력은 국민으로부터 나온다"고 규정된 대로 민주주의 체제이다. 이와 달리 모든 권력은 국왕으로부터 나오는 것이 정당시 되었기에 조선왕조는 군주주의 국가였다. 인정(仁政)과 애민(愛民)을 정치철학으로 내세웠음에도 실제 현실에 있어서는 농민의 생산물과 노동력을 수취하지 않을 수 없었다. 이에 농민저항이 빈발했던 것은 거의 불가피한 노릇이었다.

조선왕조는 초창기를 지난 15세기 말경에 벌써 농민저항이 일어나기 시작했는데 대체로 '군도 형태'로 표출되었다. 농민이 수탈을 견디다 못해 지배체제로부터 이탈하면 유민(流民)으로 가는 것이 첩경이었다. 유민이 폭도화된 형태가 다름 아닌 군도이다. 16세기 전후의 홍길동 · 16세기 중엽의 임꺽정 · 17세기 말엽의 장길산은 군도 형태의 저항운동에서

---

3 필자는 『홍길동전』의 역사적 근거를 '군도형태의 저항'에서 찾아 분석한 바 있다.(1776 · 1777) 그리고 후일에 '민란형태의 저항'과 비교하는 논의를 제기하였다.(1990)

영웅으로 부각된 존재이다. 반면에 '민요(民擾) 형태'의 저항은 농민이 자신의 삶의 터전에서 이탈하지 않고 관의 부당한 행사와 과도한 수탈에 항거하는 방식이다. 부당하고 억울함에 시정을 요구하는 일이 정소(呈訴)이다. '등장(等狀)'이라고도 했다.

유명한 서민소설 『춘향전』에 남원 고을 백성들이 "등장 가세, 등장 가세"라고 외치는 장면이 나온다. 변학도가 관장의 권위로 춘향을 구속하고 성폭력을 가하려 함에 분노한 민심의 반응이었다. 『춘향전』의 경우는 이몽룡이 마침 어사로 내려와서 문제를 해결했기 때문에 분노한 민심을 달랠 수 있었다. 이 물론 백성의 소망을 대변한 소설적 허구이다. 아무리 집단적으로 호소해도 문제가 해결되지 않고 오히려 억압의 강도가 높아지면 사태는 어떻게 될 것인가. 견디다 못하면 들고 일어나서 폭력적으로 대드는 것이 운동의 논리다. 이른 바 민란이다. 민란은 민요라고도 일컫는바 곧 민중봉기이다.

필자는 '군도형태의 저항'과 '민요형태의 저항'을 대비해서 전체적으로 이렇게 평가하였다. "농민이 고립적 분산적으로 삶의 터전을 떠나버리는 것은 참으로 부득이한 노릇이었지만 농민적 기반으로부터의 이탈이다. 공장 노동자가 열악한 조건에 견디다 못해 자기의 작업장을 버리고 나가는 것과 별로 다르지 않을 듯싶다. 군도형태의 투쟁은 비록 적극적인 저항이었더라도 농민의 질곡을 그대로 안고 대다수의 농민과 함께 그 질곡을 해결하기 위해 싸우는 방향에서는 빗나간 것이다."[4] 이에 반해 민요는 농민적 기반을 고수하면서 벌이는 투쟁이다. 지배구조가 가렴주구를 강화한 나머지 불법과 폭력을 자행할 때 못 살겠다 떠나자는 식의 도피 행각을 취하지 않고 그것을 해결하기 위해 농민들이 집단적으로 나서서 항

---

4 임형택(1990).

의하면 민요가 되고 그래도 해결이 안 되면 민란으로 발전하게 된다.[5] 민란으로 폭발하기에 이른 과정을 보면 "체제 내에서 합법적인 투쟁 방식"이지만 오히려 폭넓게 "민의 잠재적 역량을 조직화"해낼 수 있었다.

1862년의 민란은 경상도 진주에서 시발하여 전라도로 파급되고 충청도에 미쳤다. 들불처럼 퍼져나간 것이다. 그래서 '민란'이라고 일컬어졌다. 민중봉기의 형세가 지역적 한계를 넘어서기에 이르렀지만 어디서고 각각의 지역 단위에서 발단이 되었다. 전라도 함평 고을을 사례의 하나로 들어보자.

> 본 고을 백성 정한순(鄭翰淳)은 도당을 불러 모아서 각 면으로 횡행하여 인가를 불지르고 민재(民財)를 약탈하여 명성이 낭자하게 되었다. 당일 사시(巳時, 오전 11시 전후)에 이들 수천 명이 될지 모를 무리가 기치를 앞세우고 읍내의 장터 주변에서 진을 치듯 집결했다가 일시에 호응하여 사방으로 나눠졌다. 저마다 죽창을 들고 동헌으로 난입하여 창문과 벽을 때려 부수고 관장을 끌어내서 한 길 남짓한 대(臺) 아래 무릎을 꿇려 놓고서 관망을 벗기고 의관을 찢고 무수히 때려 기절할 지경에 이르렀다. 이에 들것에 담아 교촌(校村)으로 떠메어 갔다. 동헌 옆의 책실(冊室)에서 두 사람 및 삼반하인(三班下人) 중에 찔리고 맞아서 거의 죽기에 이른 자가 부지기수였다.[6]

이는 1862년 4월 16일에 함평 고을의 공형(公兄)이 발송한 보고서다. 공형이 또 같은 달 19일에 발송한 보고서에서는 "유시(酉時, 오후 6시 전후) 쯤에 인부(印符)를 빼앗고 나서 들것에다 떠메서 고을 경계 밖의 논치(論峙, 논고개)란 곳으로 옮겨다 놓았다"고, 관장을 어떻게 조치했는지

---

5 『龍湖閒錄』, 권12, "備邊司啓曰 : 稱寃而聚其黨, 聚黨而脅其官, 此興亂無所差殊."

6 『龍湖閒錄』, 권12.

소식을 전하고 있다. 관장을 고을 밖으로 떠메다 놓는 행위는 당시 민란의 일반적인 행태였다. 국가의 입장에서는 왕을 대신해 보낸 관장을 그런 식으로 폭력을 가해서 축출한 행위는 분명히 반국가적 짓이다. 그래서 '민란'으로 규정되었음이 물론이다.

지금 읽어본대로 함평 민란에서는 정한순이란 존재가 주목할 인물이다. 그는 반란의 수괴로 지목되었듯 함평 봉기를 주도한 자다. 창지면(倉知面) 중촌(中村)에 살고 있다고 스스로 밝혔는데 이 밖에 그의 인적 사항은 알려진 바가 없다. 그는 관에 붙잡히지 않고 무리를 지어 계속 활동하다가 안핵사(按覈使)가 함평 고을에 들어오자 수천 명을 거느리고 제 발로 걸어서 출두하였다. 안핵사 앞에서 당당히 봉기하게 된 동기 및 활동 경위를 설명하는데 논리가 정연했다. 끝으로 "저의 죄가 아무리 만번 죽는다 해도 민막(民瘼)을 바로 잡지 못하고는 눈을 감지 못하겠습니다"고 호소한다. 그리고 10개조의 구체적 요구 사항을 제출하면서 "임금님께 올라가서 민막이 바로 잡히게 되기를 천번 만번 축원하나이다"라고, 참으로 간곡히 아뢴 것이다.[7] 이로 미루어 정한순은 신분이 '민'으로 기록되어 있지만 상당한 식견을 갖추고 있을 뿐 아니라 의식화된 인물로서 진실한 성격의 소유자임을 유추할 수 있다.

함평 민란의 정한순과 유사한 역할을 했던 존재로 진주민란에서는 유계춘(柳繼春), 익산민란에서는 임치수(林致洙)[8]를 사료상에서 확인할 수 있다. 이들은 각기 자기 고을에서 민중봉기를 주도한 것이다. 나름으로 새로운 유형의 지식인이라고 볼 수 있겠는데 이보다 앞서 19세기를 전후한 시점에서 이계심(李啓心)과 이달우(李達宇)란 인물이 출현했으며, 유명한 홍경래(洪景來) 또한 구분이 없지 않다고 하겠으나 한데 묶여지는

7 『龍湖閒錄』, 권12.

8 『壬戌錄』, 60~62면. 「全羅監司狀啓」와 「益山按覈使啓跋」에 나와 있다.

유형이다. 이계심은 황해도 곡산에서 일어난 민란을 주동했던 자인데 다산 정약용이 곡산부사로 부임한 당시(1797년)에 민막(民瘼) 12조를 들고 자진 출두했다. 다산은 그를 대해서 "너와 같은 사람은 관에서 마땅히 천 냥을 주고라도 사야 할 것이다"[9]고 격려했거니와, 그로부터 65년 후에 함평의 정한순, 익산의 임치수, 진주의 유계춘 등이 유사한 행동을 벌였다. 하지만 이계심과 달리 정한순 등은 관에 의해서 처형을 당하고 말았다.

이계심으로부터 7년 후에 등관한 이달우는 "조정을 비난하고 민심을 선동했다"는 죄목에다 "무리를 모아서 거사하려 했다"는 대역죄가 씌워져서 처형을 당한 인물이다. 그는 황해도 안악군 창동(倉洞)의 상민이며 직업은 서당훈장으로 기록되어 있다. 그가 죽임을 당할 때 24세의 청년이었다. 그를 죽게 만든 죄상은 애매하기 짝이 없는데, 분명한 사실은 『초야방략(草野方略)』이란 책자를 만들어 세상을 개혁하고자 했고 자신의 경륜을 펴기 위해서 가사(歌詞)를 지어 세상에 유포했다. 그가 구상한 개혁의 내용이 무엇이었던지 알 수 없으나, "경자유전(耕者有田)의 원칙에 따른 토지 분배"가 기본 취지였다. 관에서는 가사를 더욱 불온시하고 있는바 그가 "조정을 비방하고 인심을 선동했다"는 것은 무엇보다도 이 가사 때문에 붙여진 죄목이었다.[10]

진주민란 당시에도 가사가 문제시된다. 유계춘이 "몰래 언가(諺歌)를 지어서 읍내와 마을에서 초군들이 불렀다"[11] 한다. 민중봉기의 현장에서 선전 선동에 이용되었던 것이다. 가사는 국문문학의 한 양식이지만 민중

---

9 정약용, 『여유당전서』 제1집 권16, 「자찬묘지명」.

10 『推案及鞫案』, 「罪人達宇義綱推案」.

11 南秉哲, 『壬戌錄』, 24면, "柳繼春段 …… 鄕會里會卽其能事, 邑訴營訴作爲生涯 …… 潛製諺歌, 倡樵軍於邑村."

의 공론장에서 정치담론, 민중을 움직이는 선동가요의 성격을 띠었던 듯도 하다.

19세기에 군도형태에서 민요형태로 농민저항의 양상이 변함에 있어서 새로운 지식분자가 중심역할을 한 것이다. 초판에서 이달우나 막판의 전봉준의 직업이 다같이 서당훈장이었던 사실은 우연의 일치가 아니라고 본다.

2) 세도정치

정치사적 측면에서 보면 19세기는 널리 알려진대로 세도정치(勢道政治)[12]의 시대이다. 정치권력을 특정한 한 두 가문이 장악한 방식을 세도정치라고 이른 것이다. 1805년에 순원왕후(順元王后)가 죽자 정권이 김조순(金祖淳)에게 가는데 이후 60년 가까이 안동 김씨가 권력을 독차지하였다. 거기에 풍양 조씨가 거드는 정도였다. 고종이 왕위에 오르면서 그 친부인 홍선대원군 이하응(李昰應)이 정권을 잡았다가 여흥 민씨에게로 들어가게 된다. 대원군의 집정기는 일반적으로 세도정치의 범주에 넣지 않고 있지만, 이 또한 기본성격이 세도정치의 범주에 포괄된다고 본다. 대원군의 집정은 '지친(至親) 세도'인데 그렇기에 강도 높은 개혁드라이브로 밀고 갈 수 있었다.

19세기로 와서 왜 세도정치가 출현하여 계속될 수 있었을까? 세도정치

---

12 '세도'란 예로부터 있었던 한자성어가 아니고 우리의 역사상에서 나온 한자어로 알고 있다. 그 한자표기는 勢道와 世道 두 가지로 통용되어 왔다. 이에 대한 나의 견해는, 정치사적 개념으로서의 '세도'는 勢道 쪽이 타당하다고 본다. 世道는 세상의 도리를 뜻하는 말이다. "세도가 타락했다"는 자리에는 世道이다. 한자성어로는 用事가 勢道에 해당하는 개념이다. 창강 김택영의 역사서술에는 '典 · 校勢塗'라고 쓴 곳이 있는데(세도를 부리던 金炳國이 전동에 거주했고 金炳冀가 교동에 거주한 데서 이 말이 나왔다고 함. 『韓史綮』권5 장19), 창강의 역사서술에서는 用事로 표현하고 있다.

가 출현하기 전에는 벌열정치가 행해지고 있었다. 소수의 명문거족들이 정치권력을 분점하는 벌열정치에 비하여 세도정치는 그것이 더욱 더 첨예화된 형태이다. 벌열정치는 인조반정을 주도한 서인 -노론세력이 국정을 운용하는 방식이었는데 17세기 말에 서인 집단이 노론과 소론으로 분당이 되었다. 세도정치 시대로 와서 소론은 밀려나고 권력의 핵심을 노론이 독차지하게 된 것이다. 창강(滄江) 김택영(金澤榮)의 역사기록에 의하면 순조 당년에 노론당의 권세가 극성하게 되었다. 조관 10명을 임명한다고 가정하면 노론 5인, 소론 3인에 남인과 북인은 각각 1인씩 돌아가는 것이 관례가 되었다고 한다.[13] 이처럼 정부의 권력구조가 편파적으로 집중되기에 이른 것은 당면한 국내외의 상황이 위기로 치닫는 데 따른 지배층 나름의 대응 방식이었다고 해석할 수 있다.(물론 파국으로 가는 길이었지만) 내적으로 농민저항의 상승, 외적으로 서세침투의 증대가 당면한 위기의 요인이었다.

순조를 비롯해서 헌종 · 철종 · 고종에 이르기까지 번번이 권좌에 오른 왕이 나이 어리므로 이른바 수렴청정(垂簾聽政)이 불가피했고 따라서 외척이 용사(用事)하게 되었다.(고종의 경우는 친부가 청정하여 지친세도로 넘어갔지만 다시 외척세도로 귀착된 것이다.) 왕이 나이가 차면 친정하는 것이 원칙임에도 외척의 세도가 굳어져서 그 방식이 체제를 형성한 것이다. 벌열정치에서 세도정치로 전환됨에 따라 국왕의 권력은 한층 더 약화되기 마련이었다. 그에 따른 전횡과 농단으로 국정이 문란하고 마침내는 국운이 기울게 되었다. 민중 봉기의 위기상황이 세도정치를 불러들이고 세도정치는 위기를 상승시키는 악순환이 고조되기에 이른 것이다. 세도정치가 야기한 부작용에 대해 창강이 남긴 사론을 다시 들어 보자.

---

13 金澤榮, 『麗韓歷代小史』 권25, "當是時, 老黨權勢太盛, …… 朝廷除官十人, 老黨居五, 則少黨居三, 而南北黨只各居其一, 遂爲常例云."

> 김조순(金祖淳) 이후로 외척이 용사한 것이 60년이었다. 조선의 조종(祖宗)이 바로 섰던 시대에는 청의(淸議)를 숭상하고 권력이 정부에 있었으며, 외척이 간여하지 못했다. 때문에 사대부들은 왕실과 계속 혼인하는 것을 부끄럽게 여길 정도였다. 김씨의 용사가 오래 지속됨에 따라 사대부들은 더욱더 위약해져서 벼슬 한 자리 얻어하기에 마음이 급급해졌다. 이에 오직 권문에 발을 들이지 못할까 두려워하게 되었다. 이른바 '청의(淸議)'는 쓸어버린 듯 사라지고 말았다. …… 조선의 멸망은 근원이 여기에 있었던 것이 아닌가 한다.[14]

조선왕조는 사대부에 기반해서 선 나라이다. 사대부가 지나치게 고결성을 내세우고 명분을 중시한 것이 당쟁을 불러왔으며, 그것이 조선을 위약하게 만드는 하나의 원인이 되었다. 이는 부인할 수 없는 실상이지만, 당쟁이 세력균형과 상호견제를 하게 만드는 긍정적 작용 또한 없지 않았다. 그런데 창강이 지적했듯 세도정치가 '청의'를 쓸어버린 작용을 한 것이다. 조선왕조 사회가 결정적으로 부패하게 된 것은 세도정치가 조장한 병폐라는 말을 나는 고로로부터 들었다. 한편으로 매관매직이 민씨 세도 이래 더욱 극성하게 되었던 사실은 『매천야록』의 기록에서 확인할 수 있다.

여기서 한 가지 첨부해둘 점이 있다. 세도정치는 권신이 좌지우지하는 체제이다. 권신의 손에 권력이 들어 있었음에도 우리가 『삼국지』에서 읽었던 조조(曹操)가 한(漢)을 무너뜨리고 사마의(司馬懿)가 위(魏)를 무너뜨린 그런 사태가 조선의 세도정치에서는 일어나지 않았다. 그 요인은 다른 어디가 아니라, 조선국가는 유교를 국교를 삼았고 성리학의 명분론에 철저한 데 있었다고 생각된다.

---

14 金澤榮, 『韓史綮』 권5, 장19.

3) 동아시아 상황

위에서 말했듯 1894년에 중국 중심의 세계는 막을 내렸다. 여러 천년을 지속되어 왔던 역사의 기나긴 도정이 드디어 종착점에 도달한 것이다. 그러나 이때 와서 갑자기 막이 내린 것은 아니었다. 이 지점에 이르기까지에 그리 짧지 않은 해체 과정이 있었다. 17세기로부터 19세기에 이르는 기간에 중국중심적인 조공질서의 체제가 동요했던 것이다. 이 현상을 필자는 '흔들린 조공체제'란 개념으로 설명하고 있다.

조공체제가 흔들리게 된 요인은 15세기 이래 전지구적으로 꾸준히 진행된 서세동점의 물결에 있었다. 그 물결이 동아시아 지역에 닿은 것은 16세기 중반 무렵인데 이후로 차츰차츰 파고가 높아진 것이다. 16세기 말에 한반도를 무대로 전개된 7년전쟁이나 17세기 전반기에 대륙에서 일어난 명청교체는 일시 동아시아 전역을 뒤흔든 사건이다. 더욱이 명청교체는 당시 동아시아인들에게 말할 수 없는 충격을 주었다. 하지만 그 자체는 역사상 반복된 현상이었으며, 조공질서도 이내 복원이 되었다. 그럼에도 명청교체가 조공체제를 근본적으로 흔들리게 만든 작용을 하게 만든 것은 요컨대 서세와 만났기 때문이다. 이후 서세의 파고는 날로 높아가서 19세기 중엽으로 와서는 쓰나미 수준에 이르렀다. 1811년 조선의 신미통신사가 일본을 다녀온 이후로 양국 사이에 존속되었던 외교관계가 두절 상태로 들어갔다. 이 사태는 19세기 동북아시아 지역의 정세변동과 관련지어서 살필 필요가 있는 사안이다.

중국 중심의 세계－조공체제하에서의 국제관계는 이른바 사대교린(事大交隣)으로 이뤄지고 있었다. 즉 중국에 대해 주변국들은 '사대'로, 주변국들 상호간에는 '교린'으로 관계 맺기를 한 것이다. 조선왕조는 명(明)에 대해서 사대외교를 행했고 북쪽으로 여진과 동쪽으로 일본, 남쪽으로 유구국에 대해서는 교린외교를 행했다. 명에서 청으로 바뀐 뒤에도 청과 조선 사이에는, 갈등이 있었음에도 사대외교는 그대로 이어졌다. 반면 일본과 중국의 사이는 16세기 이전에 이미 중단 상태로 들어갔거니와, 7년전쟁 이후로는 양자의 국교는 회복을 논의할 계제가 전혀 아니었다. 유구국의 경우 17세기 이래 일본에 짓밟힌 상태에서 중국과는 사대외교를 계속하여 이른바 양속관계에 놓였으며, 조선과는 관계가 끊어지고 말았다.

1811년 한일간에 일어난 국교 단절은 중시할 필요가 있다. 조선왕조와 에도막부 사이에는 7년전쟁을 치렀음에도 이내 국교가 재개된 것이다. 사대교린이라는 중 · 한 · 일 삼국의 국제관계는 비록 훼손된 상태임에도 조선왕조와 에도막부 사이에 통신사가 간헐적으로 내왕함으로 해서 동북아 지역의 국제관계 틀이 지탱이 되고 있었다. 이 또한 '흔들린 조공체제'에서 야기된 현상이라고 하겠다. 불안정하게나마 존속되었던 사대교린이란 외교관계의 틀이 이 지점에 이르러 드디어 파국을 맞은 셈이다.

『사대고례(事大考例)』[15]란 책이 있다. 청과 사대외교의 관계를 정리한 내용으로, 다산이 기획, 주요 부분을 직접 집필하고 세부 작업을 제자 이청(李𣇓)에게 맡겨 만들어진 책이다. 이 책은 청황제 체제를 명분론에서 벗어나 현실적으로 사고한 내용으로 여겨지는바 일본과의 교린외교는 처음부터 제외해 놓았다. 그리고 '왜정고(倭情考)'라는 별도의 항목을 설정해서 다루고 있다. 일본에 대해서는 국가간의 정상적 외교관계를 고려하지 않은 것으로 여겨진다. 일본과의 국교가 단절된 19세기 상황에서 일본에 대한 관심은 오직 군사 쪽으로 돌린 모양새다. 『사대고례』는 중

---

15 『事大考例』는 『茶山學團文獻集成』 제8~9권에 수록되어 있다. 편자가 李時升으로 나와 있으나 실제는 다산과 이청의 공동작업으로 이루어진 것이다. 이에 대해서 필자는 「事大考例와 정약용의 대청청관계 인식」(임형택(2008)이란 제목의 논고를 발표한 바 있다.(『21세기에 실학을 읽는다』에 수록되어 있다.)

국 중심의 세계에 있어서 '사대교린'이란 외교관계의 구조적 틀이 파탄 상태로 들어간 19세기적 상황을 반영한 것으로 해석할 수 있다.

한반도가 종래 고수하던 쇄국정책을 접고 개항을 하게 된 것은 주지하다시피 1876년 일본과 강화도조약을 체결하면서부터다. 이를 계기로 한일간의 국교가 오랜 중단상태에 놓였다가 재개된 꼴이었다. 이 강화도조약은 일본의 무력적 강압에 의해서 맺어진 일이었다.

개항이란 서구 주도의 근대 세계로 향한 문호의 개방을 의미한다. 따라서 사대교린이란 전통적인 외교와는 다른 차원의 국제관계가 그로부터 개시된 것이다. 그런데 한반도의 개항은 두 가지 측면에서 짚어볼 점이 있다. 하나는 개항이 동아시아의 다른 나라에 비해서도 늦게 된 사실이며, 다른 하나는 비서구 국가인 일본에 의해서 개항이 된 사실이다. 이 두 가지 사실은 전지구적으로도 특수한 점으로 보이는데 왜 그렇게 되었던지 궁금한 사안이 아닐 수 없다.

동북아의 한·중·일 세 나라는 지구상에서 개항이 가장 늦어진 지역이었다. 이 지역이 극동이라고 일컬어졌듯이 지리적으로 서유럽으로부터 멀리 떨어져 있기 때문에 서세의 물결이 늦게 닿을 수밖에 없었다. 그런 중에서도 한반도는 가장 늦었다. 외세에 대응하여 정부가 강경한 쇄국정책을 썼기 때문에 늦어지게 되었으나, 한반도 자체가 놓인 지정학적 요인이 크게 작용된 것으로 여겨진다. 중국 대륙과 일본 열도의 사이에 놓인 한반도에 대해서는 상대적으로 관심이 덜 갔던 데다가 선뜻 덤벼들기에는 조심스러운 면도 있었다.

> 중국 중심적 동아시아 세계가 해체되면서 '동방축'을 따라 유사 이래 볼 수 없었던 새로운 상황이 펼쳐지고 놀라운 사태들이 일어난 것이다.[16]

16 임형택(2014a), 238면.

동방축이란 중국대륙–한반도–일본열도로 이어진 동선을 지칭하는 것이다. 거시적으로 유라시아 대륙을 하나의 역사 무대라고 상정해 볼 때 14세기에 이르기까지는 중앙아시아를 거쳐 유럽에 닿는 서방축이 대개 주축으로 움직였다. 15세기부터 남방축과 동방축이 움직이기 시작했는데 처음에는 남방축이 활발하더니 나중에는 동방축이 주축으로 작동해서 오늘에 이르고 있다. 이는 필자가 제기한 연구 가설이다. 무슨 특별한 논리를 펴기 위해서가 아니고 우리 자신의 입장에서 우리가 처한 시공간을 사고하기 위한 구도일 뿐이다.

이처럼 동방축이 부상한 결정적 요인은 미국의 형세가 태평양을 건너서 동아시아 지역에 당도한 데 있다. 아울러 고려할 측면은 러시아의 등장이다. 동방정책을 구사한 러시아가 극동에 도착함으로 해서 중국대륙과 만났는데 이는 종래의 실크로드와 다른 동선을 통해서 이뤄진 것이다. 또한 한반도와 일본열도에도 잠재적 위협으로 다가온 것이기도 했다.

이 대목에서 우리로서 유의할 바는 동방축이 주축으로 작동함에 따라 한반도는 그 지정학적 위치가 대단히 중요시된 사실이다. 한반도는 동방축의 핵심 고리이기에, '동방의 화약고'라느니 '아시아 평화의 관건'이라느니 하고 일컬어지게 된 것 역시 이 때문이다. 일본을 압박해서 개항을 하도록 만든 것 또한 미국이었다. 일본의 경우 비록 강압에 의해 문호를 개방하긴 했지만 우리가 익히 경험한 대로 서구 주도의 근대 세계의 움직임에 민활하게 편승하였다. 그리하여 자기들이 당했던 그 방식을 써서 강화도조약을 강요, 한반도를 근대 세계로 끌어낸 것이다. 그 이면에 미국이 개입되었다는 것은 대개 알려진 사실이다.

결과적으로 일본이 한반도에 선수를 친 꼴이 되었다. 그때 잡았던 승기를 잘 활용하여 청일전쟁에서 승리를 얻어냈으며, 이어 한반도를 식민지로 지배하는 데까지 이르렀고 나아가서는 동아시아 지역의 패권국가로 군림하게 되었다. 비서구권 내에서 식민지배와 피지배의 관계가 형성된 것은 전지구적으로도 예외적 현상인데, 기실 일본이 미국 그리고 영국의 하위 파트너로서 움직였기에 가능했다는 점도 염두에 두어야 할 대목이다.

3. 19세기 학술계의 동향 및 여러 유파

19세기에 제출된 학술사상은 전에 없이 복잡성과 다양성을 드러내고 있었다. 위에서 살펴보았던 그 시대를 반영한 형국인데 당면한 시대에 대응한 학술적 기획이요, 사상적 전략이라는 의미를 갖는 것이었다.

당시의 학술사상은 그 입장이나 이론으로 미루어 세 유파로 구분해 볼 수 있다. 하나는 정통 성리학 쪽에서 깃발을 세운 위정척사론, 그리고 하나는 실학파에서 제기한 개혁·개방론이다. 다른 또 하나는 민중운동의 사상으로 일어난 동학이다. 이들 세 진영은 위기상황에 대처하는 방법론 또한 서로 같지 않아서 각기 대립적인 양상을 연출한 것이다. 다음에 이들 각각의 역사적 추이와 학적인 논리를 설명하고 현실대응의 방법론을 따져 보려고 한다.

1) 정통 성리학에서 제기된 논리: 衛正斥邪論[17]

조선왕조는 익히 알려진 대로 유학이 국교로서의 지위를 누리고 있었다. 유학에서도 이기(理氣)철학에 입각한 성리학-주자학이 주류를 이룬

---

17 이 단원에서의 서술은 필자의 「개항기 유교지식인의 '근대' 대응논리-최한기의 기학을 중심으로」(2001, 2014b)에서 5절의 「'근대'에 대한 미학적 대응논리」 부분을 요약한 것이다.

것이다. 그런데 19세기의 위기상황에 직면해서 정통 성리학은 주리(主理)로 편향하였다. 이는 기존의 지역적 경계와 학파적 갈등을 넘어서 귀결된 현상이었다. 중부권에서 화서(華西) 이항노(李恒老, 1792~1868)가 먼저 들고 일어서자 호남권의 노사(蘆沙) 기정진(奇正鎭, 1798~1876), 영남권에서 한주(寒洲) 이진상(李震相, 1818~1886)이 호응하고 나온 것이다.

영남권에서 한주를 이은 학자 면우(俛宇) 곽종석(郭鍾錫, 1846~1919)은 "화서 선생은 기학(氣學)이 요란한 세상에 우뚝 몸을 일으켜 …… 주리(主理)의 진전(眞詮)을 천명하였다"[18]고, 화서 이항노가 주리의 기치를 들어서 진리의 길을 비춰 줄 횃불을 든 것으로 보았다. 이 논리는 세상을 시끄럽게 만드는 요인으로 기학을 지목한 것이다. 호남권의 노사 기정진은 주장하기를 "아내가 남편의 지위를 빼앗고 신하가 군주의 지위를 빼앗고 이적(夷狄)이 중화(中華)의 지위를 빼앗는 이 세 가지는 천하의 변란이라"[19]고 한다. 즉 부부관계로 집약되는 가정적 질서, 군신관계로 집약되는 국가적 질서, 중화와 이적[화이]의 관계로 집약되는 국제적 질서가 전도되는 사태가 오는 것을 '천하의 변란'으로 인식한 논리구조이다. 노사에게 인지된 눈앞의 위기상황이었다. 노사는 '기가 이의 지위를 빼앗게 되면'[氣奪理位] 이 세 가지 변란이 곧바로 밀어닥친다고 보았다. 19세기 조선이 당면한 위기상황과 철학적 인과관계를 갖는 것은 다름 아닌 주기의 논리가 설친 때문으로 진단한 것이다.

이런 견해는 물론 화서 역시 다르지 않았다. 화서는 이르기를 "이(理)가 주인이 되고 기(氣)가 부림을 당하면 이는 순조롭고 기는 바르게 작동해서 만사가 잘 다스려지고 천하가 안정된다"고 하였다. 반대로 "기가 주인이 되고 이가 부차적이 되면 기는 강성해지고 이는 숨어서 만사가 어

18 郭鍾錫, 『俛宇集 · 柳省齋重敎心說辨』 권130, 장21.

19 『蘆沙集附錄 · 年譜』 권1.

지럽고 천하가 위태롭게 된다"고 경고한다. 이 논법은 따지고 보면 이기설 본래의 존재론적 의미로부터는 이미 멀어진 도덕적 당위론이다. 왜 서로 약속이나 한 듯이 주리로 편향하여 기를 배척하는 논리를 펼치게 되었을까?

화서의 발언에 분명한 답이 들어있다. "서양이 도를 어지럽히는 상황은 가장 우려할 사태다. 천지간에 한 줄기의 양(陽) 기운이 우리 동국에 남아 있거늘 이것마저 파괴되다니 천심(天心)이 어찌 차마 이렇게 하실까!"[20]라고 서양 세력이 밀려드는 당시의 정세를 도가 난망의 지경에 떨어진 것으로 비관하여 탄식을 하고 있다. 화서는 이 사태를 양화(洋禍)라고 표현하였다. "중국의 도가 망하면 이적금수(夷狄禽獸)가 달려든다."[21] '중국의 도'라고 할 때의 중국은 지리적 경계를 넘어선 보편적인 의미를 띤 문명론적 개념이다. 그렇듯 서양을 적대시한 '양화' 또한 문명론적 개념에 의거해서 나온 말이다. 요컨대 서세가 밀려든 사태를 전통적인 유교·한문세계가 붕궤되는 문명적 위기로 사고하고 있다. 문명적 위기는 '도'의 종식에 다름 아니기에, 필사적으로 수호, 방어하지 않으면 안 되는 일임이 물론이다.

이에 화서가 한 말이 있다. "북쪽 오랑캐는 이적이라 그래도 말할 수 있거니와 서양은 짐승이므로 말할 나위 없다."[22] 만청(滿淸)은 비록 이적의 부류이긴 하나 인종에 속하는데 서양 족속은 짐승이기 때문에 논의의 대상도 될 것이 없다는 뜻이다. 서양인을 분명히 인류 밖으로 치부한 것이다. 조선의 집권층은 대륙에서 명청교체가 일어난 이래 존화양이(尊華攘夷)라는 체제이데올로기를 표방했던 터였다. 그리하여 조선땅을 이적

---

20 이항노, 『雅言·洋禍』 권12.

21 이항노, 『雅言·洋禍』 권12.

22 이항노, 『雅言·洋禍』 권12.

을 물리치는 기지로 사고하였다. 위에서 방금 들었던 "한 줄기 양(陽) 기운이 우리 동국에 남아 있다"고 한 것은 바로 이런 사고에서 나온 발언이었다. 서세는 오직 척사(斥邪)로 맞서 물리쳐야 할 대상일 뿐이었다. 그래서 수립한 전략이 '위정척사(衛正斥邪)'라는 4 글자다. 노사 또한 상통하는 방법론으로 '내수외양(內修外攘)'을 표방한다. 앞서 17세기에 만청이 등장하자 세부득이 무릎을 꿇어야했거니와, 저들에게 사대외교를 감수해야만 했던 조선의 집권층이 명분으로 내세웠던 '존화양이(尊華攘夷)' 그것과 지금 양이(洋夷)에 대항하기 위한 '위정척사'는 동일한 궤도에서 진행된 논리였다.

필자는 19세기 정통 성리학 진영에서 높이 깃발을 세운 위정척사론은, 결국 시대의 진행방향에 역행했다는 비판을 면할 수 없겠으나, 다음 두 가지 측면에서 평가할 수 있다고 본다. 첫째, 시대상황을 읽지 못한 수구보수의 논리이기 때문에 논리 자체에 곤란한 점을 내포하고 있는 것이 사실이다. 그렇긴 하지만 이후 날로 민족위기가 침중하여 마침내 주권을 상실하는 마당이 도래한 상황에서 위정척사론은 의병항쟁의 지도이념으로서 어느 무엇보다도 강고했다. 위정척사는 실로 성전의 논리라는 의미를 확보하게 된 것이다. 둘째, 주리로 편향한 나머지 기를 아예 부정하고 배제한 논리는 성리학의 본원적 이론에 비추어 따져볼 점이 없을 수 없다. 이 논법은 주자의 철학에서 일탈을 했고, 퇴계와 율곡이 주장한 이기론에서도 어긋난 것으로 보지 않을 수 없다. 성리학의 논리구조는 주리와 주기의 다툼이 끊이지 않았으되 이와 기를 통합적으로 사고하고 양자의 균형을 깨뜨리지 않았다. 19세기 중반을 넘어서면서 이론이 '주리'로 치달아서 기를 부정하고 배제하는 도덕 철학을 수립한 것이다. 주자학-성리학은 그 내부에서 이론적 파산이 일어났다. 근대 세계에 직면하면서 성리학은 그 자체로 이론적 농성체제를 구축한바 그 내부에서 논리의 파탄이 일어난 것이다.[23] 성리철학의 파산은 역으로 발전적 의미를 띠었다고 평가할 수도 있다. 사고의 혁명적 전환을 위해서는 필수로 통과해야 할 과정이었다.

2) 실학파에서 제기된 논리 : 개혁·개방론

실학 역시 유학이다. 성리학이 신유학이라면 실학은 개신유학이다. 17세기의 역사를 통과하면서 일어난 반성전 비판사상이 신학풍으로 발전하여 실학이라고 호명된 것이다. 이 실학은 18세기에 성호(星湖) 이익(李瀷)과 연암(燕巖) 박지원(朴趾源)이 등장하면서 그 학문적 성격이 확실하게 되는바 19세기 급전하는 시대에 직면하여 실학적 논리 또한 시대의 과제를 해결하는 방향으로 나가지 않을 수 없었다.

실학은 발생시점에서부터 사상적 성격을 개혁에 두고 방향을 개방으로 돌린 터였지만, 이 단계에 들어와서는 더욱 개혁과 개방이 강화되었음이 물론이다. 그 당시 실학파에 속하는 학자들의 변역(變易) 논리를 짚어보면 ① 경학, ② 기학, ③ 실사구시에 입각해서 각기 펼쳐내고 있었다. 세 가지 다 이때 처음이 아니고 이미 전에부터 학문작업상에 도입되었던 것인데 시대의 요구에 따라 제 각기 모색된 방도였다. 이 각각에 대해 구분을 지어서 되도록 간략히 정리해보자.

경학적 대응 논리 : 정약용과 심대윤[24]

19세기 벽두에 신유옥사가 일어나더니 1839년 기해옥사가 일어나고 1866년 천주교 대박해로 이어져서 당장 그해에 병인양요를 불러들인다.

---

23 임형택(2001) ; 임형택(2014a), 259~266면.

24 이 단원의 서술은 주로 필자의 「19세기 서학에 대한 경학의 대응－정약용과 심대윤의 경우」(1995, 2000)를 요약해서 한 것이다.

1871년에는 신미양요가 일어나고 1876년에는 드디어 개항을 하지 않을 수 없게 되었다. 여기에 우리로서 주목할 점이 있다. 한반도상에 서세가 상륙한 것은 서세의 무력적 침략이 있기 이전에 먼저 종교적인 침투가, 그것도 자발적인 수용이 일어났던 사실이다. 18세기 말에 이미 서교는 마치 불길처럼 번져서 장차 나라를 들어 맡기게 될 지경이라는 우려의 목소리가 나왔다. 왕조당국은 이에 대해 엄중히 대처하기에 이르렀다. 사교로 규정, 폭력적 수단을 동원해서 제거하려고 하였던바 그 논리는 오로지 서교를 이단시 하는 '벽위(闢衛)'였다.

연암은 서교에 대해 거부하는 입장이었지만 탄압으로 일관하는 방식에 대해 우리 백성들이 "내가 좋아하는 바 선이요, 내가 믿는 바 하느님인데 어찌 선을 가로막고 하느님을 믿는 것을 금지하느냐고 항의하면 어찌 하겠느냐"고 하였다.[25] 서교를 폭력적으로 대응하는 방식에 난점을 지적한 연암의 발언에는 불안감이 깃들어 있다. 유교문화권의 정신전통을 포기하지 않는 한에서 그 과제는 경학의 고유한 임무였다. 19세기 당시 이 학적 과제를 담당해서 추구한 대표적 성과로 앞에 다산 정약용의 경학, 뒤에 백운(白雲) 심대윤(沈大允, 1806~1872)의 경학을 들어볼 수 있다.

다산은 유교 경전을 중심으로 자기 학문의 논리를 수립했다. 요컨대 경학이 그의 학문의 근본이었다. 그리고 사회적 실천을 뜻하는 것으로 경세학이 펼쳐졌다. 경학을 중심으로 경세학을 배치하여 체계화한 것이 다산학이다. 주자학=성리학과는 학문체계가 달랐다. 주자학 또한 당연히 경전을 중요시하지만 그 이론의 핵심 개념은 이(理)와 기(氣), 그리고 성(性)이었다. 그래서 주자학을 일컬어 성리학이라고 하는데 혹은 이기철

---

25 박지원, 『燕巖集』 권22,「監司自劾疏草」, 41~43장.

학이라고도 부르며, 중점이 이에 주어졌기 때문에 이학(理學)이라고도 지칭했다. 반면에 다산은 성리학적인 이 개념을 제명처분하고, 성에 대해서는 해석을 달리하였다. 즉 일반 사물의 조리를 의미하는 이만을 인정하고 천리(天理)의 이는 부정한 것이다. 천리를 부정함에 따라, 천리와 직결된 성(性)도 설 자리를 잃게 되는데, 다산은 성이란 사람의 기호(嗜好)를 가리키는 것이라고 새로운 해석을 가하였다.

다산 사유의 논리를 따라가면 '천리의 천'과는 다른 의미의 천이 앞에 나온다. '사천(事天)의 천', 즉 신앙의 대상으로서의 하늘이다. 다산은 신앙적인 천의 의미를 도입해서 유교의 수양론에서 아주 중요시했던 신독(愼獨)의 의미를 성리학의 정통적인 해석과 다른 방향으로 해석해낸 것이다.

신독이란 혼자 있을 때 조심하라는 뜻의 가르침이다. 아무도 보지 않고 저 혼자 있는데 왜 조심해야 하느냐? 이 물음에 대해 천리를 일깨워서 혼자 있을 때 조심하라고 경계한 말씀이라 풀이한 것은 정통 성리학의 해석이다. 이런 해석 논리에 다산은 정면으로 반론을 제기한 것이다. 철면피의 위선자에게 너 홀로 있을 때 각별히 조심하라고 아무리 가르친다고 해서 무슨 효과가 있겠느냐? 성인이 아무 효과 없는 빈말을 후인을 경계하는 말로 남겼을 이치가 있겠느냐고 공박한 것이다. 이 주장의 증거로 공자의 "하늘에 죄를 지면 빌 곳이 없다"[26]는 말씀을 인용하기도 했다.

다산이 '신독'의 해석에 도입한 천은 인간을 감시하는 권능을 지닌 존재다. 『논어』에서 공자의 "하늘에 죄를 지면 빌 곳이 없다"는 말씀을 들어보면 분명히 천을 신앙의 대상으로 생각했거니와, 『시경』의 대아(大雅)에는 하느님을 섬긴다는 의미의 "소사상제(昭事上帝)"라는 구절이 나

26 『論語 · 八佾』, "獲罪于天, 無所禱也."

온다. 다산은 신앙적 의미의 천을 유교의 경전에서 주목하여 유학 자체를 하늘을 섬기는 공부라는 뜻의 소사학(昭事學)이라고 말하기도 했다. 다산이 경학을 중심에 놓고 학문을 체계화한 핵심은 다른 무엇보다도 천관(天觀)에 있었다. 다산의 천관은 기독교적 천주 개념과 상통하는 것으로 여겨진다.

다산 자신 젊은 시절에 서교의 교리서를 읽었다고 고백한 바 있으며, 종교적으로 일시 경도되었던 것도 사실로 보인다. 그러다가 유교로 복귀하였다. 다산학의 체계에 서학서의 영향이 드리워지게 된 것은 그의 학문 경로로 미루어 자연스런 결과로 간주해야 할 일이다. 그 자신이 처한 시대, 정신적 공백으로 서교에 휩쓸린 상황에서 신앙적·사상적 대응책을 강구한 학문이 다산의 경학이요 혼란한 세상을 구제할 방책이 경세학이었다.

백운 심대윤은 다산보다 38세 연하인데 역시 경학이 주력 분야이자 자기 학문의 중심이었다. 이 두 학자를 비교해보면 유사점 속에 차이점, 차이점 속에 유사점이 어울려 있다. 다산의 경우 잘 알려졌다시피 서교에 연루되어, 둘째 형은 죽임을 당했고 셋째 형은 섬으로 귀양을 가 그곳에서 생을 마쳤으며, 그 역시 18년 동안 귀양살이를 해야 했다. 백운의 경우 그의 증조부 때 당쟁으로 인해 거의 멸문의 화를 당해서 추방당해 버려진 인생을 살아야 했다. 백운 자신 경기도 안성에서 형제들과 함께 상 만드는 공방을 직접 운영하기도 했고 약방을 차리기도 한 것이다. 안성은 당시 조선 땅에서 상업의 한 중심지였다. 그 자신 가문이 당했던 비극에 가위 눌린 상태에서 깨나지 못하고 몸부림치면서 상공업의 현장을 온몸으로 부딪쳐 나갔다. 이러한 그의 가문의 처지와 삶의 체감이 자기가 수행하는 학문 작업과 무관할 수 없었다.

그의 시대에서 그가 가장 문제점으로 의식한 것은 서교의 성행이 민중에게 침투하고 있는 현상이었다. “근래 서학이라 일컫는 일종의 사설(邪說)이 이 틈을 타서 일어나 우리 백성들을 침혹하고 있다”고 하면서 이 사태를 “바라만 보고 앉아서 구하려 들지 않는다니 차마 할 수 없는 노릇이다”고 그는 심각한 우려를 표명한 것이다.[27] 물에 빠진 사람을 긴급히 건지듯 서양의 종교에 침혹된 백성들을 구제하는 방도를 강구하는 것이 학문하는 자의 급선무라는 주장이었다. 그는 이르기를 “사농공상은 제각기 직분으로 살아간다”면서 “사(士)는 도를 행하여 세상을 바로 잡는 일이 직분인데 …… 자기 직분을 비워 놓고 먹을 것을 훔치며 명예까지 훔치고 있다. 이는 천하의 대적이다”라고 한다. ‘천하의 대적’이라니 어떤 이들을 지칭하는 것일까? 그는 시속의 명성을 쫓는 이들을 가리켜 ‘세유’라고 불렀던바 당대에 권위를 누리고 있는 ‘산림학자’를 염두에 둔 것으로 여겨지는 발언이다.

> 지금 ‘성인의 서’를 모두 갖다가 멋대로 도색하고 진면을 바꿔치기 해서 세상을 속이고 있으니 그 폐단은 옛날보다 훨씬 더 심하다.[28]

예로부터 양·묵·노·불(楊·墨·老·佛)을 이단이라고 지목해 왔거니와, 오늘에는 이들 이단보다 세유들의 학설이 세상에 끼치는 폐해가 더 크다는 것이 그의 논점이었다. 이런 부류에 대해 그는 ‘오성무속’(誤聖誣俗, 성인을 왜곡하고 세상을 속임)의 죄목을 적용하기도 했다. 그가 이토록 성토한 것은 다름 아닌 정·주(程·朱)의 학설로서 초점은 이기심성론에 있었다. 그의 사상의 요지는 욕망을 긍정한 나머지 이익을 추구하는 인간의 행위를 긍정하는 데 있었다. 주자학의 성리설에 정면으로 배치되

---

27 심대윤이 자신의 저술인 『논어』 해석서에 붙인 글. 대동문화연구원 편찬 『韓國經學資料集成』의 『論語 15』.

28 심대윤, 『論語 15』.

는 견해다. "인민이 재부를 욕구하는 것은 천성이다."[29] 물론 사리사욕을 방임해두자는 뜻은 아니었다. 거기에 도입한 것이 공공성(公共性)의 논리며, 사상적 지향처는 **복리**에 있었다. 『복리전서(福利全書)』가 그의 주저였다. 이런 주장 역시 근거를 유교 경전에 두고 있었다. 그가 경학을 학문의 중심으로 잡은 까닭이다.

그런데 그는 왜 유학자로 자부하면서도 그 시대의 통설인 성리설에 정면으로 반기를 들고 맹공을 하였을까? 다른 어디가 아니고 서교에 적극적으로 대응하려는 데 있었다. 그의 학문의 출발처인 서교의 침혹에 빠진 우리 백성들을 구제하려는 충정이었다. 성리학의 정설인 천리(天理)와 인욕(人欲)을 대척적으로 보아 천리를 보존하고 인욕을 배격해야 한다는 성리학적 순결주의를 가지고 식(食)과 색(色)이 본능인 인간을 도저히 설득시킬 수 없다는 고뇌로부터 그의 특이한 사상이 도출된 것이다.

다산의 대응논리가 탈주자학적이라면 백운의 대응논리는 반주자학적인 것이었다. 양자가 제출한 논리와 사상은 방향이 서로 달랐지만 서교의 어떤 내용을 섭취해서 세운 적극적 대응방법론이었다는 측면에서는 공통성이 있다.

기학적 대응논리 : 최한기[30]

혜강 최한기는 청년시절에 『신기통(神氣通)』과 『추측록(推測錄)』이란 이름의 저서를 간행하더니 50대 이후에 『기학(氣學)』·『운화측험(運化測驗)』과 아울러 정치적 실천을 의도한 『인정(仁政)』을 저술해서 자기 학

29 『論語·先進』의 "子曰回也" 장의 해석에 나오는 말.

30 이 단원의 서술은 필자의 「개항기 유교지식인의 '근대' 대응논리－최한기의 기학을 중심으로」(2001)와 「정약용의 경학과 최한기의 기학－동서의 학적 만남의 두 길」(2014b)를 요약해서 한 것이다.

문의 체계를 완성하였다. 혜강의 학문에서 『기학』은 다산의 경학 저술에 해당하며, 『인정』은 다산의 경세학 3부작인 『경세유표』·『목민심서』·『흠흠신서』에 해당하는 것이다. 그렇지만 주체의 확립과 실천으로 구도된 다산학과는 달리 혜강학은 기학으로 일관한 체계이다. 혜강학 자체를 기학이라고 규정지어도 좋다.

혜강은 앞에서 거론했던바 이학(理學)으로 깃발을 세운 정통 성리학 진영에서 배척했던 기학을 들고 나선 형국이다. 그런데 정통 성리학 진영이 공격의 표적으로 삼았던 기학이 바로 혜강의 기학이 아니며, 실은 또 혜강이란 존재를 인지하지도 못했을 터이다. 혜강의 기학은 어떤 성격인가?

혜강학=기학의 기(氣) 개념은 이기철학의 기와는 무관한 것이라고 말할 수 없겠으나 같은 것도 아니다. 이기철학 자체를 혜강은 부정하는 입장이었다. 혜강학의 기는 동양 전래의 기 개념에 뿌리를 두고서 서양 근대 과학의 성과까지 수용한 것으로 여겨진다. 혜강 기학의 이론적 핵심은 운화(運化)이다. 『기학』의 자매편이 『운화측험』이었다. 운화를 측험하는 기학적 방법론으로 이 책을 저술한 것이다. '주리의 학'에 대해서 혜강은 운화기(運化氣)가 드러나지 못했던 시기에 성립한 것이라고 얕잡아 보았다. 주리론의 추상적 사변은 한 마디로 기에 대한 인식이 부족했던 단계의 학설이라고 간주한 것이다. 최한기에 있어서 성리학은 청산되어 마땅한 구닥다리에 다름 아니다. 유교의 경전에 대해서도 그는 태도를 달리하고 있었다. 경전은 사람이라면 지키고 따라야 할 규범이요 진리였다. 그는 경전의 절대적 권위를 인정하지 않고 다만 "'천인운화'를 준거로 하여 이에 합치하면 감복해서 닦아 행할 것이요, 합치하지 않으면 남겨두고 후세를 기다릴 것이다"[31]고 말하였다. 경전은 판단의 대상으로 격하된 셈이었다. 경전의 절대적 권위가 사라짐에 따라 행위와 가치의 준칙을 따로 제시해야만 했다. 이에 그는 “오늘의 귀와 눈으로 보고 들은 바와 행동으로 실천한 바로서 기초와 표준을 세우지 않으면 안 된다”고 주장한다. 유학의 고질적인 회고주의의 늪에서 빠져나올 것을 종용한 것이다. 이에 제시한 방법론은 다름 아닌 ‘측험(測驗)’이었다. 측험이란 관측과 경험을 뜻하는 것으로 볼 수 있다. 또한 논리적으로 당연한 귀결처이지만, 혜강의 경우 다산이나 백운처럼 경전에 집착해서 경학 연구에 몰두할 이유는 없었다. 혜강의 기학은 주자학－성리학에서 이탈하고 나아가서 탈경학으로 신학문을 열었다. 또 거기서 정지하지 않고 탈종교로 진출한 것이다.

혜강의 기학적 사유의 논리는 출구를 인간 이성을 중시하는 쪽으로 잡았다. 그는 천명하기를 “중간에 귀신 잡설이 신기(神氣)의 진적(眞蹟)을 혼탁하게 만들었고, 공허의 학이 신기의 형질(形質)을 흔들고 빼앗았다.”[32]고 하였다. 이 문맥에서 ‘공허의 학’이란 허리(虛理)에 매달린 것으로 보는 성리학에다 무형의 천신(天神)을 받든다고 보는 서학(천주교)과 천방학(天方學, 회교)까지 싸잡아서 지칭한 표현이다. 이런 따위는 우주만물에 대한 합리적 인식이 형성되기 전단계의 허상을 붙잡고 숭배하는 태도라고 공격을 가하였다.[33] 혜강학에서 신은 ‘운화의 공능’을 의미하였다. “운화의 기는 유형의 신이고, 유형의 이(理)이다.” 창조주로서의 신을 상정해서 신앙의 대상으로 삼는 것은 허상을 숭배하는 일에 다름 아니다. 인간 존재 역시 우주간에서 운화의 조화 가운데 살아가고 있으므로 운화에 승순(承順)해서 각자 삶을 영위하고 정교(政敎)를 베푸는 것이 바르고 바람직한 도리라고 그는 설파하였다.

---

31 최한기, 『氣學』 권2, 古聖賢經傳條.

32 최한기, 『明南樓隨錄』, 明世之所常用條.

33 최한기, 『明南樓隨錄』, 踰越運化條.

혜강은 자신이 창도하고 설파하는 기학을 인류가 도달한 최고의 경지로 자부하는데 이는 독득 · 독견이 아니며 "우내인(宇內人)이 함께 측험해서 성취한 것"임을 분명히 했다. "만국의 학문은 천인운화를 표준으로 삼아야 한다"고 하며, 그야말로 전지구적 차원을 사고한 것이다. 이는 학문의 영역에 그치는 것이 아니었다.

> "천하물산이 만국으로 두루 통하게 됨을 따라 교역에 있어서는 이해로 따지며 견문에 있어서는 경험이 더욱 넓어진다."(『仁政 · 用人』)

그는 기본적으로 상업 유통의 필요성을 인정하여 역내의 수운(水運)보다 해운이 중요함을 강조했던 터였다. 그런 사고의 논리에서 국제무역이 가져오는 경제적 이해는 말할 나위 없었다. 뿐 아니라 국제교역을 통해서 새로운 경험을 얻게 되고 지식의 확장까지 착안한 점은 주목되는 대목이다. 일국의 정치를 논하는 자는 국내의 통상에 그치겠지만 천하의 치평(治平)을 도모하는 자는 국제교역을 권장함이 마땅하다고도 말하였다. "이로 인해서 (국제적으로) 소식이 통하고 이로 인해서 교화가 바로잡힐 것이다"는 발언까지 하고 있다. 혜강의 기학적 사유는 무한히 개방으로 나간 것이다.

혜강은 바야흐로 19세기 동서가 열린 시대에 출현한 세계화론자라고 보아도 좋을 것 같다. 그는 전지구를 석권하는 서세가 제국주의적 속성을 지니고 있으며, 지구의 평화와 안녕에 위해를 끼치는 활동을 벌이고 있는 당시의 정황에는 눈을 감았던 것으로 보인다. 혜강의 학술사상에서 이 문제점을 부인할 수 없다. "병선(兵船)을 이끌고 침략을 일삼는 자도 있다"[34]고 말한 것을 보면 서세의 무력 침략에 대해서 모르지 않았음을

---

34 최한기, 『明南樓叢書』, 人政 · 用人 上.

짐작케 한다. 그럼에도 그는 한 사람이 불량한 것으로 나라를 불량국가로 단정할 수 없다고 한다. 그렇듯 일부의 침략적 행위를 두고서 서양제국을 온통 다 불량국가로 치부할 수 없다고 본 것이다. 요컨대 그는 국제적 교류와 소통이 지식의 진보를 초래하는 것으로 낙관을 하였다. 서세·서학에 대해 기학적 대응논리를 제시했던 혜강은 개항의 위기를 기회로 돌리려는 희망적 지향을 가졌던 것으로 해석할 수 있겠다.

실사구시적 대응 논리: 남병철[35]

실사구시(實事求是)란 실제 사실에서 바른 도리를 구한다는 뜻의 말이다. 『한서(漢書)』에서 비롯된 아득한 옛날의 성어인데 오늘날에까지도 인간 주체가 취해야 할 바른 도리를 가리켜서 곧잘 쓰이고 있다. 그런데 18, 19세기에는 이 성어를 호출, 하나의 학문 경향을 지칭했던 것이다. 청조와 조선조에 공히 나타난 현상으로 상호관계가 있었음에도 전개된 양상은 다름이 있었다.

조선에서 실사구시를 학문상에서 뚜렷이 표방한 것은 추사(秋史) 김정희(金正喜, 1786~1856)였다. 그보다 1세기 앞서 실사구시를 역설한 인물이 있었다. 18세기 전반기에 양득중(梁得中, 1665~1742)이다. 허위(虛僞)의 의리를 과대 포장해서 정치적 이데올로기로 내세우는 데 대해 실사구시란 말을 가지고 비판한 것이었다. 이 경우 시폐(時弊)를 구하자는 취지였고 학문하는 일에 직접 관련된 것은 아니었다. 추사로 와서는 "실사구시야말로 학문의 가장 긴요한 길이다"[36]라고, 요는 학문의 방법론으로 실사구시를 제창한 것이다. 학문의 길에서 실사구시를 중시할 경우에 '실

35 이 대목의 서술은 필자의 「실사구시의 학적 전통과 개화사상」(1998, 2000)에서 해당 부분을 요약한 것이다.

36 김정희, 『阮堂全集』, 「實事求是說」.

사'는 허리(虛理)에 대비되는 구체적 증거를 의미했다. 곧 객관적인 실증이다. 당시 이 방법론은 주로 경전 해석을 통해서 도출되었거니와, 거기서 금석학·문자학 등 학문영역이 분화되기도 했다. 이 경우 실사구시는 고고(考古)를 추구하는 방향으로 나갔다. 이른바 훈고학(訓詁學) 혹은 고증학이다.

서두에서 19세기는 위기의 시대라고 말했거니와, 그 위기는 주로 서세의 무력적 침공으로 빚어진 사태였다. 1840년대의 두 차례 아편전쟁이 1860년에는 영불연합군의 북경함락으로 이어진 것이다. 이 지점에서 실사구시의 방향이 달라지게 된다. 실사구시란 말을 써서 현실로 시선을 돌릴 것을 촉구한 것은 다른 누가 아니고 추사 김정희였다. 세계정세에 관한 지리학적 지식을 담은 위원(魏源)의 『해국도지(海國圖誌)』를 두고 "훈고의 공언(空言)을 고수하지 않고 오로지 실사구시를 위주로 하고 있다"면서 위원의 학문을 높이 평가하였다.[37] 추사는 급변한 시대 상황에 대응해서 자신이 주장해왔던 실사구시라는 패러다임을 현실 쪽으로 선회한 것이었다. 하지만 추사 자신은 그 방향에서 학문적 성과를 만들어 내지는 못했다. 이 과제는 추사 이후 세대의 몫이 되었다.

실사구시로 방향전환을 한 길에서 두각을 드러낸 존재로서는 박규수와 함께 남병철(南秉哲, 1817~1863)과 남병길(南秉吉, 1820~1869) 형제를 들어볼 수 있다. 이들의 학적 관심분야는 천문·역산 및 수학에 있었다. 박규수의 학문 세계를 그의 제자 김윤식(金允植, 1835~1922)은 실사구시라고 규정지은바 이 성격의 학문은 남병철 형제에게도 대체로 찾아볼 수 있다. 박규수에 대해서는 뒤에 따로 다룰 터이므로 여기서는 남병철을 중심으로 논하려고 한다.

37 김정희, 『阮堂全集』 권3, 「與權彛齋敦仁 十八」.

남병철은 주 관심사가 수(數)에 있었다. 예(禮) · 악(樂) · 사(射) · 어(御) · 서(書) · 수(數)의 육예(六藝)는 전통적인 학술의 총체인데 수가 끝에 위치한 이유는 중요도가 낮아서가 아니고 뒤에서 통섭하는 뜻이라고 한다. 오히려 수를 중요하게 여겼다는 견해이다. 「해경세초해(海鏡細艸解)」라는 수학의 저술에서 그는 "무릇 수란 바깥도 없고 적재할 수도 파괴할 수도 없는 것인데 크게는 천지를 영위하며 작게는 미염능잡(米鹽凌雜, 극히 미세하고도 복잡하다는 의미)하여 오직 변하는 대로 적용되어 이용이 무궁하다"고 말한다. 수는 추상적인 순수 개념이지만 그 이용가치는 무궁하다고 한 논법이다.

이 수의 학을 굉장히 중시하여 "**격치**(格致)**의 실학**이며 가국(家國)의 실용이니 경세(經世)를 담당한 자 먼저 힘써야 할 바"[38]라고 결론을 내린다. 곧 근대 과학에서 중심 위치에 있는 수학에 해당하면서 천문 · 역산(曆算)을 포괄하고 있는 것이다.

남병철의 문집에는 「서추보속해후(書推步續解後)」라는 제목의 논설문이 실려 있다. 이 작품은 중국의 북경이 영불 연합군에게 함락 당했다는 소식에 경악하면서 깊은 성찰의 뜻을 담아 지은 것이었다. 여기서 남병철은 기계(器械)와 수술(數術)이란 용어를 쓰고 있다. 서양인들이 성취한 '기계의 정리(精利)'와 '수술의 미묘'는 실로 놀라운 경지여서 당시 중국이 그처럼 무너지게 된 것도 주로 이에 요인이 있다고 보았다.

이와 관련하여 그는 매우 주목할 발언을 하였다. 저 하늘에 떠 있는 해와 달과 별이 인간 세상에 중화(中華)와 이적(夷狄)의 구분이 있는 줄 어찌 알겠는가[39]라고 한다. 자연적 질서와 인간적 관념을 구분지은 것이다. 이런 논리를 제시한 뜻은 요컨대 서양의 우수한 과학 기술을 선입의

38 남병길이 남병철의 『해경세초해(海鏡細艸解)』의 서문에서 썼던 말.

39 남병철, 『圭齋遺稿』 권5, 「書推步續解後」, "彼日月五星, 安知世間有尊華攘夷之義哉!"

관념에 사로잡히지 말고 필요하다면 받아들이고 배워야 한다는 말을 하고 싶어서였다. 그리하여 역산을 두고 주장한 말이 있다. "천(天)에 측험(測驗)이 되는가의 여부만 따질 일이요, 인간 세상의 화이(華夷)는 논하지 않는 것이 옳다."[40] 하지만 그가 '화이의 구분' 자체를 탈피한 것은 아니었다. "저들은 주공(周公)이나 공자의 도를 알지 못하고 아는 것이라곤 윤선(輪船)과 화포(火砲) 뿐이다. 저들과 어떻게 장단을 겨루어 선악을 다툴 것인가." 서양인을 야만시하는 관점을 철회하지 않은 것이다. 그러면서 "그 사람들을 배척한다 해서 저들이 잘 하는 것까지 배척할 것은 없다."고 한다. 서양의 선진적인 과학 기술을 수용하는데 장애물이 되고 있는 이데올로기적 질곡을 제거하려는 의도를 이 논법은 담고 있다. 과학 기술적인 면과 도덕적인 면을 구분지어, 전자는 취하고 후자는 거부한 것이다. 논리상으로 보면 동도서기론(東道西器論)에 다름 아니다. 동도서기 혹은 중체서용(中體西用)의 논리를 앞서 제출한 셈이지만, 그의 취지는 서양의 과학기술에 대한 사람들의 거부반응을 돌리려는 데 있었다. 뒤에 제기된 동도서기론과는 구분해 볼 필요가 있다.

남병철의 학술은 당시에 '격치(格致)의 실학'으로서 의미가 부여되었다. '격치의 실사구시'이다. 격치란 이 경우 사물에 대한 과학적 인식을 의미했다. 19세기 중엽을 통과하면서 '격치의 실사구시'로 진전하게 된 것이다. 다음 단계에서 개화운동이 전개되는바 이 때 '개화의 실사구시'가 제기되었다. 개화운동을 선도한 김옥균(金玉均)은 「치도약론(治道略論)」이란 제목의 글에서 말한다. "대개 오늘날 먼저 힘써야 할 임무를 논하는 자 반드시 '인재에 등용', '재화의 절약', '사치의 억제', 해외로 개방하여 이웃나라와의 선린 외교를 주장하여 하나도 뺄 수 없는 일이라고 하는데

40 남병철, 『圭齋遺稿』 권5, 「書推步續解後」. 이하 같다.

나의 견해는 무엇보다 중요한 것은 실사구시이다." 개화로 향한 제반 과업을 추진함에 당해서 제일 유의해야할 점이 실사구시라고 일깨운 것이다. '격치의 실사구시'는 '개화의 실사구시'로 승계된 것이다. 한국 학술사상에 실사구시로 전개된 학문의 과정을 간략히 정리하면 다음과 같다.

구시폐(救時弊)의 실사구시 → 고고(考古)의 실사구시 → 격치(格致)의 실사구시 → 개화(開化)의 실사구시

3) 민중운동에서 제기된 논리-동학사상

19세기 역사의 주동력은 민중 운동에서 나왔다. 「농자는 천하지대본」이라고 일컬어졌듯이 여전히 농업사회였다. 그런데 이 시기로 들어오면서 '군도(群盜) 형태의 농민저항'으로부터 '민요(民擾) 형태의 농민저항'으로 운동 방식이 전환되고, 그에 따라서 민중이 역사를 움직이는 힘을 발휘할 수 있게 된 것이다. 그런 가운데서 새로운 지식분자가 중심적 역할을 담당하였던 사실을 앞 장에서 살펴보았다. 19세기를 전후한 시간대에서 이계심(李啓心)과 이달우(李達宇)라는 별로 알려지지 않은 인물들을 주목했거니와, 19세기가 끝나가는 지점에서 전봉준이라는 역사적 인물이 등장하기에 이르렀다. 그 중간 지점이 되는 임술민란 당시 진주의 유계춘(柳繼春), 익산의 임치수(林致洙), 함평의 정한순(鄭翰淳) 같은 민중적 지식인이 각 고을의 '민요 형태의 농민저항'에서 주도자로 역할을 하였다. 바로 이즈음 수운(水雲) 최제우(崔濟愚, 1824~1864)가 등장한 것이다.

수운은 임술민란에 민심을 현혹시킨 배경인물로 포착이 되었다. 그리하여 그 몸은 형장의 이슬로 사라졌는데, 그의 사상은 종교 신앙으로서 후세에 영향력을 발휘하여 1894년의 농민 전쟁에 조직과 이념을 제공하게 되었다. 하여, 그것은 '동학 농민전쟁'으로 일컫게 되었다. 뿐 아니라, 그 영향력은 동학농민전쟁의 좌절로 소진되지 않고 천도교라는 이름으로 부활하여 3·1운동에 이어 1920년대의 문화운동에도 역할이 있었다.

다른 한편으로, 수운 사상은 천도교로 국한되지 않고 먼저 증산교, 뒤에 원불교에도 영향이 미친 것으로 인정되고 있다. 이런 등등의 정황을 고려해서 민중운동에서 제기된 논리는 수운을 중심에 놓고 보려는 것이다.

수운 최제우는 위에 거론했던 여러 학자들과는 인간유형이 전혀 달랐다. 수운에 관련한 기록을 보면 "천주의 신계(神啓)로 무극 대도의 진리를 대각"한 것으로 나와 있다. 하느님의 계시를 받아서 대각, 득도했다는 뜻이다. 그는 학자라기보다는 종교가이자 사상가다. 곧 동학－천도교의 교조로서 대신사(大神師)라는 칭호를 받은 존재다.[41]

19세기 사상사의 지도에 수운을 어떻게 위치시킬 것인가? 영향력으로 말하면 그 시대의 인물들 중에서 수운을 능가할 자는 없었다. 하지만 당시의 주류적인 학술경향에서 이단적으로 취급되었던 까닭에 자리매김하기가 쉽지 않게 여겨진다. 이에 대한 논의는 일단 뒤로 미뤄두고 먼저 살펴볼 사안이 있다. '천주의 신계'라니 천주교－기독교적인 것으로 들린다. 동학이란 표현부터 서학을 의식해서 쓴 것 아닌가. 『동경대전(東經大全)』이란 동학의 교리서가 『성경대전(聖經大全)』이라고 된 판각된 본도 보인다.[42]

『동경대전』의 앞에 실린 「포덕문(布德文)」은 수운 자신이 '한울님'[43]의 계시를 받고나서 대중을 향해 공표한 제일성이었다. 수운이 신비 체험을

---

41 『天道教史傳』 제1장 "天主의 神啓로 無極大道의 眞理를 大覺하시고 天道教를 創建하신 第一教祖이시다."

42 『東經大典』의 임진(1892년으로 추정됨) 중간본을 보면 내표제나 권말에 『聖經大典』으로 나와 있다. 본문에 자주 나오는 '天主'는 음각을 하여 시각적으로 강조하고 있다. 겉표지는 『東經大典』으로 적혀 있다.

43 '한울님'은 天主 혹은 上帝의 우리말 표현임이 물론이다. 수운이 지은 가사로 전하는 『용담유사』를 보면 본에 따라 '한울님'(『東經大全 附 龍潭遺事』 간행년도 미상), '하날님'(『東經大全』 1909년 판), 또는 'ᄒᆞ날님(丙午 필사본) 등으로 나와 있다.

한 것은 경신년(철종 11년, 1860) 4월 5일인데, 온몸이 떨리며 무엇이라고 표현할 수 없는 상태에서 홀연히 무슨 소리가 그의 귀에 들렸다고 한다. "세상 사람들이 나를 상제라고 부른다. 너는 상제를 모르느냐?"고 하면서 "너를 세상에 태어나도록 해서 이 법으로 사람들을 가르치도록 하려는 것이다." 이에 수운은 "그렇다면 서도로 사람을 가르치라는 것입니까?"하고 묻는다.[44]

상제, 즉 한울님=천주가 보편적 존재라는 것은 말할 나위 없지만 서학=천주교가 선점하고 있기 때문에 수운은 이와같이 반문했을 터이다. 서학의 도와 동학의 도를 어떻게 변별해서 가르칠 것인가? 수운의 입장에서 관건적인 문제가 아닐 수 없었다. 수운은 이르기를 "우리의 도는 여기서 받았고 여기서 펼치거늘 어찌 서양의 도라고 할 것이랴"라고 한다. 즉 한울님으로부터 받은 것이므로 '천도'이다. 허나 그것을 이 땅에서 펴고 있기에 천도이긴 하지만 서도가 아니요 동도이며 동학이라는 취지이다. 수운의 동도, 동학의 동이 명백히 '우리 땅'을 뜻하고 있는 것도 유의할 점이다. 그는 바야흐로 눈앞에 밀려드는 서세를 놀라운 위험으로 감지하면서 서도―서학에 맞설 대응책을 고민하였다. 이 문제의식은 여러 곳에서 표출되고 있는데 한 대목을 들어보자.

> 서양 사람은 도를 이루고 덕을 세워서 그 조화에 미쳐서는 이루어내지 못할 것이 없다. 무기로 공격하여 싸움에 앞에 대적할 자 없으니, 중국이 멸망하고 나면 순망(脣亡)의 우환이 어찌 없으랴! 저들이 능히 그럴 수 있는 까닭은 다른 데 있는 것이 아니다. 도는 서도라 일컫고 학은 천주학

44 수운이 신비체험을 한 사적은 『東經大全』의 「布德文」·「論學文」 등에 자기 體驗談 형식으로 진술되어 있으며, 『天道教創建史』(李敦化 편, 天道教中央宗理院 1933)나 『天道教史傳』(필사본, 필사년대 미상)에도 기록되어 있다. 여기서는 주로 「논학문」 쪽을 인용했다. 「논학문」은 표제가 「동학론」(『東經大全』 1994년 판)으로 된 것도 있다.

이라 일컫고 교는 성교(聖敎)라 하니, 그야말로 **천시**(天時)**를 알아 천명**(天命)**을 받드는 것**이 아니겠는가. (「論學文」)

위 글에서 '순망의 우환'이란 입술이 없으면 이가 시리다는 순망치한(脣亡齒寒)의 근심이 생기게 되기 마련이라는 뜻이다. 이 관용적 표현은 그 직후에 도래한 중국 중심의 세계가 무너지는 과정에서 중국 측이 흔히 입에 올린 말이었다. 가령 조선이 넘어가고 보면 청국은 위험에 노출된다는 생각들을 담고 있었다. 수운은 이 문자를 조선의 입장에서 사용한 것이었다. 수운은 아편전쟁 때 청국이 영국에 패전한 사태를 이미 들어서 알았던 터에, 그 당시 영불연합군에게 중국의 중심부가 유린되는 상황이 일어나는 판국이었다. 그런 상황 전개에 직면하여 수운은 경악하면서도 서양에 대해 위와 같이 생각하고 있다. 수운의 입장에서 판단한 지점을 눈여겨 볼 필요가 있다. 위 글에서 서양에 대해 '도를 이루고 덕을 세워서'라고 말한바 원문은 '道成德立'이다. 저들을 이적(夷狄)이라고 멸시하는 관점에서는 도저히 나올 수 없는 표현이다. 서양의 군사적 우위를 뼈아프게 체감한 이후로 식자들 사이에서 등장한 관용어가 중체서용(中體西用) 혹은 동도서기(東道西器)였다. 이와는 다른 사고의 논리이다. 수운의 '동도'는 동도서기의 '동도'와 말은 같아도 개념상의 차이가 보인다. 그런 측면에서 그가 제기한 동도는 '동도서기'의 동도와는 개념상 차이가 있고 그가 창도한 동학은 민족적 성격을 띤 것이었다.

그런데 수운은 말하자면 천주교를 벤치마킹한 모양을 취했다. 하여 비록 동학을 표방했더라도 서학과 무엇이 다르냐는 질문은 당연히 나올 수 있다. 그는 이에 "우리의 도는 여기서 받았고 여기서 펼치거늘 어찌 서양의 도라고 할 것이냐?"고 그 출생지를 들어 반론을 하는데 그렇더라도 근본적 의문은 여전히 가시지 않는 것 같다. 「논학문」에서 이 문제점의 해명에 마음을 깊이 쓰고 있다. 요컨대 동학은 서교와 같아 보이지만 결단코 다르다고 역설한 것이다. 위 「논학문」의 한 대목에서 "**천시를 알아 천명을 받은 것이 아니겠는가**"라는 언표는 얼른 납득이 가지 않는데 대개 서교는 하늘이 명한 시운을 잘 알아 놀라운 힘을 발휘하고 있다는 취지로 풀이된다.

동학이 들어서 말한 '하늘의 운세'도 본디 천도야 동서가 다를 바 없겠거니와 하늘이 명한 '유신(維新)의 운세' 또한 마찬가지라고 한다. 오직 이에 대처하는 이치가 서교는 제대로 길을 열어가지 못했다는 것이 수운이 지론이다. 저들이 펼치는 "도는 실효가 없고 학도 천주를 배우는 것이 아닌데 어찌 우리와 다름이 없다고 할 수 있으랴"고 반문을 던지고 있다. 수운은 이르기를 "우리의 도는 무위이화(無爲而化)라"고 한다. '무위이화'란 저절로 이루어지는 조화를 의미한다. 인간이 자기 본심을 잃지 않고 지키면서 신체의 기운을 바르게 가지며, 천명의 성(性)을 따르고 가르침을 받들어 자연스럽게 감화가 이루어지는 수도의 과정이다.[45] 수운이 직접 설법한 수양론이다. 여기에 각별히 주의할 점이 있는바 이는 『중용(中庸)』의 첫 장에 나온 논법을 취한 것이다.[46] 이로 미루어 동학의 이론적 뿌리는 유교에 두었다고 말해도 옳은 것 같다.

수운은 바야흐로 자신이 세상에 펴는 도는 전무후무한 것임을 더없이 강조하였다. "우리의 도는 오늘날에도 들어보지 못했고 예전에도 들어보지 못했으며, 오늘날에도 견줄 데 없고 예전에도 견줄 데 없는 법이니라."(「論學文」) 따로 전하는 일화가 있다. "유도와 불도 중에서 어느 편이

45 「論學文」, "曰: 吾道, 無爲而化矣. 守其心, 正其氣, 率其性, 受其教, 化出於自然之中也." 이런 동학의 교리에 비추어 서교는 말이 질서가 없고 글이 전혀 불투명하다[西人, 言無次第, 書無皁白.]는 비판적인 지적을 하고 있다.

46 『中庸』 첫 머리에 나오는 "天命之謂性, 率性之謂道, 受道之謂教."과 「교학문」의 진술은 뜻이 상통하고 어법이 비슷하다.

더 이치가 깊고 넓으냐?"는 물음을 받고 답한 이야기이다. 죽은 사자와 죽은 토끼 중에 어느 놈이 더 무서울까? 수운은 "사자나 토끼나 죽으면 다 마찬가지이듯 유불선은 다 이미 죽은 것이요, 앞날 세상을 건질 도는 사람의 마음속에 있는 신령을 살려내는 데 있소"라고 교시를 주었다 한다.[47] 유교와 불교를 싸잡아 시효가 다한 것이라고 하면서 새로운 도를 시작한다는 취지다. 사람의 마음속에 있는 신령은 하늘이 내려주신, 즉 '천명지성(天命之性)'이라 함이 수운 자신의 사상적 논리 그것이었다. 이 대목에서 『용담유사』를 거론하고 싶다.

『용담유사(龍潭遺事)』는 『동경대전』과 쌍벽을 이루는 동학의 교리서이다. 수운이 조상 대대로 살았던 경주의 귀미산 아래 가정리(柯亭里)란 곳에 있는 정자 이름이 용담이었다. 수운의 부친이 글을 가르쳤던 장소인데 수운이 대각하여 득도하고 나서 처음 포교를 한 곳이 또한 용담이었다. 동학가사집을 하필 『용담유사』라 한 데에도 깊은 뜻이 있었을 터이다. 거기에 바로 「용담가」라는 제목의 가사가 있는데 몇 구절을 들어보자.

> 천은이 망극하야
> 경신 사월 초오일에
>
> 글로 어찌 기록하며
> 말로 어찌 성언(成言)할까.
>
> 만고 없는 무극대도는
> 여몽여각(如夢如覺) 득도로다.

---

47 『天道敎史傳』의 제6장에 수은이 남원 隱寂菴에서 松月堂이란 스님을 만나 문답한 가운데 나오는 기록을 인용한 것이다. 『천도교창건사』에는 제7장의 제목을 은적암으로 달아서 그 곳의 일화와 함께 송월당과의 대화를 더 자세히 전하고 있다.

기장(무엇이 영구하다는 의미, 인용자)하다 기장하다
이내 운수 기장하다.

한울님 하신 말씀
개벽 후 오만 년에

네가 또한 첨이로다
나도 또한 개벽 이후

노이무공(勞而無功) 하다가서
너를 만나 성공하니

나도 성공 너도 득의(得意)
너의 집안 운수로다.

(현대 표기로 바꿈)

그 자신이 대각 득도한 신비 체험을 시적으로 재현한 내용이다. 위 문맥에서 '나'는 한울님=천주이고 '너'는 수운 자신이다. 한울님이 수운에게 이르기를 천지가 개벽 이후 오만 년 동안에, 노력을 다했으나 이루지 못하다가 지금 드디어 너를 만나 천지 대공사를 할 수 있게 되었다는 것이다. 이는 한울님이 수운에게 직접 주신 말씀이다. 그렇기에 자기가 펼치는 도는 전무후무한 것이라고 말하지 않았겠는가. 이 만고 천지에 더 이를 데 없는 대공사를 시작하는 일이 "너의 집안 운수로다"라고 한다.

용담은 방금 밝혔듯 동학의 발상지이다. 그곳을 두고 수운은 「포덕가」에서 "용담 옛집은 가엄(家嚴)의 장석(丈席)이라"고 하였다. 그의 부친의 강학처(講學處)라는 말이다. 그의 부친은 최옥(崔鋈)으로 호를 근암(近庵)이라 하여 문집으로 『근암집』 6권 3책을 남겼다. 영남의 퇴계학통에 속하는 학자로 밝혀져 있다.[48] 「수덕문」에는 이 부친에 대해 "이름이 일도를 덮어 사림들은 누구나 다 알고 있다."고 나와 있다. 동학사상이 연원한 곳은 영남유학과 수운의 가문적 전통에 있음을 다른 누가 아닌 수운 자신이 그렇게 생각하고 설파한 것이다. 수운 최제우의 종교적인 형태로 표출된 사상은 유불도를 부정하고 새 길을 표방하였음에도 뿌리는 유학에 두었으며, 그의 가계 또한 유가의 학통에 맥락을 잡고 있었다.

위의 논의와 검증을 통해서 19세기 사상사의 지도상에 최제우가 설 위치를 대략 설정해볼 수 있게 되었다. 동학사상은 천관의 측면에서는 정약용과 상통하며, 기를 언급한 것은 최한기의 기학에 닿는 일면이 있다. 그런 한편으로 영남유학에서 뿌리를 찾을 수 있으니, 「용담가」의 용담에 담긴 지역적 상징성에는 정신적 상징성도 곁들어진 것 같다.

4. 박규수의 실학

1) 환재의 학술사적 위상, 그의 학문세계로 찾아가는 길

위에서 19세기 학술사의 지형도를 세 유파로 구분지어 살펴보았는데 그 시대를 대표하는 학자 하나만 들자면 누구일까? 물론 관점에 따라 다르게 평가될 테지만 시대의 과제가 밖으로 개방, 안으로 개혁에 있었다고 본다면 외풍에 피동적으로 반응한 정통 성리학 진영이나 종교운동으로 대응한 쪽보다는 실학파로 자연스럽게 눈이 돌아갈 것이다. 그렇다면

48 崔鋈은 畸窩 李象遠의 문인으로 되어 있는데, 이상원은 퇴계학맥의 중요한 위치인 葛庵 李玄逸의 현손이다. 근래 최옥의 『近庵集』이 번역, 출간되어(창커뮤니케이션 2005) 참고해 볼 수 있다.

환재 박규수가 중요시되지 않을까. 학문적인 업적으로 치면 환재보다도 먼저 들어야 할 학자가 없지 않겠으나, 고위직에 있으면서 주요 국정을 수행한 경우로는 환재가 거의 유일하다. 이 점을 유의할 필요가 있다.

환재는 '실학 재상'이다. 그가 42세 때 문과에 급제하여 관료로 활동하기 전에는 역시 재야 학자－사(士)의 입장에서 독서를 하고 학문을 궁구하였다. 국정에 참여한 이후 병인양요에 이어 1868년 셔먼호 사건이 일어났을 당시 그는 평안도 감사로서 사태에 대응, 처리하였으며, 1875, 6년 일본의 군사적 압박이 이른바 병자수교로 이어진 당시에도 국가적 중대사에 당면해서 대책을 강구, 발언을 하였다. 실학은 목적지를 경세에 두어서 개혁·개방이 그 자체의 고유한 속성이기도 했다.

그리고 또 환재에 대해 고려할 점이 있다. 주지하는 대로 연암 박지원이 그의 조부이다. 연암은 전진적·개방적 사고를 하여 세계정세에 비상한 관심을 가지고 누구보다도 개방과 교류를 강조하였다. 선각적 사상가라 할 존재이다. 이 점과 관련해서도 그에게 관심이 가지는 것은 당연하다고 하겠다.

환재의 유고를 수습, 편찬한 것은 그 아우인 온재(溫齋) 박선수(朴瑄壽, 1821~1889)인데 현재 우리가 보는 『환재집』은 운양(雲養) 김윤식(金允植, 1835~1922)의 손에서 다듬어져 간행된 것이다. 환재의 행장 역시 원 작성자는 박선수이며, 산삭(刪削)을 가해 문집에 수록한 것은 김윤식이다. 김윤식은 『환재집』에 붙인 서문에서 환재의 학문세계를 이렇게 파악하고 있다.

> (환재선생은) 크게는 체국경야(體國經野)의 제도, 작게는 금석(金石)·고고(考古)·의기(儀器)·잡복(雜服) 등 문제에 정밀하게 연구하되 **실사구시**를 하여 규모가 굉대하고 조리가 치밀했다. 모두 경전에 도움이 되어

선왕(先王)의 도를 천명할 수 있는 내용이다.

(『환재집 · 서』)

학문의 최종 목적지를 '선왕의 도'에 두고 있는 점에서 상고주의이다. 그것은 실학 일반이 취한 방향이기도 했다. 환재가 한 평생 추구한 학문 세계에서 대과제로 설정된 '체국경야의 제도'는 『주례(周禮)』에 근본한 것으로 국토의 설계로부터 국정 전반을 포괄하는 내용이며, 소과제에 속하는 '금석 · 고고'는 고증학, '의기'는 천문역학, '잡복'은 예제(禮制)로서 일상의 실천에 해당하는 내용이다. 이 모두를 실사구시에 관련지은 것이다.

앞장에서 학술사의 주요 흐름을 실사구시로 가늠해 보았다. 19세기로 와서 '고고의 실사구시'에서 '격치의 실사구시'로 그 방향이 전환된 것으로 보았다. 환재의 단계에 이르러서는 실사구시가 '격치'로 집약되고 있다. 그런데 위 인용문에 따르면 환재의 경우 딱히 '격치의 실사구시'에 해당되는 것은 소과제에 속하는 중에도 한 부분뿐이다. 환재의 학문세계에서는 실사구시의 범위가 확장된 형태이다. 이 점을 어떻게 이해할 것인가? 위 문맥에서 실사구시는 학문하는 태도를 뜻하고 있다. 관련하여 실사구시란 개념에 대해 새삼스럽긴 하지만 먼저 언급하고 넘어가려 한다.

실사구시란 말은 근래에도 인간의 실천방식 일반에 경구처럼 쓰이고 있다. 현대 중국에서는 한때 좌편향의 이데올로기로 질주했던 사태를 반성하는 의미에서 이 말이 동원되기도 했다. 한국사회에서도 대개 뜻 있는 인사들 사이에 실사구시를 강조하는 소리가 곧잘 터져 나오고 있다. 이 실사구시에 의해서 청대의 지식인과 조선조의 지식인들 간에 앞서 지적한 바와 같이 특징적 학풍이 형성되기에 이른 것이다. 양쪽의 동시대적 경향이었다. 그런 한편으로 지칭하는 범위가 확대되어, 후일 한국에서 정착이 된 실학 개념과 동의어가 되었다. 그런 한편 청대에 박학(樸

學)이란 말이 쓰이기도 했다. 이 말이 학술상의 개념어로 통용된 것 같지 않으나, 민국시기인 1925년에 쯔웨이청(支偉成, 1899~1929)이란 학자에 의해서 『청대박학대사열전(淸代樸學大師列傳)』[49]이란 이름의 책이 편찬, 간행된 바 있다. 그 내용은 청조 전 기간에 걸쳐 출현한 수많은 경학가 내지 고증학자의 열전이다. 박학은 청대에 풍미했던 학풍을 지칭하는 말로, 사실상 고증학을 가리키는 것이다. 박학이란 실학에 다름 아니다. 우리나라에서도 용례가 흔치는 않으나 더러 쓰였다. 요컨대 학적 개념으로서 실사구시는 실학 전반을 지칭하는 광의와 실학의 특정 유파를 지칭하는 협의가 있는바 「환재집서」에서 김윤식은 광의로 쓴 것이었다. 「환재집서」를 보자.

> (환재선생의 학문은) **가정의 문견**에 연원하여 **순정**(醇正)으로 돌아갔고 중국의 명유들을 참작해서 **평실**(平實)하기로 힘썼다.
>
> (위의 글)

환재 학문의 연원이라는 '가정의 문견'은 주로 그 조부인 연암 박지원을 가리킨다. 밖으로 그가 직접 교유하고 배우려 했던 중국의 학자들도 한 둘이 아니지만 가장 존숭하여 모범을 삼은 존재는 명말 청초의 고염무(顧炎武)였다. 그리하여 이루어진 환재의 학문은 '순정'과 '평실'로 표현되고 있다. '순정 · 평실의 학문'이란 두 글자의 말로 줄이면 '박학'이 되며, 이는 곧 '실학'과 같은 의미이다. 박학 혹은 실학은 넓은 의미의 실사구시이기도 하다.

이 '실사구시' 네 글자는 환재의 학문세계로 들어가는 열쇠말이다. 한

---

49 『淸代朴學大師列傳』은 1925년에 上海 泰東書局에서 초판이 간행되고 이후 누차 발간되었다고 하는데 필자는 上海 人民出版社의 2014년 판을 구해볼 수 있었다. 이것은 泰東書局 1928년 재판본을 영인한 것으로 밝혀져 있다.(樸=朴)

국 학술사에서 실사구시라면 추사를 빼놓고 말할 수 없겠기에 이미 언급했지만 재론하려고 하며, 청대학술과 환재의 관련 양상은 고염무를 중심에 놓고 실사구시를 특히 미학적인 측면에 초점을 맞추어서 들여다볼 예정이다. 덧붙여서 환재의 아우인 온재의 『설문해자익징(說文解字翼徵)』이란 책을 언급한다. 이 문자학 저술은 우리 학술사상에 최초로 제출된 실사구시의 뚜렷한 학적 성과물이다.

2) 실사구시적 관점에서 추사가 본 다산, 환재가 본 추사

추사는 학문의 길은 오로지 실사구시에 있다고 주장했다. 때문에 청대의 학자들이 그러했듯 훈고학－고증학으로 경도한 것이다. 다산은 당시 청과 조선의 사회와 학계에 유행하고 있었던 다섯 종의 학문을 들어 각기 공격적인 논평을 가했다. 「오학론(五學論)」으로 묶인 5편의 산문이다. 그 두 번째가 훈고학을 겨냥한 것이었다. 훈고학이 경전의 자의(字意)를 실증적으로 궁구해서 성현의 뜻을 독해하려는 방법론으로 의미가 있음을 부인하지 않는다. 그럼에도 "마침내는 손잡고 함께 요·순·주공·공자의 문으로 들어갈 수 없는 것은 이른바 훈고학이다"고 지탄하였다. 이 평가는 훈고학에 파문선고를 내린 셈이다. 추사와 다산은 학문을 어떻게 해야 하느냐는 근본적 문제에서 입장을 서로 달리 하고 있었다고 보아야 할 것이다. 필자는 최근에 추사의 초본상태의 친필 간찰을 접해볼 기회를 가졌는데 수신자는 이재(彝齋) 권돈인(權敦仁)으로 추정되는 것이다. 문제의 간찰 끝 대목에 이런 말이 보인다.

> 이생은 …… 문견이 그의 스승인 정(丁)의 설에서 벗어나지 못하고 있습니다. 정의 역학(易學)은 모두 억설로서 재주를 믿고 기(奇)를 과시해서 아득히 두서가 없는 것입니다.[50]

'정'의 역학은 근거 없이 주관적 견해로 일관된 억지라고 여지없이 공박한 것이다. 거명된 이생이 누군지는 미상이지만 '정'은 정약용을 가리키는 것으로 여겨진다. 다산의 『역학사전(易學四箋)』은 다산이 심혈을 기울인 역저이다. 다산 역학에 대해 추사는 왜 이토록 강도 높은 비판을 가했는지 앞으로 예의 주시해야할 쟁점사안이겠으나, 추사의 소견으로 다산 경학은 고증의 원칙을 무시하고 지나치게 자의적으로 나갔다고 판단했던 것은 분명해 보인다.

「환재행장」을 보면 환재와 학적인 관계로 나열된 가운데 다산은 들어 있고 추사는 빠져 있다. 의아스럽기도 하고 미묘한 느낌이 들기도 한다. 다산과 추사와 환재 이 세 분사이에는 각각 20세 정도로 연령차가 있다. 당파적으로는 잘 알려진 바와 같이 다산은 남인, 추사와 환재는 다같이 노론이다. 추사는 다산에 대해 선배학자로서 존경하는 표현을 쓰면서도 사실상 비판적이었던 것은 이미 알려진 터다. 방금 위에서 확인했듯이 추사의 다산으로 향한 비판적 강도는 아주 센 편이었다.

그런데 『환재집』을 쭉 훑어보면 환재가 다산을 특별히 들어서 말한 곳은 보이지 않고 단지 『목민심서』에 관심을 자못 두었던 사실이 드러난다. 추사의 서법에 관심하여 논평한 대목이 흥미롭다. 환재는 추사의 글씨를 본뜨려는 시류에 경종을 울리고 있다. 두 군데서 나오는 발언이 뜻은 일치하고 있다. 얼핏 읽으면 추사의 서법을 환재가 부정적으로 생각했던 것 같다. 환재의 추사 서법에 관한 논의는 전후의 문맥을 뜯어 볼 필요가 있다. 추사가 성취한 서법의 경지에 환재는 깊은 이해를 가지고 있었다. 환재의 추사서법론을 유홍준 교수는 '박규수의 추사체 성립론'이란 소제목을 달아서 부각을 시키기도 했다.[51] 역대 여러 서가들의 장점

50 김정희, 親筆書簡 草稿, "李生 …… 其師丁之說. 丁之易, 皆臆說, 騁才肆奇, 茫無頭緒."

51 유홍준(2018), 346면.

을 취해 녹여서 자성일가를 한 것이 추사체라고 환재는 보고 있다. 그럼에도 "지금 추사공과 같은 공부가 없으면서 거칠게 자취를 본뜨겠다고 드는 것은 벌써 오활한 생각이다"라 하면서 경향의 이서배(吏胥輩)나 서민들까지 너나없이 추사체를 쓰겠다고 나서는 풍조는 하나의 병통이라고 우려한 것이다.

이 대목에서 유의할 점이 있다. 환재의 추사론은 어디까지나 서법을 두고 한 말이었다. 추사의 학문은 논의의 밖에 있었다. 추사가 학문의 유일한 길로 주장했던 '고고의 실사구시'를 환재는 그대로 받아들이지 않은 것이다. '고고의 실사구시'를 수용하긴 했지만 환재의 학문세계에서는 일부분에 그치고 '격치의 실사구시'를 개척했으며, 나아가 가장 힘쓴 지점은 경세였다. 환재의 실사구시가 추구한 방향은 '고고'와 '격치'를 포함하면서 핵심은 '경세'에 두고 있다. 다음에 필자가 각별히 주목해서 거론하는 환재의 미학적 주장은 사실상 추사풍을 정면으로 겨냥한 비판으로 여겨진다.

3) 환재의 고염무로 향한 마음—미학적 측면에 주목하여

『환재집』에는 중국 지식인들에게 보낸 서간이 14인에 도합 42편이 실려 있다. 환재가 글로 교유한 중국 지식인이 14명을 헤아리니 그가 청조학술에 얼마나 관심을 두었던가를 말해주는 증명서이다. 그가 저쪽 학계와의 소통에 유의하여 노력했던 정황이 잘 드러나 있다. 청조 지식인과 조선 지식인 사이의 대화와 문통(文通)은 대개 홍대용·박제가로부터 문이 크게 열리기 시작하더니 추사의 단계에 와서 확장·심화되어 넓혀지고 차원도 높아졌다. 다음 환재의 단계에 이르러는 그 추세가 진전하게 된 것이다. 필자는 이러한 한중간에 진행된 지식교류에 일본까지 포괄해서 '이성적 대화의 발전'이란 관점으로 주목해 온 터이다.[52]

19세기 추사에서 환재에 이르는 기간에 한중 지식인의 교류-이성적 대화는 실로 정점에 도달했다고 말해도 좋을 것 같다. 환재와 관련한 사실에 대해서는 이미 김명호 교수의 자세한 연구 보고가 있으므로[53] 여기서는 더 거론하지 않는다. 대신에 시선을 위로 올려 환재가 고염무(顧炎武, 1613~1682)에 대해 각별한 존경심을 가졌던 사실에 주목하고자 한다. 환재는 남병철 『규재집(圭齋集)』의 서문에서 "고정림(顧亭林, 그의 호) 선생의 '글쓰기는 **경술**과 **정리**(政理)라는 중대한 문제에 관련이 없으면 할 것이 못된다'[文不關於經術政理之大不足爲也]라는 말씀을 그와 나는 마음깊이 공감하였다"고 고백한다. 운양의 「환재집서」 또한 바로 이 고염무의 말을 인용하여 논지를 펴고 있다. 경술은 주체의 내면적 확립을 의도한 것이요, 정리는 나라를 다스리고 백성을 위하는 주체의 사회적 실천이다. 이는 실학의 기본 패러다임이지만 환재는 이를 고염무의 가르침으로 자기 마음에 새기고 있음을 보여준다. 이를 미루어 보아도 환재의 실사구시는 경세를 중심에 두었음이 분명하다.

고염무는 환재보다 2백년 이전의 인물이다. 황종희(黃宗羲, 1610~1695)·왕부지(王夫之, 1619~1692)와 함께 중국 실학의 비조로 손꼽혀서 학술사의 위상이 한국의 유형원(柳馨遠)에 비견되는 존재이다. 고염무·황종희·왕부지 이 세 분은 나란히 명말·청초의 시간대에 명조의 회복을 위한 투쟁의 대열에 참여했다가 좌절하고는 여생을 학문연구에 몰두하였다. 한국에서 유형원이 그러했듯 중국에서 새로운 학문의 길을 개척한 것이다.

량치차오(梁啓超)는 『청대학술개론』에서 고염무를 비롯한 여러 학자들이 학문의 길을 개척한 사실에 대해 "이민족(異民族)이 중화의 주인으

52 임형택(2012, 2014a)

53 김명호(2008), 437~452.

로 들어서자 지절이 있어 그 조정[淸朝]에 서기를 부끄럽게 여긴 학자들은 성화(聲華)를 털어버리고 박학(樸學)을 닦았다."[54]고 말하였다. 박학이란 개념을 바로 위에서 관심을 두었거니와, 그 원 뜻은 외화(外華), 즉 형식적 꾸밈을 일체 털어버리고 오로지 진실한 학문을 추구함을 가리키고 있다. 조국이 멸망을 당하여 이민족의 압제를 받게 된 현실에 대오각성, 독서와 연구에 온몸을 바쳤다. 그런 까닭에 박학을 실천하여 오늘날 실학으로 일컬어지는 학문을 선도한 것이다. 최근에 공간된 중국학의 개설적인 책에서 고염무의 그러한 학문 작업을 청조 일대의 '실학 방법'을 열었다고 평가한 서술을 읽을 수 있었다.[55]

명말 청초의 시대에 **박학-실학**을 창도한 학자로서 손꼽힐 인물이 고염무 한 분만 있었던 것은 아니었다. 조선에서 이들 학자에 대해 존경심을 일으켰던 것은 당연하지만 왜 유독 고염무로 경도되었을까? 무어라고 단정하기 어려운 질문이긴 하지만 답은 오히려 단순한 데 있었던 것 같다. 어느 누구보다 고염무의 저술을 상대적으로 많이 접할 수 있었던 사실에 직접적 요인이 있었다. 환재는 황종희에 대해서도 관심을 가졌으나 겨우 『명이대방록(明夷待訪錄)』을 구해본 데 그쳤다. 또 하나의 이유는 고염무의 학문이 해박하면서도 순후할 뿐 아니라 경학에 근본을 두고 있었다는 점이다. 또한 그 인간적 면모가 공경심을 불러일으킨 점이다. 여기서 환재가 고염무의 인품을 얼마나 존경해 마지않았던가를 증언하는 문건 하나를 먼저 들어보자.

환재가 「고사음복도(顧祉飮福圖)」란 그림에 붙인 글이다.[56] 환재가 1차

---

54 梁啓超, 『淸代學術概論 九』, "異族入主中夏, 有志節者恥立乎其朝, 故刊落聲華, 專集精力以治樸學." 臺灣中華書局 民國52년 제3판.

55 祈志祥 주편(2008),998면, "顧炎武的學術功績在于 : …… 開一代實學方法, …… 也正是出于對'實學'的追求, 纔使他在思維方法上突破了中國古代的形上直覺思維傳統, 創立了以歸納爲體, 演繹爲用的思維方法.", 上海文化出版社.

연행 때인 1861년 북경에서 고염무 사당을 찾아 제사를 드리고 나서 음복(飮福)하는 장면을 그린 그림이다. 고염무가 일시 북경으로 올라와서 자인사(慈仁寺)에 머문 적이 있었다. 그때 고염무는 「창평산수기(昌平山水記)」란 저술을 하기도 했다. 이 일을 후인이 기념하여 자인사 옆에 고염무의 사당을 세웠다. 건립 연대는 1843년이며, 이 일을 주선한 이는 하소기(何紹基, 1802~1874)였다. 하소기 역시 학인으로서 서법에도 명성이 높은 인물임에도 환재가 그에 대해 달리 말이 없는 것으로 미루어 하소기와는 친교가 없었던 듯싶다. 환재는 음복의 광경을 이렇게 글로 그려 보인다.

> 화권(畵圈)에 그려진 사람들 중에 종이를 펴고 책상에 앉아 붓을 들어 글을 쓰려는 이는 호부랑중 왕증(王拯) 소학(少鶴)이며, 불자(拂子, 먼지 떨이인데 이것을 부채처럼 들고 있기도 했음, 인용자)를 쥐고 침음하며 생각에 잠겨있는 이는 병부낭중 황운혹(黃雲鵠) 상운(緗雲)이다. 우두커니 서서 응시하는 이는 한림검토관 동문환(董文煥) 연초(研樵)요, 부채를 가지고 기대앉은 이는 노주지부(知府) 풍지기(馮志沂) 노천(魯天)이다. 노천의 오른쪽으로 앉아있는 이는 한림편수 심병성(沈秉成) 중복(仲復)이요, 노천과 마주 보고 앉은 이는 병부중랑 왕헌(王軒) 하거(霞擧)이며, 책상에 기대 몸을 숙이고 미소 짓는 사람은 조선 사행의 부사 박규수 환경(瓛卿)이다. 노천은 당시 열하(熱河)에 가서 현장에 있지 않았는데 보충해 넣은 것이다.
>
> (『瓛齋集 권11 顧祠飮福圖』)

위 글은 장면제시적 필치로서 현장을 재현한 것이다. 이 「고사음복도」에는 중국 지식인 7명에 조선 지식인 1명이 등장한다. 1인은 환재 자신

56 박규수, 『환재집』 권11, 「題顧祠飮福圖」.

이며, 7인은 환재가 북경에서 만나 함께 고염무 사당에 제사를 지내고 나서 다 같이 어울려 바야흐로 음복을 하고 있다. 7인 모두 문인 엘리트로서 현재 관인의 신분인데 환재와 문통을 가져서, 『환재집』에 수록된 중국 지식인 14인 중에 다 들어 있다. 이들 8인은 지기상합을 하여 같이 제사를 지내고 음복을 함께 했음이 물론이다. 그 자리에서 고음(古音)의 변화와 경학의 성쇠 등 학술적 토론을 하여 자못 흥미진진했다고 한다. 환재는 귀국한 이후로도 그날의 감동을 잊지 못하고 다시 이루어질 수 없음을 안타까워한 나머지 화사를 시켜서 그림을 그리도록 했다. 바로 이 「고사음복도」이다. 다음은 그림을 그리는 과정을 두고 환재가 하는 말이다.

> 화폭에 나오는 여러 인물들의 형체는 모두 나의 마음에 남아있는 상을 내가 구술해서 이루어진 것이다. 그 사람의 살찌고 마르고 모나고 둥글고 하는 외모도 닮게 하기 어려웠으니 전신(傳神)에 이르러서야 말할 것이 있겠는가. 실물을 앞에 놓고 그린 나의 모습도 닮게 하지 못했거늘 몇 천 리 밖의 인물들은 더 말할 것이 있겠는가. 내가 만약에 그림 솜씨가 있다면 필시 좋은 방도가 있을 텐데 …….
>
> (위의 글)

이 글을 읽어보면 환재가 이역에서 그곳 지식인들과의 만남을 마음속에 잊지 못해 얼마나 그리워했던지 지금 우리의 심금에까지 와서 닿는 것 같다. 환재는 이 글을 끝맺는 대목에서 이렇게 쓰고 있다. "인간의 심성을 두고 말하면 산과 바다로 가로 막혔음에도 아무 간격이 없는 것 같다. 붕우에 돈실한 뜻을 가진 사람이라면 저절로 깨달을 것이다." 국경을 초월한 우정을 환재는 몹시 열망하고 있음을 느낄 수 있다. 마지막에서 「고사음복도」를 보내니 그곳의 여러 벗들이 유능한 화가를 찾아 꼭 닮도록 수정해 보라고 당부하기를 잊지 않는다. 그래서 그려진 수정본의 부본을 인원수대로 제작, 그곳의 여러 벗들이 나누어 간직할 것을 제안하고 있다. "이 어찌 천애고인(天涯故人)의 소망에 크게 위로가 되지 않으리까?"

'천애고인'이란 다른 누가 아니고 환재 자신이다. 조선과 청조의 지식인간의 국가와 인종의 경계를 넘나든 우정이 맺어졌던 1세대들이 종종 썼던 '천애지기'(天涯知己)와 같은 뜻이다. 그 당시 우정을 표현한 이 네 글자에는 '이성적 대화'의 의미가 새겨진 문구로 필자는 해석하고 있다.[57] 바로 그 기록물인 『회우록(會友錄)』이란 책에 서문은 연암이 쓰고 있다. 조청 지식인 사이에 싹튼 우정에 큰 의미를 부여한 이 글은 연암의 산문 중에서도 천하의 명작으로 손꼽힌다.[58] 환재가 쓴 '천애고인'이란 표현에서 저쪽 지식인들과의 우정으로 맺어지는 '이성적 대화'를 환재 역시 절실히 소망하였음이 단적으로 드러난다. 이제 두 가지 점에 주의하고 싶다. 하나는 저쪽 지식인들과의 지기상합이 고염무를 매개로 해서 이루어진 점이다. 그리고 다른 하나는 환재가 회화 미학에 무척 신경을 쓰고 있는바 사실(寫實)에 기초하지 않으면 안 된다는 관점이 투철했다는 점이다.

이어서 새로 거론하려는 자료는 고염무의 『일지록(日知錄)』에 실린 한 편의 화론에 환재가 발문 형식으로 쓴 글이다.[59] 환재의 글은 고염무의 화론을 이쪽 현실에 맞춰 재창작한 내용이어서 이 역시 하나의 독자성을 갖춘 화론이다. 필자가 보기에 양자 공히 실학적 미학의 의미를 담고 있는 탁월한 예술론이다.

---

57 임형택(2009) ; 임형택(2014a).

58 임형택(1976) ; 임형택(1984).

59 박규수, 『瓛齋集』 권4, 「錄顧亭林先生日知錄論畫跋」

고염무의 화론은 서두를 "고인은 회화를 모두 지사(指事)를 위주로 해서 보는 이로 하여금 모범을 삼을 수 있고 경계를 삼을 수 있게 하였다"라는 말로 시작한다.[60] '지사'란 어떤 사실을 그림의 소재로 삼는다는 뜻이다. 역사상의 사건 · 사실이나 인물들을 그림으로 표현했다는 것이다. 객관적인 사물이나 어떤 고사를 표출하는 경우 실체의 정확한 묘사가 중시되는 것은 당연하다. 이와같은 수법상의 문제와 관련해서 고염무는 "실체는 잘 그리기 어렵고 '허상의 모사'는 잘 하기 쉽다. 이에 백묘산수(白描山水)가 출현하면서 고인의 뜻을 잃어버리게 되었다"고 설파한다. 이 발언에 담긴 의미는 매우 심장하다. '백묘산수의 그림'이란, 동양 미술 특유의 산수화를 가리키고 있다. 이 산수화는 대개 당대(唐代) 이후로 세상에 풍미하게 되었고 그 때문에 회화의 근본 뜻이 실종되었다는 것이 고염무의 지적이다.

그리고 형체가 분명한 것은 어렵지만 공허한 것을 모사하기는 오히려 잘하기 쉽다는 논리는 『한비자(韓非子)』에 보이는 "개나 말은 그리기 극히 어렵고 귀신 따위는 그리기 극히 쉽다"[61]는 데로 소급이 된다. 일상의 구체적인 것은 포착하기 어렵다는 이 미학론의 연원은 아주 오래 되었으나, 후세에 소설론으로까지 사실의 중요성을 강조하는 논리로 등장하게 되기는 대개 명말 이후가 아닌가 싶다. 우리나라에서도 강세황(姜世晃)이 김홍도(金弘道)의 속화를 옹호한 글에 이 문자를 써서 알려지게 되었다.[62] 고염무의 화론은 미술이 나갈 방향으로 상고주의를 주장하면서도

60 顧炎武의 회화를 논한 글[畵]은 『日知錄』에 실린 것이다. 『일지록』의 이본에 따라서 이 화론이 실린 권차가 다른데 上海錦章圖書局藏版(1923년)은 권22에 수록되어 있고, 原抄本(臺灣唯一書業中心, 1975)은 권21에 수록되어 있다.

61 『韓非子 · 外儲說』, "客有爲齊王畵者. 齊王問曰 : '畵孰爲最難者?' 曰 : '犬馬最難.' '孰易者?' 曰 : '鬼魅最易. 夫犬馬人所知也, 旦暮罄于前, 不可類之, 故難. 鬼魅無形者, 不罄于前, 故易之也.'"

기실 사실주의적인 길이었다. 환재는 고염무의 화론에 전적으로 찬동하면서 자기 견해를 살려 입론해 나가는바 역점은 다음 세 가지이다.

첫째는 사의(寫意)와 사실(寫實)로 구분되는 화법상의 대립 전선을 선명히 잡고 비판의 논지를 날카롭게 펼친 점이다. "화학(畵學)은 실로 소기(小技, 작은 기예)의 하나지만 학문과 경세의 도에 유익함이 대단히 크다." 환재는 비록 회화 또한 '소기'라는 상투적 표현을 그대로 쓰면서도 "학문과 경세의 도에 유익함이 대단히 크다"고 한 것이다.[63] 회화를 중시한 그의 논리는 회화 자체보다 학문과 경세에 관련해서 의미부여를 하고 있다. 말하자면 예술을 위한 예술과는 다른 차원인 실용적 방향의 예술이다.

둘째, 학문과 문학 일반을 아울러서 논리를 펴고 있는 점이다. 환재 예술론의 특색이기도 하다. "문자의 도로 말하면 경학·사학에 고증가·경세가·사한가(詞翰家, 문학적 글쓰기를 전문으로 하는 사람, 인용자)가 있어 각각의 문호 역시 논하기 쉽지 않다. 더구나 각기 장단점이나 동이점을 어떻게 가볍게 말할 수 있겠는가. 이런 등에 관해서는 막연히 무슨 내용인지 알지 못하면서 칠언 근체시랍시고 억지로 각운을 붙여서 지어내며, 시답잖게 상량문(上梁文)을 엮어내고서는 스스로 문인이라고 자부하는가 하면 문사라고 뽐낸다." 환재는 '문자의 도'란 말을 써서 표현 수단으로 회화와 구분 지은 점도 흥미롭다. '문자의 도' 전반을 사고의 범위에 넣어 문학을 전공하는 부류들을 학문의 여러 부문에서 이루어지는 활동과 성과에 소식이 불통한 상태로 오로지 제가 하는 문학적 글쓰기, 그

62 姜世晃, 『豹菴遺稿』 권4, 「檀園記」, "古人謂 : 畵鷄犬大難, 畵鬼神易. 以其所易見者不可杜撰瞞人也."

63 박규수, 『瓛齋集』 권4, 「錄顧亭林先生日知錄論畵跋」, "學畵固小技也, 然其羽翼於爲學爲治之道甚大."

것도 형식 기교에 매몰된 그 속에서 자기만족을 하고 있다고 여지없이 매도하였다. 회화동네에서 '사의'에 매몰된 자나 문학동네에서 형식 기교에 매몰된 자나 피차일반이라는 것이 환재적 논지이다.

> 이로 미루어 보건대 산수 · 인물 · 누대 · 성시 · 초목 · 충어(蟲魚)를 막론하고 회화는 오직 '**진경실사**'[眞境實事]이며 필경에는 '**실용**'으로 귀결되는 것이다. 그런 연후에라야 화학이라고 할 수 있다. 무릇 **학이란 모두 실사**이다. 천하 어디에 실이 없이 학이란 일컬음을 받을 것이 있으랴!
> (『환재집 권4 錄顧亭林先生日知錄論畵跋』)

그가 이 화론에서 도달한 주장은 회화는 산수화건 인물화건 심지어 풀 · 벌레 · 물고기를 그리는 데까지도 '진경실사'라야 하며, '실용'으로 귀착되어야 한다는 것이다. 학문상에서 제기한 '실사구시'의 입장이 회화로 가서는 진경실사에서 실용으로 논리 구조를 세우고 있다.

셋째, 당시 조선의 현실에 서서 회화 문제를 사고한 점이다. 고염무의 화론에 촉발이 되어 쓴 것이긴 한데 기실은 그림 그리기의 실천적 과제를 고민하면서 쓴 내용이다. 이 글에서 하나의 구체적 사례를 제시한다. '진경실사'의 호재료를 예시한 것이다. 조금 긴 편이지만 환재가 제시한 그대로 읽어보자.

> 한양의 경물이라면 등시(燈市)가 최고로 번화한 것이다. 등시 행사를 우리나라는 정월 보름날에 하지 않고 4월 초파일에 하는데, 시가의 점포나 여염의 민가에서 집집마다 등을 매달아 그 광경은 마치 배가 집결해서 돛대가 빽빽하여 오색의 깃발이 하늘을 가리는 듯한 정경이 펼쳐진다. 도성의 남녀들이 모여들어 대로를 가득 메우고 있다. 동쪽으로 홍인문 밖의 관제묘(關帝廟, 지금 동묘로 일컬어지는 곳, 인용자, 이와 같음)로부터 서남쪽의 용산 마포에 이르기까지 온통 등시가 열려, 중간에 왕왕 잡희(雜

戱)가 벌어지고 현악·관악의 소리가 진동한다. 철이 늦은 해를 만나면 붉은 복사꽃 하얀 오얏꽃이 만발하여 수양버들과 백화가 어울리는 화사함이 보태지게 될 것이다. 또한 계절이 초여름(음력 4월) 상순이라 간혹 태묘(太廟, 종묘)에 성상이 친제를 지내는 때라도 되면 거둥 행차가 아침 일찍 출발해서 관원과 시위의 대열이 숙연하기 이를 데 없다. 마침 또 조운선이 전국에서 한강에 밀려들어 선박들로 연중에 가장 장관을 이룬다. 대개 이와같은 공간구도로 배치를 하게 되면 하나의 긴 화권(畵卷)을 제작할 수 있을 것이다. 참으로 정교하고 상세하게 그려내면 응당 청명변하도(淸明汴河圖, 청명상하도)보다 나은 면이 많을 듯하다. 빼어난 솜씨의 화가를 만나 의논하지 못하는 것이 무척 아쉽다.

(위의 글)

마지막 말처럼 환재가 구상한 대로 그림이 완성 되었다면 아마도 '한양등시도(漢陽燈市圖)'라는 화제가 붙여졌을 듯싶다. 환재는 자기가 구상한 이 실사의 진경을 정교하게 회화로 재현할 적임자를 만나지 못하는 점을 무척 아쉽게 여기고 있다. 19세기 서울의 '진경실사'가 회화적으로 실현되어 후세에 전해지게 되었다면 이 '한양등시도'는 환재의 말처럼 청명상하도에 못지않은 명품으로 세계인의 안목을 끌게 되지 않을까.

이 대목에서 덧붙이고 싶은 말이 있다. 환재는 미학적으로 실용을 강조한 나머지 사의적 회화의 풍조에 대해 비판한 것이다. 추사의 영향력이 일시 성세를 떨쳤던 것은 당시의 실상이었다. 이에 대해 '완당 바람'의 풍미라는 한 미술사가의 지적이 있기도 했다. 나는 이와 관련해서 '완당 바람'이 들어서 진경산수나 풍속화의 화풍을 쓸어버렸다는 식으로 지탄하는 식의 논리는 재고되어야 한다는 주장을 제시한 바 있다.[64] 여기서 환재의 미학적 발언에 비추어 다시 돌아가서 살펴볼 필요가 있는 것 같

64 임형택(1995) ; 임형택(2002), 254면.

다. 환재는 강열한 논조로 사의적 화풍에 경종을 울렸던 것은 명명백백한데, 그 화풍의 중심에 추사가 놓여 있었던 것으로 여겨진다.

"지금 그림 그리는 자들은 실속없이 반폭의 산수도를, 먼 산의 한 모서리에 노거수 몇 그루, 초옥 반면을 그려놓고서 회화의 법이란 바로 이러해야 성정을 그려낼 수 있는 것이라고 말한다."[65] 이 문장을 보면 누구나 얼른 추사의 저 유명한 「세한도」를 떠올릴 것이다. 물론 그 골격 자체는 대개 '고사독서도'로 일컬어지는 화보에 허다히 나오는 구도이다. 일반적인 '고사독서도'의 구도를 가져와서 고도의 개성적인 필치를 발휘한 것이 추사의「세한도」이다. 환재가 문인화의 정신적 추구를 경시하거나 부정해버린 것은 결코 아니었다. "이는 고상하고 운치있는 선비라면 한묵여사(翰墨餘事)로서 얼마든지 즐길 수 있고 보배롭게 여길 만한 것이라"[66]고 그 의미와 가치를 십분 긍정한 것이다. 그런데 문제는 "만약에 사람마다 모두 여기에 쏠려서 도화서의 화사에 이르기까지 힘을 쓰고 능한 바가 여기에 그친다면 화학은 거의 사라지게 될 것이라"는 데 있었다. 문인취미의 한묵여사와 전문적인 회화를 구분지어서 인식하고 있다. 추사풍의 사의적 경향을 배척했다고는 단순논리로 속단할 수 없다. 하지만 회화는 어떻게 해야 본래적 의미의 존재의미를 살릴 수 있느냐는 큰 물음에 당해서 추사풍의 풍미는 문제점이 심각하다는 관점을 환재는 확실하게 견지하였다. **글쓰기에서 '실사구시'와 아울러 회화영역에서 '진경실사'의 구현**이 환재가 추구한 입장이자 이론이었다.

---

65 박규수, 『瓛齋集』 권4, 「錄顧亭林先生日知錄論畫跋」, "今之爲畫者, 空寫反幅山水圖, 遠山一角老樹數株草屋半面, 便謂畫圖之法如此, 亦足以陶寫性情云爾者."

66 박규수, 『瓛齋集』 권4, 「錄顧亭林先生日知錄論畫跋」, "此(文人畫, 인용자)在於高人逸士翰墨餘事, 則未嘗不可喜而可寶也. 若夫人人如此, 以至於畫院待詔之倫所務而所能者止於是焉, 則畫學殆亦亡矣."

4) 가학적 연원 – 연암과의 관계

환재가 자기 조부 연암으로부터 받은 영향이 지대했음은 더 말할 나위가 없다. 위의 서술 과정에서 이미 여러 번 언급이 되기는 했지만, 환재가 풍석(楓石) 서유구(徐有榘, 1764~1845)에게 올린 시편에서 자기 조부에 대한 향념을 생생하게 자기 소리로 표출하고 있기에 이 시작품으로 들어가 본다. 풍석은 소년 시절부터 연암의 문학을 애호하여 따랐거니와, 『임원경제십육지(林園經濟十六志)』를 저술하여 실학을 대성한 학자로 평가받는 학자이다. 풍석에 대해 환재는 "나라를 구할 경륜 소매 속에 감추고서 임원의 낙사를 분수로 삼으셨지요. 내 이제 『임원십육지』를 읽어보니 바다의 신기루처럼 온갖 보배 이루 다 헤아리기 어렵도다"[67]라고, 풍석이 일시 불우한 처지에서 전원에 은거, 몸소 농업 원예 및 여러 경세업무를 실험, 연구하여 저술을 한 그 자세와 그 내용에 대해 경탄해 마지않으며 소중한 책으로 칭송한 것이다. 또한 자신으로 향해서는 "몽매한 소자 태어나기 늦어 가학을 이어받기에 역량이 부족합니다"[68]라고 스스로 책망하는 표현에서 가문의 전통을 계승하는 일을 자신의 임무로 자각하고 있음을 짐작케 한다. 그리고 자신이 하는 학문에 당해서는 현실적 용의 의미를 살리지 못하고 있다는 반성을 하고 있다.[69] 그런데 기실 이 시는 초두에서 벌써 문학에 관해 눈을 번쩍 뜨게 만드는 말이 나온다. "법고를 하되 능히 변통할 줄 알아야 하고 새롭되 능히 전아(典雅)해야 된다."[70] 풍석이 맨 처음 연암 선생을 만나 뵙던 시절을 회상하며 선생에게 깨우침을 받은 말씀을 환재에게 들려준 것이었다. 이미 널리 알려진

---

67 박규수, 『瓛齋集』 권3, 「呈徐楓石致政尙書」, "醫國深袖經綸手, 林園樂事聊分甘. 我來求讀十六志, 海市百寶難窺探."

68 박규수, 『瓛齋集』 권3, 「呈徐楓石致政尙書」, "小子顓蒙生苦晩, 承述家學力不堪."

69 박규수, 『瓛齋集』 권3, 「呈徐楓石致政尙書」, "學無適用實吾慙."

70 박규수, 『瓛齋集』 권3, 「呈徐楓石致政尙書」, "法古能變新能典, 斯道從來無一二"

'법고창신(法古創新)'과 지금 이 '법고능변 신능전'은 똑같이 연암이 제기한 문학창작의 방법론으로서 의미도 서로 다르지 않다. '법고창신'이 선명하긴 한데 학문까지 포함해서 문학을 어떻게 해야 할지를 놓고 구체적으로 생각할 때 7자 시구의 '법고능변 신능전'이 보다 더 우리 손에 잡혀지는 것도 같다. 연암이란 존재는 어느 한 분과에 소속시키기 어려운 인문지식인이지만 특장은 아무래도 문학에 있었다. 요컨대 문학 중심의 인문학자다. 문학중심적 인문학자라면 조선조의 빼어난 인물들은 대체로 이 유형에 속했다. 환재 역시 연암을 계승하여 이 유형의 인문지식인으로 자신을 닦아나갔다고 말할 수 있다.

5) 온재 박선수의 『說文翼徵』

환재 학문의 가학적 뿌리와 흐름을 말하는 자리에서 온재 박선수를 빼놓을 수 없다. 환재와 온재 형제는 같은 연암의 손자로서 서로 학문적 반려였기 때문이다. 온재 학문의 결정판인 『설문해자익징(說文解字翼徵)』(약칭 『설문익징』)이란 책은 실사구시학의 가시적으로 가장 뚜렷한 성과물이다. 이 저술은 그 서명처럼 중국문자학의 고전인 『설문해자』(역시 『설문』으로 약칭)를 주해, 교감한 내용이다. 중국을 중심한 권역에 있어서 문명의 시발이자 기초는 한자에 있었다. 그렇기에 이 권역이 한문세계 혹은 한자문화권으로 일컬어진 것이다. 자의나 자음, 자형을 정확하게 따지고 밝히는 일이 중요한 과제임은 물론이다. 우리나라에서는 전래로 『규장전운(奎章全韻)』을 비롯한 운서류는 관심을 가지고 간행되었으나, 이 문자학(小學이라고도 일컬어지기도 했음)에 이르러는 소홀한 편이었다. 온재는 이 과제를 자신의 필생 작업으로 붙잡고 궁구하여 『설문익징』을 연구, 저술한 것이다. 고대의 청동기 등 자료에서 발견된 종정문(鐘鼎文)을 증거 자료로 이용한 점이 이 저술의 특징적 면모이다.

그 저술 과정에서 환재의 역할과 협조가 지대했다. 필자는 문자학에 관해서는 전문 지식을 갖추지 못했다. 해서 자신의 견해를 표명하지 않고 대신에 이 책의 서문과 환재의 관련한 진술을 대략 정리해 두는 것으로 그친다. 『설문익징』은 모두 14권 6책으로 1912년에 와서 겨우 간행되었는데 김만식(金晩植, 1834~1900)이란 인물이 교열자로 올라가 있다. 김만식은 호가 취당(翠堂)으로 온재의 생질이고 운양의 종형이다. 이 책에도 서문은 운양이 쓰고 있다. 운양의 서문에는 온재가 저술 작업에 전심전력하는 모습이 그려진다.

> 문자학 연구에 정신을 집중하는 사이에 문득 황홀히 떠오른 생각이 있으면 아무리 밤중이라도 촛불을 밝히게 해서 기록하고 해가 떠오르기를 기다렸다가 백씨 환재 선생의 처소로 달려가서 책상 앞에 마주앉아 토론을 벌였다. 환재 또한 이를 반갑게 받아들였다. 비록 천리 밖에 떨어져 있더라도 필히 서신을 왕복하여 질정을 받고 나서야 초고 작성으로 들어갔다.
> (『說文解字翼徵)』의 서문)

그리고 김윤식은 환재가 중국 지식인들에게 이 책에 대해 묻고 간행 문제에 협력을 구한 사실을 전하고 있다.

> 환재공은 사신으로 연행을 할 적에 『설문익징』의 미완 초고를 휴대해서 왕헌(王軒)·동문찬(董文燦)·오대징(吳大徵) 등 여러 인사들에게 보였다. 그들은 다 『설문해자』에 조예가 있는 학자들이다. 그들은 너나없이 "이는 허씨(『설문』의 저자인 許愼을 가리킴)의 진정한 공신입니다. 서현(徐鉉) 부자[71]의 글자에 따라 해석하는 수준에 그치는 것이 아니지요. 책이 완성, 출간이 되면 응당 '낙양(洛陽)의 지가'를 올릴 것이외다"고 격찬

71 徐鉉은 오대에서 북송에 걸치는 학자이며, 그의 부친은 서연휴(徐延休)이다. 부자가 함께 문장으로 이름이 있고 『설문해자』를 교정한 일로 유명하다.

해 마지않았다.

(위의 글)

왕헌 · 동문찬 · 오대징은 당시 북경의 내노라하는 지식인들로 환재가 이들과 교유를 가져서 『환재집』에 이들 각자에게 보낸 편지가 확인된다. 위 인용문에서 '낙양의 지가'를 말한 점으로 미루어 『설문익징』을 북경에서 간행하는 문제를 생각했던 것 같다. 환재가 동문찬에게 쓴 편지에는 이런 사연이 보인다. "우리나라에서는 책을 간행하는 일이 극히 어렵습니다. 본디 서책 간행을 업으로 하는 서방(書坊)이 없거든요. 그러니 조만간에 연경의 양공(良工) 손을 빌릴 수밖에 없겠습니다. 한데 비용 마련이 쉽지 않아 이 또한 고민입니다." 당시 조선의 사정은 상업 출판이 없다 할 정도로 영세하고 조잡한 수준이어서 이처럼 어려운 내용의 출판물을 감당하기는 도저히 불가능한 노릇이었다. 『설문익징』에 담긴 내용이 전서(篆書)와 그 이전의 고문자가 많아서 어려움을 가중시켰다. 때문에 환재는 중국 측에 이 저술의 출간 문제를 의논했던 것이다. 『환재집』에 따로 또 만청여(萬青藜, 1807~1883)란 학자에게 보낸 편지가 있다. 『설문익징』의 간행 문제를 놓고 환재가 얼마나 걱정이 많았던가 여실히 드러난다. 그 저자과 함께 저술의 내용이 소개되어 있기에 해당 전문을 여기에 옮겨둔다.

> 제 동복아우는 성명이 박선수이며 자가 온경(溫卿)이기에 호를 온재(溫齋)라 하였고, 벼슬은 이부우시랑(吏部右侍郎, 이조참판을 가리키는 말, 인용자)을 역임했습니다. 나이 금년에 54세로 일찍부터 고전 연구에 몰두해서 저술로 『설문익징』 10 여권이 있습니다. 이 책은 종정고문(鐘鼎古文)으로 설문소전(說文小篆)을 고증, 해설한 내용으로 의문과 오류를 밝혀낸 점이 많은데 모두 뚜렷한 근거를 가지고 한 것입니다. 후세에 전

해질 책이라는 것은 의심의 여지가 없습니다. 다만 우리 동방은 육서 소학(六書小學, 문자학을 가리킴, 인용자)을 공부하는 자가 드무니 중국의 안목을 갖춘 학자가 아니면 버려지는 것이 되고 말지 않을까 걱정입니다. 필히 출판업자에게 의논하고자 하는바 비용이 얼마나 들지 모르겠습니다. 또한 이런 일은 마음먹고 주장하는 사람이 없으면 어떻게 정밀하고도 아름답게 이루어질 수 있으리까? 원서가 아직 탈고되지 못해서 미처 여러 군자들께 구체적으로 의논을 드리지 못합니다. 비록 이러하나, 의논하여 가부를 알려주셔서 소원을 이루게 해주시면 어떠하올지? 육서의 학은 또한 궁리격물(窮理格物)의 첫째 과제이지만 전부터 이 분야의 전문가들도 번쇄하여 완물상지(玩物喪志)를 면치 못했으니 안타까울 따름입니다. 각하는 어떻게 생각하시는지 모르겠습니다. 원컨대 고명(高明)의 견해를 듣고 싶소이다.

(『환재집 권10 · 萬庸叟靑藜3』)

위의 "육서(六書)의 학은 또한 궁리격물의 첫째 과제"라는 표현에서 이 『설문익징』이 19세기 '고고(考古)의 실사구시'로부터 '격치(格致)의 실사구시'에 이르는 도정상의 성과로 인식했음을 확인할 수 있다.

5. 19세기 사상사에 대한 평가 문제

위에서 19세기의 중간 지점에서 전개된 학술 사상을 세 유파로 구분지어 각기 내용 성격 및 현실 대응의 논리를 분석해 보았다. 이에 대한 전체적인 정리와 평가의 말로 글을 끝맺고자 한다. 본고가 박규수를 논의의 중심에 두었던 만큼 평가 문제 또한 박규수를 중심에 두어야겠다.

이 결론적인 논의로 들어가기에 앞서 시각상의 문제를 돌아볼 필요가 있다고 본다. 19세기에서 20세기로 이행하는 시간대에 대해 종래 취해왔던 관점은 대체로 결과론이었던 것 같다. 우리 역사의 진행경로는 근대 전환에 실패한 나머지 식민지로 전락하는 결과를 낳았다. 그리하여 도래한 식민지시대가 '일제강점기'로 기억되고 있는 것이다. 일제 강점의 기간이 우리의 역사상에 있었던 것은 물론 실제 사실이다. 거기서 그치지 않고 '일제강점기'는 남북 분단으로 이어져 아직도 해결하지 못한 민족적 과제로 우리 앞에 놓여있지 않은가. 이것은 실로 민족적인 숙원사업일 뿐 아니고 전지구적 차원에서도 중대한 과제로 볼 수 있다. 한반도의 분단은 제2차 세계대전의 종결 과정에서 남겨진 문제점으로, 이후 동서 냉전체제로 인해서 악성화 · 고질화 되어 냉전체제의 해체 이후에도 풀리지 않고 남아있는 상태이다. 바로 금년 2018년으로 들어와서 남북관계가 화해국면으로 급선회하면서 북미회담으로 진전이 되었다. 이제야말로 고질적인 난제가 해결될 실마리가 가시화되는 것도 같다. 본고를 시작하는 말에서 "19세기는 우리가 살아가는 오늘과 직접적 계기로 이어진 시간대"라고 쓴 것은 바로 이 때문이다.

결과론은 따지고 보면 근대주의이다. '서구적 근대'를 역사가 도달해야 할 목적지로 생각한 것이었다. 20세기의 세계지도를 펼쳐놓고 보면 분명히 식민지 지배국가와 식민지 피지배국가로 양분되어 있다. 전자는 사실상 구미의 몇몇 나라와 일본에 불과하며 대부분은 후자에 속하였다. 전지구상에서 피식민지 상태로 20세기 근대를 통과한 국가가 주류를 이루었던 것이 실상이었다. 따라서 피식민지로 경과한 것도 하나의 코스일 뿐 아니라 오히려 주류적 근대코스라고 말해야지 맞다. 그럼에도 이 시간대를 '강점기'로 기억하는 사고의 저변에는 저들처럼 부국강병이란 근대적 이상을 달성하지 못했던 까닭에 남의 지배를 받아야 했다는 상념이 깔려 있다. 남의 짓밟힘을 당했다는 열등의식 내지 한이 서린 사고방식인데 역으로 남을 짓밟지 못했다는 유감이 담겨진 것이기도 하다. 다름 아닌 근대적 욕망의 표현 형태이다. 21세기의 오늘에 이르러는 이 근대주의의 정신적·물질적 포로상태로부터 우리 스스로 벗어나는 일이 참으로 긴히 요망되고 있지 않은가 한다.

이 점을 굳이 거론하는 뜻은 근대주의로부터 해방되는 문제가 앞으로 새로운 출구를 열고 나가는 열쇠로서 급선무라고 여기는 때문이지만, 본고의 테마인 19세기 사상사의 지도를 평가함에 당해서도 크게 관계되는 사안임을 유의해서이다. 종래 결과론으로 재단한 나머지 19세기 말엽으로부터 20세기에 이르는 사상사의 지도는 한국역사에서 묵살되고 왜곡되고 하였다. 그 당시 눈앞에 다가선 위기와 급변의 사태를 대면하여 고뇌하면서 모색하고 실천했던 일체가 무화된 것이다. 반증의 사례를 하나 들어보자. 우리가 알다시피 20세기 초반의 문학사에는 이인직·최남선·이광수가 독보적 존재로 부각되어 있는바 이는 근대주의적 관점으로 평가된 결과였다. 이들의 친일 행각을 두고 말하는 것은 아니다. 각기 작품에 내재된 친일적 속성이 간과된 문제점이다. 그 친일적 속성은 개화–근대화라는 개념으로 가려져서 대단한 것으로 찬양된 때문이다.

거기서 시간여행을 하여 위로 올라가면서 만나는 곳에 본고의 사상사 지도가 펼쳐진다. 그 지도상에서 박규수는 그런대로 존재감을 잃지 않았던 편이다. 그렇게 될 수 있었던 요인은 다른 어디에 있지 않고 개화파와의 관련성에 있었다. 그 자체가 근대주의적 관점이었는데 거기에는 과장과 왜곡 또한 없지 않았다. 근대주의에서 벗어날 때 그야말로 '실사구시'가 가능하다. 그러면 당시에 학자·사상가들이 경험했던 난관이 느껴질 터이요, 시대에 대응한 그들의 고뇌의 소리도 귀에 들어오고 좌절의 아픔도 눈에 보일 것이기 때문이다.

19세기 사상사에 등장한 세 유파를 우선 간추려 보자. 정통 성리학 진영에서 제기한 위정척사론은 수구보수가 그 고유한 성격이었다. 성리학이 조선 5백년동안에 국교적 지위를 누렸던 만큼 뿌리가 깊었으며, 영향력 또한 그만큼 넓었다. 더구나 민족 위기가 갈수록 날로 침중해 가는 상황에서 더욱 더 강고한 태도를 취하게도 되었다. 위정척사론은 개혁과 개방이라는 시대의 과제에 역행한 논리라는 평가를 면하기는 어렵다고 보겠으나 의병항쟁의 지도 이념으로서 역할을 한 것이 사실이다. 일종의 '성전의 논리'였으며, 그런 점에서 의미 부여도 가능한 것이다.

실학사상은 17세기 이래 동아시아의 한중일 삼국에 공히 신학풍으로 등장, 발전했던 터이므로 드디어 적극적으로 나서야하는 때가 도래한 셈이다. 그런 측면에서 19세기는 '실학시대'였다. 이 단계에서 실학의 학문은 경학적 대응, 기학적 대응, 실사구시적 대응의 셋으로 구분해 볼 수 있다. 이처럼 실학은 학문방법론으로서 다양성을 이루었고 현실 대응의 사상으로서 다각화되었다고 평가할 수 있다. 그럼에도 위기를 동반한 급전하는 현실에 직면해서 대응논리로 제기되긴 했지만 그 사상을 실천할 동력은 애매한 상태였다. 이런 문제점은 물론 실학이란 학문적 테두리에서 해결될 수 있는 성질이 아니었다. 시민층의 역량에 기대기 어려운 상황에서 현실적 동력, 민중운동을 견인하려는 방향의 노력이 기울여지지 못한 데서 동력을 얻지 못했던 요인이 있었던 것도 같다.

반면에 종교사상의 형태로 제기된 최제우의 동학은 농민항쟁에 영향력을 놀랍게 발휘할 수 있었다. 민중운동의 동력을 끌어들이지 못했던 실학사상과는 대조적인 측면이다. 동학을 창시한 최제우는 그 자신 영남유학에 연원을 두었는데, 천관(天觀)의 측면에서는 정약용에 맥락이 통하고 기론의 측면에서는 최한기의 기학에 닿는다고 보았다. 본고는 19세기 사상사의 지도에 최제우를 위치시킬 필요가 있다고 생각하여 이런 면모를 주의한 것이다. 동학은 다음 세기로 넘어와서 천도교, 이어서 원불교와 같은 민족종교로서의 의미를 띠고 크게 기여한 사실 또한 평가할 점이다.

실학의 계보에 속한 박규수의 경우 실사구시를 위주로 한 학자였다. 실사구시는 좁은 의미의 학문방법론에서 머물지 않고 자신의 정신활동 전반에 걸쳐 추구된 방도였다. 이 점을 특히 주목할 필요가 있다고 본다. 학문은 응당 경학에 근본하고 경세에 뜻을 가져야 하는바 이 모두 실사구시를 떠나서는 안된다함이 그의 지론이었다. 글쓰기는 물론이고 회화의 영역에까지 '진경실사'(眞境實事)가 그 본령이라고 역설한다. 뿐 아니라, 그의 실사구시는 정치적 실천에도 적용된 원칙이었다. 요컨대 박규수는 자기 시대의 현실에서 대응논리로 실사구시를 호출한 것이다. 실로 미증유의 경악스럽고 난감한 사태에 부딪쳐서 낡아빠진 관행적 이데올로기로부터 탈피, 복잡하고도 어려운 정세를 파악하고 적절한 대응의 길을 찾자면 먼저 실사구시를 해야 한다고 그는 사고하였다.

박규수는 안으로 농민반란이 폭발하고 밖으로 개항을 목전에 둔 지점에서 '실학 재상'으로서 역할한 존재이었음을 중시하였다. 실학은 타고난 속성이 개혁과 개방에 있었음에도 실학을 주장한 학자들에게는 대체로 정치적 실현의 기회가 주어지지 않았다. 때문에 실학은 그 본의와 달리 '공언'으로 머물 밖에 없었다. 그런데 박규수로 와서 드디어 일을 해볼 수 있는 자리가 주어졌다. 그는 정히 일을 해야 할 때 일을 할 자리에 앉은 것이다. 그리하여 개혁을 시도했고 개항으로 방향을 돌리는 데 기여를 하게 되었다.

본고는 당시 제기된 위정척사의 수구적 대응 논리나 민중운동의 종교적 대응논리에 대해서 각기 의미를 십분 인정하지만, 개혁 개방을 긴급히 요망하는 시대상황을 고려할 때 실학의 대응 논리에 한층 높이 의미부여를 하는 관점을 취했다. 우리가 경험하여 오늘에 이른 '근대'는 결코 이상적 경지는 아니라도 적극적으로 대응하고 받아들일 것은 받아들이 않으면 안 되며, 위정척사론처럼 외면하고 부정 일변도로 나가는 것은 큰 의미를 가질 수 없었고 종교적 대응방식 또한 여러모로 한계가 있었다. 그렇기에 19세기 사상사의 지도를 박규수란 존재를 중심 위치에 놓고 해석했거니와, 그가 수행한 역할에 대해서도 역사적 의의를 인정하는 입장이다. 하지만 거기에는 허다한 제약도 따랐고 한계도 있었다.

먼저 한계를 두고 말해보자. 실학에서 민중적이고 진보적인 사상의 정수를 박규수는 실천의 동력으로 활용하지 못했다. 그는 「원목」·「탕론」에 담겨진 다산의 민주주의적 이론을 접수하지 않았고 또한 민중운동의 지도자를 용납했던 다산의 친민중적인 자세도 갖지 못한 것이다. 결정적 시점에서 실학이 당대의 민중운동과 결합할 계기를 마련할 수 없었다고 여겨진다.

박규수에 대해 본고에서 '실학 재상'이라는 칭호를 붙였지만 그 자신 괴로움에서 벗어나기 어려웠다. 조야의 들끓는 여론에 비추어 그의 처지가 그럴 수밖에 없었다. 재야 학자의 처지라면 시무의 대책을 강구하고 정론적 견해를 안출해서 자유롭고 대담하게 주장을 개진할 수 있었겠으나, 국정을 담당하는 고위직에 앉아서는 말도 십분 아껴야 하고 처신도 극히 조심해야 했다. 더구나 국운이 달린 민감한 사안에 대해 독자적 논리를 뚜렷이 내세우지 못하고 어쩔 수 없었노라고 안타까운 한숨을 종종 내쉬어야 했다고 전한다.[72] 근대세계를 향해서 조선이 문호 개방을 단행한 바로 그 해에 박규수는 자기 삶을 마감하고 이 땅을 떠났다.

---

72 김윤식, 『운양집』 권7, 「美國兵船滋擾咨」에 김윤식이 붙인 추기. "允植謹按 : 我國僻在海外一隅, 不聞外交之事, 自丙寅美船遭難以後, 美使屢懇商辦務歸和好. 擧國譁然, 皆以斥和爲高, 廟議如此. 先生雖主文柄, 不能獨立己見. 其文移往復, 據理詳陳, 宛轉其辭, 不失國家體面而已. 至如閉門却好, 非先生之意也, 不得已也. 其時余嘗侍坐先生. 先生喟然歎曰 : '顧今宇內情形日變, 東西諸强並峙, 與曩日春秋列國之時相同, 會盟征伐, 將不勝其紛紜矣. 我國雖小, 處東洋之紐樞, 如鄭國之在晉楚之間. 內治外交不失機宜, 則猶可自保, 不然則昧弱先亡." 天下之道也, 又誰咎焉.

參考文獻

姜世晃, 『豹菴遺稿』, 한국정신문화연구원 1979.

郭鍾錫, 『俛宇集 · 柳省齋重敎心說辨』

金正喜, 『阮堂全集』

金澤榮, 『韓史綮』

金澤榮, 『麗韓歷代小史』

南秉哲, 『圭齋遺稿』

편자미상, 『龍湖閒錄』

국사편찬위원회, 『壬戌錄』, 한국사료총서 8, 國史編纂委員會, 1959

편자미상, 『推案及鞫案』 25, 罪人逵宇義綱等推案 嘉慶 9年 甲子, 아세아문화사 1978

朴珪壽, 『瓛齋集』

朴珪壽, 『환재집』 전4책, 성균관대학교대동문화연구원, 2017

朴瑄壽, 『說文解字翼徵』 14권 6책, 1912

朴趾源, 『燕巖集』

沈大允, 『論語 15』(『韓國經學資料集成』),성균관대 대동문화연구원, 1990

李恒老, 『華西雅言 · 洋禍』

李玄綺, 『綺里叢話』 德養齋本

丁若鏞, 『與猶堂全書』

丁若鏞, 『牧民心書』

丁若鏞, 『事大考例』, 『茶山學團文獻集成』 제8~9권

崔埜,『近庵集』, 창커뮤니케이션 2005

崔濟愚, 『聖經大全』 壬辰板

崔濟愚, 『東經大典』, 신활자본 간년 미상. 영인본 1994

崔濟愚, 『譯解 東經大全』, 朴晶東 編輯 · 朴衡采 校閱, 1920

崔濟愚, 『龍潭遺事』 필사본 丙戌. 신활자본 1909

李敦化 편,『天道教創建史』(天道教中央宗理院 1933)
『天道教史傳』(필사본, 넌대 미상)

『韓非子』
顧炎武,『日知錄』上海錦章圖書局藏版 1923
顧炎武,『原抄本 日知錄』臺灣唯一書業中心, 1975
梁啓超,『淸代學術概論 九』, 臺灣中華書局 民國52년 제3판.
支偉成(2014),『淸代朴學大師列傳』上海 人民出版社(泰東書局 1928년 재판본 영인)
祈志祥 주편(2009),『國學人文讀本』, 上海文化出版社

김명호(2005),『초기한미관계의 재조명』, 역사비평사
김명호(2008),『환재 박규수연구』, 창비
임형택(1984),『한국문학사의 시각』, 창작과비평사
임형택(2000),『실사구시의 한국학』, 창비
임형택(2002),『한국문학사의 논리와 체계』, 창비
임형택(2014a),『한국학의 동아시아적 지평』, 창비
임형택(2014b),『21세기에 실학을 읽는다』, 한길사
유홍준(2018),『추사 김정희』, 창비.

임형택(1976 · 1977),「홍길동전의 신고찰」상 · 하,『창작과비평』42 · 43호(『한국문학사의 시각』에 수록)
임형택(1990),「정약용의 민주적 정치사상의 이론적 · 현실적 근저 : 〈蕩論〉 · 〈原牧〉의 이해를 위하여」(碧史 李佑成교수 定年紀念論叢『민족사의 전개와 그 문화』, (『실사구시의 한국학』 에 수록)
임형택(1995),「19세기 서학에 대한 경학의 대응－정약용과 심대윤의 경우」,『창작과비평』1995년 봄호(『실사구시의 한국학』에 수록)

임형택(1995), 「18,19세기 예술사의 성격」, 『한국학연구』 7, (『한국문학사의 체계와 논리』에 수록)

임형택(1998), 「실사구시의 학적 전통과 개화사상」, 『한중실학사연구』 (『실사구시의 한국학』에 수록)

임형택(2001), 「개항기 유교지식인의 '근대' 대응논리-혜강 최한기의 기학을 중심으로」, 『대동문화연구』 38, (『21세기에 실학을 읽는다』에 수록)

임형택(2008), 「事大考例와 정약용의 대청청관계 인식」, 『다산학』12, (『21세기에 실학을 읽는다』에 수록)

임형택(2008), 「동아시아에 대한 지역적 인식논리」, 『동아시아브리프』 3권 2호(『한국학의 동아시아적 지평』에 수록)

임형택(2009),「동아시아세계의 지식교류양상 : '이성적 대화'의 열림을 주목해서」, 『대동문화연구』 68(『한국학의 동아시아적 지평』에 수록)

임형택(2012), 「동아시아 국가간의 '이성적 대화'에 관한 성찰」, 『한문학보』 26, (『한국학의 동아시아적 지평』에 수록)

북학의 계승자들

– 박규수와 홍양후의 교유를 중심으로

신로사 | 성균관대학교 한문학과 강사

1. 머리말

2. 홍양후의 생애와 박규수와의 만남

3. 홍양후의 사상적 특징 – 박규수와의 접점

4. 맺음말

1. 머리말

충청남도 천안에는 담헌 홍대용(洪大容)의 묘소가 있다. 여기에는 1857년에 김흥근(金興根)이 쓴 묘비가 서 있다. 홍대용의 몰년이 1783년이라는 점을 생각해보면 꽤 나중에 지어진 것이라고 할 수 있다. 한편 한국문집총간(권248)에 수록되어 있는『담헌서』의 부록에는 박지원이 지은「홍덕보묘지명(洪德保墓誌銘)」과 더불어 홍대용의 벗이었던 이송(李淞, 1725~1788년 추정)이 지은 묘표(墓標)가 있다.[1] 이송은 이 묘표에서 홍대용의 연행, 그리고 자신과 홍대용과의 만남, 홍대용이 벼슬살이에 대해 가지고 있던 생각 등에 대해 썼는데, 이는 홍대용의 아들인 홍원이 부탁하여 쓴 것이다. 이처럼 이미 부친대에 쓰여진 묘표가 있음에도 불구하고 새로운 비문을 쓴 것은 홍양후가 생각하는 조부의 '상(像)'이 있기 때문이다. 홍양후의 생각에 이송이 쓴 묘표(墓表)의 내용은 조부의 덕을 드러내기에 충분하지 않았던 것 같다. 그리고 묘표를 썼던 이송이라는 인물 역시 조부의 묘표를 쓰기에 부족하다고 여겼던 것 같다. 이송 같은 인물보다는 당시 권력의 중심에 있던 김흥근 같은 이가 조부의 덕을 현창하는 것이 더 걸맞는다고 여겼을지도 모른다. 아래의 인용문은 홍양후가 김흥근에게 쓴 편지 중 일부이다.

> 조부이신 담헌공의 비문은 전에 앙의(仰議)한 것이 있어 행장을 베껴서 올렸습니다만, 이미 선배나 집우(執友)들도 없고 집안에는 그 일을 아는 이들이 없어서 (조부의) 아름다운 덕을 드러낸 것이 백 가지 중에 한 가지도 들지 못하고 단지 세상에서 공공연히 논해지는 조부의 행적을 드

1 이 묘지명은 이송의『老樵集』에도 제문「祭洪榮川(大容)文」과 함께「榮川郡守洪公墓表」라는 제목으로 수록되어 있다.

> 러내는 데에 그쳤으니 이것을 가지고 지나치다고 할 수는 없습니다.
>
> 비록 합하께서는 신중하고 어렵게 여기시어 한 조각 돌에 부끄러움이 없도록 하고자 하시지만, 차라리 소박할지언정 화려하지 않게 하고 번잡한 것을 제거하여 요점만을 취하고자 하였습니다. 그런 까닭에 글에 단삽(短澁)한 부분이 많지만 이는 오로지 취사선택하여 윤색을 어떻게 하는가에 달려있을 뿐입니다.[2]

홍양후는 '조부의 아름다운 덕을 드러내고자' 본인이 「담헌공행장(湛軒公行狀)」을 지어 김홍근에게 보내 윤색을 부탁하였다. 그 결과가 현재 세상에 남아있는 홍대용의 묘비명이다. 여기에는 홍대용의 서양 과학적 지식, 실사구시(實事求是)적인 학문 태도, 그리고 정조의 칭찬 등이 기록되어 있어 이송이 지은 것과는 전혀 다른 분위기를 드러낸다. 이송이 지은 것은 홍대용과의 우정이 중심인 반면, 이 묘비명에는 현재 우리가 생각하는 '북학파로서의 홍대용'의 모습이 있다. 홍양후는 자신이 쓴 행장과 거의 같은 이 묘비명에 매우 만족해하였다.[3]

홍양후는 홍대용과는 달리 거의 알려지지 않은 인물이며, 그의 행적도 조부의 것과는 매우 거리가 멀다. 그러나 그는 홍대용의 현창(顯彰)에만 그치지 않고, 조부의 뜻과 사상을 계승하고자 하였다. 그리고 그 접점에 있는 인물이 박규수였다. 박규수는 박지원의 손자로, 그리고 홍양후는 홍대용의 손자로 두 사람 모두 조부들의 사상을 잇고자 하였으며, 박규

2 홍양후,『관거외사』, 「上金游觀相公書」, "祖父湛軒公碑文前有仰議者, 行狀錄上而, 旣無先輩執友, 家無逮事者, 狀德之美百不擧一, 而單指世所共公議論之祖父行蹟之止, 斯不可曰過溢, 雖以閤下之難愼, 庶或片石無愧, 思欲寧質無華祛繁取要,故文多短澁, 此則惟在存拔潤色之如何."

3 홍양후, 『관거외사』,「上姨兄金判府書」, "碑文下來, 狀先朝之德之行實無餘憾." 홍대용의 묘비명은 김홍근의 『유관집(游觀集)』과 홍양후 집안의 『양세비문(兩世碑文)』에도 수록되어 있다.

수와 홍양후를 이어준 것도 그들의 조부들이었으며 구체적인 계기는 홍양후의 연행이었다.

홍대용은 1765년 연행사로 중국에 가서 세 사람의 친구를 얻고 돌아와 『간정동회우록』을 썼다. 그리고 이는 그 주변 문인들에게 연행을 꿈꾸게 하였다. 실제로 홍대용 이후 박지원(朴趾源), 이덕무(李德懋), 박제가(朴齊家), 이희경(李喜經)과 같이 북학파라 일컬어지는 인물들이 연행을 통해 청나라에 다녀왔다. 그리고 이 경험은 이들의 학문과 사상의 발전에 큰 역할을 하였던 것은 분명하다. 이후 조선 문인들의 연행에 대한 열의는 18~19세기에 접어들며 다소 가라앉은 것처럼 보이다가 다시금 활기를 띠게 된다. 그런데 이번에는 홍대용의 손자인 홍양후의 연행이 일정한 역할을 하게 된다. 홍양후는 1826년에 조부의 우정을 이어나가겠다는 염원을 품고 연행길에 오르게 되는데, 이를 계기로 연암의 손자인 박규수와 벗이 된다. 그리고 이 두 사람의 만남은 단순하게 조부들의 우정을 이어 세교를 맺는 개인적인 친분 관계를 넘어서서, 18세기 그 조부들이 정립시키고 발전시켰던 북학 사상이 19세기에도 지속적으로 계승되고 있었음을 보여주는 유의미한 증거가 된다.[4]

본고는 박규수와 홍양후의 교유를 통해 북학파의 사상이 어떻게 계승되고 있었는지 그 구체적인 모습들을 탐색해 보고자 한다. 먼저 아직까지 널리 알려지지 않은 홍양후라는 인물에 대해서 살펴보고 이어 그와 박규수의 만남에 대해 살펴보기로 한다. 그리고 이를 바탕으로 박규수와 홍양후가 계승하고 공유했던 사상의 면모들을 확인해 볼 것이다.

---

4 김명호(2008b), 54~55면.

2. 홍양후의 생애와 박규수와의 만남

1) 홍양후의 생애와 그의 저술

홍양후(1800~1879)는 홍원(洪遠, 1765~1818)과 신광온(申光蘊)의 딸(1763~1845) 사이에서 태어났다. 나중에 홍양후가 자제군관으로 수행했던 신재식은 신광온의 아들로 홍양후에게는 숙부가 된다. 위로는 형 명후(明厚, 1787~1850)가 있다. 부친 홍원의 자(字)는 장원(長遠)이고 호는 산수인(山水人), 기도굴산인(耆闍崛山人), 소선(簫仙) 등이다. 1804년 늦은 나이에 사마시(司馬試)에 합격했지만 금방 고향으로 돌아가 자신의 거처를 '산수(山水)'라 하고 거문고와 책으로 일생을 살았다. 홍원은 부친 홍대용과 마찬가지로 거문고와 음률(音律)에 매우 정통하였다. 홍양후 또한 음률에 능하여 가법(家法)을 전해 받은 것이라는 평을 들을 정도였다.[5] 홍원의 저서로는 『청음(淸音)』이 있고 옛 글을 초록해서 만든 『금고기문(今古奇文)』 3권(국사편찬위원회 소장)이 있다. 『금고기문』은 중국의 여러 서적에서 초록한 것으로 불경, 성리서는 물론 명나라까지의 문집에 이르기까지 그 범위가 매우 넓다. 인용 목록 중에는 상준(商濬)이 편집한 『패해(稗海)』, 『능엄경(楞嚴經)』, 귀유광(歸有光)의 『진천집(震川集)』, 이반룡(李攀龍)의 『창명집(滄溟集)』 등도 있다. 홍원이 중국의 서적에서 초록하여 『금고기문』을 편집한 것과 마찬가지로, 홍양후는 조선의 여러 서적을 발췌, 초록하여『동사유선(東史類選)』을 남겼다. 홍원에 대해서는 신석희(申錫禧)가 쓴 「선고진사공묘문(先考進士公墓文)」『관거외사 속(寬居外史 續)』에 자세히 나와 있다.

홍양후는 형 홍명후에 대한 묘지문(『양세비문』, 「先白氏瑞山公墓文並自

5 李璋煜, 『琡玉山房初稿』, 「贈朝鮮記室洪三斯」, "君善音律, 承家法云."

誌」)을 쓰면서, 글의 말미에는 자신에 대해서도 기록을 남겼다. 이 글을 중심으로 하되 다른 문인들의 문집에 있는 관련 내용들을 통해 홍양후의 생애에 대해 살펴보기로 한다.

홍양후의 자는 한좌(漢佐)이며 본래의 자는 일능(一能)이다. 호는 관거(寬居), 삼사(三斯), 감목(甘木), 수전(壽田) 등이 있다. 홍양후는 세거지인 청주(현재의 행정구역으로는 천안)에서 태어났지만 나이 마흔이 되어 고향으로 은거하기 전까지는 줄곧 서울에 거처하였던 것으로 보인다. 부친 홍원은 1804년에 진사시에 합격했을 당시에 거주지가 서울로 되어 있었고, 김선민(金善民)의 1804년에 연행록인 『관연록(觀燕錄)』에서는 김선민과 가까이 지냈던 홍원의 집이 전동(磚洞)에 있는 것으로 되어 있다.[6] 또 조면호는 홍양후에 관한 회인시에서 홍양후가 어려서 형을 따라 서울 니동(泥洞)에 살았다고 하였다.[7] 이러한 점들을 종합해보면 홍양후는 아주 어렸을 때부터 관직을 떠날 때까지 줄곧 서울에 살았던 것으로 보인다.

1826년 신재식이 동지사행(冬至使行)의 부사로 임명되자 홍양후는 이봉녕(李鳳寧 1793~1871)[8]과 함께 자제군관(子弟軍官)으로 북경 땅을 밟게 되었다. 마침 이 해는 조부 홍대용이 연행을 간 지 60년이 되는 해였다. 홍양후는 연행에서 돌아오고 얼마 되지 않은 1829년부터 1833년 사이에 형 명후(明厚)와 함께 홍대용의 한글 연행록인 『을병연행록』의 필사 작업을 하였다. 이는 숭실대학교 한국기독교박물관에 소장된 『을병연

6 김선민, 『觀燕錄』, 1월 23일조. 1804년 연행사를 떠났던 김선신의 형 김선민의 연행록인 『관연록』을 보면 홍원의 집이 磚洞으로 되어 있다.

7 조면호, 『玉垂集』, 「懷人絶句 并序」, "洪三斯良厚, 淸州之長命, 卽世鄕也. 少日隨兄明厚入都買屋泥洞而居." 형 홍명후는 1805년 생원시에 합격하였는데 이때 이미 거주지가 서울이었다.

8 이봉녕은 신재식이 아끼던 인물 가운데 한 사람인 李顯相(1770~1822)의 아들로, 그는 1826년과 1836년 두 번에 걸쳐 신재식의 자제군관으로 북경에 다녀온 인물이다.

행록』을 통해 확인된다. 이를 보면 홍양후가 '자교(慈敎)'를 받들어 항주 왕복 편지를 번역하여 연산 책실에서 을병연행록을 필사했다고 되어 있다. 그리고 몇몇 권에는 그 시기가 구체적으로 적혀 있는데, 권1에는 '기축(己丑) 중동(仲冬) 초육일 시작해서 경인 윤하(閏夏) 념 일일(念一日) 연산에 와서 필서', 권3에는 '신묘(辛卯) 원월(元月) 십삼일 관동 하방에서 필서', 권4는 경인(庚寅) 초추(初秋) 념 팔일 필서', 권9는 경인(庚寅) 맹추(孟秋) 순삼일 관동 동창 하에서 추필 등서', 권10은 '경인 팔월 념사일 필서'라고 되어 있다.[9] 1829, 1830, 1831년에 필사했다는 것을 알 수 있다. 필사지가 연산인 것은 형 홍명후가 1829년 6월부터 1833년 사이에 연산현감을 지냈을 때[10] 홍양후도 형을 따라 연산에 거처한 것으로 보인다. 이후 1831년에는 진사시에 합격하여 관직에 나가게 된다.

> 나는 어려서부터 과업(科業)을 공부하여 승보시(陞補試)와 회시(會試)에서 모두 으뜸을 하였다. 그리하여 처음에 교관(敎官)을 시작으로 나중에는 몇몇 읍을 다스리기에 이르렀다. 비록 가는 곳마다 혁혁한 명성을 날리지는 못하였지만, 오직 폐단을 제거하고 부서(簿書)를 신중히 하여 큰 과실이 없기만을 바랄 뿐이었다. 암행어사가 계문(啓文)을 올려 치적(治積)이 으뜸으로 알려지니 승서(陞敍)의 은전을 입었는데, 마침 상을 당하게 되어 관직을 떠났다.[11]

위 인용문은 홍양후가 자신의 관직생활에 대해 언급한 것이다. 1834년에는 동몽교관(童蒙敎官)이 되고[12], 1837년에는 상의별제(尙衣別提)가 되

9 소재영 외 주해(1997) 참조.

10 『승정원일기』; 『外案考』 참조.

11 홍양후, 『兩世碑文』, 「先伯氏瑞山公墓文 並自誌」, "余自少治科業, 陞補與會試, 俱居首, 初自敎官, 後經若而邑. 所至雖無赫赫名, 惟思祛甚弊, 謹簿書, 庶期無大過. 繡啓以治最聞, 蒙陞叙之典, 而適有憂去官."

었다[13]. 1838년부터 1841년 11월까지는 의령(宜寧) 현감을 지냈다. 의령 현감을 지내던 1840년에는 "識本通達 治自剛明 上"이라 하여 포폄을 받기도 하였다.[14] 1841년 12월부터 1842년까지는 천안군수(天安郡守)를 역임하였지만[15], 모친상을 당하고는 벼슬에서 물러나 고향으로 돌아가게 된다. 그리고 1879년 9월 17일 80세를 일기로 세상을 떠났다. 홍양후는 민치성(閔致成)의 딸(1800~1824)과 혼인하였으나 일찍 세상을 떠났고, 다음으로 이재진(李在晉)의 딸(1809~1856)을 아내로 맞이하였지만 역시 홍양후보다 앞서 세상을 떠났다. 홍춘유(洪春裕)를 비롯한 홍양후의 자손에 대해서는 알려진 것이 거의 없다.

홍양후의 교유관계를 살펴보면 다음과 같다.

신석우(1805~1865), 신석희(1808~1873), 박규수(1807~1877), 조면호(1803~1887), 김응근(金應根, 1793~1863), 김흥근(金興根, 1796~1870), 김영작(金永爵, 1802~1868), 김선신(金善臣, 1775~1855년 이후)

이들 중 김영작과 김선신을 제외한 이들과 주고받은 편지들이 『관거외사(寬居外史)』와 『시학(是學)』에 수록되어 있어, 홍양후와 이들간의 관계를 쉽게 볼 수 있다. 홍양후의 교유 인물에 대해 보다 자세히 살펴보기로 한다.

김영작은 홍양후가 서울에 살 때 한 마을에 살았기 때문에 어린 시절

---

12 『승정원일기』, 순조 34년 4월 1일.

13 『승정원일기』, 헌종 2년 12월 25일.

14 『고문서집성 5 -의성김씨천상각파편(Ⅰ)』, 庚子春夏等褒貶榜目.

15 『승정원일기』, 헌종 8년 7월 28일, "天安郡守洪良厚段, 本邑軍錢, 流來未捧者, 極其夥多, 而莅任以後, 所捧爲屢千兩之多, 公納無愆期之歎, 民間絶擾聒之患, 至於還穀之均分, 稅米之精實, 爲吏民俱便之惠, 半年之治績茂著, 一邑之積弊頓蘇, 民誦來暮, 惟恐或失是如爲白乎旀."

을 함께 보냈으며, 김영작이 “사우(師友)의 도움이 없어 외로이 시문속에서 세월을 보냈는데, 왕왕 서로 보며 즐거워하였다”.[16]고 말할 만큼 두 사람은 평생지기로 지냈다. 한편 김영작은 홍양후를 통해 또 다른 지기(知己)를 만나게 되는데, 바로 박규수와 청나라 문인 이균(李鈞)이었다. 홍양후의 벗이었던 김영작은 박규수가 홍양후의 연행을 앞두고 써준 편지(「與洪一能(良厚)書」)를 읽고 큰 감명을 받아 박규수와 벗이 되기를 바라였다. 이에 홍양후가 중간에서 두 사람을 맺어 주게 되고, 그 결과 박규수와 김영작 두 사람은 평생지기가 된다. 또 홍양후가 연행을 가면서 조선 문인들의 글을 가지고 갔는데 그 안에는 김영작의 글이 있었다. 이균(李鈞)은 김영작의 글을 가장 높이 평가하였고, 홍양후가 귀국한 후에 이를 알게 된 김영작이 이균에게 감사 편지를 보내면서 이들 간에 편지 왕래가 시작되었다.[17] 김영작과 이균은 중도에 편지 왕래가 끊어지기도 하지만, 후에 다시 재개하여 편지 왕래를 이어갔다.[18] 김영작은 1858년에 동지사로 연행을 가지만, 그때는 이균이 외지에 있던 탓에 만나지 못하였다.

김선신은 홍양후와 절친했던 조면호, 신재식 등과도 교분이 있고, 김정희(金正喜) · 김명희(金命喜) 형제, 김려(金鑢) · 김선(金鐥) 형제와도 가까이 지냈던 인물이다. 1805년에는 연행사의 자제군관으로 중국 심양에 다녀왔고, 1811년에는 통신사의 서기(書記)로 일본 대마도(對馬島)에 다

---

16 김영작, 『邵亭文稿』 上, 「洪三斯(良厚)入燕序」, “僕與三斯, 早結仁里之歡, 垂髫嬉戲如同隊之魚. 間者濶焉十餘年, 所近復相聚一城樂, 與晨夕賞奇文 · 析疑義. 妄謂不負素學, 而跡阻溟渤, 身處闤闠, 無江山之助, 乏師友之益, 惟兀兀窮年於行墨之間, 往往相顧而歎.”

17 김명호(2008b), 54~67면; 김명호(2008a), 992~1001면. 참조.

18 이 두 사람의 편지 왕래는 1834년부터 10년간 연락이 끊겼다가 1844년에 가서 다시 연락이 닿았다. 김영작, 『邵亭文稿』 권2, 「石帆赤牘跋」, “甲午石村出都, 音信無梯莫憑者, 幾年. 甲辰余知定州, 卞君亨植自燕歸. 談次偶及元正賀班, 有一達官, 詢翠微安否. 余驚曰,” 是必雨帆也. “…… 自是更續舊緣.”

녀왔으며, 1822년에 또 다시 연행사의 자제군관으로 북경에 다녀온 인물이다. 김선신의 형 김선민(金善民) 역시 1804년에 연행사의 자제군관으로 북경에 갔다 왔고, 『관연록(觀燕錄)』을 남겼다. 이를 보면 김선민이 서울 전동에 있는 홍원의 집에 잠시 기거하였고, 홍양후의 부친 홍원과 형 홍명후가 연행을 떠나는 김선민을 배웅하거나 송시를 보내는 등 이들의 관계를 쉽게 짐작할 수 있다.[19] 또 김선신과 교유했던 중국 문인 이장욱(李璋煜)은 홍양후를 김선신의 제자로 칭하고 있으며, 김선신이 산속으로 은거한 이후로는 홍양후에게 편지를 전달해줄 것을 부탁하는 것을 보면[20] 김선민, 김선신 형제가 홍양후 집안과 가까이 지냈다는 것은 분명해 보인다.

위에 거론한 인물 중 신석우 · 신석희 형제는 홍양후와 인척이며, 『관거외사(寬居外史)』에 수록된 편지 중에는 이들 형제에게 보낸 것이 많은 비중을 차지한다. 신석우의 『해장집(海藏集)』에도 홍양후와 관련된 글들이 여러 편 수록되어 있다. 신석우 또한 1860년에 연행을 가게 되는데, 그는 홍양후에게 '꼭 한번은 구경해야 할 것(不可不一觀者)'을 묻기도 하였다. 그리고 홍양후는 신석우가 귀국하자마자 편지를 보내, 신석우 일행이 중국에 갔을 때 어디에서 열하 문안사(熱河問安使)를 만났는지, 연행에서 쓴 일기가 있는지, 시는 얼마나 지었는지, 여만촌(呂晩村)의 책을 구해왔는지[21] 등등을 묻고 연행의 성과에 대해 깊은 관심을 보였다.[22] 당

19 김선신의 형 金善民이 1804년 연행을 떠날 때, 홍양후의 부친 홍원과 형 洪明厚가 송시를 지어주었다. 金善民, 『觀燕錄』 상권, 10월 16일조.

20 김선신의 교유 관계에 대해서는 신로사(2008). 참조.

21 홍대용은 만촌(晩村) 여유량(呂留良)에 대해 깊은 관심을 보인 인물이다. 김명호교수의 연구에 따르면, 여유량은 명말청초 격변기에 부국강병(富國强兵)과 민생일용(民生日用)을 위한 '실학'을 추구한 문인 학자 중의 한 사람이라는 점에서 홍대용과 사상적 유사성을 보인다. 김명호(2017), 443면. 참조.

22 홍양후, 『寬居外史』, 「付申上使(錫愚)書」, "逢熱河使於何地耶 …… 果轉入熱河則可續

시 동지사행으로 중국에 갔던 신석우 일행은 2월 26일 난니보(爛泥堡)에서 열하문안사와 만났다. 이 열하문안사는 북경사변과 그로 인한 함풍제의 열하 몽진 소식에 파견된 사행단으로서, 정사는 조휘림(趙徽林), 부사는 박규수, 서장관은 신철구(申轍求)였다. 박규수의 연행에 대해서는 선행 연구에 상세하므로[23] 여기에서는 생략하기로 한다.

조면호는 신석우·신석희와 사촌지간으로 홍양후와도 인척관계에 있는 인물이다.[24] 조면호가 쓴 『회인절구(懷人絶句)』의 첫 수를 보면 '삼사(三斯)는 나와 의기투합하여 잊지 못하는 사람'[25]이라는 내용이 있다. 그는 청주에 있는 홍양후를 방문하기도 하였고,[26] 몇 년간 서신이 끊기자 꿈에서 홍양후를 보고는 옛날을 그리워하며 시를 써서 보내기도 하였다.[27]

김홍근(金興根), 김응근(金應根) 형제 또한 홍양후와 교분이 깊었다. 『시학』에는 김홍근이 홍양후에게 보낸 편지가 6통이나 수록되어 있다. 또 앞서 보았듯이 김홍근은 홍양후의 행장을 바탕으로 홍대용의 묘표를 새로 짓기도 하였다. 홍양후가 신석우나 신석희에게 보낸 편지가 사적인 내용이 많다고 한다면, 김홍근 형제에게 보낸 편지의 내용은 그해의 농사 상황, 세금 등 사회 현실과 관련된 내용이 많다.

위에서 본 인물들 외에도 1826년 함께 연행을 갔던 이봉녕, 외숙 신재

桓家記事, 豈不美且稀在. 解裝有日記耶. 有幾詩耶. 有呂晩村書耶. 何時樽酒相與論文耶."

23 박규수의 1차 연행에 대해서는 김명호(2008), 361~452면. 참조. 2차 연행에 대해서는 본서에 실린 김명호 교수의 논문 참조.

24 조면호에 대해서는 김용태(2008). 참조.

25 조면호, 『玉垂集』 권16, 「懷人絶句(幷序)」, "三斯特與余至契之不能忘者也."

26 조면호, 『玉垂集』 권15, 「宿壽村洪三斯良厚莊」.

27 조면호, 『玉垂集』 권6, 「寄三斯(洪良厚○戊午涂吉夢遇三斯 而晤言如夙昔 始知老猶不能忘久要 於枕上得二詩以寄之)」

식, 이관희(李觀熙), 서미(徐湄), 윤종의(尹宗儀), 조두순(趙斗淳), 홍사협(洪士協), 김보근(金輔根)[28], 김홍근(金弘根), 이정관(李正觀), 안광직(安光直), 김명희(金命喜) 등과도 교유한 사실이 확인된다. 홍양후는 이중 김홍근이 1831년 연행을 갔을 때 홍양후는 중국 문인 이장욱(李璋煜)에게 편지를 보내어 만나볼 것을 부탁하였다. 또 1835년 권돈인(權敦仁)과 안광직(安光直)이 연행을 갔을 때에도 이장욱에게 편지를 써서 이들을 소개하는 글을 써주었다. 이 부분만 보더라도 홍양후가 중간에서 중국 문인과 조선 문인들을 맺어주는 역할을 했다는 것을 알 수 있다.

다음은 홍양후가 남긴 자료들을 소개하기로 한다.

① 『고칭연사(古稱燕士)』(숭실대학교 한국기독교박물관 소장, 2016년 영인본 발간)

『고칭연사』는 맨 앞에 있는 박규수의 편지를 제외하고는 중국문사들이 홍양후에게 쓴 친필(親筆) 편지를 모아 놓은 첩으로 1책(IA1894)에 23통, 2책(IA1895)에 14통의 편지가 수록되어 있다. 1책은 북경에 체류할 때 받은 것이고, 2책은 귀국하고 난 이후에 받은 편지들이다. 이 편지들은 『관거외사』와 『연항시독』에도 수록되어 있는 것이 많으나, 『관거외사』와 『연항시독』에 편지를 쓴 시기가 누락되어 있는 반면에 『고칭연사』는 원본 편지이기 때문에 발신일이 기록된 것이 많아 편지 왕복 시기를 알 수 있다.

② 『관거외사(寬居外史)』(숭실대학교 한국기독교박물관 소장)

2책 분량으로 『관거외사 1(寬居外史 一)』과 『관거외사 2(寬居外史 二』)가 있다. 수록된 항목은 아래와 같다.

---

28 조두순, 『心庵遺稿』 권2, 「秋雨病中次江行詩卷凡七疊分屬諸公亦以自抒」. 洪士協과 金輔根은 신석우, 신석희 형제와도 가까이 지낸 인물들이다.

『관거외사 1』: 東史類選序 / 列聖遺史 / 國朝故事(際遇, 忠節, 孝友)

『관거외사 2』: 文章 / 名筆 / 詩話 / 士禍(士禍附) / 偏黨 / 祥灾 / 貪權 / 外戚 / 諸書 / 術業

『동사유선』에 해당하며, 책의 서두에는 홍양후가 쓴 서문이 있다. 이를 보면 "내가 고향에 거처한 지 30년 동안 조용히 책을 보는 것을 좋아하였는데 동사 유적(東史遺蹟)을 이루 다 기록할 수가 없어 요어(要語)를 대략 취하여 분류를 나누어 배열하였다. 사이사이에 '或曰'이니 '余曰'이니 하면서 책에서 논하거나 단정한 것은 모두 작자의 말이다. 나는 다만 술고(述古)할 뿐이니 감히 옛날의 현대부(賢大夫)에 견주고자 하지는 않는다."[29]라고 하였다. 책의 항목 중 '貪權' 부분은 완성되지 못한 상태로 일부만 기록되어 있다.

③ 『관거외사 속(寬居外史 續)』(숭실대학교 한국기독교박물관 소장)

속 1과 2, 2책으로 되어 있고 내제(內題)는 두 책 모두 '관거문(寬居文)'으로 되어 있다. 여기에 수록된 항목은 다음과 같다.

속 1: 「偏黨論」(李敏甫) / 「論斯文是非說」(閔鎭遠) / 「萬東廟碑」(李縡) / 「擬上尤齋書」(尹極) / 「寧陵誌文」(宋時烈) / 「不屈辭」(洪翼漢) / 「以曺夏望事」 / 「祭西峯文」(曺夏望) / 「持平趙雲周上疏」 / 「副護軍李晩運等上疏」 / 「以孝純來善鳳徵玄逸奪爵削逸事儒生聯名疏」 / 「晉州按覈使朴珪壽關文」 / 「景福宮陳賀領敎文」(申錫禧) / 「先考進士公墓文」(申錫禧)

속 2: 『관거문』의 서(書)에 해당하는 부분으로 홍양후가 중국 문인에게 보낸 편지와 중국 문인들로부터 받은 편지 그리고 조선 문인들에게 보낸 편지들이 실려 있다. 중국 문인과 주고받은 편지는 다시 「연관종

---

29 홍양후, 『寬居外史』, 「東史類選序」, "鄉居三十年, 喜靜觀書, 而東史遺蹟借無盡記, 略取要語, 排類選出. 間或曰余曰, 彼有論有斷, 是皆作者之言也. 余則只述古而亦不敢竊比於古之賢大夫云爾."

유록(燕館從遊錄)」, 「재연저시왕복(在燕邸時往復)」 등으로 나뉘어 있다. 「연관종유록」은 홍양후가 교유했던 중국 문인들의 성명과 자호 등 인적 사항을 기록한 것이다. 『관거외사 속』2는 앞의 『관거외사』와 『관거외사 속』1과는 성격이 다르다. 앞은 모두 다른 글들에서 발췌한 것이지만, 속 2는 홍양후와 중국, 조선 문인들 간의 서간문이다.

④ 『연암열하기요(燕巖熱河記要)』: 『寬居外史 坤－燕巖熱河記要』(숭실대학교 한국기독교박물관 소장)

책 표제에 '관거외사 곤(寬居外史 坤)'이라고 쓰인 것을 보면, 건(乾)에 해당하는 책도 있을 것으로 여겨지는데 이에 해당하는 책은 아직까지 확인되지 않고 있다.

⑤ 『동사유선(東史類選)』(국립중앙도서관 소장)

표제와 내제 모두 '동사유선(東史類選)'으로 되어 있으나, 표제는 원래의 표지를 일부 뜯고 그 위에 다시 쓴 것으로, 원래 제목은 달랐을 것으로 보인다. 형식상에서는 한국기독교박물관 소장본 『관거외사 2』의 『동사유선』과 유사하며, 수록된 항목은 다음과 같다.

家行 / 學問 / 賢德 / 休退 / 淸儉 / 德量 / 疏放 / 知鑑 / 薦擧 / 諫諍 / 執法 / 勳業 / 將材 / 科宦 / 使命 / 交道

이 책 역시 여러 문집에서 발췌한 내용들이며, 일부는 인용 출처가 표시되어 있지만 대부분은 출처를 적지 않았다. 한국기독교 박물관에 소장된 『동사유선』과 비교해보면 항목과 내용이 모두 다르다.

⑥ 『동사유선(東史類選)』(표제: 『寬居外史 四 －補遺』, 국립중앙도서관 소장)

국립중앙도서관 소장 『동사유선』은 표제가 '관거외사 4－보유(寬居外史 四 －補遺)'로 되어 있다. 책의 구성은 절반이 보유(補遺)이며, 나머지 절반은 '우암연보초(尤菴年譜抄)'로 되어 있다. '보유'는 한국기독교박물관 소장본과 달리 항목별로 분류되어 있지 않으며, 이제신(李濟臣)의 『청강선생후청쇄어(淸江先生鯸鯖瑣語)』, 허균(許筠)의 『성소부부고(惺所覆瓿藁)』, 이수광(李睟光)의 『지봉유설(芝峯類說)』, 임보신(任輔臣)의 『병진정사록(丙辰丁巳錄)』 등에서 초록한 내용들이다. 「우암연보초」는 주로 『송자대전(宋子大全)』에 수록된 「최신록(崔愼錄)」과 「연보(年譜)」에서 초록한 것이다.

⑦ 『是學』(홍대용 종손가 소장)

『관거외사 속』의 후반부에 수록된 편지는 홍양후가 조선 문인들인들에게 쓴 편지인 것에 반해 이는 홍양후가 조선 문인들에게서 받은 편지를 모아놓은 것이다. 『是學』에 있는 발신자들과 『관거외사 속』의 수신자들은 대부분 일치하고 있다.

⑧기타

이외에도 『연항시독(燕杭詩牘)』(서울대학교 규장각, 미국 하버드대학 燕京圖書館 소장), 『좌해교유록(左海交遊錄)』(師方蔚 편찬)에도 홍양후와 중국 문인 간에 오고 간 편지가 다수 수록되어 있다.

2) 홍양후의 연행과 박규수와의 만남

홍양후의 생애에서 가장 중요한 일을 하나만 든다면 그것은 1826년의 연행이었다고 해도 과언이 아닐 것이다. 최근 박종악(朴宗岳)의 손자이며 홍양후와 인척 관계에 있던[30] 박제신(朴齊臣)이 연행을 떠나는 홍양후를 위해 그린 전별도가 공개되기도 하였다.[31] 연행 당시 홍양후는 27살의 젊은 청년이었다. 그는 비록 조부 홍대용을 본 적이 없지만 조부의

30 박종악의 딸은 홍대용의 숙부 홍억의 아들 홍대형(洪大衡)의 부인이다.

31 이 전별도는 「서교전별도(西郊餞別圖)」로 알려져 있으며, 칸옥션 경매 도록(2017년 12월)을 통해 일반에 공개되었다.

일을 익히 들어 알고 있었고, 조부의 유지(遺志)도 알고 있었다. 그래서 홍양후는 어려서부터 중국에서 엄성(嚴誠)·반정균(潘庭筠)·육비(陸飛), 이 '세 분 선생의 후예를 찾고자'[32] 연행을 꿈꾸었다. 그리고 1826년에 그 꿈을 이룰 기회가 온 것이다. 숙부 신재식이 동지사의 부사로 임명되어, 숙부를 따라 중국에 가게 된 것이다.

홍양후가 박규수와 교분을 맺게 된 것은 바로 이 연행 때문이다. 홍양후는 연행을 앞두고, 홍대용의 벗이었던 박지원의 손자 박규수에게 글을 부탁하였고, 이에 박규수가 답을 해줌으로써 본격적인 교분을 맺게 되었다. 당시 박규수는 연행할 때 유의해야 할 점에 대한 조언과 함께 장문의 글(「與洪一能(良厚)書」)을 보냈다. 박규수의 글은 다음과 같은 내용으로 시작된다.

> 규수가 홍형 족하께 말씀드립니다. 제가 비록 족하와 면대한 적은 없지만 면대한 것이나 진배없는 것은 선대의 우의가 무거운 까닭입니다. 지난 번 다른 자리에서 족하가 요동과 계주로 멀리 사신 간다고 하시고 저에게 고인(古人)들이 증언(贈言)하던 의리를 구하셨습니다. 이는 실로 족하께서 저에게 명하신 바이며 저 또한 족하께 감히 사양하지 못하는 바입니다. …… 원고를 고치고 산삭(删削)하기를 또한 여러 번했습니다. 다시금 스스로 문사(文思)가 막히고 필치(筆致)가 껄끄러운 것에 의아해지는데 또한 그런 것이 아닙니다. 그대의 행차에 제가 글을 드리는 것은 참으로 말하기 힘든 것이 있습니다. ……
>
> 족하가 이번 여행에서 진기한 골동품이나 서화(書畵)와 소설책 따위에 관심을 쏟지 않고 천하의 대세와 (중국의) 학술 및 제도의 변천과 동이

32 홍양후, 『관거외사』, 「送杭州書」, "深感古昔重交道之義, 欽仰追慕, 每欲鴨江放舟溯而南爲以叙舊誼, 而其實事與心異. 昨年隨內舅申尙書星槎, 不憚四千里原隰者, 非但桑蓬初志在於四方, 意若可尋三先生令裔, 而人無指道者."; 소재영 외 주해(1997), 806~808면. 참조.

(同異)에 관해 탁월한 깨달음을 얻어서 자신의 포부를 크게 키우고, 귀국해서는 뜻을 같이하는 벗들에게 공개하여 그들의 견문을 넓힐 수 있다면, 아마도 담헌공이 품었던 당시의 뜻에 가까울 것입니다.[33]

위의 인용문을 보면 박규수는 면식이 없었던 홍양후에게 선대의 우의를 생각하며 어떤 말을 해야 할까 고심하며 글을 썼다. 그리고는 수백 년 동안 가장 점국(覘國)을 잘하였던 이가 박지원과 홍대용이었는데, 만일 홍양후가 사물을 구경하는 것에 그치지 않고, 천하의 대세, 학술, 제도에 대해 알아오고 돌아와서 이를 벗들과 공유할 수 있다면 홍대용의 뜻에 도달할 수 있다고 말하고 있다. 그러면서 이 아래에 구체적으로 10가지의 항목을 들어 조언하고 있다.[34]

① 화이(華夷)와 만한(滿漢)을 엄격하게 구별하지 않는 것을 비판
② 평소 사행들이 입는 좁은 소매의 철릭은 선왕의 제도가 아니므로 심의(深衣)를 가져갈 것을 권유
③ 중국인에게 선물로 받은 물건을 부끄러움 없이 북경 시장에 파는 것을 비판
④ 무턱대고 자신의 시문을 가지고 중국인들에게 평을 구하는 것에 대한 비판, 또한 중국인이라고 모두 시문에 뛰어난 것은 아니니 이를 잘 살필 것
⑤ 중국에서 근래 송학(宋學)을 배척하고, 고거(考據) 변증(辨證)의 말단

33 박규수, 『환재총서』 5책, 「與洪一能(良厚)書」, "珪壽白洪兄足下. 僕於足下雖不面猶面以先誼重也. 頃於他座, 足下以遼薊行使之遠詔僕以古人贈言之義, 此固足下之所當命於僕者, 亦僕之不敢辭於足下者也. …… 改藁而削草者亦屢矣, 乃復自訝其文思之淹滯筆致之枯澁, 而亦非爲其然也. 以足下之行而僕之贈也, 誠有難言者矣. …… 足下此行, 能不以器什玩好之物, 書畵襍稗之種, 而卓然有得於天下之大勢, 學術制度之變易同異, 以自壯其胸次, 歸而公諸同好, 以博其聞見, 則於湛軒公當日之志, 其幾矣."

34 여기에 대해서는 김명호(2008b), 59~61면. 참조.

에 지나지 않는 한학(漢學)에 경시된 풍조 비판, 그렇지 않은 선비를 만날 것

⑥ 이전에 이름을 들었던 선비만을 찾아가지 말고, 진짜 명사(名士)를 찾을 것

⑦ 서화나 시구 같은 것만 볼 것이 아니라, 선왕(先王)의 자취가 있는 문물제도를 살펴볼 것

⑧ 중국에 가서 신경 써야 할 것은 이롭게 쓰일 도구와 실용서로 일용사물(日用事物)에 가장 긴요한 것으로는 『천공개물(天工開物)』이므로 구득해 올 것을 권유

⑨ 조선의 부인 복식(服飾)은 원나라의 누습(陋習)이며, 중국은 치발하고 좌임하고 있지만 부인의 복식은 선왕의 제도가 변하지 않았으니, 이번 사행에서 그 제도를 널리 탐문해 올 것

⑩ 『독서기(讀書記)』, 『백전자저(白田雜著)』처럼 아직 조선에 들어오지 못한 주자학서를 구해올 것

그리고는 마지막으로 부인 법복(法服)의 제도와 주자학서에 대해 강조하였다. 그리고는 "벗 중에 연행을 가는 이가 있으면 번번이 이것으로 말해주었지만 한스럽게도 여기에 신경 쓰는 사람이 없었습니다. 지금 족하가 가심에 같은 마음으로 좋아하는 것을 하나하나 늘어놓으니, 숙원을 이룰 수 있겠지요."[35]라 하였다. 홍양후가 박규수의 이 편지에 답장을 하였는지는 알 수 없다. 그러나 분명한 것은 홍양후는 이 글을 단순한 편지 이상으로 여겼던 것이다. 그는 중국에 가서 박규수가 말한 책들을 찾아보기도 하였고, 또 몇 십 년이 지난 후에도 박규수의 이 편지 내용을 언급하고 있다. 그만큼 홍양후에게 이 글이 갖는 의미는 너무도 큰 것이었다.

그러면 홍양후의 연행에 대해서 살펴보기로 한다. 홍양후는 북경에서

35 박규수, 『환재총서』 5책, 「與洪一能(良厚)書」, "知舊之有燕行也, 輒擧是以告之, 而恨無有心人矣. 今值足下之行 玆又歷陳之同心之所好 庶遂宿願歟."

이장욱(李璋煜), 이균(李鈞), 왕균(王筠) 등의 인물과 만나 교유하였다. 홍양후의 『관거외사』의 「연관종유록(燕館從遊錄)」에는 그와 교유했던 20여 명의 중국 인물들의 자호(字號), 출신지, 관직 등의 인적 사항이 기록되어 있고, 그 뒤에는 중국 문인과 주고받은 편지가 수록되어 있다. 홍양후가 중국의 많은 인물들과 교유할 수 있었던 것은 김선민의 1804년 연행과 김선신의 1805, 1822년 연행과 무관하지 않을 것이다. 특히 1822년에 연행을 다녀온 김선신이 이장욱 같은 인물들에게 홍양후를 소개해주었을 것으로 보인다. 홍양후는 청주(현재 천안)로 내려가서도 이들 중국 문인과 지속적으로 서신을 주고받았다.

그런데 홍양후가 북경 땅에서 가장 원했던 것은 홍대용과 교유했던 엄성(嚴誠), 반정균(潘庭筠), 육비(陸飛)의 후손을 찾는 것이었다. 아래의 인용문은 『관거외사』에 수록된 「송항주서(送杭州書)」의 일부분이다. 이 글은 홍대용의 한글 연행록 『을병연행록』(숭실대학교 박물관 소장본)의 마지막에 반공수(潘恭壽)의 답서(答書)와 함께 한글편지로 수록되어 있다.[36]

> 고인들이 사귐의 도리(交道)를 중히 여겼던 의리에 깊이 감복하여 흠앙하고 추모함으로써 매양 압록강에 배를 띄우고 남쪽으로 가서 구의(舊誼)를 펼치고자 하였으나, 현실은 마음과 달랐습니다. 작년에 외삼촌 신상서(申尙書)의 사신 행렬을 따라 4천여 리 멀고 힘든 길을 꺼리지 않았던 것은, 비단 온 세상을 두루 보려는 것뿐만은 아니었으니, 세 분 선생의 후예를 찾고자 의도하였지만 알려주는 이들이 없었습니다. 마침 한림(翰林) 이백형(李伯衡)과 사귀게 되었는데 그의 동료 허우령(許蕅舲)이 항주 사람이었습니다. 자못 선조의 구계(舊契)를 알고 있었으며 마땅히 내게

36 소재영 외 주해(1997), 806~808면. 『을병연행록』의 구성상으로는 홍양후가 반공수에게 쓴 글처럼 보이는데, 『관거외사』에는 「送杭州書」라는 제목으로 되어 있고, 별도로 홍양후가 반공수에게 보낸 편지 2통이 수록되어 있다.

(소식을) 전해주겠다고 하였습니다만, 이미 사신의 임무가 끝나 돌아갈 기일이 되어버려 사사로이 남아 머무를 수가 없었습니다. 돌아올 때 편지를 써서 허공(許公)에게 전달해주도록 하였지만, 어느 때 볼 지도 알 수 없고, 편지를 받는 분이 세 선생의 아들일지 손자일지도 모릅니다. 아드님이라면 내 마땅히 숙부로 부를 것이며, 손자라면 또한 나이에 따라 형으로 섬기거나 동생으로 대할 것입니다. 선조의 우호를 이렇게 이어간다면 결코 사라지지 않을 것이니, 분명 선인들의 혼령도 저승에서 가상하게 여기실 것입니다. 이 어찌 감동스럽고 다행스럽지 않겠습니까?[37]

위 인용문을 보더라도 홍양후가 어떠한 마음가짐으로 중국 땅을 밟았는지 알 수 있다. 사실 북경이라는 대도시에서 60년 전 조부가 만났던 남방 사람들의 후손을 찾겠다는 것은 거의 불가능한 일이다. 그런데 놀랍게도 그는 북경에서 이백형(李伯衡), 즉 이균(李鈞)을 알게 되었는데, 그의 친구 중에 홍대용과 항주 선비들의 옛일을 알고 있는 항주 사람 허내갱(許乃賡)이 있었던 것이다. 홍양후는 허내갱에게 엄성, 반정균, 육비의 후손에게 보내는 편지를 전달하고 귀국하였으니, 1827년의 일이다.

홍양후의 바램만큼 항주 사람들의 후손에게서는 바로 답장이 오지 못했고, 1829년 북경에 있던 이균은 하남(河南)으로 내려가며, 자신의 문생 솔방위(帥方蔚)에게 편지 전달 역을 맡겼다. 이후 홍양후는 답장에 대한 조바심으로 솔방위가 중간에서 편지를 전달하지 않는다고 의심을 하여 '듣자하니 중국 문인 중에는 해외 문사와의 사귐을 싫어하여 편지 왕래

---

37 홍양후, 『관거외사』, 「送杭州書」, "深感古昔重交道之義, 欽仰追慕, 每欲鴨江放舟溯而南爲以叙舊誼, 而其實事與心異. 昨年隨內舅申尙書星槎, 不憚四千里原隰者, 非但桑蓬初志在於四方, 意若可尋三先生令裔, 而人無指道者. 適交李翰林伯衡, 其僚友許濊舲乃杭州人也. 頗知先祖舊契, 謂當傳我, 而使事已竣, 行期有日, 不可因私淹留. 歸修一書, 從許公交付, 未知何時登照, 未審在世君子, 其三先生之令嗣耶賢孫耶. 令嗣也則我當以叔稱也, 賢孫也則亦當以年而兄事弟畜. 先祖之好是繼則不泯之, 先靈想必嘉爾於泉臺矣. 頗不感且幸歟."

조차 옳지 않다고 여기는 이들이 있다고 하더라' 라고 하면서 비난 투의 편지를 보냈다.[38] 이에 솔방위는 '중국 문인들이 조선 문사와 서로 만나기도 하는데, 편지왕래를 꺼린다고 의심하는가'라며 반문하였다.[39] 사실 솔방위는 홍양후에게 제대로 편지를 보냈지만, 이 편지가 제대로 전달되지 못했던 것이다.[40] 이처럼 홍양후는 누구보다도 절박한 마음으로 답장을 기다렸던 것이다. 그리고는 1832년 드디어 반정균의 후손이 과거에 급제하여 북경에 오게 되었고, 허내갱(許乃賡)이 반공수의 답장과 시권(試卷)을 홍양후에게 보내주었다.[41] 북경에서 귀국한 지 5년이 지나서야 드디어 바라고 바라던 답장을 받게 된 것이다. 그러나 애초에 그가 원한 것처럼 엄성, 반정균, 육비 세 사람의 후손이 아닌, 반정균의 손자 반공수의 답장만 받을 수 있었고 그나마 반공수와의 편지 왕래도 이어지지 못했다.

홍양후에게 이 연행은 대단히 중요한 것이었음이 틀림없지만, 그는 따로 연행록을 남기지는 않았다. 그의 삶에 연행이 그토록 중요한 것이었음에도 불구하고 연행록을 남기지 않은 것은, 그에게 연행이 남다른 의미를 갖기 때문일 것이다. 홍양후에게 연행이 중요한 것은 연행 그 자체가 아니라 조부에 있었다고 생각된다. 또 이미 조부의 훌륭한 연행록이

---

38 홍양후, 『관거외사』, 「與帥翰林方蔚書」, "雨帆信息太矣. 曾遊都下時, 恨無得啣之喜, 未審寄居連嘉. 伯衡出州時, 使僕交足下寄信, 此幅奉勿洪喬如何. 緣此而鯉信源源, 足替相晤, 何必接面而後論交也. …… 側聞, 中州名碩, 或有外交是嫌, 赫蹄去來甚有不韙者云, 此非包容盛世之事. 我東服事視內服無異, 則似當無中外之嫌. 傳說頗訝, 足下則豈然乎."

39 홍양후, 『관거외사』, 「帥方蔚答書」.

40 홍양후, 『고칭연사』, "前辱惠書, 當卽裁答. 頃展來札, 始知前函未達左右. 不知此書浮沈何處矣. 許藕舲庶子昨歲丁憂回籍, 李北部亦乞假歸, 來書二通並繳還"

41 상동, 許乃賡의 1832년 1월 28일 편지. "今潘公之孫, 發解入都, 取先後所惠各札, 備述顚末, 幷索得一緘及其試卷. 奉覽, 庶足慰足下交不忘舊之懷耳." 이 편지는 『寬居外史』, 『燕杭詩牘』에도 수록되어 있으나 이 두 자료에는 발신일이 없다.

있기 때문에, 이에 덧붙여 자신의 기록을 남길 필요가 없다고 여겼을 것으로 짐작된다.[42] 이는 박규수의 경우도 마찬가지였을 것으로 생각된다. 『환재집』을 비롯하여 박규수는 많은 글을 남겼다. 게다가 그에게도 연행은 조부의 뒤를 잇는, 매우 중요한 일대 '사건'이었을 텐데 별도로 연행록을 남기지 않은 것은 어쩌면 조부의 『열하일기』가 있기 때문이었을 수도 있다. 이후 홍양후는 자신의 숙원을 이루지 못했던 탓인지, 다시 한번 북경 땅을 밟아 그곳에서 중국 문인들과 만나기를 간절히 소원하였다.[43] 그는 연행에 참여하기 위해 많은 노력과 시도를 했던 것으로 보이지만, 끝내 그의 소원은 이루어지지 못하였다.

홍양후와 박규수의 만남은 일회성에서 그치지 않고, 거의 평생 지속되었다. 『고칭연사』와 『환재집』에는 이로부터 50여 년 가까이 지난 시점에 박규수가 홍양후에게 보낸 편지가 각각 한 통씩 수록되어 있다. 이 두 통의 편지는 모두 1872년에 보낸 것으로, 박규수는 편지를 통해서 홍양후가 비문의 글씨를 쓰다가 손목에 병이 생겨 글씨도 쓰지 못하는 것과 쇠약해져 있는 상황을 걱정하고 있다.[44] 이로 미루어 보면 두 사람은 자주 만나지는 못하였지만 평생동안 교분을 유지했다는 것을 알 수 있다. 현재 홍양후와 박규수가 주고받은 글로 확인되는 것은 그리 많지 않고,

---

42 게다가 그는 시문 등에 대해서도 크게 관심이 없었기 때문에 당시에 쓴 시문도 전하지 않는 것 같다. 홍양후의 이 같은 성향은 그가 쓴 편지 글에서 읽을 수 있다. 홍양후, 『관거외사』, 「上金游觀書」, "傳言, 海臧兄弟近結詩社, 所誦多佳作, 雖文章事知尊貴, 後乃可如島寒郊瘦, 將焉用彼人 孰盛道哉. 或有一夜三律云, 何過苦如是."

43 홍양후, 『관거외사』, 「與李鈞書」, "側聞, 明年似有詔勅云, 得差使命則從而復面, 而無國官方有難遙度件."

44 박규수, 『환재집』권9, 「與洪一能(良厚)書」, "三斯尊兄知己閣下, 逢人從貴鄕來, 輒憑問近節, 皆云年來衰落太甚, 又因寫碑臂病, 不能作字. 念此是老境例有之證, 所不得免, 但知舊之心, 爲之悵然, 奈何奈何." 이하 『환재집』의 번역은 김채식 · 이성민 역(2016 · 2017)을 참고하였다.

박규수가 홍양후에게 보낸 편지가 6편[45], 홍양후가 박규수에게 보낸 「付朴參判珪壽書」가 『寬居外史』에 수록되어 있다.

3. 홍양후의 사상적 특징—박규수와의 접점

앞서 보았듯 홍양후는 따로 문집을 남기지는 않았지만, 그가 『관거외사』에서 항목별로 편집한 것들을 통해 그가 어떤 부분에 관심을 가지고 있었는지를 짐작할 수 있다. 또한 『관거외사』에는 중국과 조선의 문인들에게 보낸 편지가 100여 통 수록되어 있고, 이중 조선 문인에게 보낸 편지가 약 70통에 이른다.[46] 홍양후가 자신의 저서를 정리하여 남기지는 않았지만, 지인들에게 보낸 편지들을 통해서 그의 사상을 유추해볼 수 있다.

박규수는 홍양후에게 준 글, 「與洪一能(良厚)書」에서 당시 중국에서 '송학(宋學)을 배척하고, 고거(考據) 변증(辨證)의 말단에 지나지 않는 한학(漢學)에 경시된 풍조'를 비판하며 이런 시류에 휩쓸리지 않은 선비를

45 박규수가 홍양후에게 준 편지를 표로 정리하면 아래와 같다.

발신		보낸 시기	수록 자료
박규수	與洪一能(良厚)書	1826년	『莊菴文稿』(『환재총서』 5책)
	"省式在悲~"로 시작	1869년 7월 21일	『是學』
	"澹園八景~"로 시작	1869년 9월 18일	『是學』
	"向令子歸時~"로 시작	1869년 11월 18일	『是學』
	"自我不見~"으로 시작	1872년 2월 7일자	『古稱燕士』
	與洪一能	1872년 4월 12일	『瓛齋集』 권9

46 홍양후가 보낸 편지의 수신자는 다음과 같다. 申錫愚, 申錫禧, 金興根, 鄭在褧, 權敦仁, 宋能圭, 金應根, 洪墡, 申泰善, 安膺壽, 洪祐吉, 趙在應, 趙冕鎬, 洪在鳳, 申在東, 宋壽仁, 李忠翼, 洪鍾應, 洪鍾序, 朴珪壽, 李秉教, 尹宗儀, 洪淳翊, 趙基晉.

만날 것을 제안했다. 박규수의 이 같은 염려와 조언은 어쩌면 홍양후에게는 불필요한 것이었는지도 모른다. 그만큼 홍양후는 송학에 기울어 있었다.

홍양후가 연행 때 왕희손(汪喜孫)에게 보낸 편지에서 '근래 듣자하니 중국의 학문이 변화하여 때로는 왕양명(王陽明), 육상산(陸象山)을 받드는 때가 있었고 소식(蘇軾), 전겸익(錢謙益)을 받드는 때도 있었는데, 지금은 훈고문자(訓詁文字)를 가지고 전도(傳道)의 일대 관건(關鍵)으로 삼고 있으니 이는 기이함을 찾는 제나라 사람과 다를 바 없다'라고 비판을 하였다.[47] 이어 왕희손에게는 한학이 아닌 송학을 해야 한다는 것을 힘주어 강조하였다.[48] 또 홍양후는 이균(李鈞)에게 보낸 편지에서도 '근래 듣자하니, 북쪽은 학문은 간혹 정주(程朱)의 문로(門路)를 버리고 동중서(董仲舒)나 정현(鄭玄)의 호정(戶庭)을 따르니 고정림(顧亭林 ; 炎武)이 창론하고, 공손헌(孔巽軒 ; 廣森), 유단림(劉端臨 ; 台拱), 장고문(張皐聞 ; 惠言), 장고암(張藁菴 ; 爾岐)이 잇달아 몰려들었습니다. 훈고(訓詁)는 기문지학(記問之學)에 불과합니다.'[49]라고 하였다. 이들 편지 내용을 보면 홍양후의 생각이 어디에 있었는지 명확하게 알 수 있다.

앞서 홍양후가 「담헌공행장」을 지었다는 것을 언급하였다. 여기에는 홍대용이 엄성, 육비, 반정균을 만났던 일이 언급되어 있다. 이 부분은 박지원이 쓴 묘지명의 일부를 가져온 것으로 매우 비슷하면서도 다르다.

---

47 홍양후, 『관거외사』, 「與汪喜孫」, "近聞中國之學 時以變移 或有宗王宗陸之時 亦有從蘇宗錢之時 今又以訓詁文字 把作傳道之一大關鍵 豈故爲此別岐之論, 欲效齊人之好奇耶."

48 이 편지는 김선신이 왕희손 등에게 보낸 편지에서 한학(漢學)을 공격하고 송학(宋學)만을 따를 것을 주장했던 것과 매우 흡사하다.

49 홍양후, 『관거외사』, 「與李翰林鈞(字伯衡號蒙韻一號雨帆 河間縣人)書」, "近聞北學或捨程朱門路 多從董鄭戶庭 顧亭林(炎武)倡論 孔巽軒(廣森) 劉端臨(台拱) 張皐聞(惠言)張藁菴(爾岐) 相繼趨附 訓詁則不過記問之學."

아래 인용문 두 개는 각기 박지원이 쓴 것(가)과 홍양후가 쓴 행장(나)의 일부이다.

> 가) 박지원,「홍덕보묘지명」
>
> 일찍이 그의 숙부가 서장관(書狀官)으로 가는 데 수행하여, 육비(陸飛)와 엄성(嚴誠)과 반정균(潘庭筠)을 유리창에서 우연히 만났다. 이 세 사람은 다 같이 전당(錢塘)에 거주했으며, 모두 문장과 예술에 뛰어난 선비여서 그들이 교유하는 사람들도 중국 내의 유명 인사들이었다. 그런데도 모두 덕보를 추앙하여 대유(大儒)라 여겼다. 이들과 더불어 필담한 것이 누만언(累萬言)으로 유교 경전의 뜻과 천인 성명(天人性命)과 고금(古今)의 출처대의(出處大義)를 분석하였는데, 해박하고 뛰어나서 즐거움을 이루 다 말할 수 없었다.[50]

> 나) 홍양후,「담헌공행장」
>
> 일찍이 그의 숙부가 서장관(書狀官)으로 가는 데 수행하여, 육비(陸飛)와 엄성(嚴誠)과 반정균(潘庭筠)을 유리창에서 우연히 만났다. 이 세 사람은 다 같이 전당(錢塘)에 거주했으며, 모두 문장과 예술에 뛰어난 선비여서 그들이 교유하는 사람들도 중국 내의 유명 인사들이었다. 그런데도 모두 덕보를 추앙하여 대유(大儒)라 여겼다. 이들과 더불어 필담한 것이 누만언(累萬言)으로 유교 경전의 뜻을 분석하고 <u>육왕(陸王)을 명변(明辯)하고</u>, 천인성명(天人性命)부터 고금(古今)의 출처대의(出處大義)를 범론하며 의심나는 곳은 서로 질문하였다.[51](밑줄은 인용자)

---

50 박지원,『연암집』2,「洪德保墓誌銘」, "嘗隨其叔父書狀之行, 遇陸飛嚴誠潘庭筠於琉璃廠, 三人者, 俱家錢塘, 皆文章藝術之士, 交遊皆海內知名. 然咸推服德保爲大儒, 所與筆談累萬言, 皆辨析經旨, 天人性命, 古今出處大義, 宏肆儁傑, 樂不可勝." 인용문의 번역은 신호열 · 김명호 역(2007)을 따른다.

51 홍양후,「湛軒公行狀」, "嘗隨其叔父使行, 遇嚴誠陸飛潘庭筠于燕館, 三人者俱家錢塘, 皆文章藝術之士, 其交遊皆海內知名, 然咸推公爲大儒. 所與筆談累萬言, 皆考據經旨, 通辯陸王, 自天人性命, 泛論古今出處, 相與質難."

위의 두 인용문을 통해 알 수 있듯이, 홍양후가 쓴 행장의 해당 부분은 박지원의 글을 일부만 수정하고 거의 그대로 사용하고 있다. 두 글의 가장 큰 차이점은 (나)의 밑줄 친 부분으로 홍양후가 덧붙인 것이다. 홍양후는 홍대용이 북경에서 엄성 등과 필담한 내용에 대해 '通辯陸王'이라고 한 것이다. 이처럼 홍양후는 철저한 주자학자였다.

그러나 그렇다고 해서 홍양후가 주자학 이외의 것에 귀를 닫은 인물은 아니었다. 철저하게 주자학에 바탕하여, 홍대용의 유지를 받들고자 하였다. 아래의 항목들은 이에 대한 탐색이다. 그리고 이는 박지원의 유지를 받들고자 했던 박규수와 교차되는 점이기도 하다.

1) 여성 의복의 개정(改正)과 고례(古禮) 회복에 관한 관심

필립 쿤은 그의 저서에서 18세기 후반 중국을 떠들썩하게 만들었던 소문 —요술사들이 사람들의 의복과 변발(辮髮)을 잘라서 영혼을 훔친다는 실체 없는 소문을 파헤쳤다. 이를 통해 두려움에 사로잡힌 사람들의 광기를 이용하는 건륭제와 당시 청나라의 관료사회를 잘 보여주었다.[52] 한편 이 사건들은 당시 중국 사회에서 의복과 변발이 어떤 의미를 가지고 있었는지를 유추할 수 있다. 청나라 군사들이 북경을 점령하고 강남으로 내려갈 당시만 해도 '변발'은 그저 청나라에 항복한 군사인지 아닌지를 구분하는 정도의 의미만 가지고 있었을 뿐이었다. 그런데 남경을 점령한 후 내려진 변발령과 의복 제도 개혁은 청나라에 대한 반항의 싹을 뽑기는커녕 오히려 명나라에 대한 향수와 청에 대한 반발심을 불러일으키는 결과를 낳았다.[53]

---

52 필립 쿤(2004) 참조.

53 福本雅一(1984), 劉香織(1990). 참조.

변발과 의복은 조선에서도 중요한 의미를 갖는다. 명나라가 망하고 청나라에서 변발과 청나라 옷을 입음에 따라 조선은 명나라의 의복을 계승한 나라로서, 나아가 소중화(小中華)로서 자부심을 가져야 했다. 그런데 조선의 이러한 자부심에도 한 가지 문제가 있었다. 그것은 부인들의 복식은 명나라의 제도와는 매우 동떨어진 것으로, 오히려 더 '오랑캐'에 가까운 것이었기 때문이다. 이덕무의 『사소절(士小節)』 부의(婦儀)는 "지금 세상의 부녀들의 옷은, 저고리는 너무 짧고 좁으며 치마는 너무 길고 넓으니, 의복이 요사스럽다. 옷깃을 좁게 깎은 적삼이나 폭을 팽팽하게 붙인 치마는 의복이 요사스럽다."[54]는 두 문장으로 시작된다. 이덕무의 이 같은 한탄은 백 년이 지난 1860년대에도 그대로였을 뿐만 아니라, 오히려 더 악화되었다.

홍대용이 중국에서 돌아온 이후 중국 문인들과 왕복한 서신을 보면, 명나라의 의관제도에 대한 관심이 지속적이며 적극적이었다는 것을 알 수 있다. 다음은 홍대용이 손유의(孫有義)에게 보낸 편지 중 일부분이다.

> 우리나라 부인들의 의복은 아직도 오랑캐의 풍속을 따르고 있습니다. 예법을 좋아하는 가문에서는 더러 중국의 제도를 모방하기도 하나 고증한 글에 소략한 것이 많아서 요상한 의복을 입는다는 조롱을 면치 못합니다. 바라는 바는 한족의 관복(冠服)의 진제(眞制)를 얻어 혼인과 제사 때 쓰고자 하는 것입니다. 연경의 시장에서 사들이고 싶은데 옛것인지 지금 시속의 것인지를 분간하기가 어려웠습니다. 무명이건 비단이건 따지지 않으니 오직 법식대로 만들었는지가 중요하니 돌려가며 재봉하여 만들 수 있을 것인데 가은(價銀)이 몇 냥이나 들지 모르겠습니다. 또한 듣자니 봉관(鳳冠)의 제도가 있어 예가(禮家)에서 항시 사용한다고 하는데 이런

54 이덕무, 『청장관전서』, 『사소절』 6, 婦儀, 「服飾」, "時世之服, 上衣太短窄, 下裳太長博, 服妖也. 削衿之衫, 撐幅之裙, 服妖也."

> 것도 저자에서 파는 것이 있습니까? 만일 장인에게 부탁해 새로 만들면 공임이 또 얼마나 드는지, 매헌 형과 찾아 살펴 알려주시면 정말 감사하겠습니다.[55]

홍대용은 이 편지 이후에도 1771년 7월 사행 편에 보낸 편지에서 손유의에게 규복(閨服)을 사서 부쳐달라고 하였다.[56] 이에 대한 손유의와 조욱종의 답이 『간정부편(乾淨附編)』에 보이는데, 봉관도 규복도 비싸다는 내용이다.[57] 홍대용은 손유의 뿐만 아니라 엄성에게도 중화의 옛 제도와 근년의 연혁까지 상세하게 적어 보내달라는 편지를 보냈으며[58], 반정균에게도 이 같은 편지를 보낸 것으로 보인다. 1769년에 반정균이 홍대용에게 보낸 편지에서는 육비와 함께 부인의 복식제도에 대해 그림으로 그려서 보내겠다고 하였고, 1777년에 쓴 편지에서는 다시 부인의 의복건에

---

55 홍대용, 『乾淨附編』, 「答蓉洲書」, 47~48면, "東方婦人衣服尙遵夷俗, 好禮家或模倣華制, 考據文字, 槩多踈略, 未免服妖之譏. 竊願得漢家冠服眞制, 以備嫁祭之用, 欲貿京市, 古俗難辨. 此不論布帛, 惟貴制作之眞, 可以轉相縫作. 未知容入幾兩價銀. 聞有鳳冠之制, 係是禮家常用, 亦有市上所賣否. 如托匠新造, 功費亦爲幾許. 幸與梅軒兄商量探示之." 『담헌서』에도 이와 비슷한 내용이 수록되어 있는데 차이가 있다. 특히 아래에 밑줄 친 부분이 『간정부편』에서는 보이지 않는다. 『담헌서』 외집 1, 「與孫蓉洲有義書」(문집총간 248권 119면). "東方婦人衣服, 尙遵夷俗, 好禮家或模倣華制, 考據文字, 槩多踈略, 未免服妖之譏. 竊願得漢家冠服眞本, 以備嫁祭之用, 欲貿京市, 古俗難辨. 此不論布帛, 惟貴制作之眞, 可以轉相縫作. 又聞有鳳冠之制, 是禮家常用, 亦有市上所賣否. 惟是婦女章服三代傳來之製搽, 此或有古今損益者耶. 曾見長春寺, 有皇明皇后像衣製, 與今無異矣."

56 홍대용, 『간정부편』, 「與蓉洲書」, 63면, "閨服如可貿寄幸甚, 賈銀托今去李公惟命納上, 但瑣事多撓爲悚."

57 손유의의 글은 『간정부편』, 「蓉洲書」, 65면. "來信殷殷以冠服見囑, 弟敢不力爲措辦. 但鳳冠有銀有金, 亦有銀而鍍金者, 總飾以珠寶之屬, 故其價値難以數定, 大約至少亦須二三十金. …… 姑俟來歲, 非春則冬, 終當有以報命也." 조욱종의 글은 『간정부편』, 85면, "再啓者, 承諭冠服 曾與蓉洲相約. 但彼此俱係寒儒, 實有力不隨心者. 聞蓉洲已轉達其詳. 無庸再贅愧愧又及."

58 홍대용, 『담헌서』 외집 1, 「與鐵橋書」(문집총간 248권 108면), "東方婦人髢髻與衣服制度, 尙遵夷俗, 極是怪事. 好禮家或有倣而行之者, 惟考諸文字, 語多未詳. …… 幸以中華古制, 附以近年沿革, 詳細示之, 則當永世受其賜矣."

대해 승낙만 하고 실행하지 않은 것이 오래되었는데, 도설(圖說)을 만들기가 쉽지 않아 시간이 걸린다는 답변을 하였다.[59] 이런 일련의 과정을 보더라도 홍대용은 집요하리만큼 직접 실물 내지 도안을 보고자 하였다. 그러나 이후 홍양후나 박규수의 글을 보면 홍대용의 뜻은 이루어지지 못하였던 것으로 보인다.

그런데 이 의관 문제에 대해서는 박규수와 홍양후 역시 큰 관심을 가지고 있었다. 이미 앞에서 보았듯이, 박규수는 홍양후가 연행을 떠날 때 써준 글에서 부인 복식 문제를 거듭 강조하였다.

> 우리나라 문물제도의 성대함은 노나라가 주례를 잘 준행한 것과 같다고 천하에 이를 만하나, 유독 부인들의 복식만은 여전히 오랑캐인 원나라의 비루한 풍습을 답습하고 있으니 참으로 하루라도 빨리 고치지 않아서는 안 된다는 것입니다. 지금 천하가 머리를 깎고 좌임을 하지만 오직 부인들의 법복만은 선왕의 제도를 바꾸지 않았으니 진실로 그 제도를 잘 본받아 나라 안에 시행한다면 우리 동방에서 중화의 제도를 사용하는 것이 완전하게 될 것입니다. 하지만 머리를 틀어 올리는 모양이나 의상(衣裳)의 제도는 남쪽과 북쪽에 차이가 약간 있을 것입니다. 족하께서는 이번 행차에서 그 제도의 동이(同異)를 널리 찾아보시고, 만약 강남의 인사들을 만나게 되면 반드시 자세히 묻고 상세히 토론해야 할 것입니다. 만약 도설(圖說)을 보게 된다면 이는 참으로 큰 행운일 것입니다.[60]

---

59 『中士寄洪大容手札帖』5-8. "閫服之制, 容與筱飮商定, 製式繪圖, 呈正如何. 當不至食言耳. 筱飮不日計偕北, 來札當面致, 與九峰書, 俟羽便寄南. 筱飮尺牘附達" 반정균이 홍대용에게 보낸 편지로 1769년 2월 1일에 쓰고 같은 해 5월 도착. 『중사기홍대용수찰첩』, 4-1. 반정균이 홍대용에게 보낸 편지 1777년 3월에 받은 것으로 정민교수의 해제에 따르면 같은 해 2월에 쓴 것으로 추정. 『中士寄洪大容手札帖』, 21면, "前所詢閫服, 宿諾已久, 歉未得報. 終當辨成寄覽, 緣各省風俗製式不一, 爲圖說頗難, 續當爲之. 但未能速寄也."

60 박규수, 『환재총서』5, 「與洪一能(良厚)書」, "我東方文物之盛, 有辭天下可謂魯秉周禮, 而獨婦人服飾尙襲胡元之陋, 誠不可一日而不改矣. 今天下雖薙髮左衽呼, 唯婦人法服獨不變先王之制, 苟能善取其制行諸國中, 則吾東之用夏者全矣. 然其髻紒之㨾衣裳之制,

앞에서 언급한 것처럼 박규수는 1826년 홍양후의 연행에 즈음하여 보낸 편지에서 10여 조목의 증언(贈言)을 하였으며, 그중에서도 가장 중점을 두어 말한 것 중 하나가 바로 부인의 의복 제도에 관한 것이었다. 위 인용문을 보면 박규수는 원나라의 풍습을 그대로 따르고 있는 우리나라의 의복제도를 바로잡기 위해 중국의 복식제도에 관심이 많았으며, 특히 강남의 부인 복식 즉 한족의 부인 복식에 관심을 두고 있었다. 이어 박규수는 '벗 중에 연행 가는 이가 있으면 늘 이러한 사항을 알려줬지만 누구 하나 마음 쓰는 이가 없어서 한스러웠는데, 이제 홍양후가 가게 되었으니 이 두 가지 숙원이 해결될 것 같다'[61]라고 말하면서 기대감을 드러내기까지 하였다.

그 후 박규수는 『의례(儀禮)』, 『예기(禮記)』, 『주례(周禮)』 등 예학을 연구하였고, 1832년에는 『거가잡복고(居家雜服攷)』를 탈고하기에 이른다. 『거가잡복고』는 박규수의 아우 박주수(朴珠壽)가 "지금의 조복과 제복에는 아직도 주 나라의 옛 모습이 남아 있으나, 유독 사대부가 집에 거처하여 예를 행할 때에 입을 만한 의상이 없고, 부인의 복식은 예에 어긋남이 더욱 심하니" 경전에 의거하여 하나의 설을 세워보자고 제안하여 이루어진 것이다.[62] 『거가잡복고』는 3권 2책으로, 1책은 사대부의 복식을 논한 「외복(外服)」, 2책은 사대부 부인의 복식을 논한 「내복(內服)」과 아동의 복식을 논한 「유복(幼服)」으로 구성되어 있다.[63] 그런데 박규

亦稍有吳杭關隴之殊. 足下今行請博求其制樣之同異, 而若逢南中人士, 亦須扣問而詳論之. 若有圖記之示, 則誠大幸矣."

61 박규수, 『환재총서』5, 「與洪一能(良厚)書」, "僕之最苦心而願問之者, 卽婦人法服之制與夫朱書二種也. 知舊之有燕行也, 輒擧是以告之, 而恨無有心人矣. 今値足下之行, 玆又歷陳之, 同心之所好, 庶遂宿願歟."

62 박규수, 『환재집』권4, 「居家雜服攷序」, "旣而藻卿謀於余, 謂今朝祭法服, 尙有周家典型, 獨士大夫居家爲禮, 闕然無衣裳, 其婦人服飾, 違禮益甚."

63 『거가잡복고』에 대해서는 김명호(2008b), 183~203면. 참조.

수가 1872년에 홍양후에게 보낸 편지에는 다음과 같은 내용이 있다.

> 부인의 복식으로 말하면, 이 또한 가정에서 일찍부터 강론하고 익혔던 것입니다. 제가 약관이었을 때 이미 한 부를 저술한 것이 있습니다. 고증해낸 것이 제법 자세합니다만, 이것은 한 사람 한 집안에서 사사로이 행할 수 있는 것이 아니므로 그저 종이와 먹 사이에서 혼자 즐긴 것일 뿐입니다. 전에 북경에 갔을 때 또한 중국의 제도를 목도했으며, 교분을 맺은 여러분에게 남방과 북방의 풍속의 차이를 물어 자세하고 정확하게 알게 되었지만, 역시 공언에 그치고 말았습니다. …… 장춘사(長春寺)의 유태후(劉太后) 초상은 저도 참배한 적이 있습니다. …… 그런데 지금 형의 편지에 장춘사에서 화상을 배알한 일을 언급하셨기에 그저 여기에 적는 것입니다.[64]

위 인용문을 통해 우리는 몇 가지 사항을 알 수 있다. 박규수가 북경으로 가는 홍양후에게 부인복식에 관해 이야기한 것이[65] 1826년이고, 이후 『거가잡복고』를 통해 자신의 견해를 구체적으로 피력한 것이 1832년이다. 그리고 위 인용문은 1872년에 쓰여진 편지이므로, 부인들의 복식에 대한 박규수의 관심은 오랫동안 변함없이 지속되었다는 것이다. 또 편지 말미의 언급을 보면 이는 박규수가 홍양후에게 보낸 답장이므로 홍양후 역시 박규수에게 부인의 복식 제도를 언급했을 것이라는 점이다.

---

64 박규수, 『환재집』 권9, 「與洪一能」, "至若婦人服飾, 此亦家庭夙所講劘. 弟於弱冠時已有著錄一部, 攷據頗詳, 而此非一人一家可得私自行之, 則亦只以自娛於楮墨間. 向到燕中, 又目見華制, 與結識諸君叩問南北俗尙之異, 未嘗不旣詳且該, 而亦空言而止. …… 長春寺劉太后遺像, 弟亦曾拜謁 …… 今於兄書, 有語及長春寺拜像事, 故聊此及之."

65 박규수, 『환재총서』5책, 「與洪一能(良厚)書」, "我東方文物之盛, 有辭天下可謂魯秉周禮, 而獨婦人服飾尙襲胡元之陋, 誠不可一日而不改矣. 今天下雖薙髮左衽呼 唯婦人法服獨不變,先王之制, 苟能善取其制, 行諸國中 則吾東之用夏者全矣. 然其髻紒之㨾, 衣裳之制, 亦稍有吳杭關隴之殊 足下今行請博求其制㨾之同異, 而若逢南中人士, 亦須扣問而詳論之, 若有圖記之示, 則誠大幸矣.

즉, 홍양후 역시 이때까지 지속적으로 부인의 복식 제도에 대해 관심을 가지고 있었던 것이다. 홍양후와 박규수 모두 중국에 가서 장춘사를 찾아간 것은 우연이 아니다. 아래는 박지원이 역관 이양재(李亮載)의 문집에 써준 「자소집서(自笑集序)」의 일부분이다.

> 습관이 오래되면 본성이 되는 법이다. 세속에서 습관이 되었으니 어찌 변화시킬 수 있겠는가. 우리나라 부인들의 의복이 이 일과 매우 비슷하다. 옛 제도에는 띠가 있으며 모두 소매가 넓고 치마 길이가 길었는데, 고려 말에 이르러 원 나라 공주에게 장가든 왕이 많아지면서 궁중의 머리 장식이나 복색이 모두 몽골의 오랑캐 제도가 되었다. 그러자 사대부들이 다투어 궁중의 양식을 숭모하여 마침내 풍속이 되어 버려, 3, 4백 년 된 지금까지도 그 제도가 변하지 않고 있다. …… 그런데 지금 비록 禮를 아는 집안이 있어서 그 경망스러운 습관을 고쳐 옛 제도를 회복하고자 하더라도, 세속의 습관이 오래되어 넓은 소매와 긴 띠를 기생의 의복과 흡사하다고 여기니, 그렇다면 그 옷을 찢어 버리고 제 남편을 꾸짖지 않을 여자가 있겠는가."[66]

이 인용문을 보면 앞에서 살펴본 박규수의 편지 내용과 맥락이 닿아 있다는 점을 알 수 있다. 또한 이상에서 살펴본 것처럼 박규수나 홍양후가 부인의 복식제도에 대해서 관심을 갖게 된 것은 우연이 아니며 박지원과 홍대용의 사상을 계승한 것이라 할 수 있다. 물론 이러한 복식에 대한 관심이 박지원과 홍대용 두 사람만의 생각은 아니다. 조선 여성의 의복에 대한 고민은 홍대용을 비롯한 북학파의 인물들에게서 공통적으

---

66 박지원, 『연암집』 권3, 「自笑集序」, "吾聞而悲之曰, 習久則成性, 俗之習矣. 其可變乎哉. 東方婦人之服, 頗與此事相類. 舊制有帶, 而皆濶袖長裙, 及勝國末, 多尙元公主, 宮中髻服, 皆蒙古胡制. 于時士大夫爭慕宮樣, 遂以成風. 至今三四百載, 不變其制. …… 今雖有知禮之家, 欲變其妖佻之習, 以復其舊制, 而俗習久矣. 廣袖長紳, 爲其似妓服也, 則其有不決裂而罵其夫子者耶." 번역문은 신호열 · 김명호 역(2007)을 따랐다.

로 나타난다.

박제가는 『북학의』의 ‘여복(女服)’ 조목에서 “세상에는 모순이 많다. 중국의 남자들은 머리를 깎고 호복(胡服)을 입었으나 여인들의 복식은 옛 제도가 아직도 보존되어 있으며, 반대로 우리나라는 남자들은 옛날 의복이 얼마쯤 보존되어 있으나 여자의 복식은 모두 몽고 양식을 계승한 것이다. 지금 조선의 사대부들이 중국에서 호복을 입었다 하여 수치스러워하면서도 자기집 안방을 몽고의 오랑캐 복식이 차지하고 있는 것을 금하지 못하고 있다. …… 고례(古禮)에 유의한다면 급히 변경시키고 화제(華制)를 따르는 것이 옳다고 본다.”라고 하였다. 또 이희경 역시 『설수외사(雪岫外史)』의 「예복(禮服)」에서 우리나라 여자들의 옷을 비판하고 연행길에 본 중국 여자들의 복식에 대해 기록하였다. 이로 보면 여인들의 복식에 대한 관심은 북학파의 인물들이 공유하고 있던 문제의식이었다. 홍대용과 박지원은 이들보다 더 적극적으로 부인의 복식 제도의 문제에 대한 해법을 구하고자 하였다.

2) 이용후생(利用厚生)을 위한 실학적 관심—『天工開物』을 통하여

소행성 94400은 2001년 보현산 천문대에서 새로 발견된 소행성으로, 이 소행성의 또 다른 이름은 ‘홍대용’이다. 홍대용이 천문학 분야에 남긴 업적을 기리기 위해 그의 이름을 붙인 것이다. 홍대용의 과학적 위상에 대해서는 굳이 말하지 않더라도 익히 알려져 있다. 홍대용이 『의산문답(醫山問答)』에서 말한 천문(天文)과 지구자전설 등은 연암에게 전해졌다. 그리고 훗날 박규수 역시 홍대용의 『의산문답』에 근거함으로써 그의 천문학설을 받아들였다.[67] 주지하듯이 박규수가 천문학에 대한 관심을 단

67 박규수의 지원지동설에 대해서는 김명호(2008b), 162~169면. 참조. 이에 따르면 박규수는

순한 관심 차원에 머물러두지 않고 직접 천문을 관측하고 천문의기를 제작하였다. 박규수는 천문학뿐만 아니라 이용후생에 관해 많은 관심을 가지고 있었고, 이는 홍양후 역시 마찬가지였다. 박규수는 1872년 홍양후에게 보낸 답글에서 다음과 같이 말하였다.

> 또 따로 경세제민(經世濟民)을 위한 이용후생(利用厚生)의 도구를 보여주셨는데, 이것은 양가의 선조들께서 평생토록 고심하며 연구했던 것들이니, 어찌 한두 가지 시험을 통해 효과를 본 것이 없었겠습니까? 그러나 고루한 세속에서 끝내 본받지 않아 모두 시렁 위에 묶어 두었고, 조정에서 국가를 위한 계책을 세울 때에도 이런 것들을 급하지 않은 것으로 여긴 듯합니다. 무릇 매년 사신들이 갈 때마다 급급하게 생각하는 물건과 일들이 따로 있어서, 끝내 여기까지는 생각이 미칠 겨를이 없었던 것입니다. 종래부터 이와 같았으니 누가 이 의혹을 풀고 이 길을 열 수 있겠습니까?"[68]

이 글을 보면 편지의 서두에는 홍양후의 편지를 받았다는 내용이 보이며, 이어지는 인용문의 첫머리에서 박규수가 '이용후생의 도구를 보여주셨다'라는 문장을 통해 홍양후가 보낸 편지의 내용을 짐작할 수 있다. 이는 다음 문장 '양가의 선조'인 박지원이나 홍대용이 '평생토록 고심하며 연구했던 것들'이라는 언급에서 보다 확실히 드러난다. 인용문의 후반부에서 박규수는 선조들이 심혈을 기울여 연구했던 도구들에 대한 세상 사

홍대용의 『의산문답』을 직접 인용한 것은 아니고 자기 나름으로 요약해서 소개한 것이지만, 현재의 『의산문답』에 없는 내용이 있는 것으로 보아 박규수가 본 것은 현재 전하는 것과는 다른 이본(異本)일 가능성이 있다.

68 박규수, 『환재집』 권9, 「與洪一能」, "另示經濟利用厚生之具, 此爲兩家先德平生苦心講究, 何嘗無一二件試之果然者耶. 陋俗終不效法, 皆歸束閣而止, 若廊廟謀國之地, 視此等爲不急. 凡於年使之行所汲汲者, 別有其物, 別有其事, 竟無暇意到, 從前如此, 誰能辨此惑而開此路耶."

람들의 무관심과 조정 관리들의 부족한 안목을 언급하며 아쉬움을 토로하였다. 이는 앞서 보았던 1826년 박규수가 홍양후에게 써준 증언(贈言)에도 잘 나타난다. 박규수는 중국에 갈 때 마땅히 염두에 두어야 할 것은 이용(利用)의 도구이며, 이는 갑자기 공부해서 알 수 있는 것이 아니므로 적용할 수 있는 책을 구해 돌아와서 연구해야 한다고 하였다. 그리고 그 예로 『천공개물(天工開物)』을 들었다.[69] 사실 이 책에 대해서는 이보다 훨씬 전에 박지원이 『열하일기』에서 이미 언급한 적이 있다.

> 밭에 물을 대는 것으로 용미차(龍尾車) · 용골차(龍骨車) · 항승차(恒升車) · 옥형차(玉衡車)가 있고, 불을 끄는 것으로서 홍흡(虹吸) · 학음(鶴飮)의 제도가 있으며, 싸움에 쓰는 수레로는 포차(砲車) · 충차(衝車) · 화차(火車)가 있으니, 모두 태서(泰西)의 『기기도설(奇器圖說)』과 강희제(康熙帝)가 지은 『경직도(耕織圖)』에 실려 있다. 또 글로 설명한 것도 『천공개물(天工開物)』과 『농정전서(農政全書)』에 있으니 뜻 있는 이가 이를 취하여 세심히 고찰한다면 우리나라 백성들이 곧 죽을 것처럼 가난한 것도 거의 고쳐질 수 있을 것이다.[70]

위의 인용문에서 박지원은 『천공개물』과 『농정전서』를 뜻 있는 이가 잘 연구해서 그 제도를 본받는다면 백성들의 가난함도 고칠 수 있을 것이라고 하였다. 『천공개물』은 명나라 말기에 중국에서 간행되었지만, 중국에서는 『고금도서집성(古今圖書集成)』(1725), 『수시통고(授時通考)』(1742)

---

69 박규수, 『환재총서』5책, 「與洪一能(良厚)書」, "吾輩入中國所當留意者, 生民利用之具也, 文獻需世之書也, 而利用之具, 非倉卒可學而知者也. 唯有得其適用之書, 歸而研究, 可也. 中國之書未廣布於吾東, 而最緊切於日用事物者, 『天工開物志』也."

70 박지원, 『열하일기』, 「馹汎隨筆」, "灌田曰龍尾車, 龍骨車, 恒升車, 玉衡車, 救火有虹吸, 鶴飮之制, 戰車有砲車, 衝車, 火車, 俱載泰西奇器圖, 康熙帝所造耕織圖. 其文則天工開物, 農政全書, 有心人可取而細玫焉, 則吾東生民之貧瘁欲死, 庶幾有瘳耳."

등의 몇몇 서적에서 인용되는 것에 그치고 그 이후에는 거의 이용되지 않았다. 그러다가 청나라가 끝나고 나서야 『천공개물』이 '재발견'되게 된다. 이에 대해서는 다시 후술하기로 한다.

박지원은 『천공개물』에 대해서 어떻게 알고 있었을까. 앞에서 말한 것처럼 『천공개물』은 『고금도서집성』에 인용되어 있다. 조선에 『고금도서집성』이 들어온 것이 1778년이며, 박지원이 연행을 간 것은 1780년의 일이다. 그러나 『고금도서집성』은 각신(閣臣)이 아니면 쉽게 볼 수 있는 책이 아니었기 때문에, 아마도 박지원은 이를 보지 못했을 것이다. 한편 이덕무(李德懋)는 당시 규장각의 검서관(檢書官)이었으며, 1780년 1월부터 어명으로 『고금도서집성』의 부목(部目)을 베끼는 작업을 하였다.[71] 그렇다면 박지원은 이덕무를 통해서 『고금도서집성』에 인용된 『천공개물』을 알았을 가능성이 높다.[72] 박지원이 『천공개물』이라는 책에 주목했다는 사실만으로도 그의 학문이 지향하는 바를 짐작할 수 있다. 그리고 이는 박규수에게 이어지고 있는 것이다.

다음은 홍양후가 홍순익에게 보낸 편지 중 해당 부분이다.

> 일전에 편지와 요긴한 도설(圖說)을 받고 매우 감사했습니다. 경세(經世)에 반드시 이로움이 있을 것이니, 어찌 다만 사대부의 존심애물(存心愛物)일 뿐이겠습니까. …… 예전에 제가 북경에 갈 때 환재대감께서 편지로『천공개물』을 찾아보라 하셨으니, 그 또한 경제(經濟)에서 나온 것이었습니다. 유리창의 여러 서점들에서 부지런히 찾아보았지만 보지 못했

---

71 李光葵,『青莊館全書』,「先考積城縣監府君年譜上」(한국문집총간, 259권 286면), "庚子, 公四十歲. 正月初九日, 上命諸檢書, 抄圖書集成部目, 將書卷表小題目故也."

72 이외에도 1763년에 일본에 갔던 통신사를 통한 정보 수집도 가능성이 있기는 하다. 일본의 경우 카이바라 엣켄(貝原益軒, 1630~1714)의 『花譜』(1694)에서 이미 인용되고, 에도시대의 유명한 장서가이자 박물학자 중 한 사람인 기무라 켄카도(木村蒹葭堂, 1736~1802)의 소장본을 저본으로 한 화각본(1771년)도 있었다. 이에 대해서는 藪內清(2010), 「解說」 참조.

> 으므로 이것이 희귀한 책이라고 생각했습니다. …… 매년 절사(節使)가 갈 때 재주 있는 사람을 찾아 데리고 가서 한번 갈 때마다 한 가지 일을 가져오게 하면 단지 백성의 일용을 편리하게 할 뿐만 아니라 부국강병도 가능할 것이거늘, 실사(實事)는 도외시하고 오직 쓸데없는 완호물로 다른 사람들의 눈과 마음을 기쁘게 하는 데에만 이바지하니 항상 이것이 개탄스러운 바였습니다.[73]

이 편지는 홍양후가 천안에 있을 때 쓴 것으로, 연행을 다녀온 지 한참 뒤이다. 이를 보면 홍양후가 예전에 중국에 갈 때 박규수가 『천공개물』을 구해보라고 했다는 이야기를 언급하고 있다. 앞 장에서 본 것처럼 박규수는 홍양후의 연행 때 준 증언에서 일용사물(日用事物)에 가장 긴요한 것으로는 『천공개물』이므로 중국에 가서 이를 구해올 것을 주문하였다. 홍양후는 박규수의 조언대로 북경의 유리창에 있는 여러 서점들에서 부지런히 찾아보았지만 끝내 구하지 못하고 돌아왔다.

『천공개물』은 명나라 말기인 1637년에 출판된 산업기술서로, 저자인 송응성(宋應星)은 조셉 니담이 중국의 드니 디드로라고 일컬은 인물이다. 1771년에 일본에서 번각되었고, 1830년에는 일부분이 프랑스어로 번역되었다.[74] 이 책은 강남(江南) 경제를 받치고 있던 기(器)와 그것의 제법을 삽화와 함께 설명한 것으로, 당시 새로 전래된 서양 화기(火器) 등도 다루고 있다. 그런데 이처럼 17세기 중국기술이 집약되어 있는 이 책이 사실은 건륭(乾隆) 때의 금서(禁書)였다. 박지원이 『천공개물』과 함께 거론했던 서광계(徐光啓)의 『농정전서』 역시 『천공개물』과 함께 건륭 때

73 홍양후, 『관거외사』, 「答洪碩士淳翊書」, "日前奉書與當用圖說深感, 經世必有所濟, 奚啻士大夫存心愛物 …… 昔年弟之向燕時, 瓛台書求天工開物志, 亦經濟意也. 勤索於琉璃諸肆而無見, 想是稀種書. …… 每年節使行必求才具者與俱, 一番去一事來, 則非但便民日用, 亦可國富兵强, 而置實事於度外, 惟以無用玩好供悅別人心眼, 常所慨."

74 胡道靜(1990) 참조.

의 금서였다.[75] 그런데 『농정전서』의 경우, 박지원이 1798년과 1799년에 정조의 윤음을 받아 『과농소초』를 작성하는 과정에서 서광계의 『농정전서』를 대폭 발췌하고 인용했던 것을 보면 『농정전서』는 이미 이때 조선에 들어왔다.[76] 그러나 이와 달리 『천공개물』은 유입되지 못했던 것으로 보인다.

다시 홍양후가 홍순익에게 보낸 편지의 내용을 보면, 홍양후는 연행사가 갈 때 재주 있는 사람을 데려가 한 가지씩 배워오게 하면 백성의 일용과 부국강병에 도움이 될 것이라는 자신의 의견과 함께 '중국에 사신으로 가는 이들이 실사(實事)는 도외시하고 오직 쓸데없는 완호물로 다른 사람들의 눈과 마음을 기쁘게 하는 데에만 이바지 하니 항상 이것이 개탄스럽다'라고 말하고 있다. 이는 예전에 박규수가 연행을 앞둔 홍양후에게 준 증언에서 "족하가 이번 여행에서 진기한 골동품이나 서화와 소설책 따위에 관심을 두지 않고, 천하의 대세와 학술 및 제도의 변천과 동이(同異)에 관한 탁월한 깨달음을 얻어서 자신의 포부를 크게 키우고, 귀국해서는 뜻을 같이하는 벗들에게 공개하여 그들의 견문을 넓힐 수 있다면 아마도 담헌공이 품었던 당시의 뜻에 가까울 것입니다."[77]라고 한 부분을 떠올리게 한다.

또한 앞서 살펴본 박규수의 편지는 1872년에 쓰여진 것으로 연행에서 돌아온 지 반세기가 다 될 때까지도 이용후생에 관심을 가지고 박규수와 이에 대한 논의를 지속한 것은, 그만큼 확고한 사상과 그에 수반한 실천 의지가 있었기 때문이라고 하겠다.

---

75 岡本さえ(1996), 121면.

76 염정섭(2012), 8~9면. 참조.

77 박규수, 『환재총서』5책, 「與洪一能(良厚)書」, "足下此行能不以器什玩好之物書畵稗之種, 而卓然有得於天下之大勢, 學述 · 制度之變易 · 同異, 以自壯其胸, 次歸而公諸同好, 以博其聞見, 則於湛軒公當日之志其矣."

3) 사회문제 해결을 위한 노력–삼정(三政)의 개혁에 대한 관심

익히 알려진 대로 조선시대 후기는 삼정(三政), 즉 토지세에 대한 전정(田政), 군역에 대한 군정(軍政), 환곡(還穀)에 대한 환정(還政)의 폐단이 매우 심각하였다. 군사제도로서의 군정과 진휼제도로서의 환곡은 본래 부세(賦稅)와 재정을 목적으로 하는 것이 아니었다. 그러나 후기로 갈수록 본연의 기능이 상실되고 운영 과정에서 많은 문제를 드러냈다. 그리고 이러한 병폐가 커져서 나타난 것이 1860년대의 농민항쟁이었다. 진주농민항쟁 당시 회덕 현감은 '일정(一政)이 폐단이 있으면 삼정에 모두 폐단이 발생하고, 일정(一政)이 폐단이 없으면 삼정에 모두 폐단이 없다'라고 말하였다.[78] 이처럼 삼정의 문란은 어느 것 하나 떼어내서 분리할 수 없을 정도로 서로 맞물려 돌아가는 국가적 차원에서의 구조적 문제였다고 할 수 있다.

진주농민항쟁 기간 동안 박규수의 활동은 선행 연구를 통해 이미 상세하게 밝혀졌다.[79] 박규수는 환정 개혁과 관련하여 「강구방략(講究方略)」을 올렸고, 그 결과 조정에서는 삼정이정청(三政釐整廳)이 설치되었다. 또 삼정의 폐단을 바로 잡기 위한 의견을 듣고자 책문(策問)을 시험하기도 하였다.[80] 박규수는 자신의 개혁안에 대해 별도의 글을 남겨 정리하지는 않았지만, 삼정개혁을 주도했던 조두순(趙斗淳), 윤종의(尹宗儀) 등과 긴밀하게 상의하거나 조언을 하면서 자신의 견해를 전달했다.[81]

이처럼 박규수는 사회 개혁의 중심에 서서 구체적인 현실을 목도하고, 이를 해결하는 데 적극적이었다. 이에 반해 홍양후는 고향에 은거하면서

---

78 송양섭(2012), 16~18면. 회덕현감의 발언은 18면에서 재인용.
79 김명호(2008b), 453~553면. 참조.
80 『철종실록』, 철종 13년 6월 10일.
81 김명호(2008b), 453~553면.

'집안의 묘역을 단장하고 집안의 전칙(典則)을 만들면서 세상일에 관심을 끊고 산 것처럼 보인다.[82] 그러나 이는 홍양후를 제대로 본 것이 아니다. 『관거외사』에 수록된 글만 보더라도 세상일에 관심을 끊고 은거한 사람의 편지라고는 상상할 수 없다. 『관거외사』에는 편지를 쓴 날짜가 쓰여져 있지 않기 때문에 정확한 시기를 특정할 수는 없지만, 모두 홍양후가 청주(현 천안)에 내려간 시기에 쓴 것으로 대략 1855년에서 1870년 사이로 추정된다. 이 편지들에서 두드러지게 보이는 것은 삼정의 폐단에 관한 관심과 이를 바로잡기 위한 끊임없는 시도라고 할 수 있다.

앞서 홍양후의 생애에서 언급한 것처럼 홍양후는 1838년부터 1841년 11월까지 의령현감, 1841년 12월부터 1842년까지는 천안군수(天安郡守)를 역임하였다. 그가 천안 군수로 있었던 시기는 그리 길지 않았지만, 『승정원일기』에는 다음과 같은 내용이 보인다.

> 천안군수 홍양후는 본읍의 군전(軍錢)은 이전부터 받지 못한 것이 너무 많았는데 부임한 이후에 거둔 것이 누천 냥에 이릅니다. 공납에 지연되는 문제가 없고, 백성들 사이에도 소란스러운 근심이 끊겼습니다. 환곡의 균분(均分)과 세미(稅米)의 정실(精實)에 이르러서는 아전과 백성이 모두 편해지는 은혜를 입었습니다. 반 년 만에 치적이 성대하게 드러나고, 한 읍이 적폐가 해결되니 백성들은 선정을 칭송하고, 오히려 그 사람을 혹여 잃을까 걱정하고 있사오며 …… 천안군수 홍양후는 의당 승서(陞敍)하여 조용(調用)하는 은전을 베푸는 것이 마땅할 듯합니다.[83]

---

82 홍양후, 『양세비문』, 「先伯氏瑞山公墓文 並自誌」, "因築室於先山下, 依隴而寓, 追慕之懷, 墓麓左右萬株松, 遠岡上下千樹橡栗, 追而曾高, 又至先世山, 莎頹者改之, 石攲者新之, 建齋舍, 禁芻樵, 位置如一, 具像設修器楪, 享儀定數."

83 『승정원일기』, 헌종 8년 7월 28일, "天安郡守洪良厚段, 本邑軍錢, 流來未捧者, 極其夥多, 而莅任以後, 所捧爲屢千兩之多, 公納無愆期之歎, 民間絶擾聒之患, 至於還穀之均分, 稅米之精實, 爲吏民俱便之惠, 半年之治績茂著, 一邑之積弊頓蘇, 民誦來暮, 惟恐或失是如爲白乎旀, …… 天安郡守洪良厚段, 似當施以陞敍調用之典是白乎旀."

위의 인용문은 이조(吏曹)의 계목점련(啓目粘連) 중 일부로 홍양후가 천안군수로 부임하면서 반 년 만에 그간 받지 못했던 군전(軍錢)을 많이 납입했고, 환곡을 균등하게 분배하여 아전과 백성이 편안해져 백성들이 이를 칭송하니 승서 조용할 것을 청하는 내용이다. 당시 환곡 운영 과정에서 많은 이들이 환곡에서 빠져나가 면제가 되어 남은 농민들의 부담은 더욱 커질 수밖에 없는 실정이었다. 분급된 환곡은 농민에게 더 이상 아무런 도움이 되지 못했고, 오히려 큰 부담이 되었다. 그나마 이 부담을 덜어주는 것은 균등하게 분배하는 것이었다.[84] 물론 환곡의 문제가 균등으로 분급한다고 해결되는 것은 아니었지만, 당시 조정에서는 이를 최선으로 여기고 있었다. 홍양후가 천안 군수에 부임하기 전 천안은 1837년부터 1841년까지 군전 2269냥을 납부하지 못했고[85], 충청감사가 장계를 올려 천안의 환곡과 군전을 정퇴(停退)를 요구하였다.[86] 이러한 상황에서 홍양후는 사태 해결에 힘을 기울였고, 그 결과 어느 정도 결실을 얻을 수 있었다. 그렇지만 어디에도 근원적인 대책이 없었던 탓에 농민들의 상황은 개선되지 못하고 악화되었다. 특히 1840년을 전후하여 환곡의 본래 목적이 진휼 기능은 소멸되어, 환곡의 폐단은 전국적으로 강화되었다.[87]

1862년 2월 진주에서 일어난 농민항쟁은 전국으로 확산되어, 5월에는

---

84 송찬섭(2002), 19~25면.

85 1840년 충청감사가 천안 등이 상황이 좋지 못해 환곡, 군전 등을 정퇴하기를 청하는 장계를 올려 헌종이 윤허한 일을 보더라도 알 수 있다.(『비변사등록』 헌종6년 10월 28일)

86 『승정원일기』, 헌종 8년 9월 4일, "天安, 自丁酉至辛丑, 軍錢二千二百六十九兩零 …… 或稱民間未捧, 或稱該色所逋, 俱是未納者, 而以若逃故流亡之吏民, 實無催督徵捧之道, 上項數爻, 令道臣更加查櫛, 較量邑勢, 限年排捧事也."
문용식의 연구에 따르면 충청도는 1838년 정퇴를 허가한 후 1840, 1853, 1854, 1856, 1857년에 신환(新還) 정퇴를 요청했지만 허가되지 않았다고 한다. 문용식(2001), 255면.

87 문용식(2001), 276면.

충청도에서도 발생하게 된다. 5월 10일에는 회덕, 공주, 13일에는 청주, 14일에는 회인에서 농민 항쟁이 일어났던 것이다. 당시 충청도의 군정을 살펴보면, 경오각군의 총액은 105,836명이었으나 군안(軍案)에 등재된 것은 37,809명이고 나머지는 모두 허액(虛額)이었고, 환곡의 경우도 가을 곡식의 총수는 522,991석이었으나 이중에 500,315석이 포흠곡이었고 실제로 농민에게 분배되는 곡식은 20,333석 가량이었다.[88] 이처럼 1860년 무렵 충청도는 전체적으로 포흠(逋欠)이 많았다. 추곡(秋穀)과 하곡(夏穀)을 합하면 74만석인데 이중 71만석 정도가 포흠이고 실제로 남은 액수는 3만석이었다고 하니 그 정도를 가늠할만하다.[89]

홍양후가 살던 청주 역시 문제가 매우 심각한 상황이었다. 이 때문에 청주 유생들은 전결(田結) 문제와 관련하여 비변사에 글을 올렸고[90], 홍양후는 이들 유생에게 장황하게 서술하지 말고 요점을 취해 다시 써서 두 번이고 세 번이고 반복해서 다시 올리라는 조언을 하였다. 그리고 당시 영부사(領府事)였던 이종형제 김홍근에게 이 사실과 관련하여 따로 편지를 보내어 당시 청주의 상황을 설명하고 왜 문제를 고치지 못하는지 묻기도 하였다.[91]

또 그는 진주농민항쟁이 일어난 뒤에 다시 김홍근에게 편지를 써서 청

---

88 망원한국사연구실(1988), 328~329면.

89 송찬섭(2002), 92면, 주51번 재인용.

90 홍양후, 『관거외사』, 「答淸州儒以田結事呈備局書」. 이 글에는 작성 시기가 나와 있지는 않다. 다만 시기적으로 1861년(철종12), 9월 14일『비변사등록』에 '淸州士民齊訴' 운운하며 환모(還耗)를 비롯한 청주의 병폐에 대한 논의가 있는데, 이 기사와 관련이 있는 것으로 보인다.

91 홍양후, 『관거외사』, 「上金判府事書」, "淸州儒狀間當垂覽矣. 徵租索錢果然大過分數, 故自冬而至春, 鄕撓屢煩, 終不得勝算, 畢竟就質於諸丞相之門. 若依其言, 則軍布還耗與惟正之供無滯輸納, 至於贅付而貽害者, 幷爲釐減, 則於公無愆期之弊, 在民有樂生之望, 此非蕩減也, 停退也. 何憚而難施也."

영(淸營)의 피폐한 상황과 방환(防還)도 금지된 상태에서 향곡(餉穀)을 방납하게 된 것을 비판하고, "이제부터 공적으로 보탬이 되는 것은 없이 그저 사사로운 이익만 도모하게 될 것이니, 지금 대부분 백성들의 심정에는 진주의 여파가 남았습니다. 하지만 어찌 법도에 벗어나 분에 넘치는 상상을 하겠습니까?"[92]라고 말하였다. 충청병영 중에서도 청주병영은 특히나 재정문제가 심각하였다. 청주병영은 환곡의 모곡(耗穀)을 공용하고 있었고, 19세기에 접어들어 환총(還摠 환곡의 총수)이 줄어들자 군향곡의 분급률을 증가시켜 백성의 부담은 더욱 가중되었다. 결국 1862년 충청도에서 농민항쟁이 일어났고 그 발생지는 청주와 공주 인근이었다. 이 지역에 특히 심했던 병영과 감영의 환포 및 모곡의 결렴이 농민항쟁의 직접적인 발생 원인이라고 보기도 한다.[93] 이처럼 홍양후가 현실의 상황을 파악하고 백성들의 분위기를 정확히 감지했으며, 한편으로는 그랬기 때문에 지속적으로 충청도 및 청주병영의 문란한 상황을 지적하고 개선책을 요구했던 것이라 할 수 있다.

홍양후가 이 같은 편지를 김홍근에게 보낸 것은 김홍근이 이종사촌으로 가까운 사이였기도 하지만, 그가 당시 안동김씨라는 권력의 핵심에 있었던 것과 무관하지 않을 것이다. 또한 박규수의 건의로 삼정이정청(三政釐整廳)이 설치되었을 때 김홍근은 정원용, 조두순과 함께 삼정이정청의 총재관이기도 하였다. 홍양후가 이러한 내용의 편지를 김홍근에게만 보낸 것은 아니다. 이 무렵 판서였던 홍우길(洪祐吉)[94]에게는 다음과 같은 편지를 보냈다.

---

92 홍양후, 『관거외사』, 「上金游觀書」, "自始以後, 無補於公, 只爲營私, 則到今民情擧, 皆晉陽餘波, 豈思科外濫想."

93 유동호(2009), 62~67면.

94 홍우길은 1860년 공조판서, 1861년 예조판서, 1862년 형조판서, 1863년 예조판서를 지냈다.

> 1, 2년간 보폐(補弊)로 더 거두어들인 것인 14, 15만 냥인데 모두 중간에서 새나가 버렸으니, 아전 중에서 포흠(逋欠)하지 않는 자가 없고 제때에 수납되는 것도 없지만, 그중 가장 심한 것은 선혜청에 납부할 것이 텅비어버린 것입니다. 그런데 끝내 관청에서는 이 일을 조사하여 징수하지도 않고 또 별다른 대책도 없으니, 다시 두 해 동안 가곡(加斛)의 계책을 행하면 백성들이 노하고 원망하여 그 허물이 결국 관(官)으로 귀결될 것입니다. 도리어 우스운 것은 전날 열심히 해보려던 의욕을 잘 주선하지 못하여 이렇게 끝없이 반복되는 일만 있게 된 것입니다. 부끄러워해봤자 아무 소용이 없으니 이제부터는 그저 팔짱만 끼고 수수방관할 뿐입니다. 이러한 일은 부득불 아뢰지 않을 수가 없습니다. 또 시골사람이 시골 일을 말하는 것은 조정의 선비들이 조정에 대해 말하고 산승이 산에 대해 이야기하는 것과 마찬가지일 뿐입니다.[95]

인용문만을 통해서도 당시의 상황이 얼마나 심각했는지를 짐작할 수 있다. 부족분을 더 걷어 들였는데 그나마 모두 흔적도 없이 사라져 버렸고 선혜청에 납부할 곡식은 텅 비어 버렸다. 그런데 결국 백성들에게 고통을 전가하는 것 외에는 별다른 대책을 세우지도 못하고 있었던 것이다. 홍양후는 편지를 통해서 홍우길에게 이러한 실정을 고발하고 있는 것인데 물론 그 바탕에는 이러한 잘못을 바로잡으려는 의지가 깔려 있다. 김응근에게 보낸 편지 중 하나에서도 '고향에 내려와서 늘 삼정의 폐단을 근심하며 마음속으로 좋은 계책을 궁구하고 있다'[96]라고 한 것에서도 홍양후의 고민이 어디에 있었는지를 알 수 있다.

---

95 홍양후, 『관거외사』, 「付洪判書祐吉」2, "一二年間補弊加斂十四五萬兩, 而都爲尾閭於中間, 無吏不逋無納不滯, 最是惠納空如也. 自官終不查徵, 更無貳策, 將爲兩年加斛之策, 於是乎衆怒羣怨, 咎方有歸. 還笑笑前日之勤意 不善周旋, 有此無終之始. 愧亦無補, 從此袖手弟觀而已. 此事不得不奉聞, 且鄉人之以鄉供話, 一般是朝士語朝, 山僧談山耳."

96 홍양후, 『관거외사』, 「上金姨兄(應根氏)書」, "初夏極無, 是近日極備之漸, 俱爲病, 農有秋無望, 是憫三政弊. 自鄉居來. 每有心上講究."

이를 보면 결국 홍양후는 결코 현실적인 사회문제에 대해 수수방관하기만 하는 제삼자적 입장을 취하지 않았다. 인용문 말미에서 '시골 사람이 시골 일을 말한다'라고 말한 것은 결국 자기 자신이 비록 서울에서 멀리 떨어진 지방에 머물고 있지만, 자신의 주위에서 직접 보고 겪은 것을 바탕으로 현실의 문제점을 파악하고 그에 대한 해결책을 제시해 보겠다는 의지를 표명한 것과 다르지 않다. 즉 홍양후는 자신의 실제 경험에 기반하여 끊임없이 중앙 정계의 관리들에게 자신의 의견을 개진하고 한편으로는 문제에 대한 해결책을 제시하기도 하면서 그들로 하여금 삼정의 문란에 대한 대책을 강구하도록 촉구한 것이다. 홍양후는 자신이 처한 입장과 처지에서 사회문제의 해결을 위해 끊임없이 관심을 기울이고 노력을 했던 것이라 할 수 있다.

4. 맺음말

본 논문은 홍양후와 박규수 두 사람의 교유와 특징적 사상을 살펴보고 이러한 과정을 통해서 이들이 담헌 홍대용과 연암 박지원과 사상을 어떻게 계승하였고 당대에 실현하고자 하였는지를 살펴보려는 시도이다. 홍양후와 박규수라는 인물들은 언뜻 보기에는 아무런 연관성이 없어 보인다. 이들은 전혀 다른 삶을 살았고 또 그렇게 각자가 남겨놓은 역사의 발자취 또한 결코 동일한 선상에서 직접적으로 비교할 수 없는 것들이다.

박규수가 우의정까지 오르고 또 당대 및 후세에 큰 영향을 끼쳤던 인물이다. 반면 홍양후는 이십대 중반에 북경에 다녀왔고 서른 살 무렵 진사시에 합격하였으며 이후 현감과 군수 등 몇몇 지방 관직을 지냈을 뿐이다. 관직생활에 그리 오래 있지도 않은데다 더구나 모친상을 당한 이후에는 서울을 떠나 지방으로 내려가서 생의 절반을 보냈다. 홍양후에 대해 알 수 있는 자료들은 그 자신이 조선의 여러 책에서 초록한 『동사유선(東史類選)』이나 주변의 벗들 및 중국 문인들과 주고받은 편지들이 남아 있을 뿐이고 그의 저술을 정리한 문집도 아직까지 확인되지 않고 있다.

이러한 인물을 박규수라는 큰 인물과 함께 논한다는 것이 타당한가 하는 의문이 들 수도 있다. 두 사람이 살아가는 근거지나 주변 환경, 지위 등이 판이하게 달랐으므로 서로 직접적이고 빈번하게 교유를 하지는 못하였다. 그러나 홍양후의 편지들이나 그가 편집한 서적들, 그리고 연행을 통해 행하고 남겼던 많은 일들을 종합적이고 입체적으로 살펴본다면 단편적으로 보이는 것 이상의 많은 사실들을 알 수 있으며, 홍양후와 박규수가 주고받은 편지를 분석해 보면, 두 사람은 각자 선조들이 지녔던 이념과 사상을 계승하고자 하였고 이를 위해 함께 고민하고 있었다는 점이 드러난다. 본 논문의 앞장에서 논의했던 사상적 특징들이 그러한 예라 할 것이다.

홍양후에게 1826년의 연행은 이국(異國)에 관한 개인적인 체험을 넘어서는 특별한 의미를 지닌 것이었으며 그 파장 또한 결코 작지 않았다. 우선 홍양후가 박규수라는 인물과 교분을 맺고 평생동안 관계를 유지하는 계기가 되었다는 점을 들 수 있다. 이들이 이 때 교분을 맺은 데에는 각자 담헌 홍대용과 연암 박지원의 손자라는 사실이 작용한 것이라 할 수 있다. 또 이 두 사람이 사귄 것을 계기로 박규수는 김영작을 소개받았고 이들 역시 평생의 벗이 되기도 하였다. 홍양후의 연행과 그 경험은 주변 인물들에게도 큰 자극을 주었는데, 박규수 뿐만 아니라 김영작이나 신석우, 신석희 같은 인물들을 들 수 있다. 한편 이는 1766년 홍대용의 연행이 그 이후 박제가, 이덕무, 박지원 같은 당대의 실학자들에게 자극을 주어 연행에 대한 열망을 품게 만들었던 것과 마찬가지이다.

기본적으로 홍양후는 철저한 주자학자였다. 그래서 그는 북경에 가서 만났던 중국의 문인들에게도 한학이 아닌 송학을 해야 한다는 것을 강조하는 내용의 편지를 보내기도 하였다. 그러나 그가 주자학에만 매몰된 것은 아니었으며 그의 조부가 그러하였듯이 사회문제 해결과 실학에 지향점을 두고 많은 노력을 하였다. 앞에서 살펴본 것처럼 홍양후의 편지를 보면 청주에 머물면서 자신이 직접 보고 듣고 겪었던 심각한 사회문제 즉 삼정(三政)의 문란을 해결하고자 많은 고민을 했고 또 실제로 적극적인 나서서 이러한 문제를 해결하고자 노력했다는 것을 알 수 있었다. 김홍근 같은 당시의 실권자에게 현지의 문제점을 알리고 이를 해결하기 위해 자신의 견해를 누차 개진한 것들은 그러한 노력의 일환인 것이다.

한편 홍양후는 사회 문제 외에 예법과 이용후생의 문제에도 많은 관심을 가지고 있었다. 예법 중에서도 특히 부인들의 복식 문제에 지대한 관심을 기울였는데, 이는 당시 남성 사대부들의 복식은 명나라의 제도를 따르고 있었던 반면에 여성들의 복식은 원나라의 습속이 남아있었기 때문이다. 부인의 복식에 관한 이 문제는 이들의 선조인 홍대용이나 박지원 역시 많은 관심을 기울였다. 일례로 홍대용의 경우 자신과 교유하며 편지를 왕래하던 중국 인물을 통해서 명나라 때 부인들의 법복(法服)의 실물이나 혹은 그 모본(模本)을 구하고자 여러 차례 시도한 일이 있다. 복식에 관한 이러한 관심은 홍대용과 박지원을 비롯하여 박제가, 이덕무, 이희경 같은 북학파의 인물들에게서 공통적으로 나타나는 점이기도 하다. 홍양후나 박규수 모두 여성들의 복식을 바로잡아 고례(古禮)를 회복하려는 강한 의지를 지니고 있었는데 이러한 점은 결코 우연이라고는 할 수 없다.

홍양후는 박규수와 또다른 공통적 관심사는 경세제민을 위한 방편으로써 이용후생을 위한 각종 도구와 그에 관한 실용서에 주목했다는 점이다. 홍양후는 자신에게 전해지던 이용후생의 도구들을 박규수에게 보여주었고 박규수는 양가의 선조들이 평생토록 고심하여 연구했던 것들이라고 하면서 사람들이 크게 관심을 기울이지 않았던 것을 안타까워 하기도 하였다. 또 홍양후에게 '중국에서 염두에 둘 것은 이용후생의 도구이고 이에 관한 책을 구해 돌아와야 한다'고 강조하였으며, 홍양후는 실제로 북경에서 명나라 때의 과학기술서인 『천공개물(天工開物)』을 구하고자 애썼지만 당시 이 책이 금서(禁書)였던 까닭에 구하지 못하였다. 비록 연행 당시에는 책을 구하지 못했으나 이들이 남긴 편지를 보면 각종 경세의 도구와 실용서에 대해 관심을 갖고 그 도설들을 통해서 고민하고 연구했음을 알 수 있다.

이상과 같이 홍양후와 박규수 두 사람은 서로 지위나 배경은 달랐지만 공통의 관심사를 지녔고 이에 관해 각자 자신이 처한 위치에서 많은 고민과 노력을 하였다. 이들이 고례(古禮)의 회복과 이용후생의 각종 도구와 그것을 통한 경세제민을 강조한 점, 그리고 당시 당면한 심각한 사회문제를 인지하고 그 폐단을 해결하고자 여러방면으로 노력을 기울였다는 것은, 과거 그들의 선조 홍대용이나 박지원이 지녔던 사상과 행위를 계승하고 발전시킨 것이라 할 수 있다. 이른바 북학 사상이 홍대용과 박지원의 대에서 끝나지 않고, 19세기까지 이어지고 있었던 것이다.

參考文獻

金善民, 『觀燕錄』, 미국 議會圖書館 소장(국립중앙도서관 제공 원문 이미지)

金永爵, 『邵亭文稿』, 규장각 소장

朴珪壽, 『瓛齋叢書』, 성균관대 대동문화연구원, 1996

朴珪壽, 『瓛齋集』, 한국문집총간 312권, 한국고전번역원

朴珪壽, 『居家雜服攷』, 조효순 역(2000), 석실

朴珪壽, 『환재집』, 김채식 · 이성민 역(2016 · 2017), 성균관대학교 출판부

朴趾源, 『연암집』, 신호열 · 김명호 역,(2007), 돌베개

李喜經, 『북학 또 하나의 보고서, 설수외사』, 진재교, 강민정 외 역(2011), 성균관대학교출판부

趙冕鎬, 『玉垂集』, 규장각 소장

洪大容, 『乾淨附編』, 숭실대학교 한국기독교박물관 소장

洪大容, 『湛軒書』, 한국문집총간 248권, 한국고전번역원

洪大容, 『中士寄洪大容手札帖』, 숭실대학교 한국기독교박물관 영인본

洪大容, 『을병연행록』 소재영 외 주해(1997), 태학사

洪良厚, 『寬居外史』, 숭실대학교 한국기독교박물관 소장

洪良厚, 『古稱燕士』, 숭실대학교 한국기독교박물관 소장

洪良厚, 『寬居外史 續』, 숭실대학교 한국기교박물관 소장

洪良厚, 『東史類選』, 국립중앙도서관 소장

洪良厚,『是學』, 홍명후 후손 소장

洪良厚, 『兩世碑文』, 홍명후 후손 소장

洪薳, 『今古奇文』, 국사편찬위원회 소장

『燕杭詩牘』, 미국 하버드대학 燕京圖書館 소장(국립중앙도서관 제공 원문 이미지)

『燕杭詩牘』, 규장각 소장

『承政院日記』, 국사편찬위원회 승정원일기DB

李璋煜, 『琡玉山房初稿』, 中國科學院 소장

김명호(2008b), 『환재 박규수 연구』, 창비.

김용태(2008), 『19세기 조선 한시사의 탐색-옥수 조면호의 시 세계』, 돌베개.

문용식(2001), 『朝鮮後期 賑政과 還穀運營』, 경인문화사.

망원한국사연구실(1988), 『1862년 농민항쟁』, 동녘

손병규(2008), 『조선왕조 재정시스템의 재발견-17~19세기 지방재정사 연구』, 역사비평사.

송찬섭(2002), 『조선후기 환곡제도개혁연구』, 서울대학교출판부.

필립 쿤(2004), 『영혼을 훔치는 사람들』, 책과함께.

藪內淸(2010), 『天工開物』 역주, 平凡社, 2010(초판은 1969년).

岡本さえ(1996), 『淸代禁書の硏究』, 동경 ; 東京大學 東洋文化硏究所.

福本雅一(1984), 『明末淸初』, 동경 ; 同朋社出版.

劉香織(1990), 『斷髮-近代東アジアの文化衝突』, 朝日新聞社.

김명호(2007), 「海藏 申錫愚의 『入燕記』에 대한 고찰」, 『古典文學硏究』 32, 한국고전문학회.

김명호(2008a), 「金永爵의 燕行과 『燕臺瓊瓜錄』」, 『한문학보』 19, 우리한문학회.)

김명호(2017), 「홍대용과 晩村 呂留良」, 『민족문화연구』 77, 고려대학교 민족문화연구원.

송양섭(2012), 「임술민란기 부세문제 인식과 삼정개혁의 방향」, 『한국사학보』49호.

신로사(2013), 「湛軒의 손자, 洪良厚의 생애와 그의 燕行에 관한 고찰」, 『대동문화연구』 81집.

신로사(2008), 「金善臣의 生涯와 그의 著作에 관한 일고」, 『동방한문학』 36, 동방한문학회, 2008.

염정섭(2012), 「18세기말 朴趾源의 『課農小抄』편찬과 농업개혁론」, 『농업사연구』 11.

유동호(2009), 『조선후기 충청병영의 편제와 재정』, 충북대학교 대학원 석사학위논문.

胡道靜(1990), 「『天工開物』とその著者宋應星」, 渡部武 역,『中國古代農業博物誌考』, 農山漁村文化協會.

환재 박규수의 천문 · 지리학

오상학 | 제주대학교 지리교육과 교수

1. 머리말

조선의 19세기는 계속되는 세도 정치, 외세의 침략, 국정의 문란 등으로 인해 조선시대 중에서도 가장 부정적인 시기로 인식된다. 특히 조선의 르네상스라 불리는 18세기와 확연히 대비되기 때문에 19세기의 부정적 인식은 더욱 강조되는 듯하다. 18세기 말에 접어들면서 서양 각국의 지리, 역사와 문화 등을 이해하려 했던 17세기 초 이래의 노력들이 줄어들었고, 서양에 대한 인식은 '천주교=사학(邪學)'이라는 문제로만 국한되었다. 특히 1801년의 신유박해를 계기로 천주교 신앙운동에 대한 탄압이 본격화되면서 서양의 학문에 관심을 갖는 이들은 점차 사라졌다. '천주교=서양'이라는 관점에서 서학을 적이(賊夷), 금수(禽獸)의 학문으로 파악하는 경향이 지배하게 된 것이다.[1] 또한 지배층의 무능력과 부패로 인한 사회모순의 격화는 사회 전체의 위기를 심화시켰다. 이러한 시대 상황으로 인해 19세기 조선사회에 대한 인식은 부정적일 수밖에 없었다. 그러나 조선의 19세기가 변화와 개혁의 열망이 완전히 사라진 폐쇄된 암흑 시기만은 아니었다. 이 시기에도 이전 시기 서학의 맥을 계승한 학자들에 의해 세계인식을 확대하려는 노력들이 계속 이어졌다.

19세기 조선사회에서는 집권관료파의 대청사대 노선이 종속적 성격을, 재야유림이 중심이 된 척사파의 대외인식이 퇴영적 성격을 지니고 있었다. 이에 반해 이규경, 최한기와 같은 인물들은 실학파의 개방적이고 자주적인 대외관을 계승, 발전시켜 나갔다. 그들은 청의 양무사상을 수용하였고, 그 결과 전통적인 화이관에서 벗어나 문화적, 경제적 개방을 통해 적극적으로 서양문물의 도입할 것을 주창하기도 했다. 이들의

---

1 崔奭祐(1997), 246~247면. 참조.

사상적 맥락을 정책적 논의의 대상으로 끌어올린 것은 박지원의 손자인 박규수였다. 그는 1861년과 1872년의 두 차례에 걸친 중국사행을 통해 국제정세를 목격하고 개화의 필요성을 절감하게 되었으며 1874년 자주적으로 개국할 것을 대원군에게 진언하여 이를 계기로 개국론이 조정에서 논의되기도 했다.[2]

박규수는 실사구시적인 북학을 계승하여 이후 개화파의 사상적 스승 역할을 했다는 점에서 19세기 지성사의 중요한 인물이다. 박규수는 어려서부터 그의 조부 박지원으로부터 많은 영향을 받았다. 실사구시의 학풍을 견지하면서 당시 세계사적 흐름을 파악하고자 했다. 이에 대한 대처의 한 방안으로 천문과 지리에 관심을 갖고 천문 의기뿐만 아니라 지도 제작에도 남다른 열정을 지니고 있었다. 지방관으로 재직하던 시절에 천문 현상에 관심을 갖고 실제로 천문 관측을 실시했고, 『동여도』라는 지도를 제작했다.

이러한 천문, 지리의 지식을 바탕으로 19세기 중반경 일종의 지구의에 해당하는 지세의(地勢儀)를 제작했다. 『해국도지』를 참고 자료로 삼아 부속 관측 도구를 덧붙인, 이전 시기에 볼 수 없었던 새로운 것이었다. 이 지구의는 후에 김옥균(金玉均)을 비롯한 개화파의 세계 인식을 바꾸는 데 중요한 역할을 담당하기도 했다.

본고는 박규수의 학문적 업적 가운데 천문, 지리학의 업적을 정리한 것이다. 이전의 연구 성과들을 바탕으로 삼고, 최근의 새로운 자료들을 발굴하여 박규수의 천문, 지리학의 성격을 규명하고자 했다. 구체적인 연구 내용으로는 첫째, 천문과 관련된 학문적 업적을 정리하는 것인데, 박규수가 지녔던 천문학적 지식, 천문 관측의 내용 등을 고찰했다. 둘째,

---

2 河宇鳳(1997), 272~273면. 참조.

지도학과 관련된 학문적 업적을 정리했는데, 최근 발굴된 『동여도』의 제작을 중심으로 고찰했다. 셋째, 천문과 지리를 결합한 대표적인 학문적 업적인 지세의의 특징과 의의를 살펴보았다. 지세의는 조선시대 지구의 제작의 최초 사례로 최한기가 제작했다고 전해지는 청동 지구의보다 앞서 제작된 것이다. 이러한 연구내용을 종합적으로 고려하여 박규수의 천문, 지리학이 지니는 학문적 의의를 결론부에서 정리했다.

2. 박규수의 천문학적 사고와 의기(儀器) 제작

박규수는 조부 연암 박지원의 북학을 계승하여 실사구시의 학문 성향을 일찍부터 드러냈다. 어려서부터 우주론을 탐구하며 종래의 천원지방(天圓地方)적 사고를 벗어나 지구설(地球說)을 수용하기도 했다. 이러한 경향은 16세 때 부친 박종채와 척숙(戚叔) 이정관(李正觀)을 따라 도봉산 일대를 여행하고 지은 '도봉기유(道峰紀遊)'[3]라는 시에서 볼 수 있다.

세 개의 커다란 둥근 것이 허공에 떠 있는데	三大丸浮空
하나는 스스로 빛나서 밝네	一丸自輝明
하나는 덕성이 고요하여	一丸德性靜
생명을 자라게 할 뿐이네	只能長生靈
하나는 거울처럼 캄캄하여	一丸玄似鏡
빛을 빌려서 비추네	借照以照之
둘 다 한 구체를 호위하듯이	都似衛一丸

3 '도봉기유'는 박규수의 초기 시집인 『금유시집』과 『장암시집』에 실려 있는데, 인용한 시는 『금유시집』에 실려 있다.

회전을 잠시도 늦추지 않네	環旋不暫遲

한 구체가 두 구체에 의존하니	一丸資二丸
이를테면 물과 불 같은 것이지	謂之曰水火
이런 이치를 궁구해보면	執此以究之
색(色)과 공(空)도 내게 달렸다네[4]	色空亦有我

위의 시에서 알 수 있듯이 박규수는 우주에 떠 있는 둥근 것을 세 가지 제시하였는데, 하나는 스스로 빛을 발하는 태양이고 또 하나는 어둡지만 거울과 같아서 태양의 빛을 빌려 비춰주는 달이다. 여기에 둥근 지구를 덧붙였는데, 덕성은 고요하지만 만물을 성장시킨다고 보았다. 그리고 태양과 달은 지구를 중심으로 회전한다고 인식했다. 이러한 사고는 전통적인 천원지방의 천지관에서 탈피하여 서양의 지구설을 부분적으로 수용한 것이라 볼 수 있다. 그러나 "땅의 덕성은 고요하다(靜)"라고 하여, 전통적인 천원지방의 관념에서 하늘과 땅의 덕성을 "하늘은 움직이고(動) 땅은 고요하다"라고 인식한 것을 그대로 계승하고 있다. 아울러 지구를 중심으로 태양과 달이 회전한다는 전통적인 인식도 그대로 유지되고 있다.

지구설의 수용과 관련한 내용은 『도봉기유』 중의 다른 시에서도 볼 수 있다. 그는 "아! 커다란 안목으로 둥근 지구를 본다면 호두 속살 같겠지"[5]라고 하면서 '지구'라는 표현을 사용하고 있다. 그의 우주론적 인식에서는 세계가 더 이상 평평한 땅이 아니라 둥근 지구로 자리잡고 있는 것이다. 또한 "지세는 둥근 구체이니 그 꼭지가 아니랴?"라고 하여 지구의

4 朴珪壽, 『瓛齋叢書』 제5책, 92-93면. 번역문은 김명호의 연구를 따랐다.(김명호(2008), 100면.)

5 朴珪壽, 『瓛齋叢書』 제5책, 「장암시집」 권3, 190면, 吁嗟乎大眼目, 攬地球胡桃肉

모습이 둥근 공과 같다는 것을 강조하고 있다.[6]

박규수의 천문에 대한 관심은 지방관 재직 시 천문 관측과 위도 측정으로 이어졌다. 그는 1849년 평안도 용강현령(龍岡縣令)으로 재직할 때, 그곳의 북극고도를 측정하여 다른 지역과의 시각차를 산정하였는데, 그의 학문적 동지였던 윤종의(尹宗儀, 1805~1886)에게 보낸 다음의 편지로 파악해볼 수 있다.

> 이곳은 북극고도가 39도 반강(半强, 7/12)이 되는데, 동짓날 측정해 본 것입니다. 한양에 비해 2도가 더 높으며, 겨울 해는 짧고 여름 해는 길어 낮시간에서 일각(一刻, 15분)이 차이가 나겠지만, 아직 확인해보지는 못했습니다. 『삼계도(三界圖)』에 나오는 이곳의 북극 고도와 연경(燕京)으로부터의 편동(偏東, 경도)이 몇 도인지 부디 적어 보내주시는 것이 어떻겠습니까? 이곳이 중국 산동(山東)의 어느 주부(州府)와 수평선상으로 일치하는지도 적어 보내주시기 바랍니다. 아니면 이번 인편은 믿을 만한 사람이니 『삼계도』의 첩(帖)을 즉시 보내주신다면 더욱 좋겠습니다.[7]

그는 위도에 따라 지역의 주야(晝夜) 장단(長短)에 차이가 생기는 지구과학적 원리를 이해하고 있었으며 서울과의 비교도 시도하고 있다. 또한 지도상의 경위선을 토대로 실제의 거리나 시각의 차이를 산정하려고 했던 것으로 보인다. 인용문에서 보이는 『삼계도』는 윤종의가 제작한 것으로 조선과 중국의 연해지방, 유구 등을 그린 지도이다. 윤종의의 『벽위신편』에 실려 있는데,[8] 조선의 서남해안과 중국 동해안의 고을명과 유구의 지명이 표시된 소략한 형태의 지도로 북극고도(위도), 편동(경도)이 수

---

6 朴珪壽, 『瓛齋叢書』 제5책, 193면, 地勢 圓球豈其鈕

7 朴珪壽, 『瓛齋集』 卷9, 書牘, 與尹士淵(己酉).

8 尹宗儀 『闢衛新編』, 沿海形勝, 朝鮮海防 附.

록되어 있다는 위 인용문의 설명과는 차이가 있다. 원래 경위선이 기입된 대형의 지도를 책자에 수록하기 위해 축소한 것이 『벽위신편』에 수록된 『삼계도』인 것으로 보인다.[9] 이후 윤종의의 『삼계도』를 얻었는지는 알 수 없지만, 천문학적 지식을 바탕으로 실제 북극고도를 관측하고 경도의 산정을 통해 지역 간의 시각차를 계산하려 한 점은 그의 실사구시적 학문 태도를 반영하는 것으로 평가된다.

박규수의 천문에 대한 관심은 부안 현감으로 재직할 때에도 계속되었다. 그는 1850년 음력 12월 대한(大寒) 날 밤에 남극 노인성을 관측하는 데 성공하였다. 이에 관한 내용은 그의 아우인 박선수(朴瑄壽, 1821~1899)에게 1850년 음력 12월 27일에 보낸 편지에 소상하게 기술되어 있다.

> 이곳은 북극(北極)의 고도가 한양에 비해 2도쯤 낮으니 그렇다면 남극 노인성(南極老人星)을 볼 수 있네. 여러 차례 관측했는데 연해(沿海)에 구름이 끼어 청명(淸明)한 밤이 전혀 없다가, 대한(大寒) 날 밤 해시(亥時) 정각이 되어서야 비로소 볼 수 있었네. 크기는 북두성(北斗星) 가운데 가장 큰 별과 같고, 그 색깔은 짙은 황색에 약간 붉은 빛이 돌았으며, 번쩍이는 빛줄기는 나오지 않았지만 날알 같은 한 덩어리가 환하게 빛났네. 지평선에서 한 길도 되지 않는 높이에 잠깐 나왔다가 이내 사라졌으니, 아마 험준한 언덕이나 산이 없는 지세와 구름으로 덮이지 않은 날씨라야 볼 수 있을 것이네.
>
> 이곳은 북극 고도가 낮기는 하지만 다행히 남쪽에 높은 산이 없으므로

9 특히 이 지도에서 주목할 것은 지금의 오키나와를 그린 유구 부분이다. 유구의 지도는 조선 후기 지도첩에서 볼 수 있는 전통적인 유구의 모습과는 매우 다르게 되어 있다(배우성(1999). 참조). 현재 서울대학교 규장각 소장의 『해동삼국도』에 그려진 유구의 모습과 거의 일치한다. 또한 전체적인 해안선의 윤곽, 타이완의 모습 등도 『해동삼국도』와 일치하고 있어서 『해동삼국도』를 바탕으로 제작한 것이 『삼계도』일 가능성이 매우 높다. 『해동삼국도』의 대해서는 오상학(2003)을 참조.

> 보인 것이니, 이곳 이웃의 여러 고을들이라 해도 곳곳마다 다 볼 수는 없을 것이네. 대개 한라산(漢拏山) 정상에서 춘분(春分) 날 밤에만 볼 수 있다고들 말하지만, 나는 지금 부안현 관아의 동헌(東軒)에서 대한(大寒) 날 밤에 보았으니, 그 일이 매우 과장된 것이네. 그러나 속인(俗人)들에게는 말해 줄 수 없네. 아마 자네와 연우(淵友 윤종의)와 규재(圭齋 남병철)는 분명히 믿을 테지만, 그 밖의 사람들은 믿지 않을 것이네. 쓸데없이 말만 많아질 것이니 번거롭게 이야기하지 않는 것이 좋겠네.[10]

예로부터 남극 노인성은 인간의 수명을 관장하는 신성한 별로 인식되어 많은 학자들이 남극 노인성을 관측하고자 했다. 그러나 조선에서는 남해안과 제주도와 같은 남쪽에 위치한 지역에서만 볼 수 있는 것으로 알려져 왔다. 토정비결로 널리 알려진 이지함도 노인성을 보기 위해 제주도의 한라산에 두 차례나 올랐다고 전해진다. 그러나 박규수는 과거에 전해오는 노인성 관측 기록에 의문을 제기하고 자신이 직접 부안의 동헌에서 노인성을 관측했다.

남극 노인성은 카노푸스(Canopus), 또는 용골자리 알파(*α* Car / *α* Carinae)로 불리며 용골자리에서 가장 밝은 항성이다. 실시등급(實視等級) −0.72등급으로, 하늘에서는 태양을 제외하면 시리우스에 이어 두 번째로 밝은 별이다. 표면온도는 7000℃, 지구에서 310광년 떨어져 있다. 적위(赤緯)가 −51°40′이기 때문에 북위 37°30′인 서울에서는 지평선에서 약 1도 정도

10 朴珪壽, 『瓛齋集』 卷8, 書牘, 與溫卿
此處極出地。較漢陽低二度許。然則南極老人。可以見之。候望多時。濱海雲翳。苦無清朗之夕。及到大寒夜亥正時分。乃得見焉。大如北斗中最大星。其色深黃微赤。無閃爍芒角。而朗然一顆。煌煌如也。去地未一丈。乍出旋沒。蓋地勢無邱山之阻。天氣無雲物之蔽。然後可得見之。此處出極雖低。而幸於午方無高山故見之。雖此鄰近諸邑。未必處處得見也。蓋云漢拏絶頂。春分夜可見。而吾今於扶安衙軒大寒夜見之。事堪誇張。然不宜向俗人道也。蓋吾弟及淵友圭齋確信之。其外未必信之。徒增多口。勿與煩說可矣。

로, 거의 지평선에 걸쳐 있다. 지평선 가까이 떠 있기 때문에 그 영향으로 붉게 보인다. 박규수가 묘사한 노인성의 모습은 매우 구체적이고 실제의 모습과 거의 유사하여 허언이 아님을 알 수 있다. 천문에 대한 기존의 학설에 회의를 품고 실제의 관찰을 통해 입증하려는 실사구시적 태도를 엿볼 수 있다.

박규수는 그의 천문학적 식견을 토대로 직접 평혼의(平渾儀), 간평의(簡平儀) 등의 천문 관측기구를 제작하였다. 이러한 관측기구의 제작은 부안현감 재직 때인 1850년 무렵에 이루어졌다. 평혼의와 간평의는 서양의 천문관측 기구에서 유래한 것으로 예수회 선교사 마테오 리치(Matteo Ricci, 利瑪竇)의 『혼개통헌도설(渾蓋通憲圖說)』(1607년)과 우르시스(Sabbathinus de Ursis, 熊三拔)의 『간평의설(簡平儀說)』(1611년)에서 중국에 처음 소개되었다.

이들 책에 소개된 혼개통헌의(渾蓋通憲儀)는 기원전 2세기에 그리스 과학자들이 처음 발명하고 후대의 이슬람 과학자들이 완성한 이후 고대 말부터 근대 초까지 서양에서 널리 사용되었던 평면구형 아스트로라베(Planispheric Astrolabe)의 중국제 개량품이었다. 평면구형 아스트로라베는 천구상의 남극점에서 내부를 통해 동지선 이북의 천구를 적도면에 평사 투영하여 모형화한 것이다. 천구의 좌표와 별과 태양의 궤도를 둥근 판 위에 그려넣고, 그 위에 관측용 엘리데이드(alidade, 시준의)를 달아 천체를 관측하고 좌표를 읽어 천체의 정확한 천구상의 위치를 측정하는 기구였는데, 입체적인 혼천의와 혼상을 평면상에 투영하여 옮겨놓은 것이다.

평혼의는 평면구형 아스트로라베인 혼개통헌의가 변형되어 개량된 것이다. 혼개통헌의의 구조가 복잡해서 사용하기 불편했기 때문에 간략하게 만든 것인데, 혼개통헌의의 천구상의 좌표 대신에 별자리를 그려 넣고 복잡한 외륜(外輪)을 단순화시켜 지평 등 몇 가지만 남겨 놓았다.

평면구형 아스트로라베 (16세기, 프랑스 루브르 박물관 소장)	로자형 범용 아스트로라베 (1550년, 영국 대영박물관 소장)

〈그림1〉 평면구형 아스트로라베와 로자형 범용 아스트로라베

평면구형 아스트로라베는 다양한 천문학 데이터를 관측할 수 있는 우수한 기구지만 원판에 그려진 좌표가 관측 지역에 따라 고정된 것이기 때문에 다른 지역에서는 사용하기가 어려웠다. 이러한 단점을 보완해 어느 관측 지역에서나 사용할 수 있도록 개량한 것이 로자형 범용 아스트로라베(Rojas Universal Astrolabe)였다. 그 원리는 천구를 적도 바깥의 무한 지점에서 바라보면서 양극을 지나는 수직면 위에 정사 투영해서 모형화한 것이다. 이것은 유럽에서 16세기 무렵에 개발되어 일부 지역에서만 사용되었다. 『간평의설』에는 이러한 로자형 범용 아스트로라베의 원리와 구조가 자세하게 소개되어 있다.

간평의는 로자형 범용 아스트로라베를 변형한 것으로 천구를 적도 바깥에서 양극을 지나는 수직면 위에 정사 투영하되, 절기와 시각에 따른

태양의 궤적을 눈금으로 그려 넣었다. 따라서 간평의의 눈금은 가운데의 춘추분선을 중심으로 좌우로 절기선들이 직선으로 그려지고, 시각선이 절기선을 위 아래로 가로지르는 형태일 뿐이었다. 태양을 관측해 시간을 측정하는 기구로만 변형되어 별을 관측하는 기능은 없어졌다.[11]

이와 같은 서양의 아스트로라베가 변형된 평혼의와 간평의는 조선에도 소개되어 박규수에 의해 직접 제작되었다. 이에 관한 기록이 남병철의 문집에 수록되어 있고,[12] 관련 유물이 실학박물관에 소장되어 있다. 여기에 소장된 평혼의의 형상은 남병철의 기록과 일치한다. 실학박물관 소장의 평혼의와 간평의는 종이 케이스에 들어 있는데, 겉면에 '평혼의환당수제 간평의소본부(平渾儀瓛堂手製 簡平儀小本附)'라고 쓰여 있어서 박규수가 직접 제작한 것임을 알 수 있다.

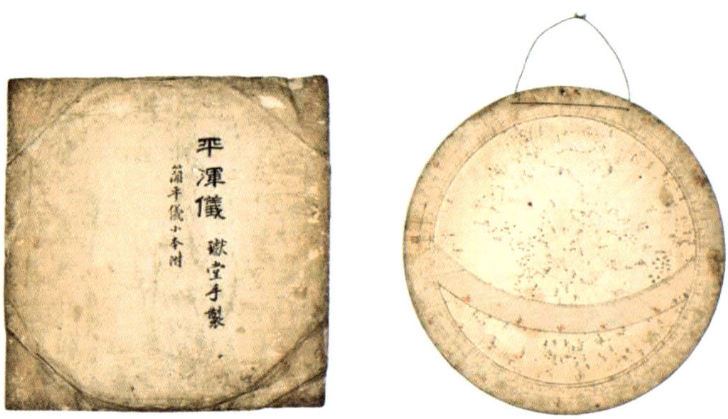

〈그림2〉 박규수의 평혼의(실학박물관 소장)

11 문중양(2008). 참조.

12 南秉哲, 『圭齋遺藁』, 卷5, 說, 渾平儀說
儀南北面外周。爲赤道規兩面。在下曲線爲蒙景弧。其上又一曲線爲地平弧。兩弧之間及地平之上皆虛之。在內旋轉。爲渾平版。窺衡在赤規南面中心。是儀友人朴桓卿製也。蓋其法平立渾象。故兩極爲心。赤道爲周。地平則隨地而異。亦出於簡平渾蓋之視法。而爲儀簡便。甚善。

박규수의 평혼의는 별자리의 위치를 통해 시간과 계절을 측정하기 위한 것으로 평면의 원에 남반구와 북반구의 별들이 표시되어 있다. 평혼의는 동양의 전통적인 천구의인 혼천의를 간편하게 한 것으로 혼천의의 구의 형태를 평면에 그리고 총성도(總星圖)를 그려 넣었다. 평혼의는 두꺼운 종이판에 지름 34.4cm의 두 개의 원반으로 제작되었는데, 북반구의 하늘을 그린 북면과 남반구의 하늘을 그린 남면으로 이루어져 있다. 각 면은 양극이 원심이 되고 적도가 원주가 된다. 두 개의 원반 가운데 하반은 회전하게 되어 있으며 경도, 위도 및 황도가 그려져 있다. 북면의 하반에는 북반구의 별(6등급 이상 총성)이, 남면의 하반에는 남반구의 별(6등급 이상 총성)이 그려져 있다. 현재 덕수궁의 궁중유물전시관에도 평혼의가 '놋쇠 남·북반구 별자리판(黃銅南北半球星座版)'이라는 이름으로 소장되어 있다. 원반 우측에 '환당창제(桓堂刱製)'라는 글이 새겨져 있는 것으로 보아 남병철이 박규수의 평혼의를 참고하여 이 평혼의를 제작한 것으로 보인다.[13]

〈그림3〉 박규수의 간평의(실학박물관 소장)

한편 박규수가 제작한 간평의는 우르시스의 간평의와 다소 차이가 있

13 김명호(2008), 566~570면. 참조.

다. 우르시스의 간평의는 평면상에서 태양의 위치를 계산하고 관측하는 도구로 상반(上盤, 天盤)과 하반(下盤, 地盤)으로 구성되어 있다. 그러나 박규수의 간평의에는 앞면에 하반이 그려져 있고 별도의 상반은 없다. 지름 34.5cm의 원형에 상하 양면으로 구성되었는데, 그중 상면(앞면)이 우르시스 간평의의 하반에 해당한다. 여기에는 남북 양극을 잇는 극선(極線)과 적도선(赤道線)이 교차하여 그어져 있다. 또한 한양을 기준으로 한 천정선과 지평선을 교차하여 그리고, 한양 지평과 한양 천정이라고 표기했다. 한양 지평에서 주천도분 18도 하단을 연결하여 평행선을 긋고, 이 선과 한양 지평선 사이를 노랗게 채색했다. 하면(뒷면)은 우르시스나 남병철의 설명과 무관하게 제작한 것으로 24절기와 12시 및 주천도수를 표시한 하반(下盤)에다, 위도와 경도가 선으로 표시되어 있으며 회전할 수 있도록 된 그보다 약간 작은 상반(上盤)을 얹어놓은 것이다. 여기에는 중국과 조선의 지명 수십 개가 표시되어 있고 지름 2.4cm의 소형 원반이 부착되어 있다. 이로 미루어 본다면 간평의의 하면은 조선과 중국 등 각 지역의 주야 교체와 일출 일몰 시각을 비교하기 위한 장치로 추정된다.[14]

3. 지리학의 업적, 『동여도』

1) 『동여도』의 제작

박규수는 천문학뿐만 아니라 지리학에도 관심을 갖고 탐구했다. 그의 지리학적 탐구와 성취는 용강현령 재직 때 활발하게 이루어졌다. 그는

14 김명호(2008), 573면.

생활하는 가운데 지리적 현상을 관찰하고 이를 학문적으로 풀어내곤 했는데, 다음은 이의 대표적인 사례이다.

> 이곳은 춥고 더움이 특이한 기후라서, 만약 무더운 달이라도 서풍(西風)이 불면 곧 몸이 움츠러드는 것을 느낍니다. 사람들은 아마 "북극(北極)에 가깝기 때문이다"라고 할 것입니다. 그런데 겨울에도 남풍(南風)이 조금 불기만 하면 곧 찌는 듯한 더위를 견딜 수 없는 것이 영외(嶺外 영남)에 있을 때보다 심합니다. 형께서는 이것이 무슨 이유라고 생각하십니까? 아마도 대만(臺灣)과 유구(琉球)로부터 곧장 이 지역에 도달하기까지 만리의 푸른 바다에 막힌 것이 없어서, 남풍이 한 번 불면 적도(赤道)의 열대(熱帶)가 높은 산이나 거대한 고개 밖으로 흩어지거나 머물지 않고 순식간에 곧장 이곳까지 도달하기 때문일 것입니다. 형은 이런 저의 해석을 어떻게 생각하시는지요?[15]

인용문에서처럼 박규수는 평안도 용강 지역의 기후적 특성을 정확히 인식하고 이의 원인을 지리학적 관점에서 제시하고 있다. 즉, 추운 겨울이라도 남풍이 불면 더운 날씨가 이어지는데 이는 적도 부근의 더운 바람이 큰 산맥에 막히지 않고 바로 불어오기 때문이라는 것이다. 실제로 평안도 용강 지역은 대동강 하류에 위치하여 주변에 산지가 없어서 우리나라의 대표적인 소우지역에 해당한다. 한 지역의 기후 현상을 거시적 차원의 바람 특성과 지형 지세를 결합하여 해석한 것은 이전의 학자들에게서는 찾아보기 힘든 사례로 평가된다. 이러한 해석은 서양의 세계지도나

---

15 朴珪壽, 『瓛齋集』 卷9, 書牘, 與尹士淵 己酉.
此處寒暄異候。雖暑月若有西風。便覺瑟縮。人將曰近北之故耳。及在冬候。微得南風。輒蒸鬱不堪甚於在嶺外時。兄謂此何故耶。蓋自臺灣琉球。直到此地。滄海萬里。無復限隔。南風一吹則赤道熱帶。曾不消散。留滯於高山巨嶺之外。而呼吸直到故耳。兄謂此解何如

지리서를 통해 세계지리에 대한 이해가 있었기 때문에 가능한 것이었다.

지리학에 대한 관심은 지역의 역사지리 고증, 읍지 편찬 계획으로 이어졌는데, 다음의 윤종의에게 보낸 편지에서 잘 드러나 있다.

> 읍지(邑誌) 한 권을 만들고자 합니다만, 옛 사적을 수집할 방법이 없고 또한 빼어난 유적도 없습니다. 그리고 시골 사람들이 전하는 이야기는 대부분 황당하여 웃음만 나오는 것들이니, 어찌겠습니까. 반고(班固)의 『한서(漢書)』「지리지(地理志)」에 낙랑군(樂浪郡)의 속현(屬縣) 가운데 증지현(曾地縣)이 있는 지를 부디 조사해 주십시오. 지난번에 김산천(金山泉)과 작별하고 문을 나서 말에 올라타니 그 분이 멀리서 말하기를 "그곳이 바로 한(漢)나라의 증지현이네"라고 하셨는데, 갈 길이 바빠 미처 다시 여쭙지 못했습니다. 이렇게 말씀하신 것에는 분명히 근거가 있을 것이니, 형께서 고증하여 알려줄 수 있을는지요?[16]

박규수는 윤종의에게 용강현의 읍지(邑誌)를 편찬할 계획을 전하면서, 『한서』「지리지」에 낙랑군의 속현으로 증지현이 있는 지를 조사해 달라고 부탁하였다. 그가 용강현의 읍지를 실제로 만들었는 지는 명확하지 않지만 지리지에 대한 그의 관심을 짐작해 볼 수 있다.

지리학에 대한 관심은 마침내 지도제작으로 이어졌는데 용강현령 시절에 오창선(吳昌善)과 안기수(安基洙)의 협조로 우리나라 전국지도인 『동여도(東輿圖)』를 제작하였다.[17] 『동여도』의 제작에 관해서는 한장석

16 朴珪壽, 『瓛齋集』 卷9, 書牘, 與尹士淵 己酉.

17 박규수는 『동여도』 이외에도 경기도 지방관 재직 당시에 『동진방략(東津方略)』이라는 관방지도를 제작했고 현재 실학박물관에 소장되어 있다고 한다(실학박물관 인터넷 홈페이지 소장자료 목록, http://silhak.ggcf.kr/archives/8967). 그러나 실학박물관의 이러한 설명은 잘못된 것이다. 박규수는 1866년 제너럴셔먼의 침입 이후 동진에 진을 설치하도록 건의하여 1867년 7월에 동진진을 완성했다. 따라서 『동진방략』은 박규수가 평안감사로 재직할 때 동진진을 새로 설치할 목적으로 동진진에 대한 자신의 방략과 군사지리적 내용을 지도로

의 문집에 수록된 '동여도서(東輿圖序)'에 다음과 같이 자세히 기술되어 있다. 다음은 이의 전문을 수록한 것이다.

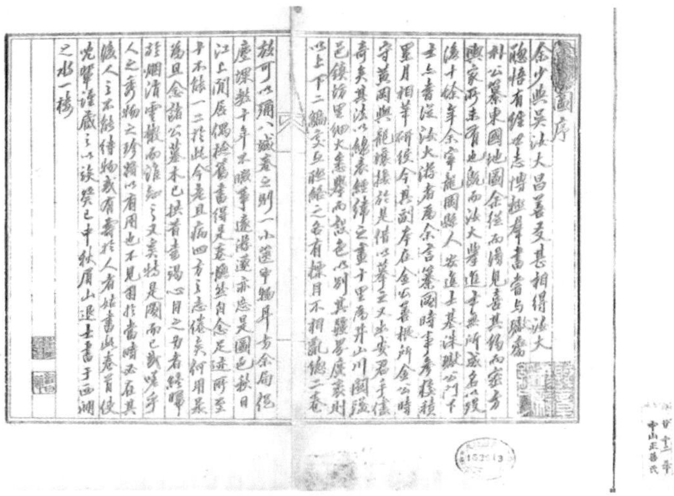

〈그림4〉『동여도』의 한장석 서문(일본 텐리대 도서관 소장)

나는 젊어서 여대(汝大) 오창선(吳昌善)과 벗하였는데 서로 마음이 잘 맞았다. 여대는 총명하고 경세(經世)의 뜻이 있어서 여러 가지 책을 널리 보았다. 일찍이 환재(瓛齋) 박규수(朴珪壽) 공과 우리나라 지도를 편찬했는데 내가 따라가 볼 수 있었다. 그 책이 간략하면서도 꼼꼼하여 방여가(方輿家)가 갖추지 못했던 점을 가진 것이 기뻤다. 이윽고 여대는 진사에 합격하였으나 이름을 이루지 못하고 죽었다. 10여 년 후에 나는 용강(龍岡)을 다스렸는데, 용강현 사람 진사(進士) 안기수(安基洙)는 환재 문하의 선비로 또한 일찍이 여대를 따라 교유한 사람이었다. 나에게 지도를 편찬할 때의 일을 말하기를 "참교(參校)를 여러 달 동안 하면서 필연(筆硯)의

그려 수록한 것이다. 『동진방략』은 박규수 후손가에서 소장하다가 실학박물관에 기증했는데, 여기에는 동진의 지리를 설명한 짧은 글과 대동강 급수문을 중심으로 평안도와 황해도 일대를 정교하게 그린 채색 지도 1매가 수록되어 있다(김명호(2005), 86면).

일을 도왔는데, 이제 그 부본(副本)이 김선근(金善根) 공에게 있습니다"라고 하였다.

김공은 당시에 황강(黃岡)의 수령으로 있었고 용강현과는 땅이 인접하였기 때문에 이때 빌려서 베끼게 되었는데, 또 안군의 손을 거쳤으니 참으로 기이하다. 그 방법은 선으로 경도와 위도를 구획하여 표시하고 10리(里)를 정(井)으로 삼았으니 산천(山川)과 관액(關阨), 읍진(邑鎭)과 방리(坊里)의 크고 작은 것이 모두 드러났고, 색을 칠해서 고을의 경계와 면적을 구별하니 상하 2편이 상호 연락되고, 각각의 기호가 있어서 보는 것이 어지럽지 않다. 총 2권으로 펼치면 팔도가 가득차고, 말면 작은 상자 속의 물건일 뿐이다. 나는 한창 세속의 업무에 수십 년 매여 있어 멀리 유람할 겨를이 없어서 이 지도를 잊고 있었다.

가을날 강가에서 한거(閒居)하면서 우연히 옛 책을 점검해 보다가 이 책을 찾고는, 멍하니 스스로 생각해 보니 발자취가 이른 곳이 이 중에서 열에 한두 군데도 되지 못하였다. 이제 늙고 병들어 사방(四方)의 뜻도 게을러졌으니 어찌 이 지도를 쓰겠는가? 또 생각건대 제공(諸公)께서도 돌아가신 지 이미 오래되어 예전에 일찍 마음과 눈의 힘을 다하신 것도 끝내 안개와 구름처럼 사라지고 흩어져서 아는 이가 없으니, 또 어찌 다만 이 지도일 뿐이겠는가. 아! 뛰어난 사람과 진귀한 물건은 장차 쓰고자 함이니, 당시에 쓰이지 않으면 반드시 훗날에 쓰일 것이다. 사람은 기다리지 못하지만 물건은 혹 사람보다 오래 가는 것이 있으니 우선 이 말을 권 머리에 써서 아이들로 하여금 삼가 보관하여 기다리게 한다. 계사년(1893, 고종30) 중추(中秋)에 미산퇴사(眉山退士)가 서호정사(西湖精舍)에서 쓰다.[18]

---

18 韓章錫, 『眉山集』 卷7, 「東輿圖序」.
余少與吳汝大昌善友甚相得。汝大聰明有經世志。博極羣書。嘗與瓛齋朴公纂東國地圖。余從得見。喜其約而密。方輿家所未有也。旣而汝大擧進士。無所成名以歿。後十餘年。余宰龍岡。縣人安進士基洙。瓛公門下士。亦嘗從汝大遊者。爲余言纂圖時事。參校積屢月。相筆硯役。今其副本在金公善根所。金公時守黃岡。與龍壤接。於是借以摹之。又出安君手。儘奇矣。其法以線表經緯之畫。十里爲井。山川關阨邑鎭坊里。細大

인용문에서 알 수 있는 것처럼 지도의 제작은 박규수가 주관하고 오창선, 안기수가 실무를 담당했다고 볼 수 있다. 오창선은 한장석의 친구로 다방면에 학식이 풍부했던 사람으로 보인다.[19] 역사와 지리의 학식을 바탕으로 『동여도』의 교정에 중요한 역할을 담당했다고 할 수 있다. 안기수는 용강현 사람으로 오창선과도 친분이 있었으며 박규수가 용강현령으로 부임하면서 그의 문하에 들어갔다. 지도를 그리는 재주가 뛰어나 윤종의가 소장한 중국 15성의 지도를 모사하고 성경(盛京)의 지도를 추가하여 『신주전도(神州全圖)』를 제작하였다. 박규수는 『신주전도』의 발문에 "안기수는 서울에 유학하여 실제의 일에 마음을 두었는데, 모사하여 그리는 정교함은 여기에 빠져 즐기면서 지칠 줄을 모르는 자가 아니면 할 수 없다"고 평가했다.[20] 김선근이 소장하고 있던 『동여도』 부본을 1876년에 한장석이 모사 제작할 때도 안기수가 베껴 그리는 일을 담당했던 것을 보면 그리는 재주가 남달랐음을 알 수 있다.

『동여도』의 제작 시기는 박규수가 평안도 용강 현령 재직시절로 현령으로 부임한 1849년 5월에서 부안 현감으로 자리를 옮기는 1850년 6월 사이로 추정된다. 『동여도』는 원본 1질과 부본 1질로 제작되었는데, 지

悉擧。而設色以別其疆界廣袤。則以上下二編交互聯絡之。各有標目不相亂。總二卷。放可以彌八域。卷之則一小篋中物耳。方余局促塵堁數十年。不暇事遠遊。遂亦忘是圖也。秋日江上閒居。偶檢舊書。得是卷。憮然自念。足迹所至。十不能一二於此。今老且病。四方之志倦矣。何用是爲。且念諸公墓木已拱。昔嘗竭心目之力者。終歸於烟消雲散而誰知之。又奚特是圖而已哉。嗟乎。人之秀物之珍。將以有用也。不見用於當時。必在其後。人之不能待。物或有壽於人者。姑書此卷首。使兒輩謹藏之以俟。癸巳中秋。眉山退士。書于西湖精舍

19 오창선은 1829년생으로 1852년 진사시에 급제했지만 1860년대 요절했다. 박규수와의 구체적인 관계는 알 수 없지만 박규수의 아우인 박선수와 친분이 있었던 것으로 보인다. 1852년 진사시에 급제할 당시는 서울에 거주했던 것으로 보아 서울에서도 인적 네트워크가 있었던 것으로 짐작된다(『崇禎紀元後四壬子式司馬榜目』, 국립중앙도서관[일산古6024-50]).

20 『瓛齋集』 권4, 安魯源手摹 神州全圖跋

도의 원본은 박규수가 소장하고 있었고 부본은 김선근(1824~?)이 지니고 있었다. 김선근은 박규수가 선배로서 사숙했던 김매순(金邁淳, 1776~1840)의 아들이다. 부본을 김선근이 소장하게 된 경위는 자세히 알 수 없지만 박규수와 김매순의 인맥으로 인해 가능했던 것으로 보인다.

1850년을 전후하여 제작된 『동여도』는 이후 한장석에 의해 다시 필사 제작되었다. 『동여도』의 서문에 기술되어 있듯이 한장석은 용강 현령으로 재직할 때 당시 황강 군수인 김선근에게서 부본을 빌려 『동여도』를 제작했다. 한장석은 1875년 8월에서 1877년 12월까지 평안도 용강의 현령로 재직했다. 지도는 『용강현지』와 더불어 그의 재직 기간 중인 1876년 9월에 제작되었다.[21] 한장석은 『동여도』를 이후 계속 소장하다가 1893년에 다시 열람하면서 서문을 작성하여 추가했다. 위에 인용된 서문은 이 때 작성된 것이다.

이와 같이 『동여도』의 제작은 당시 박규수를 중심으로 하는 인적 네트워크 속에서 이루어졌다. 최초 『동여도』의 제작은 박규수가 주도하고 오창선이 보좌했으며 안기수가 필사의 실무를 담당했다. 김선근은 유신환의 또 다른 스승 김매순(金邁淳, 1776~1840)의 아들이고 한장석은 유신환의 제자이자 오창선의 친구인 동시에 박규수와도 인연이 있었으므로 박규수－오창선－한장석－유신환－김매순－김선근을 연결하는 인적 네트워크를 그려볼 수 있다.[22]

『동여도』는 서문에서 밝히고 있듯이 채색 필사본으로 10리 방안을 사용하여 그려졌다. 상하 두 권으로 이루어졌는데 서로 잇대어 볼 수 있게 되어 있다. 현재 일본의 텐리대에는 한장석의 서문이 수록된 『동여도』 실물이 소장되어 있어서 지도의 전모를 파악해 볼 수 있다.[23] 서문에 한

---

21 韓章錫, 『眉山集』 卷14, 附錄 年譜.

22 배우성(2011), 248면.

장석의 도서인이 찍혀져 있는 것으로 보아 한장석이 1876년에 김선근의 소장본을 바탕으로 필사했던 지도라 할 수 있다. 지도의 맨 앞에는 한장석이 직접 쓴 서문이 수록되어 있다.

최근 일본 텐리대 소장본 이외에도 동일한 사본이 일본 동양문고에 소장되어 있음이 확인되었다. 이 지도도 『동여도』라는 제목으로 표기되어 있고 채색의 필사본으로 그려졌다. 텐리대와 동양문고에 소장된 이들 지도들은 제목이 '동여도'라 되어 있지만 1834년 김정호가 제작한 『청구도』의 이본(異本)이다. 즉, 박규수가 새로운 지도를 제작한 것이 아니라 김정호가 제작한 『청구도』를 바탕으로 다시 필사하여 제작한 것이다. 1834년에 제작된 김정호의 『청구도』가 1850년을 전후한 시기에 박규수에 의해 다시 필사 제작하게 되는 구체적인 경위는 알려져 있지 않다. 다만 김정호가 1834년에 『청구도』를 완성한 후 『봉상잡록』에 기록된 것처럼 1835년에 황해도를 거쳐 평안도로 여행을 했다면 도중에 『청구도』가 여러 사람들에게 접촉될 수 있었을 것으로 보인다.[24] 이 때 이 지역에 남겨진 부본이나 사본을 박규수가 구해서 필사 제작한 것으로 보인다.

2) 김정호의 『청구도』의 특징

박규수가 제작한 『동여도』는 1834년 김정호가 만든 『청구도』의 이본이므로 『동여도』의 특징을 고찰하기에 앞서 『청구도』의 지도학적 내용을 살펴볼 필요가 있다. 『청구도』는 김정호가 당시까지 축적된 지도학적 성과를 수용하여 상하의 두 책으로 전국을 방격법을 사용하여 제작한 지도이다. 채색 필사본으로 제작되었는데 현재 국내외에 17종이 전하는 것

23 한장석이 제작한 일본 텐리대 소장의 『동여도』는 영인본으로 제작되었다. 서울대 김명호 교수가 영인본을 입수하여 본 연구에 활용할 수 있게 배려해 주셨다.

24 양보경(2011), 6면.

으로 알려져 있다. 『청구도』는 대개 건곤(乾坤, 상하) 두 책으로 이루어진 것이 보통이나 규장각 소장본처럼 4권으로 이루어진 것도 있다. 『청구도』에는 본문의 지도 이외에도 청구도제(青丘圖題), 경위선표목록(經緯線表目錄), 팔도분표(八道分表), 주현총도목록(州縣總圖目錄), 제표총목(諸標總目), 범례(凡例), 지도식(地圖式), 본조팔도주현도총목(本朝八道州縣圖總目), 도성전도(都城全圖), 그리고 부록으로는 신라구주군현총도(新羅九州郡縣總圖), 고려양계지도(高麗兩界地圖), 본조팔도성경합도(本朝八道盛京合圖) 등이 있고 국립중앙도서관 소장본처럼 동방제국도(東方諸國圖), 사군삼한도(四郡三韓圖), 삼국전도(三國全圖)와 같은 역사지도와 부록으로 「군국총목표(軍國總目標)」가 수록되기도 한다. 각 사본마다 수록된 내용과 서지적 사항에 편차가 있는데, 이를 분류하면 아래의 표와 같이 대략 4개 유형으로 정리할 수 있다.

〈표1〉 『청구도』 사본의 유형 분류(장상훈(2009), 〈표2〉를 바탕으로 재작성함)

유형	제목	소장처	책수	청구 도제	청구도 범례	산지표현	동방 제국도, 사군 삼한도	팔도 분표 제표 총목	팔도 주현 총도	층수	통계	연혁	도곽
A	青邱圖 (古朝61-81)	중앙 도서관	2	유	유	산줄기	유	무	유	29	유	유	목판 인쇄
A	青邱全圖 (291.1タ61)	천리대 도서관	2	유	유	산줄기	유(동방 제국도)	무	유	29	유	유	목판 인쇄
B	青邱要覽 (古4709-21A)	서울대 규장각	2	유	유	봉우리	무	무	유	29	유	유	묵선
B	青邱圖	고려대 도서관	2	유	유	봉우리	무	무	유	29	유	유	?
B	青邱圖	영남대 박물관	2	유	유	봉우리	무	무	유	29	유	유	묵선
C	青邱經緯圖	중앙 도서관	2	유	무	산줄기	무	유	무	28	?	무	?

C	青邱圖 (2-4587)	한중연 장서각	2	무	무	산줄기	무	유	무	28	유	유	묵선
C	輿地圖	영남대 박물관	2	유	무	산줄기	무	유	무	28	유	유	묵선
C	東輿圖 (Ⅶ-2-192)	동양문고	2	무	무	산줄기	무	유	무	28	유	무	묵선
C	青邱經緯圖 (Ⅶ-2-677)	동양문고	2	유	무	산줄기	무	유	무	28	유	유	묵선
C	輿地圖 (ASAMI20-32)	버클리대 도서관	3	유	무	산줄기	무	유	무	28	유	유	묵선
C	東輿圖 (291.1タ23)	천리대 도서관	2	무 (별도 서문	무	산줄기	무	유	무	28	유	유	묵선
D	青邱圖 (古4709-2)	서울대 규장각	4	유	무	산줄기	유	무	유	29	무	무	목판 인쇄
D	青邱圖	숭실대 박물관	2	유	무	산줄기	유	무	유	29	무	무	목판 인쇄
D	青邱圖	오사카 도서관	2	유	무	산줄기	유	무	유	29	무	유	목판 인쇄
D	青邱圖 (291.1タ189)	천리대 도서관	3	유	무	산줄기	유	무	유	29	유	유	목판 인쇄
D	青邱圖 (291.1タ189②)	천리대 도서관	2	유	무	산줄기	유	무	유	29	무	유	목판 인쇄

『청구도』는 '갑오년중추(甲午年仲秋)', 곧 1834년 8월에 작성된 최한기 「청구도제」의 기록을 근거로 1834년에 처음 제작된 것으로 알려져 왔다. 그리고 김정호의 「청구도범례」에 "「동방제국도」, 「삼한도」, 「한사군도」, 「삼국도」는 비록 앞서 찬수하면서 논의한 것이 있지만 역대지지에 기록된 여러 학자의 고증과 비교해 보니 온당하지 못한 부분이 많으므로 삭제한다"라는 기록으로 볼 때 이후 수정본을 만들었음을 알 수 있다. 따라서 현존하는 사본은 「청구도범례」에 따라 수정한 것과 그 이전에 만든 초기본으로 크게 구분해 볼 수 있다. 초기본에는 「청구도범례」가 없고

한반도를 남북 28층으로 구분하여 제작했다. 경위선표목록, 팔도분표, 주현총도목록, 제표총목 등이 수록되어 있고 사본에 따라서는 청구도제가 수록된 것도 있다. 표의 4개 유형 가운데 C가 여기에 해당한다.

『청구도』의 수정본은 한반도의 남북을 29층으로 구분하여 그린 점이 가장 큰 차이라 할 수 있다. 여기에는 이전의 팔도분표, 각도선표, 주현총도목록을 하나로 통합하여 만든 「본조팔도주현도총목(本朝八道州縣圖總目)」이 색인도로 수록되어 있다. 이 지도를 보면, 남북을 29층으로 나누었는데, 초기본과 한반도의 윤곽에는 차이가 없고 단지 남해안과 제주도 사이에 1층을 추가했다. 실제 지도에도 26층과 27층은 아무 섬도 없는 바다이기 때문에 지도 본문에도 수록되지 않았다. 따라서 수정본에서는 초기본에서 채택한 한반도의 남북 거리 2,800리를 2,900리로 수정하였을 뿐이고 실제 축척이나 윤곽에서의 변화는 없다고 할 수 있다. 이러한 수정본도 수록되는 내용에 따라 다음과 같이 3가지로 세분해 볼 수 있다.

첫째로, 「본조팔도주현도총목」에 「동방제국도」, 「사군삼한도」, 「삼국전도」를 추가하여 역사지리 정보를 보완하고, 통일신라와 고려의 행정구역 및 고읍에 대해서도 자세하게 고증하여 「신라구주군현총도」와 「고려오도양계주현총도」를 수록한 유형이다. 둘째 유형의 『청구도』는 이전의 『청구도』보다 기호의 사용을 줄였다. 또 산줄기식 지도표현을 없애고 봉우리식 지도 표현을 채택하고 내몽골 동쪽과 만주 및 한반도를 포함한 관방지도의 성격을 지니는 「본조팔도성경합도」를 새롭게 추가하였다. 셋째 유형은 산줄기식을 다시 채택하는 대신 지도의 빈 공간에 써넣었던 호구, 전결, 곡총, 군정과 서울간의 거리 등 지지 정보를 「군국총목표」로 정리하여 지도 뒤에 첨부하였다.

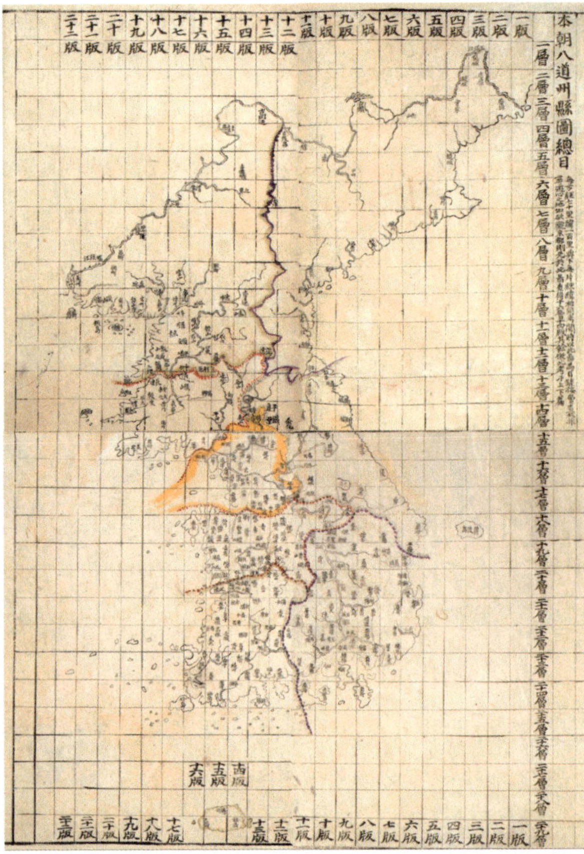

〈그림5〉 수정본 『청구도』의 본조팔도주현도총목

『청구도』는 전국을 가로 22판, 세로 29층(초기본 28층)으로 나누어 첩의 형식으로 만들었고, 1층에서 29층 가운데 홀수 층은 상권에 짝수 층은 하권에 수록했다. 1판 1단의 길이는 가로 70리, 세로 100리에 해당하는데 이것으로 계산한 우리나라의 폭원(幅員)은 동서 1,540리, 남북 2,900리가 된다. 즉, 동서 1,500여 리, 남북 3,000여 리가 되는 우리나라의 폭원을 동서 22판, 남북 29층의 방격으로 나누어 각각의 층판을 지도의 한

면으로 삼아 그렸다. 그리고 지도의 각 층을 위아래로 이어 볼 수 있도록 홀수 층과 짝수 층을 서로 다른 책으로 분리했다. 가로 70리, 세로 100리로 이루어진 도면에도 지도의 외곽으로 가로 7, 세로 10의 눈금을 그어 넣었다. 단지 지도 상에서는 번잡함을 피하기 위해 방격선을 제거했던 것이다. 이렇게 제거된 방격선까지 합하면 가로 154, 세로 290의 방격선이 우리나라 전체를 덮고 있는 셈이 된다.

방격(方格)을 사용하여 지도를 그리는 방식은 동양에서는 매우 오래된 전통으로 중국의 지도학자인 배수(裵秀)의 육체(六體)에서 핵심을 이루는 것이기도 하다. 그러나 중국과는 달리 조선에서 방격을 이용한 지도의 제작은 조선후기에 이르러 본격화되었다. 그리하여 많은 군현지도들이 방격을 사용하여 제작되었다. 『청구도』에 그어진 방격도 조선후기 방격 지도의 발달 과정에서 나올 수 있었다고 판단된다.

방격과 아울러 『청구도』의 양식상 중요한 특징은 책의 형식으로 되어 있다는 점이다. 조선시대 제작된 지도들은 첩(帖)의 형식으로 되어 있는 경우가 많다. 그러나 첩은 수록되는 도면의 수량이 적을 때 가능한 것이고 도면의 수량이 많아지면 첩보다는 책으로 제작하는 것이 일반적이다. 군현지도의 경우 대부분 책으로 제작되어 있다. 그러나 책으로 된 군현지도의 경우도 한 도면에 한 개의 군현이나 몇 개의 군현을 묶어 수록하는 경우가 대부분이고 상하로 지역을 연결하여 볼 수 없다. 『청구도』에서 원하는 지도를 찾아보기 쉽도록 인덱스 지도를 맨 앞에 수록하고 각 층별로 지도를 수록한 것은 오늘날의 지도책 양식에 견주어도 손색이 없다.

『청구도』도 여느 지도와 마찬가지로 이전 시기 축적된 지도학적 성과에 기초하고 있는 점을 고려할 때, 순수한 의미에서 김정호 개인의 창작물이 아니다. 그렇다면 『청구도』는 어떤 지도를 기초로 제작되었을까?

이에 관한 선행연구에서는 『청구도』의 저본으로 국립중앙도서관 소장의 『해동여지도(海東輿地圖)』(보물 제1593)를 제시했다.[25] 『해동여지도』는 1777년에서 1787년 사이에 제작된 지도로 추정되는데 경위선표를 사용하여 그린 군현지도이다.[26] 남북으로는 함경도를 1로 시작하여 전라도 해남을 118로 삼고, 동서로는 함경도를 1로 시작하여 평안도가 76으로 되어 있다. 즉, 우리나라를 가로 76개의 방안과 세로 118개의 방안 속에 넣어 경위도식으로 표현했다. 이 지도집은 개별 군현을 한 면에 담지 않고 인접한 몇 개의 군현을 묶어 한 면에 실음으로써 지도집의 부피를 줄였다. 뿐만 아니라 각 군현의 경위선 상의 위치가 기재되어 있어서 정조대 지도집의 특징을 갖추고 있다.[27]

특히 『해동여지도』는 지도의 한 도면에 『청구도』처럼 가로 7개, 세로 10개의 방안이 그려져 있다. 단지 한 도면 상의 방안 형태로 보면 『청구도』와 매우 유사하다. 그러나 결정적으로 다른 점은 『청구도』의 방안이 10리임에 비해 『해동여지도』의 방안 하나는 20리에 해당한다는 것이다. 따라서 『청구도』가 『해동여지도』를 기초로 제작했다고 보기는 무리가 따른다고 생각된다. 다만 『해동여지도』의 한 도면에 그려진 방안 체계와 전체적인 분책, 분면의 구조는 『청구도』 제작 시 참고했을 가능성

---

25 이상태(1999). 참조.

26 국립중앙도서관 소장의 『해동여지도』와 동일한 사본으로 일본 동양문고에 『강역전도』가 있는데 『해동여지도』의 부본으로 보인다. 『해동여지도』는 3책으로 구성되어 있는데, 1책은 경기, 충청, 전라, 경상의 군현지도가 수록되어 있고, 2책은 강원, 황해, 평안, 함경의 군현지도가 수록되어 있다. 3책은 군현의 통계자료가 수록된 것인데, 민호(民戶), 군총(軍總), 곡총(穀總), 전답, 사방 경계, 방면(坊面) 등의 사항이 기재되어 있다. 그러나 『강역전도』에는 『해동여지도』의 제3책인 통계자료가 없다. 아울러 『해동여지도』처럼 2책으로 지도책이 나누어져 있지 않고 한 책으로 묶어져 있는 것이 다른 점이다. 전체적으로 볼 때, 개별 군현지도의 체제와 내용, 표현 방식 등이 동일하여 부본으로 제작된 것으로 볼 수 있다(고려대학교 해외한국학자료센터 홈페이지).

27 배우성(1998), 405면.

이 크다.

『해동여지도』는 오히려 1770년에 제작된 신경준의 여지도 계열과 유사하다. 신경준은 1770년 6월 6일부터 8월 14일에 걸쳐 여지도를 제작했는데, 그는 정상기 가문의 『동국지도』를 토대로 하고 그 위에 주척 2촌(寸)을 한 줄로 하여 76개의 세로줄과 131개의 가로줄을 그어나갔다. 이때 신경준이 그린 지도는 정상기 가(家)의 원도와 정철조 가의 수정본을 바탕으로 제작했는데 전도는 가로 8척, 세로 16척에 달하는 대형 지도였고 이 외에도 열읍도(列邑圖) 8권, 팔도도(八道圖) 1권을 함께 제작했다.[28] 우리나라의 동서와 남북의 길이를 고려할 때 신경준의 여지도에 그려진 방안은 20리 방안으로 볼 수 있다. 따라서 동서로 1,520리, 남북으로 2,620리가 되어 우리나라 전체 판도와 유사한 크기가 된다. 이처럼 신경준이 제작한 여지도의 경우 가로 76, 세로 131개의 경위선이 그려져 있는 데 반해, 『해동여지도』의 경우 동서가 76, 남북이 함경도 북쪽에서 전라도 해남까지 118개로 제주까지 합하면 대략 신경준의 131개의 선과 유사할 것이다.

또한 『해동여지도』는 몇 개의 군현을 하나의 도면에 수록하고 있는 경위선표식 군현지도책인데 『청구도』와 다른 점은 군현의 경계를 벗어난 다른 군현의 지역은 지도에서 공백으로 처리한 것이다. 『청구도』에는 여백이 없이 도면 전체에 지도가 그려져 있으나 『해동여지도』에는 인접 군현이 공백으로 남아 있다.

그렇다면 이때 김정호가 기초 자료로 삼았던 전도는 어떤 지도였을까? 이에 대한 명확한 기록이 없기 때문에 확인하기 힘들지만 『청구도』의 전체적인 한반도 윤곽을 토대로 볼 때 다소의 추정이 가능하다. 즉,

---

28 申景濬, 『旅菴遺稿』 권5, 東國輿地圖跋.

『청구도』의 맨 앞에 수록된 인덱스 지도인 「본조팔도주현도총목」에서 압록강의 유로는 폐사군 지역에서 심하게 꺾여 흐르는 것으로 그려져 있다. 이것은 정상기의 『동국지도』의 수정본 계열 지도에서 볼 수 있는 모습이다.

잘 알려진 것처럼 정상기의 『동국지도』는 조선후기 지도학사에서 획기적인 지도로 평가받는데, 이 지도는 후에 정철조, 정후조 등에 의해 새롭게 대축척 지도로 수정되었다. 이러한 수정본 계열의 지도는 압록강의 유로가 『청구도』의 것과 매우 유사하다. 특히 수정본 계열의 지도는 다른 전도와 달리 군현 경계도 표시되어 있어서 『청구도』 제작 시 가장 기초적인 지도가 되었을 것으로 보인다. 이와 더불어 김정호는 『청구도』 범례에서 뛰어난 지도 제작가로서 정철조, 황엽, 윤영 등을 언급하고 있는데 정철조는 바로 『동국지도』의 수정본 지도를 만든 학자이다. 이러한 모든 것으로 볼 때 김정호는 『동국지도』의 수정본 지도를 기초로 이를 확대, 보완하여 경위선표를 도입한 『청구도』를 새롭게 제작한 것으로 볼 수 있다.

또한 『청구도』는 이전에 제작된 어떤 지도보다도 풍부한 내용을 수록하고 있다. 지도에 수록된 내용은 지형 · 수계 · 성곽 · 창고 · 역도 · 봉수 · 진도(津渡) · 교량 · 고개 · 도서 · 시장 · 호구 · 군병 · 제언 · 토산 · 인물 · 공납 · 풍속 · 사찰 · 능원 · 고적 등이 상세히 기재되어 있다. 『청구도』에 수록된 지명은 15,485개로 1861년 목판본 『대동여지도』가 13,188개의 지명을 수록하고 있는 것과 비교해볼 때 2,297개의 지명을 더 수록하고 있다. 이러한 것은 『청구도』가 목판본이 아닌 필사본으로 제작된 데에 기인하기도 하지만, 당시로는 가장 자세한 조선지도를 제작하려 했던 의지의 결과로 볼 수 있다.

그러나 지면이 한정되어 있기 때문에 김정호는 모든 지명을 일일이 다

수록하기보다는 지도의 기능에 가장 충실할 수 있는 지명들을 우선적으로 선택하여 수록했다. 즉, 조그마한 물줄기와 산 이름, 마을 이름들을 모두 수록하기는 곤란하기 때문에 산수의 형세와 군읍(郡邑)의 동서와 도리(道里)의 원근, 고개와 골짜기의 험이(險夷)를 살피는 데 유용한 지명들을 우선적으로 표시했던 것이다.[29]

『청구도』의 내용과 관련하여 중요한 특징으로 지적할 수 있는 것은 순순한 지도이기보다는 지지적 성격을 포함하고 있다는 것이다. 지도의 외곽 여백이나 지도 내부의 군현 지명 옆에 호구(戶口) · 전결(田結) · 곡총(穀總) · 군정(軍丁) · 도리(道里) 등을 수록했다. 이러한 자료는 해당 고을을 쉽게 이해할 수 있도록 하는 이점이 있으나 지도가 다소 번잡해지는 단점도 있다. 그러나 지역의 특성이나 역사적 사건을 주기함으로써 단순한 지리정보의 제공을 넘어 지역성 이해의 단초를 제공해주고 있다.

『청구도』에서 다양한 내용들을 표현하는 방식은 현존하는 사본마다 다소의 차이가 있으나 범례에서는 이에 대해 명확하게 제시하고 있다. 즉, 자연 지형에서 산지의 경우 물이 분리된 사이로 산줄기가 연결되는 것을 알 수 있기 때문에 산을 모두 연결시켜 그린다면 오히려 번잡해서 유명한 산 서너 봉우리만 그려 넣었다. 그러나 현존하는 대부분의 사본들은 봉우리를 이어 연결시킨 형태로 지형을 표현했다. 규장각 소장의 『청구요람(靑邱要覽)』을 포함한 세 개의 사본만이 이러한 원칙대로 표현되어 있다. 이러한 사실은 이후 『동여도』, 『대동여지도』의 지형 표현 방법과 관련하여 매우 중요하다.

애초 김정호는 수계를 보면 산계를 파악할 수 있기 때문에 지도 상의 번잡함을 피하기 위해 중요한 산들만 독립적으로 그렸다. 그러나 문제는

29 金正浩, 『靑邱圖凡例』.

지도를 읽는 독자들이었다. 당시 지도를 읽는 독자들은 김정호와 같은 지리적 식견을 지닌 사람들은 아니었다. 따라서 띄엄띄엄 그려진 산들로부터 연결 관계를 온전하게 파악하기란 쉽지 않았을 것이다. 이에 따라 후대의 『청구도』 사본들은 봉우리를 연결시켜 연속된 산줄기의 형태로 산지를 표현했다. 이러한 경험으로 인해 이후 『동여도』나 『대동여지도』에서는 조선 지도학의 특징으로 지적되는 산줄기 중심의 산지 표현법을 좀 더 완결된 형태로 개발할 수 있었다.

3) 박규수가 제작한 『동여도』의 특징

(1) 『동여도』의 체제

박규수가 제작한 『동여도』 사본은 현재 두 질이 남아 있다. 하나는 일본 동양문고에 소장되어 있고 다른 하나는 일본 텐리대(天理大) 도서관에 소장되어 있다. 앞에서 보았듯이 텐리대 소장본(분류기호: 292.1-タ23 1~2)은 한장석이 필사한 것으로 한장석이 쓴 서문이 수록되어 있다. 반면에 동양문고 소장본은 서문이 없다. 동양문고 소장본에는 판심에 동여도라는 제목이 수록되어 있지만 텐리대의 한장석 소장본에는 제목이 없고 대신에 '경향관'이라는 그의 호가 기재되어 있다. 어미(魚尾)의 모습도 두 지도가 유사하다.

텐리대 소장 『동여도』의 서문 앞장에는 '한장석치수씨(韓章錫穉綏氏)' 뒷장에는 '한씨장석(韓氏章錫)', '경향관(經香館)'이라는 도장이 찍혀 있다. 치수(穉綏)는 한장석의 자(字)고 경향(經香)은 호(號)라는 사실을 고려할 때 『동여도』는 한장석의 소장했던 것이 확실하다. 아울러 '昭和20년 12월30일 寄贈中山正善氏'라는 주기가 있는데, 나카야마 쇼젠(中山正善)은 텐리대학의 창립자로서 1945년 이 지도를 도서관에 기증한 것이다. 그러나 나카야마 쇼젠이 『동여도』를 소장하게 된 경위는 밝혀져 있지 않다.

『동여도』는 건(乾) · 곤(坤) 2책으로 구성되어 있으며, 건책과 곤책의 면수는 각각 192면과 164면이다. 건책의 첫 면에는 경위선표목록, 팔도분표, 주현총도목록이 수록되어 있다. 경위선표목록에는 "각도선표에는 매방(每方) 20리의 경위선이 주현총도에는 매방 10리의 경위선이 그려졌다"는 주기가 있다. 이러한 주기는 『동여도』가 기본적으로 동아시아의 전통적인 방격도법으로 제작되었다는 것을 의미한다.

『동여도』의 수록된 내용으로 볼 때, 동양문고와 텐리대 소장본은 『청구도』의 초기본에 해당한다. 초기본에 해당하지만 최한기의 청구도제는 없다. 『동여도』의 사본과 동일한 내용 구성을 지닌 것은 한국학중앙연구원 장서각 소장의 『청구도』다. 그러나 지도의 제목이 '동여도'가 아닌 '청구도'로 되어 있다. 이로 본다면 박규수가 장서각 소장본과 동일한 청구도를 구해 필사 제작하면서 지도의 제목을 '청구도'가 아닌 '동여도'로 바꾸었을 가능성이 높다. 현존하는 청구도 사본 가운데 '동여도'라 표기된 것도 동양문고와 텐리대 소장본밖에 없다.

팔도분표는 경기도, 충청도, 경상도, 전라도, 황해도, 강원도, 함경도, 평안도 순으로 수록하였는데, 전국 지리지에 수록된 팔도의 순서를 따르고 있다. 뒤에 '팔도분표'라는 제목하에 전국 지도가 수록되어 있는데, 동서 70리, 남북 100리의 방격이 그려져 있다. 지도의 도곽 오른쪽에는 남북의 층수가 표시되어 북쪽 1에서부터 남쪽 28까지 표시되어 있다. 지도 내부에는 동서의 면수(1~22)가 표시되어 있다. 국토의 범위가 남북 2,800리, 동서 1,540리 규모로 배치된 것이다. 팔도분표는 특정 지역의 군현지도를 쉽게 찾아볼 수 있게 만든 인덱스 지도의 성격을 지니고 있다.

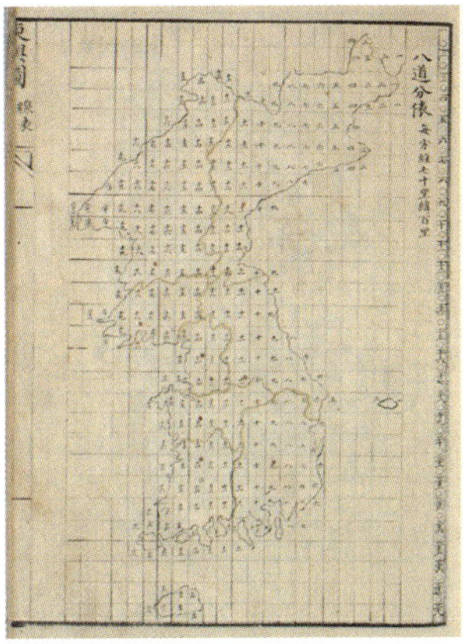

『동여도』(일본 동양문고 소장)

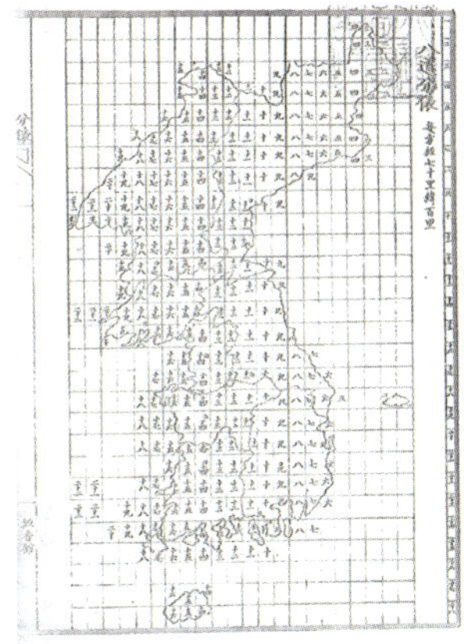

『동여도』(일본 텐리대 도서관 소장)

〈그림6〉『동여도』의 팔도분표

팔도분표에 이어 수록된 각도선표는 20리 방안에 그려진 도별 전도이다. 경기도와 충청도를 정상기의 『동국지도』처럼 함께 그린 점이 특이하다. 이로 미루어 본다면 각도선표의 제작에 정상기의 『동국지도』 계열의 지도가 기본도로 사용되었을 가능성이 높다. 각도선표는 경기충청전도, 경상전도, 전라전도, 강원전도, 황해전도, 함경전도, 평안전도의 순으로 구성되어 있다. 20리 방안을 사용하고 있는데, 각 도의 면적이 상이하기 때문에 방안의 간격은 도별로 다르다. 함경도나 평안도의 경우 면적이 넓기 때문에 방안의 간격은 다른 도에 비해 촘촘하다. 각도선표에는 좌도, 우도 또는 북도, 남도의 경계선이 그려져 있다. 이러한 경계선은 보통의 도별 지도에서는 보기 힘든 것이다. 각도선표의 도별 지도에는 군현의 명칭만 해당 위치에 표기되어 있을 뿐 다른 요소는 수록되어 있지 않다. 이는 각도선표가 군현의 상대적인 위치 정보를 제공하기 위해 작성되었기 때문이다.

주현총도목록에는 경기도, 충청도, 경상도, 전라도, 황해도, 강원도, 함경도, 평안도의 순서로 서울(京都)과 팔도 소속 고을의 이름이 적혀 있다. 서울과 고을 이름의 밑에는 2개의 숫자가 적혀 있는데, 오른쪽의 숫자는 팔도분표의 남북 번호를, 왼쪽의 숫자는 동서 번호를 가리킨다. 이는 해당 지도를 쉽게 찾아볼 수 있도록 고안한 것이다. 제목 아래의 주기에 '만약 서울(京都)을 찾고 싶으면 남북으로 16층, 동서로 14편에 해당하는 부분을 보면 된다(如尋京都則看十六[層]十四片)'라고 하여 사용 방법을 수록해 놓았다. 이것은 현대의 도로교통 지도에서 흔히 볼 수 있는 인덱스 지도의 사용 방법으로 전체 지도는 뒤의 팔도분표에 그려져 있다.

주현총도목록 다음에는 제표총목이 수록되어 있다. 이것은 지도에 사용된 기호를 표시한 것으로 현대지도의 범례에 해당한다. 수록된 기호는 행정구역 단위로 대도호부(大都護府), 목(牧), 도호부(都護府), 군(郡), 현(縣), 군사기지인 진보(鎭堡)와 더불어 감영(監營), 병영(兵營), 수영(水營), 찰방이 주재하는 찰방역(察訪驛)과 그 속역(屬驛), 목장인 감목(監牧), 봉수(烽燧), 창고(倉庫), 방면(方面) 등으로 구성되어 있다. 동양문고 소장본에는 시장이 하나 더 추가되어 있다. 그러나 삼각형의 시장 기호는 지도의 내용에는 없고 지도 상단에 수록된 군현의 주기에만 표시되어 있다.

지도 본문에 해당하는 주현총도는 남북 100리, 동서 70리를 한 면으로 해서 그려져 있다. 지도의 외곽에 10리 단위의 눈금을 표시하고 지도 내부에는 방안을 그리지 않았다. 방안이 그어져 있으면 지도를 읽는데 번거롭기 때문에 고안한 방법이다. 두 책의 지도 가운데 건책에는 홀수층의 지도가, 곤책에는 짝수층의 지도가 수록되어 있다. 홀수와 짝수층을 연결하여 두 지역을 볼 수 있도록 한 것이다. 지도의 외곽에는 고을의 기본 정보가 수록되어 있는데, 고을의 건치 연혁, 별호(別號), 면수(面),

호(戶), 전(田), 곡(谷 : 곡식), 군(軍), 서울과의 거리(京), 관찰사 소재지인 감영까지의 거리(巡), 주변 고을까지의 거리, 읍성 및 기타 성곽의 둘레, 장시 및 개시일이 기재되어 있다. 이러한 주기는 고을마다 다소의 편차가 있는데, 남부 지방의 군현에는 연혁이 누락된 경우가 많다.

(2) 『동여도』의 내용 비교

박규수가 제작한 『동여도』는 김정호의 『청구도』를 필사한 것으로 현존하는 『청구도』 사본 가운데 초기 유형에 해당한다. 한반도의 남북을 28층으로 구분하여 지도를 제작한 것으로 표1에서 분류한 사본 가운데 C 유형에 해당한다. C 유형 가운데 『동여도』와 가장 유사한 사본은 한국학중앙연구원 장서각에 소장된 『청구도』다. 『동여도』처럼 청구도제, 청구도범례가 없고 경위선표목록, 팔도분표, 주현총도목록, 제표총목 등이 동일하게 수록되어 있어서 같은 계열의 사본으로 볼 수 있다. 동일한 C 유형에 해당하지만 미국 버클리대학의 『여지도』는 고을의 연혁과 개관에 관한 통계 자료가 지도 상단의 여백에 수록되지 않고 지도 내부의 고을 이름 옆에 기재되어 있다.

함경도 북단의 온성(穩城) 지역의 지도를 서로 비교해 보면 동양문고 소장의 『동여도』와 텐리대 소장의 『동여도』는 지도의 내용과 지도 외곽의 수록된 지지 자료가 동일함을 알 수 있다. 장서각 소장의 『청구도』는 지도 상단의 주기에 고을 연혁이 추가되어 있으나 전체적인 필체나 그려진 품격이 『동여도』보다는 떨어진다. 특히 지명 표기에도 오류가 보이는데, 두만강 이북의 '국사령(國士嶺)'을 '국토령(國土嶺)', '대동(大洞)'을 '대동(大同)'이라 표기했다. 따라서 장서각 소장의 『청구도』가 『동여도』 두 사본의 선행지도로 보기에는 어렵다. 버클리대학 소장의 『여지도』는 장서각 소장의 『청구도』보다 세밀하게 그려져 있으나 '국사령(國士嶺)'을

'국두령(國頭嶺)'으로 표기했다. 따라서 『동여도』와의 직접인 계보 관계를 판단하기는 쉽지 않다.

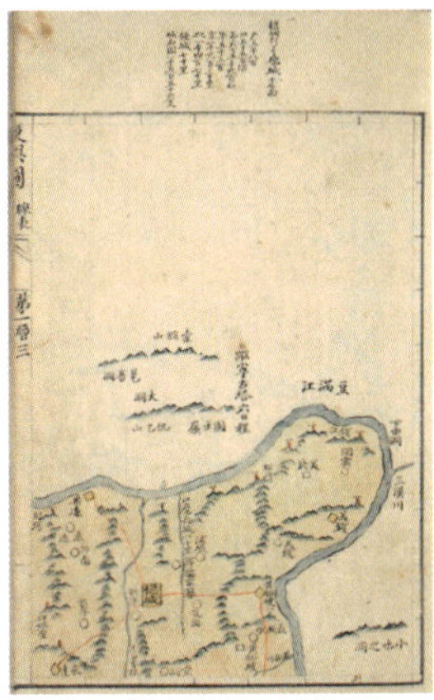	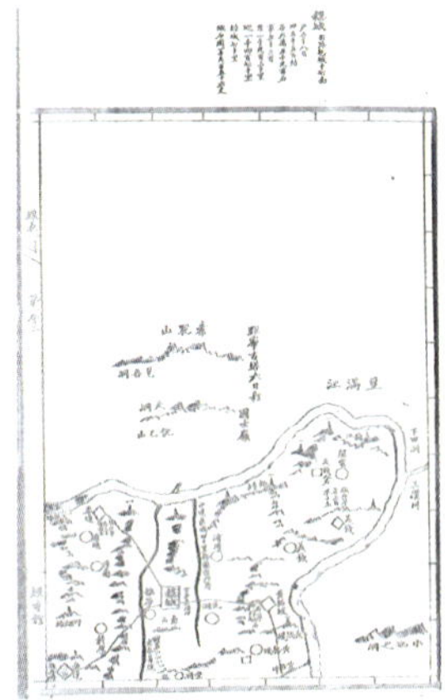
『동여도』(일본 동양문고 소장)	『동여도』(일본 텐리대 소장)
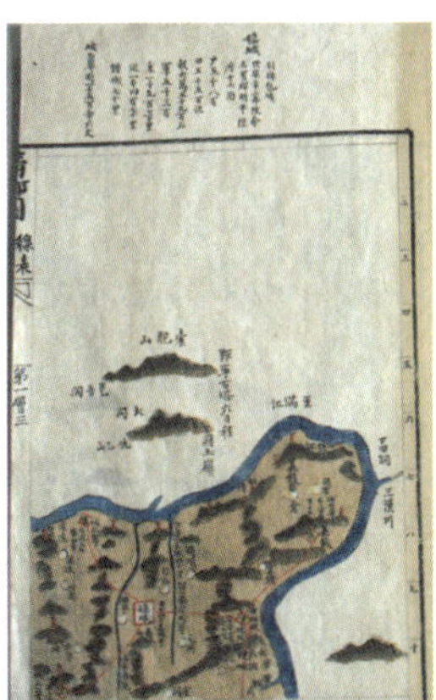	
『청구도』(장서각 소장)	『여지도』(미국 버클리대학 소장)

〈그림7〉『동여도』와 동일 유형의 사본 비교

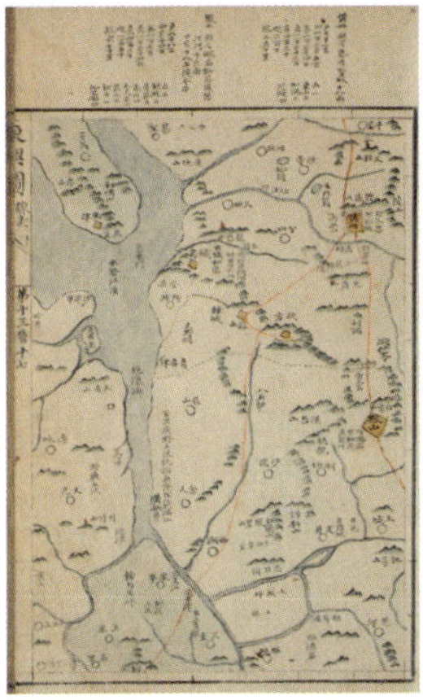

『동여도』(일본 동양문고 소장)

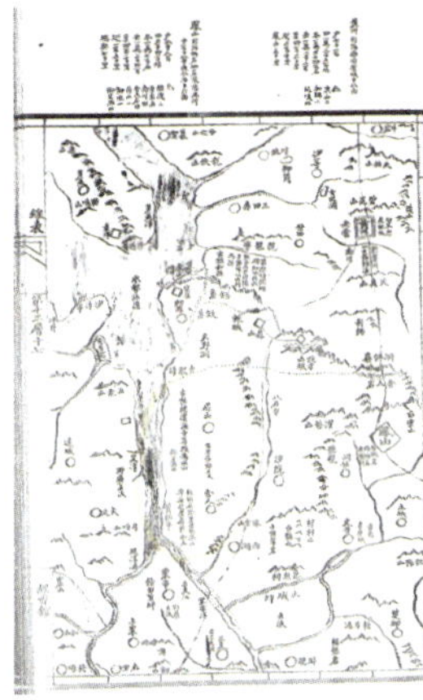

『동여도』(일본 텐리대 도서관 소장)

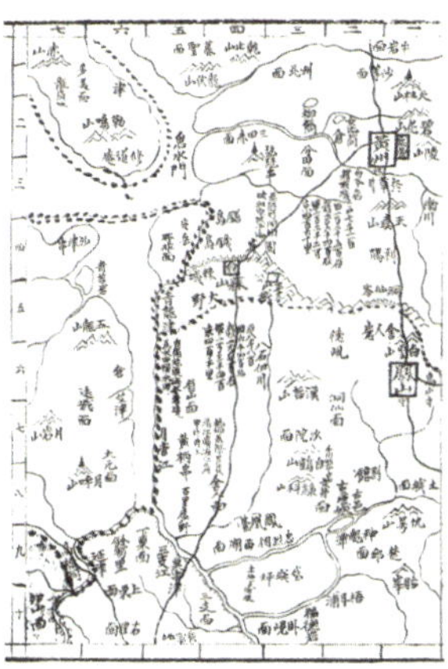

『청구요람』(규장각 소장)

『청구도』(일본 오사카부립 도서관 소장)

〈그림8〉 『동여도』와 다른 유형의 사본 비교

『동여도』의 두 사본 사이에도 미세한 차이를 발견할 수 있다. 황해도 황주와 봉산 지역의 지도를 보면, 가운데 미산면(眉山面) 지역에 "벼들이 끝없이 펼쳐져 있고 갈대와 억새는 강가에 가득하며 바닷가의 산물은 서해안에서 유명하다(秔稻無際 蘆荻滿江 濱海之産 名於西土)"라는 주기문이 텐리대 소장본에는 있지만 동양문고 소장본에는 누락되어 있다. 극성(棘城) 북쪽에 텐리대 사본에는 '선도(鐥島)'와 '철도(鐵島)' 지명이 있지만 동양문고 소장본에는 '철도'만 기재되어 있다. 아울러 이 지역의 진보의 표시도 서로 다르다. 이로 미루어 본다면 동양문고 소장본과 텐리대 소장본 사이의 직접적인 필사 관계를 상정하는 것은 쉽지 않다. 한장석이 제작했다고 하는 텐리대 소장본이 동양문고 소장본을 그대로 필사한 것으로 보이지는 않는다. 그보다는『동여도』사본이 이외에도 여러 차례 필사되면서 여러 종의 지도가 제작되었던 것으로 보인다.

『동여도』사본은 다른 유형에 속하는 지도와는 상대적으로 차이가 크다.『동여도』는『청구도』의 초기 사본을 바탕으로 제작되었기 때문에 수정본 계열에 속하는 사본과는 표현 기법이나 세부적인 내용에서 차이가 난다.『청구도』의 네 개 유형 가운데 B 유형에 속하는 규장각 소장의『청구요람』과 D 유형에 속하는 오사카부립 도서관 소장의『청구도』를 비교해 보면,『청구요람』은 산지를 산줄기의 형태로 그리지 않고 봉우리의 형태로 그려 독립된 산 위주로 표현했다. 아울러 지역과 관련된 주기나 군현의 통계 수치가 기입되어 있으나『동여도』사본에서 사용된 기호는 보이지 않는다. 반면에 오사카부립 도서관 소장의『청구도』에는『동여도』사본처럼 산줄기의 형태로 산지가 표현되고 기호가 사용되었으나 지역과 관련된 주기와 군현의 통계 자료가 지도에 빠져 있다.

이러한 비교를 통해 볼 때 박규수가 제작한『동여도』계열의 사본은 김정호『청구도』의 초기 사본이지만 후대의 수정본보다 여러 면에서 우수하다. 정교한 필체와 더불어 자연 지세의 세밀한 묘사, 지도학적 기호의 사용, 풍부한 지역 정보의 수록, 지도 외곽에 군현의 연혁, 통계자료의 수록 등은 『동여도』가 지니는 장점이라 할 수 있다. 이것은 『대동여지도』와 같은 목판 인쇄본 지도에서는 구현하기 힘든 것으로 필사본 지도가 지니는 장점을 적극적으로 활용한 결과이기도 하다.

『동여도』의 백두산 지역을 보면, 백두산에 대한 지지적 기록이 상세하게 수록되어 있다. 지도에는 백두산의 웅장한 모습이 그려져 있는데, 천지를 부각시키고 '대지(大池)'라 표기했다. 백두산에서 뻗어 내린 산줄기의 모습과 복류하는 하천도 세밀하게 그려져 있다. 특히 백두산 기슭으로 암석이 풍화되면서 쌓인 석퇴(石堆)가 독특하게 표현되어 있다. 1702년에 세워진 백두산 정계비의 모습도 보인다. 텐리대 소장본에는 정계비문도 지도여백에 수록되어 있다. 지도 여백에 수록된 백두산의 지지적 내용을 인용하면 다음과 같다.

> 『산해경(山海經)』에서는 불함산(不咸山)이라 하고 『당서(唐書)』에서는 장백산(長白山)이라 칭했다. 『요지(遼志)』에서 말하기를, "냉산(冷山) 동남쪽 천여 리에 있다. 흑수(黑水)가 여기서 발원하는데 곧 혼동강(混同江)이다"라고 했다. 『일통지(一統志)』에서 말하기를, "옛날 회령부(會寧府) 남쪽 60리에 있다. 장백산은 동서로 천리에 걸쳐 있고, 높이가 200리이다. 정상에 못이 있는데 둘레가 80리다. 색이 검푸르며 깊이를 알 수 없고 여름에도 빙설이 있다. 바라보면 막막하여 하나의 빛나는 바다와 같다. 멀리서 보면 산의 모습이 마치 엎어진 하얀 항아리와 같다. 못의 북쪽으로 몇 자 가량 터져서 물이 흘러 나와 폭포를 이루는데 흑룡강 원류이다. 언덕 등성이가 나아가는 아래에서 비로소 압록강의 원류가 나온다"라고 했다.

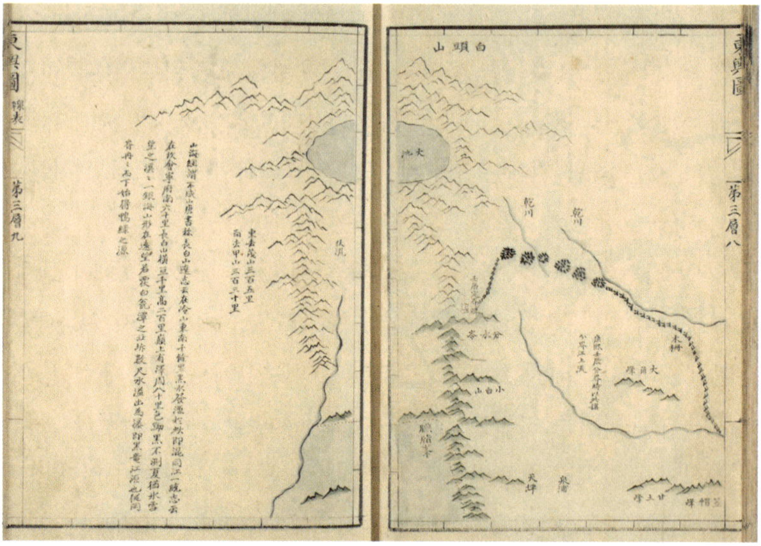

〈그림9〉『동여도』의 백두산 부분(일본 동양문고 소장)

『동여도』의 울릉도 지도에서도 지지적인 자료가 여백에 빼곡이 수록되어 있다. 지도의 중앙에 중봉을 그리고 해안으로 뻗어간 산줄기가 전통적인 연맥식 기법으로 표현되어 있다. 죽전(竹田), 옛날 집터, 돌무덤, 가거처, 각석입표, 대풍소(待風所), 배를 댈 수 있는 곳 등이 표시되어 있다. 이러한 내용은 실제 울릉도를 탐사해서 획득한 지리 정보로 이전 지도에서 이어져 내려온 것이다. 주변에는 부속도서들이 그려져 있는데, 남쪽에 다섯 개의 섬이 보이고 동쪽에는 우산도가 있다.

지도의 여백에는 울릉도의 연혁과 역사적 사건, 지형 지세, 산물에 관한 기록이 있다. 주기 가운데 영조 임금 때에 강원감사 조최수(趙最壽)가 계문을 올려 말하기를, "울릉도는 땅이 넓고 토지가 비옥하여 사람이 살던 터가 있고, 또 그 서쪽에 우산도가 있다고 한다"는 기록이 있다. 그러나 지도에는 우산도가 동쪽에 그려져 있다. 조최수가 말한 내용은 김정호가 저술한 『여도비지(輿圖備志)』와 『대동지지(大東地志)』에도 동일하게 수록되어 있다.[30] 우산도가 울릉도의 동쪽에 있는 사실은 일본과의 울릉도 분쟁을 겪으면서 이미 널리 알려진 사실인데 조최수가 우산도를 울릉도의 서쪽에 위치하고 있다고 한 것은 본인이 직접 조사하지 않고 소문에 근거하여 작성한 것이다. 이러한 조최수의 기록은 이후 『대동여지도』의 울릉도 지도 제작에 영향을 미치게 된다. 김정호는 1861년 『대동여지도』를 제작하면서 우산도가 울릉도의 서쪽에 있다는 조최수의 기록으로 인해 우산도를 울릉도의 동쪽에 그리지 않고 아예 빼버린 것이다.

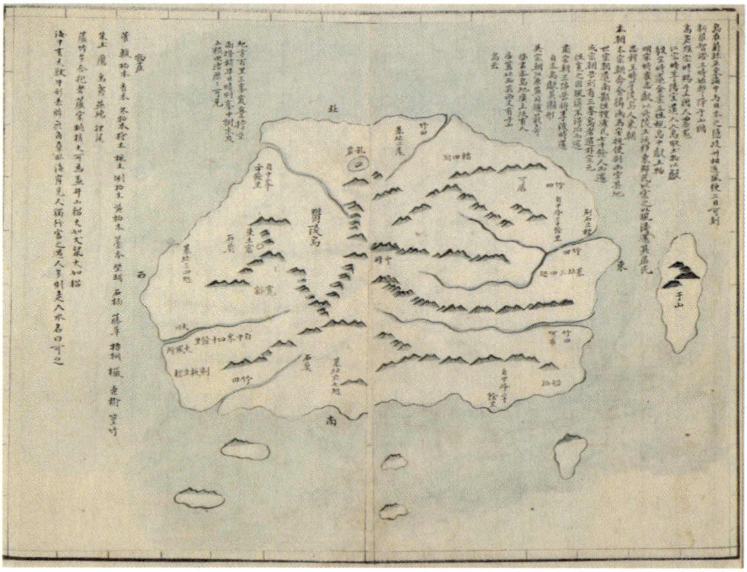

〈그림10〉 『동여도』의 울릉도 부분(일본 동양문고 소장)

30 김정호, 『여도비지』 강원도 울진현 ; 김정호, 『대동지지』, 강원도 울진.

4. 천문학과 지리학의 결합, 지세의(地勢儀)[31]

박규수는 1840년대 천문과 지리에 대한 정열적인 연구를 바탕으로 지세의를 제작했는데, 지세의를 제작한 때는 대략 1850년을 전후한 시기로 추정된다. 제작에 참고한 위원의 『해국도지』는 1845년 이후 조선에 유입되었다. 또한 박규수가 작성한 「지세의명병서(地勢儀銘幷序)」는 윤종의의 『벽위신편』과 남병철의 『의기집설(儀器輯說)』에도 실려 있는데, 이들의 저술이 1852년에서 1855년 이후의 저술로 추정되는 점을 고려한다면 대략 1850년을 전후한 시기에 지세의가 제작된 것으로 볼 수 있다.[32]

이 시기는 1840년 벌어진 중국과 영국 간의 아편전쟁의 소식이 조선에 전해지면서 서양세력에 대한 위협을 서서히 느끼던 때였다. 이에 따라 그에 대한 대응의 필요성이 대두되었고, 박규수는 그 일환으로 세계의 지리, 각국의 위치와 세력판도, 종교 등에 대한 기본 지식을 고취할 목적으로 지세의를 제작하게 된 것이다.[33]

박규수의 지세의는 아쉽게도 현존하지 않기 때문에 지세의에 관한 그의 기록인 「지세의명병서」를 통해 모습을 그려볼 수밖에 없다. 지세의는 둥근 구면에 세계지도를 그린 지구의 부분과 부속 관측도구로 크게 구분할 수 있다. 지도는 『해국도지』의 「지구정배면전도(地球正背面全圖)」를 기초로 제작한 것으로 보이는데, 경위선을 그린 다음 대륙과 해양, 지형 등을 표현한 위에 각지의 국가명을 기입하였다. 지명을 구분하여 표기하기도 했는데, 흑색은 현재 명칭, 적색은 과거 명칭, 청색은 음역(音譯)된 서양어 명칭을 나타냈다. 간색(間色)으로는 서양의 각종 종교를 표시하

31 이 장은 졸저인 오상학(2011)의 내용을 바탕으로 작성되었다.

32 金明昊(1996), 246~247면. 참조.

33 孫炯富(1997), 59~60면. 참조.

였고, 적색 점으로 표시한 것은 중국 내지(內地), 적색 동그라미는 중국의 책봉국가에 해당하는 번봉(藩封)을 나타낸다.[34] 『해국도지』에 수록된 지구도와는 달리 채색을 사용하여 다양한 내용을 수록한 점이 돋보인다. 그러나 이와 같은 세계지도를 그리기 위해 지구의 제작용 지도를 사용하지는 않았던 것으로 보인다. 아담 샬의 『혼천의설』에 수록된 지구의용 지도를 사용한 흔적은 전혀 보이지 않는다. 이보다는 『해국도지』에 실린 지구도를 기초로 구면상에 직접 그린 것으로 볼 수 있는데, 각종 채색과 기호를 사용하여 지명과 종교 등을 구분하여 표시한 것은 그의 독창적인 방법으로 볼 수 있다.

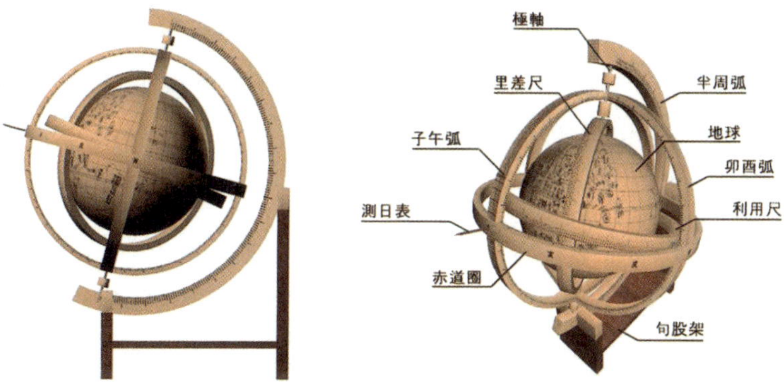

〈그림11〉 박규수가 제작한 지세의의 복원도.
(출처 : 김명호, 『환재 박규수 연구』, 창비 2008, 도판)

부속 관측도구 부분을 보면 먼저 남북 양극에 회전하는 축을 설치하고, 이 축을 반주호(半周弧 : 반원 형태의 고리)와 구고가(句股架 : 직각 삼각

34 朴珪壽 『瓛齋集』 卷4, 「地勢儀銘幷叙」.
輒據其書 作地球儀一具 其以三百有六十分 經緯於渾圓之面 而周布河海邱陵之象者 坤輿之全體也 環列國地 墨以識之者今名也 朱以注之者古名也 以青者夷語也 以間色者西夷之雜教也 點朱者中國之內地也 圈朱者藩封也

형 형태의 시렁)로 받치는데, 위도에 맞추어 반주호를 남북으로 움직일 수 있도록 했다. 지구의의 바깥에 천문관측을 위해 자오호(子午弧), 묘유호(卯酉弧), 적도권(赤道圈), 이차척(里差尺), 이용척(利用尺)의 둥근 쇠고리 5개와 해시계인 측일표(測日表)가 덧붙여졌다. 양극을 축으로 동서로 회전하는 자오호에는 360도와 아울러, 이지한(二至限 : 하지와 동지 사이에 해가 움직이는, 남북으로 23.5도 되는 지역)과 기후한(氣候限 : 이지한에 표시된 24절기선)을 표시했다. 지구의의 허리 부분에는 자오권과 십자로 엇갈려 묶인 적도권이 설치되었고, 적도권에는 시각과 360도가 표시되며 적도권과 자오권의 교차점에 측일표를 세웠다. 적도권보다 안쪽에 있으면서 양극을 축으로 동서로 움직이는 이차척에도 360도가 표시되었다. 이용척은 이차척과 적도권 사이에 있으며, 묘유호와 적도권의 교차점을 축으로 삼아 남북으로 움직인다. 여기에도 360도가 표시되는데 이 이용척을 자오호의 이지한에 맞추면 황도권(黃道圈)이 되고, 위도에 맞추면 지평권(地平圈)이 되는 등, 다양한 기능을 하므로 이용척이라 했던 것이다.[35]

이러한 지세의의 기능은 탁지(度地)와 측천(測天)을 겸비한 것으로서 주목적은 지구 즉, 땅을 헤아리는 것에 있고, 여타의 천문관측은 이를 보충하는 것이다.[36] 그렇다면 박규수는 지세의를 어떻게 제작할 수 있었을까? 수학, 천문학 분야에 뛰어난 식견을 지니고 있었던 남병철은 박규수가 제작한 지세의의 유래를 동한(東漢) 때 장형이 만든 지동의(地動儀)에서 찾을 수 있다고 하였는데, 이를 계승한 것은 청나라 건륭제 때 만들어진 지구의와 박규수의 지세의로 그 중에서 박규수의 지세의가 기능상 훨씬 뛰어나다고 극찬했다.[37]

35 金明昊(1996), 248~249면. 참조.

36 朴珪壽『瓛齋集』卷4,「地勢儀銘幷序」. "今是儀也 作輿圖於穹窿之體 以度地之具 而兼測天之用."

지세의의 유래를 남병철은 장형의 지동의에서 찾고 있으나 이는 그의 착오로 보인다. 우주구조론에서 본다면 장형은 혼천설을 주장했던 학자로 땅을 계란의 노른자에 비유하였다. 이러한 혼천설의 옹호자로서 장형을 고려할 때 지구의와 유사한 지동의를 제작할 만도 하나 그 가능성은 그리 높지 않다. 혼천설을 주장했던 장형은 땅의 모습을 서양의 지구설과 유사한 구의 모습으로 제시하지는 않았다. 이러한 학문적 배경으로 볼 때 장형의 지동의가 지구의와 유사하다고 보기는 힘들다. 실제로 지동의는 지구의와 같은 형태가 아니라 지진(地震)을 감지하는 지진계라는 사실을 기록에서도 확인해볼 수 있다.[38]

이와 더불어 건륭제 때 만들어진 지구의를 지적하고 있는데 기존 연구에서는 이 지구의를 『황조예기도식(皇朝禮器圖式)』에 실려 있는 지구의로 추정하였다.[39] 남병철이 언급한 지구의는 바로 『황조예기도식』에 실려 있는 것을 가리키는 것으로 보이는데 이 지구의는 건륭제 때 만들어진 것이 아니라 1708년(강희47) 이전에 제작된 것이다. 이 지구의는 중국 북경 고궁박물원에 소장되어 있는데, 기준 경선이 영국 부분에 그려진 것으로 보아 1708년 북경을 지나는 자오선을 본초자오선으로 삼기 이전인 강희제 때에 제작되었다고 추정된다.[40] 『황조예기도식』이 건륭(乾隆)

---

37 南秉哲 『圭齋遺藁』 卷3, 「地球儀說」
盖前人之作。有乾隆地球之式。然諸法之悉具。大同歟。小異歟。所未能詳焉爾云云。按自古制器象地。載於書籍者。張平子之地動儀始見。其法不傳。厥後則惟乾隆所製舊儀及是儀而已。舊儀之制。只設子午一圈。北極上加時盤。黃赤二道。畫於球面。若論二儀之用。其求時刻則理同而法不同。求道里則舊儀只憑其經緯線。而是儀有經緯線。又用圈尺理同而詳約不同。而若隨測各候之遷移。斜攷諸方之遠近。又舊儀所未備也。盖是儀非徒刱出於我東。實地學之善器也。

38 『後漢書』 卷59, 張衡列傳. "陽嘉元年 復造候風地動儀 …… 嘗一龍機發而地不覺動 京師學者咸怪其無徵 後數日驛至 果地震隴西 於是皆服其妙."

39 金文子(1980), 158면.

40 曹婉如 外(1997), 도판2, 3 해설 참조. 강희제 때 제작된 지구의와 『황조예기도식』에 수록

연간(1735~1796)에 간행되었기 때문에 남병철은 여기에 수록된 지구의도 당연히 건륭 연간에 제작된 것으로 보았던 것이다.

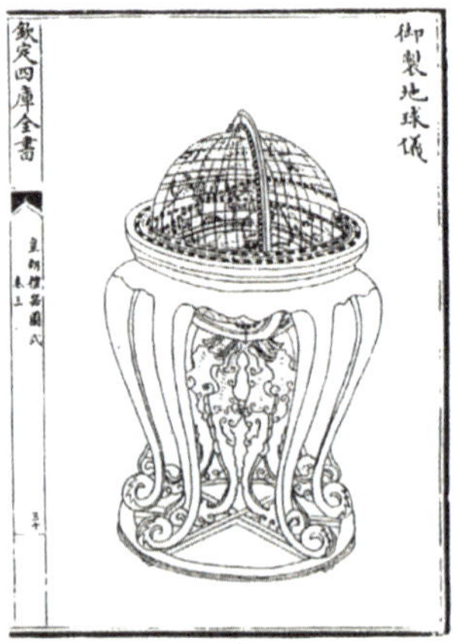	
『황조예기도식』에 수록된 지구의	강희제 때 제작된 지구의 (중국 북경 고궁박물원 소장)

〈그림12〉 중국의 지구의

『황조예기도식』에 수록되었던 지구의를 보면 박규수의 지세의와는 많은 차이가 있음을 알 수 있다. 박규수의 지세의에서는 다양한 관측기구가 설치되어 있었으나 중국의 지구의에는 지평권, 자오권, 그리고 북극 부분에 시각반(時刻盤)이 부속 기구로 장치되어 있다. 이러한 지구의의 모습은 당시로서는 일반적인 형태에 해당한다고 볼 수 있는데 일본에서 제작되었던 대부분의 지구의들이 이와 유사한 형태로 되어 있다.[41] 이로

된 지구의를 비교해보면 전체적인 구조는 유사하지만 받침대의 모습이 다르다. 후대에 받침대를 새로 제작했을 수도 있지만 확실치는 않다.

41 秋岡武次郎(1988), 193~195면. 참조.

볼 때 다양한 관측기구들을 장치한 박규수의 지구의는 보통의 지구의와는 다른 그의 독창적인 발명품으로 보아야 할 것이다. 그의 뛰어난 천문·지리적 식견과 이전 시기 평혼의와 간평의 제작 경험은 지세의 제작에 밑거름이 되었음은 물론이다.

박규수의 지세의와 같은 지구의 제작 사례는 전통적인 천원지방의 세계관이 지배하던 조선시대에는 매우 드물다. 지구의 제작과 관련된 단편적인 기록은 정약용(丁若鏞)에 보낸 정약전(丁若銓, 1758~1816)의 편지에서 보인다. 정약전은 정약용의 중형(仲兄)으로 서학에 조예가 깊었던 인물이다.[42] 1801년 신유사화에 사학죄인으로 연루되어 흑산도에 유배되었는데 강진에 유배와 있던 정약용과 서신을 통해 학문적 교류를 했다. 그는 지도제작에도 관심이 많았는데 전통적인 방격법(方格法)보다는 경위선법에 입각한 지도를 구상하고 있었다. 특히 경위선 그리는 방법을 궁구하는 과정에서 지구의를 만들고자 했다. 나무를 깎아서 적도 및 경위선을 긋고 곤여도(坤輿圖)의 내용을 옮겨 그려 지구의를 제작하려 했으나 완성하지는 못했다.[43] 그러나 정약용과의 학문적 교유를 통해 지구설을 심도 있게 이해하였고 이를 통해 경위도에 입각한 지구의의 제작까지 고려했던 것은 당시 지도학의 수준으로 볼 때 높이 평가할 만하다.

현재 조선시대 제작된 지구의는 2점 정도만이 알려져 있다. 하나는 고려대학교 박물관에 소장된 혼천시계에 있는 지구의고 다른 하나는 숭실

42 정약전의 학문에 대해서는 다음을 참조. 徐鍾泰(1992), 「巽菴 丁若銓의 實學思想」, 『東亞研究』 24集.

43 『與猶堂集(奎11894)』 24冊, 續集4, 巽菴書牘, 答茶山. "日本圖盛京圖 眞是寶玩須深藏勿失也 地圖之縱横層架 亦自要妙 然於地志所載 若知一處之北極出地 則以此而推之四方可作經緯線 盛京之北極 亦不可考耶 凡經緯之法 緯線至易 經線最難 蓋自極至赤道 漸豊之勢 有難執定 故余於在家欲削木爲地毬儀 劃經緯線 移摸坤輿圖 中剖爲赤道 以便要覽 有志未就耳."

대학교 한국기독교박물관에 소장된 청동 지구의다.

고려대 소장의 혼천시계는 1669년 송이영(宋以頴)이 제작한 것으로 알려져 있다. 혼천시계는 길이 120cm, 주요 부분의 높이 98cm, 폭이 52.3cm 크기의 나무로 된 궤 속에 들어 있다. 시계 장치와 혼천의의 두 부분으로 이루어져 있고, 혼천의의 중앙에는 지구의도 설치되어 있다. 혼천의의 직경은 약 40cm이고 그 중심에 위치한 지구의의 직경은 8.9cm 이다.[44] 혼천의의 중앙에 설치된 지구의에는 조선, 청국, 일본 등을 중심으로 한 아시아 대륙, 유럽 대륙, 아프리카 대륙, 아메리카 대륙 등의 주요 대륙과 대동양(大東洋), 태평양, 대서양 등의 대양, 그리고 경위선이 그려져 있다. 지도의 투영법은 적도에 중심을 둔 평사도법처럼 보이나 경선 간격이 주변으로 가면서 넓어지지 않고 동일하다. 남회인의 『곤여전도』처럼 오세아니아 대륙이 남극 대륙과 분리되어 그려져 있어서 마테오 리치의 지도보다는 후대의 지도를 기초로 제작했음을 알 수 있다.[45] 지도의 형태나 지명들이 1834년에 제작된 최한기의 『지구전후도』와 일치하고 있어서 19세기 중반 무렵에 제작된 것으로 보인다. 그러나 혼천시계의 지구의는 혼천시계의 한 부속으로 단독 지구의라 보기는 어렵다.

숭실대학교 소장의 청동 지구의는 현존하는 조선시대 유일의 단독 지구의로 최한기가 제작한 것으로 추정된다. 최한기는 서구식 세계지도 제

---

44 全相運(1963), 7면. 여기서는 송이영의 혼천시계가 지금의 고려대학교 박물관에 소장된 구체적인 경위에 대해서는 언급이 없고 단지 인촌 김성수의 기증에 의해 전해진 사실만 지적하였다.

45 세계지도에 오세아니아 대륙이 남방대륙(Terra Incognita)에서 분리되어 표현되기 시작한 것은 1600년 이후 네덜란드인의 탐험 성과가 반영된 결과이다. 특히 네덜란드 탐험가 타스먼(Abel Janszoon Tasman)은 1642에서 1644년에 걸쳐 오세아니아의 북부와 서부 연안을 항해하면서 오세아니아 대륙이 남방대륙과 분리되는 점을 분명히 했는데, 이 탐험의 결과는 1648년 네덜란드 지도제작자 블라외(Jan Blaeu)가 제작한 세계지도에 처음으로 반영되었다(스켈톤 저, 안재학 역(1995), 268~277면. 참조).

작의 경험을 바탕으로 지구의도 제작했던 것으로 전해진다. 지구의에 그려진 세계지도는 최한기의 『지구전요』에 실린 「지구전후도」와 동일하여, 『지구전요』의 저술 시기인 1857년을 전후하여 최한기가 제작한 것으로 추정되고 있다.[46]

지구의는 직경 24cm 정도의 크기로 제작되었다. 10도 간격으로 경선과 위선이 있고, 북회귀선과 남회귀선, 황도를 표시하고 있다. 황도에는 하지, 동지 등 24절기가 새겨져 있다. 느티나무를 파서 사발 모양의 받침대를 만들고 청동으로 만든 360도의 눈금을 새긴 둥근 고리를 받침 위에 붙여놓았다. 360도 눈금이 있는 둥근 고리는 지구의가 들어갈 수 있을 정도의 크기로 만들었고, 지구의의 남북 축을 수평으로 올려놓도록 고안되어 있다.

혼천의의 지구의
(고려대학교 박물관 소장)

청동 지구의
(숭실대학교 한국기독교박물관 소장)

〈그림13〉 조선후기 지구의

46 李燦(1991), 도판 26.

지구의에 새겨진 지도의 형태와 내용은 최한기의 『지구전요』에 수록된 「지구전후도」와 흡사하다. 그러나 일부 차이가 있는데, 『지구전요』의 세계지도에 없는 황도가 그려져 있고 거기에 24절기를 배치했다. 『지구전요』의 세계지도에 그려진 북극권과 남극권은 지구의에 표시되지 않았다. 황도가 그려져 있지만 북극권과 남극권이 표시되지 않은 점은 1834년 『지구전후도』와 동일하다. 이러한 사실로 볼 때, 청동 지구의는 1834년 최한기의 『지구전후도』와 『지구전요』의 「지구전후도」를 기초로 제작되었다고 할 수 있다.

박규수의 지세의가 현존하는 이들 지구의와 연관이 있는 것 같지는 않다. 박규수가 최한기와 친분이 있는 것도 아니고 박규수의 지세의는 『해국도지』의 지도를 바탕으로 제작되었기 때문이다. 따라서 박규수의 지세의는 그가 독창적으로 고안하여 제작한 것으로 볼 수 있다.

이와 같은 지세의를 제작한 박규수는 서양의 지구설을 어떻게 이해하고 있었을까? 더 나아가 지리적 세계를 어떻게 인식하고 있었을까? 중화적 세계관을 극복하고 있었을까? 이러한 물음에 대한 답은 바로 그가 가진 세계인식의 성격을 말해주는 것이기도 하다. 앞서 언급했듯이 이전 시기 북학파의 전통을 이어받은 박규수는 천문, 역법, 지리를 비롯한 서양의 학문을 통해 전통적인 천원지방의 사고를 극복할 수 있었고, 서양 세력이 밀려오는 시점에서는 지구의를 직접 제작하여 세계의 지리와 정세를 고취하고자 했다.

그러나 그도 이전의 실학자들처럼 문화적 중화관에서 탈피하기는 어려웠다. 박규수는 서양의 지구설도 애초 중국의 『주비산경』에 근원을 둔 것이라 하여 중국기원설을 지지하였다. 더 나아가 서양의 오대주설을 비판함과 동시에 고대의 『산해경』, 『목천자전』, 추연의 지리학설이 타당한 점이 있다고 하면서 대구주(大九州)의 명칭이 확립되면 오대주(五大洲)라는 이어(夷語)의 명칭은 삭제해도 된다는 견해를 피력했다. 이것은 중화 문명, 성인의 도에 대한 확신으로 결론을 맺고 있는 「지세의명병서」에서도 잘 드러난다. 이처럼 이전 시대 실학을 착실히 계승, 발전시켰으면서도 화이사상(華夷思想)으로 회귀한 것은 중화적 세계관에서 탈피하지 못한 당시 실학의 한계를 반영하는 것이기도 하다.[47]

이러한 시대적, 개인적 한계에도 불구하고 그가 만든 지세의는 이후 김옥균을 비롯한 개화파들의 세계인식을 바꾸는 데 중요한 역할을 담당했던 것으로 보인다. 그는 말년에 김옥균이 방문하자 직접 지구의를 돌려 보이면서 "어느 나라든지 가운데로 돌리면 중국(中國)이 된다"고 하여 중화사상을 불식시키는 데 지구의를 활용했다.[48] 박규수의 지세의는 문헌으로 확인되는 조선 최초의 단독 지구의로서 최한기가 제작한 것으로 추정되는 청동 지구의와 더불어 전통적인 인식을 극복하는 데 중요한 역할을 담당했던 것으로 평가된다.

5. 맺음말

박규수는 내우외환에 직면한 19세기에 실학의 전통을 계승하고 발전시켰던 대표적인 학자이자 관료였다. 실사구시적 학문 태도를 지니고 일찍부터 천문과 지리에 관심을 갖고 탐구하였다. 『주역』 「계사전」에 "우러러 천문을 보고 아래로 지리를 살핀다(仰以觀於天文 俯以察於地理)"는 구절에서 드러나듯이 천문과 지리는 동아시아의 전통과학의 근간을 이

47 金文子, 앞의 논문 161~162면.

48 丹齋申采浩全集編纂委員會 編(1987), 384면.

룬다. 그는 18세기 이래로 축적된 서양의 과학지식을 탐구하여 지구설을 받아들이고 이에 기초하여 북극고도를 측정하고 노인성과 같은 별자리를 관측하기도 했다. 천문학에 대한 관심은 천문의기의 제작으로 이어져 평혼의, 간평의와 같은 의기를 직접 제작했다. 지리에 대한 탐구는 지도제작으로 이어져 평안도 용강 현령으로 재직할 때 김정호의 『청구도』의 사본인 『동여도』를 제작했다. 아울러 천문학과 지리학적 지식을 결합하여 지세의라는 독특한 지구의를 만들어냈다. 이러한 천문, 지리학의 업적을 평가하면 다음과 같이 정리할 수 있다.

첫째, 박규수의 천문, 지리학에 대한 탐구는 관직으로 진출하기 이전 시기인 30대의 젊은 시절에 이루어진 것으로 보이며 지방관으로 부임한 40대 전반기에 천문의기, 지도, 지세의 제작으로 결실을 맺게 되었다. 그러나 40대 중반 이후로는 지속적인 관직 생활로 인해 천문, 지리학에 대한 학문 탐구가 계속 이뤄지지 못하는 아쉬움이 있다.

둘째, 서양 과학에 대한 이해를 바탕으로 북극고도의 측정과 노인성의 관측이 이루어졌는데, 전라도 부안에서의 노인성 관측은 조선시대 초유의 일로 평가된다. 동양에서 노인성은 수성(壽星)으로 인식되어 이를 관측하려는 노력이 오래전부터 행해졌으나 실제 관측에 성공한 사례는 많지 않다. 이지함의 경우도 제주도 한라산까지 오르며 노인성을 보려 했으나 실패했다는 말이 전해진다. 박규수의 경우 노인성에 대한 정확한 지식을 토대로 관찰하여 그 결과를 세밀하게 묘사하였다. 아울러 중국에서 들여온 서학서들을 탐구하여 평혼의와 간평의와 같은 천문의기를 직접 제작하였다. 이러한 천문의기는 기존의 것을 그대로 베낀 것이 아니라 박규수가 조선에 맞게 독창적으로 개량한 것이다.

셋째, 지리에 대한 관심이 지도제작으로 이어지면서 평안도 용강 현령으로 재직할 때 오창선과 안기수의 도움으로 『동여도』를 제작하였다. 『동여도』는 1834년 제작된 김정호의 『청구도』를 필사한 지도로 박규수 자신의 독창적인 지도는 아니다. 그러나 박규수의 『동여도』는 현존하는 『청구도』의 다른 이본들과 비교해 볼 때 가장 뛰어난 선본으로 평가된다. 지형 지세를 표현한 세밀한 필체, 기호의 사용, 지역과 관련된 다양한 주기와 지역 통계자료의 수록 등은 『동여도』의 가치를 더욱 높여준다.

넷째, 박규수가 제작한 지세의는 그의 천문학적 지식과 지리학적 지식이 통합된 독창적 작품으로 평가된다. 즉, 측천과 측지의 기능이 결합된 것으로 당시 동아시아에서 유사한 것을 찾아보기 힘들다. 이는 천문과 지리에 대한 부단한 탐구와 평혼의, 간평의와 같은 천문의기의 제작 경험, 『동여도』와 같은 지도제작의 경험 등이 어우러져 가능했던 것으로 평가할 수 있다.

參考文獻

『後漢書』

『崇禎紀元後四壬子式司馬榜目』

金正浩, 『輿圖備志』, 『大東地志』

南秉哲, 『圭齋遺藁』

朴珪壽, 『瓛齋叢書』, 『瓛齋集』

申景濬, 『旅菴遺稿』

尹宗儀, 『闢衛新編』

韓章錫, 『眉山集』

『東輿圖』(일본 동양문고 소장)

『東輿圖』(일본 텐리대 도서관 소장)

김명호(1996), 「박규수의 '地勢儀銘幷叙'에 대하여」, 『진단학보』 82, 진단학회.

김명호(2005), 『초기 한미관계의 재조명』, 역사비평사.

김명호(2008), 『환재 박규수 연구』, 창비.

문중양(2008), 『우리역사 과학기행』, 동아시아.

배우성(1998), 『조선후기 국토관과 천하관의 변화』, 일지사.

배우성(1999), 「정조시대 동아시아 인식의 새로운 경향」, 『한국학보』 94.

배우성(2011), 「19세기 조선사회와 대동여지도」, 『대동여지도 150주년 기념 종합학술대회 발표논문집, 대동여지도에 길을 묻다』.

徐鍾泰(1992), 「巽菴 丁若銓의 實學思想」, 『東亞硏九』 24集.

孫炯富(1997), 『朴珪壽의 開化思想硏究』, 一潮閣.

丹齋申采浩全集編纂委員會 編(1987), 『改訂版 丹齋申采浩全集』, 을유문화사.

스켈톤 저, 안재학 역(1995) 『탐험지도의 역사』, 새날.

양보경(2015), 「일본 동양문고(東洋文庫) 소장 한국본 고지도 연구」, 『대한지리학회지』 50-6, 대한지리학회, 717~734면.

양보경(2011), 「〈대동여지도〉, 역사에서 미래로」, 『대동여지도 150주년 기념 종합 학술대회 발표논문집 : 대동여지도에 길을 묻다 1861~2011』, 2~17면.

오상학(2003), 「조선시대의 일본지도와 일본 인식」, 『대한지리학회지』 제38권 제1호, 대한지리학회.

오상학(2011), 『조선시대 세계지도와 세계인식』, 창비.

이기봉(2009), 「《청구도》 이본 4개 유형의 제작 시기에 대한 검토」, 『한국지역지리학회지』 15-2, 한국지역지리학회.

이상태(1999), 『한국고지도발달사』, 혜안.

李燦(1991), 『韓國의 古地圖』, 범우사.

장상훈(2009), 「〈청구도〉 이본 비교 시론」, 『한국고지도연구』 1-1, 한국고지도연구학회, 19-30면.

全相運(1963), 「璇璣玉衡(天文時計)에 對하여」, 『古文化』 2집.

崔奭祐(1997), 「전근대 傳統 知識人의 對西洋 인식」, 『國史館論叢』 76, 國史編纂委員會, 246~247면.

河宇鳳(1997), 「實學派의 對外認識」, 『國史館論叢』 76, 國史編纂委員會, 272~273면.

曹婉如 外 編(1997), 『中國古代地圖集 : 淸代』, 文物出版社.

金文子(1980), 「朴珪壽の實學 : 地球儀の製作を中心に」, 『朝鮮史研究會論文集』 17集.

秋岡武次郎(1988), 『世界地圖作成史』, 河出書房新社.

박규수의 북촌 시사 활동

– 시사 동인들의 자료를 중심으로

김용태 | 성균관대학교 한문학과 교수

1. 머리말

2. 은둔기 박규수의 시회활동

3. 철종 시절 박규수의 시회활동

4. 고종 시절 북촌시단의 동향

5. 맺음말

1. 머리말

환재 박규수(1807~1877)는 19세기를 대표하는 학자이자 경세가라 할 수 있다. 그는 천문·지리·수학·예학·금석·고증 등 각 방면에서 탁월한 업적을 남겼고 문학 방면에서도 높은 성취를 이루었으니, 23세 때 지은 장편시 「봉소여향(鳳韶餘響)」과 「숙수념행(孰遂念行)」은 그에게 시인으로서의 명성을 얻게 하였다. 또 그의 첫 저작인 『상고도 회문의례(尙古圖會文義例)』를 통해서는 빼어난 예술적 산문을 선보인 바 있다.[1] 그렇지만 박규수 스스로 문학 방면에 그다지 큰 힘을 기울이지 않았으므로[2] 그가 남긴 업적 가운데 문학을 본령으로 삼을 수는 없다.

하지만 그가 남긴 시문(詩文)에 대해서는 19세기 문학사의 견지에서 그 성취를 온당하게 평가하고 자리매김해 주어야 마땅하다. 또 전통시대 문학 활동이란 것이 단순히 작가의 사상과 감정을 표출하는 것에 그치지 않고, 시회(詩會)나 동인(同人)들과의 결속을 매개로 하여 사회적 행위로 확장되는 측면이 존재하므로 '박규수'라는 인물에 대한 이해를 넓히기 위해서도 시문 교류 등 문학 방면에 대한 연구를 소홀히 할 수는 없을 것이다.

지금까지 이루어진 박규수 연구의 결정판이라 할 수 있는 김명호 교수의 『환재 박규수 연구』(창비, 2008)에서도 문학 방면에 상당한 비중을 두어 충실한 연구가 이루어졌다. 그 결과 박규수가 상당한 문학적 재능을 지니고 있었으며, 다작(多作)이라 할 수는 없지만 빼어난 작품들이 적지 않게 창작되었음이 충실히 밝혀질 수 있었다. 그런데 이 연구에 있어 두

1 김명호(2008a), 104~134 ; 173~180면 참조.

2 김명호(2008a), 268면 참조.

가지 아쉬운 점을 지적할 수 있다. 하나는 박규수의 만년기라 할 수 있는 고종대의 상황에 대해서는 연구가 이루어지지 않았다는 점이고, 둘째는 박규수의 시회 활동을 분석할 때 박규수와 함께 어울렸던 인물들의 관련 자료가 광범하게 수집되고 소개되어 있기는 하지만 지면의 제약으로 인해 자세하게 다루어지지는 못했다는 점이다. 박규수의 작품을 소개하고 분석하기에도 지면이 부족했던 것이라 짐작이 되는데 이 부분에 대해서는 후속 연구가 반드시 필요한 상황이다.

이에 본고에서는 위의 두 가지 사항에 착목하여 연구를 진행하였다. 첫째, 박규수의 시회 활동을 분석하되 선행연구에서 본격적으로 다루지 않았던 관련 인물들의 자료를 중점적으로 살펴봄으로써 박규수라는 인물이 그 주변인들에게 어떻게 비추어졌는가를 살펴보는 동시에 이들의 문학 활동이 어떤 성격이었는지를 규명하고자 하였다. 또 고종대 박규수의 시회 활동이 어떻게 이루어졌는지 구체적으로 파악하고 그 문학적, 정치적 의미를 규명하였다.

이러한 작업은 박규수를 비추는 거울과 같은 역할을 할 것으로 기대된다. 박규수가 남긴 자료를 통해 박규수를 이해하는 것도 중요하지만, 주변 인물들에 비친 박규수의 모습을 통해서도 박규수의 또 다른 모습을 이해하게 될 것으로 기대되는 것이다. 나아가 이들의 문학 활동을 통해 19세기 문학사, 구체적으로는 당시 서울 북촌 문단의 분위기를 구체적으로 이해하고 이에 담긴 정치사적 의미도 짚어볼 수 있을 것이다.

그런데 본론에 들어가기에 앞서 본고의 제목에 쓰인 '북촌 시사'라는 용어에 대해서 먼저 설명할 필요가 있겠다. '북촌시사'는 필자가 조면호(趙冕鎬)에 대한 연구를 진행하면서 학계에 처음 제안했던 용어인데, 아직은 널리 활용되지 못하고 있다.[3] 필자는 '북촌시사'를 '북촌'[4]이라는 공간적 무대에서 19세기 초반부터 후반에 이르는 동안에 벌어졌던 여러 단

컨대 대원군이 적극 후원하였던 북촌에서의 시회들은 다분히 정치적 성격의 모임이었다고 보아야 할 것이다.

이외에도 19세기 서울에는 '북사(北社)' 외에 낙산 아래를 중심으로 한 '동사(東社)'와 남산 아래를 중심으로 하는 '남사(南社)'가 존재하고 있었고, 각 시사는 상대방의 시사를 인식하고 있었으며 상호 교류도 하고 있었다. 향후 이러한 점들을 포괄적으로 연구하게 된다면 19세기 서울의 문학사를 기술하는 좋은 방법이 될 것으로 기대된다.

2. 은둔기 박규수의 시회활동

조선의 대문호 연암 박지원의 손자인 박규수는 어려서 부친 박종채(朴宗采, 1780~1835)의 가르침을 통해 가학(家學)을 전수받았으며, 외종조 유화(柳訸) 및 부친의 외사촌 형제인 이정리(李正履, 1783~1843)·이정관(李正觀, 1792~1854)의 지도를 받으며 문장을 닦고 학식을 넓혔다. 이러한 훈도를 입은 소년 박규수의 명성은 효명세자(孝明世子)에게까지 이르게 되고, 두 사람은 '운명적 만남'을 갖게 되었다. 그러나 대리청정을 하며 왕권강화책을 의욕적으로 추진하던 효명세자가 1830년에 급서하자 박규수 또한 세상에 나아갈 마음을 접고 긴 '은둔기'로 접어들고 말았다.[6] 은둔에 들어간 박규수는 고례(古禮) 연구에 침잠해 예학 전저(專著)인 『거가잡복고(居家雜服攷)』를 저술하기까지 하였지만 시문 창작에는 거의 힘을 기울이지 않았다.

그렇게 십여 년 세월이 흘러 1840년 무렵이 되자 박규수는 다시 시회

6 김명호(2008a), 21~77면 참조.

활동에 참여하게 된다. 박규수가 다시 시회 활동에 나서게 된 까닭을 분명히 알 수는 없으나, 이 무렵 박규수의 관심이 예학에서 경세학으로 전환되면서[7] 다시 세상에 나가야 하겠다는 생각을 품게 된 것이 아닐까 하는 추측은 해볼 수 있을 듯하다.

그런데 1840년 무렵의 시회 활동을 고찰하기에 앞서, 『숙수념』의 저자인 홍길주(洪吉周)의 아들로서 박규수의 가까운 벗이었던 홍우건(洪祐健, 1811~1866)[8]이 1829년에 지은 「박환재의 '숙수념행'을 읽고 인하여 이것을 써서 보내다(讀朴桓齋(珪壽桓卿)孰遂念行 因書以寄)」[9]를 먼저 살펴보고자 한다. 물론 이 시는 박규수가 은둔하기 직전에 지어진 작품이긴 하지만, 박규수가 심혈을 기울여 창작한 7언 104구의 장편고시 「숙수념행」에 대한 비평문으로서의 성격을 지니고 있기에 본고의 목적에 비추어 꼭 검토해야할 작품이라 할 수 있다.

이 작품은 7언 100구 장편고시의 면모를 갖추고 있어 분량 면에서도 「숙수념행」과 조응을 이루고 있다. 내용은 중국의 문학사(제1구~제50구)와 조선의 문학사(제51구~제72구)를 일별한 바탕 위에서 박규수의 문학이 어떤 성취를 이루고 있는가를 평가하는 것이다. 홍우건의 문학사 인식에 따르면 문풍은 시대를 내려올수록 퇴보하여 중국의 경우 "원명(元明) 이하로 문풍이 시들해져, 도도하게 세상이 모두 이와 같았네(元明以下文風委, 滔滔一世皆如是)"(제44 · 45구)라 하였고, 조선의 경우에는 "과거시험 잔단 문장 누가 가르친 것인가, 어린아이 적부터 배워 죽어서야 그

---

7 김명호(2008a), 제2부 제3장 "경세학으로의 학문적 전환" 참조.

8 홍우건은 자가 元龍, 호는 原泉이다. 1836년 文科에 합격, 1840년에 예문관검열이 되었고, 함경도 암행어사를 역임하였다. 1858년 이조참의에 올랐다. 1864년 고종이 왕위에 오르자 그 해 좌승지에 임명되고, 이 해에 예문관 제학을 거쳐 이조참판에 올랐다. 홍우건의 간략한 생애 및 문학론에 대해서는 김철범(2006) 참조.

9 洪祐健, 『原泉集』 권1.

치네(功令小文誰敎使, 學自髫齔死乃已)”(제67 · 68구)라고 비판적 인식을 드러내었다. 이러한 상황에서 박규수의 문장(「숙수념행」)은 경천동지의 대사건으로 묘사된다.

> 홀연 놀라네, 천지가 수미산을 둘렀는데 忽驚天地環須彌
> 그 크기가 다만 몇 곱절일 뿐이 아니어서. 其大不啻倍與蓰
> 곤륜산에서 서하의 물이 터져 나오니 崑崙決出西河水
> 세상 사람들 감히 그 끝을 엿볼 수 없네. 世人不敢窺涯涘
> (제72~75구)

여기서 수미산과 곤륜산은 박규수의 문장에 대한 비유로 보아야 하는데 '압도적 거대함'에 표현의 중점이 놓여있다는 점을 주목하게 된다. 박규수의 문장은 과거 시험에만 매몰된 조선인들의 안목으로는 도저히 가늠하기 어려울 정도로 넓고 크다는 점을 말하고 있는 것이다.

> 그 가운데 사람이 있어 치우치거나 기대지 않고 中有人兮不偏倚
> 먼지 티끌 내버리기를 낡은 신짝처럼 하네. 脫去塵垢如弊屣
> 신선의 이슬은 현묘한 정기(精氣)라, 그 골수를 단련하고 沆瀣玄精鍊其髓
> 시(詩)와 예(禮)는 곡식이라, 붓으로 밭을 가네. 詩禮稻秔筆耘耔
> 아름다운 나무 미끈하니 천 길의 가래나무요 嘉木濯濯千丈梓
> 신령한 비늘 펄떡거리니 세 길 되는 잉어로다. 神鱗潑潑三尺鯉
> (제84~89구)

이 대목은 「숙수념행」을 지은 작가 박규수에 대한 서술이라고 이해할 수 있다. '세상 사람들이 엿볼 수 없는 거대한 문학세계'를 이룩한 박규수는 홀로 우뚝하여 세속의 더러운 때가 없고, 신선술을 단련하듯 시례(詩

禮)를 닦아서 높은 가래나무나 거대한 잉어와 같은 아름다움과 신령함을 얻게 되었다는 것이다. 박규수의 시인적 면모를 문학적으로 표현했다고 할 수 있다.

『상고도』 완성되니 이는 숫돌에서 비수를 갈아냄이라	尙古圖成硎發匕
학문의 바다 넓고도 넓은데 가벼운 배로 나아가네.	學海灝灝虛舟艤
문채 나는 군자들 단란하게 모여	有斐君子其欒只
나무 아래에서 예를 강론하며 절하고 꿇어앉음 익히네.	樹下講禮習拜跪

(제95~98구)

이 대목은 박규수의 학문에 대한 내용이다. 여기에는 원주가 있으니 "『상고도』는 박규수가 지은 것이다. 또 순계(醇溪, 李正履) 댁에서 몇 사람을 모아 향음주례를 거행하였다(尙古圖, 桓卿所作. 又於醇溪宅, 聚數人, 行鄕飮酒禮)"라는 설명이 부기되어 있다. 숫돌에서 비수의 날을 벼리고 벼리듯 공력을 모아 『상고도회문의례』를 편찬하고, 고례(古禮)의 복원을 위해 실제로 지인들과 함께 예를 실습하였던 박규수의 진지한 학문 태도에 대한 증언이라 할 수 있다.

이상에서와 같이, 홍우건에게 비친 박규수는 엄청난 문재(文才)를 지닌 시인으로서 중국과 조선에서 쇠미해져만 가는 문풍을 다시 일으킬 수 있는 거대한 능력의 소유자이다. 그리고 이러한 문학의 바탕에는 독실한 학문태도가 자리하고 있다는 것이다. 물론 이것은 홍우건의 일방적 찬상이긴 하지만 우리가 박규수의 인간상을 그릴 때 문예적 측면을 간과해서는 곤란하다는 점을 강력히 환기해주고 있다 할 수 있다.

박규수가 은거기에 들어간 1830년 이후 수년 동안은 문학 활동과 관련된 기록이 보이지 않는 것으로 보아 실질적으로 절필 상태에 있었던 것으로 생각된다. 그러다가 차츰차츰 다시 시문을 통한 교유 활동에 나서게 되는데 처음에는 주로 신석희(申錫禧, 1808~1873)와 어울리며 시를 지었던 듯하다. 신석희의 본관은 평산(平山)으로 사간공파(思簡公派)[10]이며 자는 사수(士綏), 호는 위사(韋史)이다. 신석희는 그의 형 신석우(申錫愚, 1805~1865)와 함께 박규수와 친밀한 관계였는데, 이들 형제의 조부인 신광직(申光直)은 그 친형 신광온(申光蘊)과 더불어 연암 박지원의 친밀한 벗이었다.[11] 그런데 신석희 형제의 부친 신재업(申在業)과 조면호의 부친 조기항(趙基恒)은 또한 박지원의 절친한 벗이었던 김이도(金履度)의 사위였으므로 신석희와 조면호는 서로 이종(姨從)이 된다. 박규수, 조면호, 신석희는 서로 밀접한 가문적 배경을 지니고 있었다고 할 수 있다.[12]

박규수가 절필 이후 다시 짓기 시작한 거의 첫 번째 시라고 할 수 있는 「신석희와 함께 서릉호에서 달밤에 배를 띄우다(同申士綏西凌湖泛月)」(『환재집』 권3)를 보면 "거룻배에 걸터앉아 맑은 물 마주하니, 만 섬의 시름이 절반이나 사라졌네(野航橫坐對淸流, 萬斛閑愁半已休)"라고 하여 뱃놀이를 즐기는 박규수의 모습을 발견할 수 있다. 또 「그믐날 신석희가 보내준 시에 차운하다(除夕步渭師寄示韻)」(『환재집』 권3)에서는 "그대와 내가 어느덧 함께 늙어가니, 술병 두드리는 호탕한 노래를 멀리서 서로

---

10 참고삼아 조선 중기에 문명을 드날렸던 申欽은 正言公派이고, 19세기 시인으로 유명한 申緯는 文禧公派이며, 근대의 독립운동가 申翼熙는 신석희와 같은 사간공파이다.

11 김명호, 앞의 책, 208면 참조.

12 신석희는 1808년에 태어나 1834년에 진사급제하고 1848년에 증광시에 박규수와 동방으로 급제한 직후 황해도 암행어사를 다녀왔다. 이후 수찬, 교리, 직각 등의 내직에서 근무하다가 1854년 순천부사를 역임하였다. 이듬해 다시 성균관 대사성이 되어 내직으로 들어왔다가 1856년에는 영남 수재 위유사가 되어 영남지역에 다녀왔다. 이후 홍문관 부제학, 규장각 직제학 등을 역임하였고 1859년 황해도관찰사를 맡았다. 1861년에 예조판서에 올랐고 이후 형조판서, 한성부판윤, 예문관 제학 등을 역임하였다. 1871년에 수원유수가 되어 외직으로 나갔다가 이듬해 다시 봉상시 제조, 이조판서 등을 역임하였다. 1873년 향년 65세로 몰하였다.

들으리(爾我居然同老大, 擊壺豪歌遠相聞)"라고 하여 호기로운 시정(詩情)을 거침없이 노래하기도 하였다.

그런데 보다 적극적으로 박규수를 시작(詩作) 활동으로 이끈 사람은 김상현(金尙鉉, 1811~1890)이었던 것으로 보인다. 김상현의 본관은 광산(光山)으로 자는 위사(渭師, 渭士), 호는 경대(經臺)이다. 김상현은 김매순(金邁淳)과 홍석주(洪奭周)의 문하에 출입하며 문장과 학문을 닦았으며 홍우건과도 가까운 사이였다.[13] 박규수가 「내가 시 짓기를 좋아하지 않는다고 김상현이 조롱하기에 곧 100운을 지어 오해를 푼다(渭師嘲余不喜作詩 輒以一百韻解之)」(『환재집』 권3)라는 시를 짓기까지 하였던 데서[14] 두 사람 사이에 어떤 일이 있었는지를 짐작해 볼 수 있다. 당시 김상현이 박규수를 어떻게 인식하고 있었는가 하는 점이 다음 시에 드러나고 있다.

북산에 명가 모여 있어	山北聚名家
아름다운 말로 서로 찬연히 꽃피우네.	佳言互粲花
견주어 보매 오리와 학의 비유 경계하고	較看戒鳧鶴
서로 양보하매 물고기와 까마귀의 예를 따르네.[15]	相讓禮魚鴉
순임금의 도구들을 추측한 그림이 세밀하고	虞器推圖細
주나라 치마 삭폭이 비스듬하네.	周裳削幅斜
이는 유자의 일에 가깝거늘	近於儒者事
어찌 나는 그 경지를 헤아리지도 못하나.[16]	奈我莫窺涯

13 김상현은 음보로 출사하여 청양 현감, 증산 현감, 영평 현감 등을 지내다가 1859년 증광시에 급제한 후 대제학, 평안 감사, 이조 판서 등을 역임했다. 김명호, 위의 책 205면 참조.

14 이 시의 상세한 분석에 대해서는 김명호, 위의 책, 227면 참조.

15 제3구의 '戒鳧鶴'은 『莊子』, 「騈拇」의 "오리의 다리가 비록 짧지만 이어 붙이면 근심하고, 학의 다리가 비록 길지만 자르면 슬퍼한다(鳧脛雖短, 續之則憂, 鶴脛雖長, 斷之則悲)"에서 가져온 표현이고, 제4구의 '禮魚鴉'는 물고기와 새가 질서 있게 열을 지어 이동하므로 이들에게서 예를 배운다는 뜻이다.

시 제목이 「무술년(1838) 섣달그믐날 비오는 가운데 두보의 '수세(守歲)'[17] 시를 차운하다」이므로 이 시가 지어진 시간적 배경을 알 수 있고, 제1구를 통해 공간적 배경도 알 수 있다. '북산'은 서울 중심부의 '북촌'을 달리 이르는 말인데, '명가가 모여 있다'는 표현에서 당시 '북촌'의 이미지가 어떠한 것이었는지 알 수 있고 또 북촌에 대한 김상현의 자부심도 읽어낼 수 있다. 제5·6구는 박규수의 학문을 칭송하고 있다. 여기에는 원주로 "사연(士淵, 尹宗儀)은[18] 『상서도해(尙書圖解)』를 엮었고, 박규수는 『거가잡복고(居家雜服攷)』를 저술하였다(士淵輯尙書圖解 桓卿撰居家雜服攷)"라는 설명이 있어 김상현이 박규수와 윤종의의 저술 현황을 잘 파악하고 있었음을 알 수 있다. 김상현은 박규수의 『거가잡복고』와 윤종의의 『상서도전변해(尙書圖傳辨解)』를 거론하며 이들이 각각 '예학'과 '상서학'에서 깊은 조예를 이루었음을 시적 표현으로 나타내고 있으며, 시의 말미에서 자신은 이들의 학문을 도저히 따라갈 수 없다는 겸손의 뜻을 드러내면서 작품을 마무리하였다. 박규수는 『거가잡복고』 이외에도 『상고도회문의례』 등의 전저(專著)가 있고, 윤종의는 『상서도해』 이외에도 『벽위신편(闢衛新編)』 등의 전저가 있는바 이 두 사람이 당시

---

16 金尙鉉, 『經臺詩存』, 「戊戌除夕雨中 次老杜守歲韻」, 성균관대 존경각 소장본. 이 시는 총8수로 이루어져 있는데 인용한 시는 제6수이다. 『경대시존』은 권차가 나뉘어 있지 않고, 면수도 나와 있지 않아 출처를 자세히 소개할 수 없다는 난점이 있다.

17 杜甫의 원운 제목은 「杜位宅守歲」이다. 이 시는 두보가 39세 섣달그믐날 친척 형제들과 과세하며 지은 것이다. 그 본문은 다음과 같다. "守歲阿戎家, 椒盤已頌花. 盍簪喧櫪馬, 列炬散林鴉. 四十明朝過, 飛騰暮景斜. 誰能更拘束, 爛醉是生涯."

18 윤종의의 본관은 파평이고 자는 士淵, 호는 淵齋 또는 鈐山이다. 윤종의도 효명 세자의 급서 후 은거하며 지내다가 1852년 무렵부터 음직으로 김포 군수, 옥구 현감 등 지방관 생활을 오랫동안 하였다. 윤종의의 학문저술에 대해서는 김상기(1974) 참조. 그의 대표적 저술인 『闢衛新編』에 대해서는 최보윤(2006) 참조. 김상기 교수가 수집하였던 윤종의의 저술들은 현재 영남대학교 동빈문고에 소장되어 있으며, 윤종의의 시문집인 『硯北四存』은 전남대학교에 소장되어 있다.

북촌에서 학자적 명망이 높았음을 이 시를 통해 짐작해 볼 수 있다.[19]

위 시를 지은 때로부터 1년이 지난 기해년(1839) 세밑에 김상현은 다음과 같은 시를 지었다.

세밑에 술 익으니 제후로 봉해짐도 부럽지 않거니와	臘天酒熟勝侯封
사람 그림자를 황혼녘에 홀연히 만났네.	人影黃昏忽漫逢
오리 밖 푸른 산이 등불을 따르고	五里青山趁燈火
휘영청 밝은 달은 뜰의 소나무에 오르네.	二分明月上庭松
일찍이 두예와 마융의 태도와 범절이 아름다움 알았거니와	早知杜馬儀章嫺
점차 황보간과 웅안생의 주해가 많음도 깨닫네.	漸覺皇熊註解重
한번 그대의 시를 읽으니 우담바라 꽃이 나타나고	一讀君詩曇鉢現
매화 빛깔 담담한데 새벽종 울리네.[20]	槑花色澹動晨鍾

이 시의 제목은 「섣달 19일에 박환경(규수), 신치량, 홍원룡이 밤에 모이다」이므로 이때 김상현은 박규수, 신필영(申弼永, 1810~1865)[21], 홍우건과 모여 함께 시를 지었음을 알 수 있고, 시의 내용을 통해 이들이 저

---

19 李正履의 제자인 尹鍾燮이 박규수에게 보낸 편지에 "근자에 梓園(윤종의 별호－인용자)이 『벽위신편』을 보여주어 이슬에 손을 씻고 읽었습니다. 그 아래에 집사(박규수－인용자)의 발문 약간 조목이 있었는데 또한 지극 통창하고 상쾌하여 얻은 바가 매우 많았습니다. 갈무리하여 영원토록 감상하려고 합니다. 근래에 (집사께서는－인용자) 梓園과 더불어 논저한 것이 풍부한 듯하니 바라건대 的信을 인하여 보여주시어 몽매함을 깨우쳐 주심이 응당 어떠하겠습니까?(向者梓園寄示闢衛新編, 盥露玩讀, 其下有執事所跋若干條, 又極通暢逈爽, 所得甚夥然, 藏之以爲永好也, 近與梓園論著者想富矣, 幸望因的信開示。其爲發蒙。當何如哉)"(『溫裕齋集』 권3, 「與朴瓛齋(珪壽)」)라는 내용이 있어 참고가 된다.

20 김상현, 「臘月十九日朴桓卿(珪壽)申穉良洪元龍夜集」. 이 시는 7언율시 2수로 이루어져 있으며 인용문은 제2수이다.

21 신필영의 본관은 평산이고 자는 穉良, 호는 玉坡이다. 신필영은 杞園 魚有鳳의 외현손이 되는데 박규수가 어려서 지도를 받았던 척숙 李正履의 조부인 李輔天이 어유봉의 사위였으므로 신필영과 박규수는 함종 어씨가를 매개로 깊은 인연을 맺고 있었다. 신필영에 관해서는 표가령(2018) 참조.

녁나절 만나 새벽까지 함께 시주(詩酒)로 어울렸음도 짐작할 수 있다. 그런데 제5·6구의 내용이 소연하게 이해되지 않는다. 마융(馬融)과 두예(杜預)는 각각 후한(後漢)과 진대(晉代)와 저명한 경학가이고, 황보간(皇甫侃)과 웅안생(熊安生) 또한 남조와 북조의 경학가였는데, 이러한 사실이 어떤 의미로 쓰이고 있는지 분명치 않다. 아마도 짐작컨대 이때 모였던 이들이 서로를 호칭하며 경학가의 이름을 빌어 썼던 것이 아닌가 한다. 위의 무술년에 지은 시에서 김상현이 박규수와 윤종의의 학문을 높이 칭송하였던 것과 같은 맥락에서 이런 별칭을 사용하였던 것이 아닌가 생각되는 것이다. 시의 내용을 통해 볼 때, 박규수 또한 시를 지었을 것으로 생각되는데 현재 전하지는 않고 있다.

그런데 이 모임에 참석했던 홍우건의 부친 홍길주는 이들이 모인다는 이야기를 듣고는 자신도 차운시를 지었다.[22] 그 제1·2구에서 "의기는 일찍이 만호의 제후도 가벼이 여기고, 평생의 지기들 서로 만나 기뻐하네(意氣曾輕万戶封, 平生知己喜相逢)"라고 하여 젊은이들에게 큰 기대를 표명하였다. 이즈음에는 박규수도 북촌시사 젊은 세대의 일원으로 인식되지 않았을까 생각된다.

1840년 새해가 되자 김상현은 「균심당(筠心堂, 박환재의 호－원주)의 시화(詩畫) 책자에 차운하여 쓰다(次韻題筠心堂(桓卿齋號)詩畫卷(庚子))」라는 시를 지었다. 제목을 통해 볼 때, 김상현이 박규수의 집에서 시화를 보고 그 감회를 시로 표현한 것이라 볼 수 있는데, 박규수의 예술 취향의 일단을 엿볼 수 있다는 의의를 찾을 수 있는 작품이다.

---

22 홍길주, 박무영 외 역, 『항해병함(상)』, 442면. 「우건이 박환경·신치량과 위사의 서재에서 밤을 지내기로 약속하고 운을 뽑아서 시를 지었다. 그 운에 뒤좇아 차운하고 시축 끝머리에 쓰다(健兒約赴朴桓卿申穉良卜夜于渭師書巢 拈韻賦詩 追次其韻 題軸尾)」.

함초롬한 붉은 색 푸른 색 그리고 검은 색 누른 색　葳蕤朱綠又玄黃
나라의 조정에 바치는 옥과 비단의 빛깔이라.　昭薦周廷玉帛光
그림은 높이 솟은 뜰의 대나무 자태를 드러내고　畫現千尋庭竹影
시는 한 떨기 해당화 향기를 펴네.　詩開一朶海棠香
단사는 새로 이룬 솥을 훼손할까 염려되거니와　丹砂恐毁新成鼎
흐르는 물을 오래된 남상에 더하지 말라.　流水休添舊濫觴
복식 제도 논하고 거문고 타는 것은 예전부터의 일이니
雜服操縵當日事
백년 사귐의 도(道) 이어지는 북촌의 부근일세.　百年交道北山傍

시상이 쉽게 잡히지 않는데, 아마도 경련(頸聯)까지는 그림의 내용을 읊은 것으로 보인다. 수련에서는 그림의 색채가 대단히 화려했음을 짐작할 수 있고, 함련에서는 꽃과 대나무가 그림의 소재였음도 알 수 있다. 경련에서는 그림에 도인풍의 인물이 등장하고 있음을 알 수 있다. 솥[鼎]에서 단약(丹藥)을 제조하기도 하고 유상곡수(流觴曲水)를 즐기는 탈속의 경계라 할 수 있으니 이러한 분위기의 그림은 초월과 낭만을 추구하였던 동양 예술의 어떤 전형적 관념을 표현하였던 것이라 보인다. 그런데 미련(尾聯)은 이러한 예술을 즐겼던 박규수의 실제 삶과 김상현과의 우정을 노래한 것으로 보인다. 제7구는『예기(禮記)』「학기(學記)」의 "줄 다루는 법을 배우지 않으면 현악기를 편안히 다루지 못하고 …… 여러 복식 제도를 배우지 않으면 예에 편안할 수 없다(不學操縵, 不能安弦 …… 不學雜服, 不能安禮)."는 구절에서 차용한 표현인데, 박규수의『거가잡복고』를 연상시키기도 한다. 미련은 학문과 예술에 힘쓰는 북촌 사대부의 전통 속에서 박규수와 김상현은 우정을 이어가고 있다는 인식이 표출된 것으로 볼 수 있을 듯하다.

위의 시를 지은 무렵 김상현은 또「박규수에게 시를 지어 보내다(吟寄

桓卿)」라는 시도 지었다.

동쪽 산의 안개 낀 풀에 시심(詩心)은 솟아나고　卯山煙艸漾吟魂
띠집을 바라보니 벽돌로 문을 만들었네.　指點茅堂甓作門
미불(米芾)이 그린 바위의 준법(皴法)은 푸른 하늘빛이요
大米石皴空綠色
구양순(歐陽詢)의 책상엔 경황지 흔적 남았네.　率更書榻硬黃痕
하정과 은례를 전하는 분분한 천권의 서적[23]　夏正殷禮紛千卷
주옹(周顒)은 북쪽, 장융(張融)은 남쪽 마을에 각기 있네.[24]
周北張南各一邨
홍이 올라 흔연히 다리 위로 가니　意到欣然橋上去
빗긴 바람에 가랑비 내리는 것 개의치 않네.　斜風細雨不須論

이 시는 김상현이 홍에 올라 박규수의 거처를 찾아갔던 상황을 노래한 것으로 보인다. 그런데 제2구에서 박규수의 집을 묘사하면서 벽돌로 문을 만들었다는 표현에 주목하게 된다. 박규수의 조부 박지원이 서울 계산동에 중국식의 벽돌집을 지었었다는 것은 널리 알려진 사실인데, 김상현이 찾아간 집이 바로 그 벽돌집이라고 생각된다. 다만 지붕은 초가였던 탓에 '띠집'이라 표현한 것이다. 제3,4구는 박규수의 서화(書畫) 취미를 노래한 것이 분명하고, 제5구는 박규수가 고대의 제도와 예법을 연구

---

23 夏正은 하나라의 曆法을 지칭하고, 殷禮은 은나라의 예법을 지칭한다. 일찍이 공자는 "은나라는 하나라의 예를 인하였으니 무엇을 덜고 보태었는지 알 수가 있고, 주나라는 은나라의 예를 인하였으니 무엇을 덜고 보태었는지 알 수가 있다. 따라서 혹시 주나라를 잇는 자가 있다면, 비록 백세의 뒤라도 알 수가 있다(殷因於夏禮 所損益可知也 周因於殷禮 所損益可知也 其或繼周者 雖百世可知也)"고 말한 바 있다. '하정'과 '은혜'는 동양문화의 기반이 되었다고 말할 수 있다.

24 중국 南朝 때의 張融과 周顒은 모두 당대의 명사였는데 나란히 이웃하여 살았다고 한다. 여기서는 박규수와 김상현이 이웃에 살았던 것을 비유한 것으로 볼 수 있다.

하기 위해 수많은 서적을 벌여놓았던 모습일 것이다. 시의 결말은 두 사람이 의기투합하여 비를 무릅쓰고 밖으로 나서는 모습이라 생각된다. 박규수에게도 낭만적 면모가 있었음을 볼 수 있다.

같은 해에 김상현은 「4월 6일 운고(雲皐, 徐有英, 1801~1874?)[25], 평음(枰陰), 균심(筠心), 애사(靄士, 洪祐吉)[26], 옥파(玉坡, 申弼永), 원천(原泉, 홍우건)이 와서 모였다. 균심은 근래 가볍게 병을 앓았고 원천은 승정원에서 며칠 숙직을 해서 오랫동안 모임에 나오지 못했다(四月六日 雲皐 枰陰 筠心 靄士 玉坡 原泉(洪元龍號)來會 筠心近經微痾 原泉鎖直堂后 久未預集)」라는 제목의 시를 짓고 있어 박규수가 시회 활동에 활발하게 참여하였던 사정을 알 수 있다.

또 김상현은 「5월 2일 연재(淵齋), 운고(雲皐), 평음(枰陰), 옥파(玉坡)가 함께 균심당(筠心堂)에 모여 주인 형제와 함께 '百年地僻柴門迴'을 나누어 운자로 삼아 각자 한 시체(詩體)를 짓다(五月二日 淵齋 雲皐 枰陰 玉坡 同集筠心堂 與主人兄弟 分百年地僻柴門迴 爲韻 各賦一體)」라는 시를 지은바, 이들의 모임이 지속되었던 사정도 알 수 있다. 그런데 이번 모임은 바로 박규수의 집에서 열렸으며, 두보(杜甫)의 시구(詩句)인 '百年地僻柴門迴'를 일곱 글자로 쪼개어 각자의 운자로 삼아 시를 지었다는 점에서 특색을 찾을 수 있다. 사실 앞에서 언급한 박규수의 「내가 시 짓기를 좋아하지 않는다고 김상현이 조롱하기에 곧 100운을 지어 오해를 푼다」라는 작품도 이 자리에서 지은 것이었다. 박규수는 '百'을 운자로 선택하였는데[27] 아예 구수(句數)도 '百'에 맞추어 버림으로써 농조(弄調)를 더욱 짙

---

25 서유영의 본관은 대구, 자는 子直이고 호는 雲皐이다. 서유영도 효명세자의 서거 후 긴 시간을 은거하다가 1860년에 이르러 다시 출사하였다. 思陵參奉 및 宜寧縣監을 역임하였다. 한문소설 『六美堂記』를 지었다. 서유영의 생애와 문학에 대해서는 장효현(1988) 참조.

26 홍우길의 생년은 1809년이고 몰년은 1890년이다. 본관은 풍산이고 자는 成汝, 호는 靄士이다. 청주에 전장이 있었으며, 碧初 洪命熹의 조부가 된다.

게 하였던 것이다.

김상현은 '年'을 운자로 선택하여 7언절구 8수의 연작시를 지었다. 다음은 제6수이다.

돌 빛깔은 옻칠한 듯, 세밀한 조각까지	石光如漆細雕鐫
'고(觚)가 모나지 않도다'는 탄식이 아마 그럴만했으리.	觚不觚哉疑亦然
향음주례에 석 되로 법령을 관대히 하였으니	鄉飮三升寬法令
둥글게 만듦도 정말 좋았네, 한나라 초년에.	爲圜堪好漢興年

이에 대하여는 "균심당에 석고(石觚)가 있다. 『설문해자』에 '고(觚)는 향음주례에 쓰는 술잔이다'라 하였고, 『사기』「혹리열전」에는 '한나라가 일어나자 고(觚)를 부수어 환(圜)으로 만들었다'고 하였다(筠心堂有石觚 說文觚鄉飮酒之爵也 史記酷吏傳 漢興破觚爲圜)"는 원주가 달려 있다. 이 시가 지어진 정황은 박규수의 집에 소장되어 있던 돌로 만든 '고(觚)'를 김상현이 흥미롭게 보고서 유머러스하게 표현하였던 것이라 할 수 있을 듯하다. '고'에 대해서는 『논어』의 "고(觚)가 고(觚)답지 않으면(모서리를 만들지 않으면-인용자) '고'라고 하겠는가(觚不觚, 觚哉! 觚哉!)"라는 구절이 유명하며, 이 시의 제2구가 바로 이것을 전고로 활용한 것이다. 돌로 만들었는데도 정교하게 조각까지 되어 있으니 이것을 과연 '고'라고 할 수 있겠느냐는 농담으로 읽힌다. 제3,4구는 이해하기 어려운데, '고'의 용량이 2승(升)인가 3승인가 하는 경전의 구절을 가지고 시의 재료로 삼은 듯하다. 정현(鄭玄)은 『예기(禮記)』에 주(注)를 달며 "무릇 술잔은 1승(升)은 작(爵), 2승은 고(觚), 3승은 치(觶)."[28]라 한다고 하였다. 그런데 『설문

27 마지막 구절이 "三千又三百"이다.

28 『禮記注疏』 권23, 「禮器」. "凡觴一升曰爵, 二升曰觚, 三升曰觶."

해자』에는 "향음주례의 술잔이다. 3승(升)이 들어가는 상(觴)을 고(觚)라 하기도 한다(鄕飮酒之爵也, 一日觴受三升者謂之觚)."라고 되어 있다. 2승이 3승이 된 것이다. 이것을 두고 제3구에서 법령이 '관대'해진 것이라 하고, 한나라가 건립되자 진나라의 지나치게 엄격했던 제도를 완화시키는 차원에서 각진 술잔인 고(觚)를 둥근 환(圜)으로 바꾸었다는 『사기』의 기사도 전고로 가져온 것이다. 박규수에게 보다 여유로운 태도를 지니라는 풍유를 담은 것이 아닌가 생각된다.

이 자리에서 서유영은 '門'을 운자로 하여 5언 율시를 지었고[29], 이 모임에 참석하지 못했던 홍우건은 벗들이 지은 7수에 모두 차운을 하였다.[30] 박규수가 지은 시에 대해서는 박규수의 시와 똑같은 5언고시 형식에 '百'을 운자로 썼는데 길이는 34구여서 상대적으로 짧게 지었다. 다음은 그 후반부이다.

……

내 생각건대, 풍인이 시를 짓는 의의는	我謂風人旨
다만 죽백에 남김에 있지는 않다네.	不徒在竹帛
그래서 여항의 노래도	所以閭巷謠
성인의 경적(經籍)에 오를 수 있었네.	得列群聖籍
인정이 감발함은	人情有感發
어찌 다시 예와 지금이 다르리오.	那復異今昔
서툰 자는 매양 스스로 포기하고	拙者每自暴
공교로운 자는 또한 재주에 부림을 당하네.	工者亦形役

29 徐有英, 『雲皐詩選』, 「五月 桓齋書屋 與尹淵齋(宗儀) 經臺 圭庭 玉坡 李藝林(益永) 分韻百年地僻柴門逈 得林字 賦五律」. "忽聞林鳥亂, 西日欲黃昏. 列峀唧煙景, 高城澹霧痕. 虛牕猶散帙, 歸路復傾樽. 何處再相憶, 白雲棲東門."

30 洪祐健, 『原泉集』 권2, 「渭師與諸益 訪朴筠心(桓卿一號) 席上分'百年之僻柴門逈' 賦各體 余時未與 追覽其卷而戱賦之(庚子)」.

지금 그대의 시를 읽어보니 今來讀君詩
나의 뜻을 진실로 먼저 얻었네. 我意諒先獲
원컨대 그대의 이 시를 願將君此詩
시경 삼백편 앞머리에 두고 싶네. 弁之詩三百

박규수의 「내가 시 짓기를 좋아하지 않는다고 ……」는 일종의 시론이라 할 수 있는바 "『시경』을 문학의 전범으로 받들고 시의 교화적 효용을 강조"하고 "정통적인 문학관을 피력"하는 내용을 담고 있다.[31] 홍우건은 이와 같은 박규수의 시론에 적극 찬동을 하면서, 박규수의 시 자체가 『시경』의 정신을 잘 구현하고 있다는 평을 내리고 있다. 홍우건은 박규수의 문학을 깊이 이해하고 높이 평가하였던 인물로 기억될 필요가 있겠다.

1840년 9월 9일에는 박규수가 김상현의 집을 방문하여 김상현의 조부 김상악(金相岳, 1724~1815)의 초상화를 감상하고 시를 지은 일도 있었다.[32] 이때 박규수는 "근래에는 옛 초상화 보기 좋아해, 좋은 그림 볼 때마다 미친 듯 기뻐했네(伊來好觀古圖像, 每逢佳本喜欲狂)."라고 감회를 토로하였다. 그가 예술 방면에 취향이 깊었음을 알 수 있다.

같은 해 9월 26일에는 박규수, 김상현, 윤종의, 김영작(金永爵, 1802~1868)[33] 4인이 북한산 승가사(僧伽寺) 유람을 다녀오고 함께 시도 수창하였다. 이때 이들이 지은 한시는 『북산추음권(北山秋吟卷)』이란 첩자로 묶였는데 그 실물이 전하지는 않지만, 홍길주가 지은 「제북산추음권(題

31 김명호, 앞의 책, 232면.

32 김상현, 『經臺詩存』, 「九月九日 拜曾王考章菴府君畵像 尹定叟氏 朴桓卿 尹士淵來會拈陽字同作」; 박규수, 『瓛齋集』 권3, 「經臺宅拜章庵公遺像 仍瞻明道·晦庵二先生小眞」.

33 김영작의 본관은 경주이고, 당색은 소론이다. 자는 德叟, 호는 邵亭이다. 1838년 음직으로 환로에 진출하여 예조 참의, 정주 목사 등을 역임하였고, 1858년에는 동지부사로 연행을 다녀왔다. 갑오개혁을 주도한 金弘集의 부친이다. 김영작에 대해서는 김명호(2008b) 참조.

北山秋吟卷)」이란 글은 전하고 있다.[34] 그 글에서 홍길주는 "'사람과 만물은 이처럼 작디작은데 / 하늘과 대지는 문득 높고 아스라하네'는 박규수의 시인데 스스로에 대한 평어이다(人物眇如此, 天地忽高逈' 此筠心詩自評也)"라 하였다. 이때 박규수는 떠오르는 해를 노래하기도 하고, 멀리 내려다보이는 인간 세상에 대한 감회를 펼치기도 하였는데 이러한 그의 시에는 "시대의 어둠을 물리치려는 선각자적 기상"이 느껴지고, "대자연을 배경으로 한 거시적 시야에서 세상사를 내려다보는 초연한 기풍"이 담겨 있다고 평가된다.[35]

이때 김상현이 지은 시를 보면 박규수와 같은 큰 기상은 느껴지지 않는다. 그렇지만 김상현은 나름대로 산에 오르는 것을 문장을 짓는 것과 견주는 오묘한 시상을 전개하였다.[36]

산에 노닒은 그 오묘함이 문자를 짓는 것과 같아	遊山玅如文字纂
하나만 묵수하면 곧 단점이 되네.	墨守一套卽其短
파란과 법도를 모두 갖추어야 하니	波瀾繩矩兩兼之
각지에 아름다운 곳 있기에 치우침을 하찮게 보네.	各存佳處陋偏袒
……	
명자 배 귤 유자가 모두 상큼한 맛을 내니	樝梨橘柚幷辣味
좁은 소견일랑 깎아버림을 응당 꾸물대지 말아야 하네.	剗去局見應不緩
통달한 사람은 높은 곳에 처함으로 인해 깨닫나니	通人高處因境悟
붓끝의 풍우가 나의 게으름을 채찍질하네.	毫端風雨策我懶

34 홍길주 저 · 박무영 외 역, 『항해병함(상)』, 230면.

35 김명호, 앞의 책 239면.

36 김상현, 『경대시존』, 「二十七日 自金仙菴 移宿僧伽山房」.

이 시는 '등산'과 '시론'을 절묘하게 결합하고 있다. 핵심은 '파란' 즉 '파격(破格)'과 '법도'를 모두 갖추고 있어야 한다는 것으로, 산을 오르는 곳곳에 숨어 있는 아름다움이 있으니 어느 한쪽에 치우치면 안 된다는 것이다. "명자 배 귤 유자가 맛이 서로 달라도 모두 입에 맞을 수 있다(樝梨橘柚, 其味相反, 而皆可適於口)"라는 『장자(莊子)』「천운(天運)」편의 고사를 가져와 단조로움을 비판하는 논거로 활용하였다. 이어 그 모든 것을 조망할 수 있는 높은 곳에 오른 시인이 창작에 대한 폭풍 같은 열의를 토로하며 마무리를 지었다. 이 시기 김상현이 얼마나 문학에 대한 열정을 갖고 있었는지를 생생히 느낄 수 있는데, 박규수와는 지향점이 적잖게 달랐음을 볼 수 있다.

북한산 유람을 다녀온 뒤 연말까지도 시회는 지속적으로 열렸다. 김상현의 「섣달 19일 밤에 이순계(李醇溪, 李正履)[37], 홍항해(洪沆瀣, 洪吉周), 윤침계(尹梣溪, 尹定鉉)[38], 서자직(徐子直, 徐有英), 박환경(朴桓卿, 朴珪壽), 신치량(申穉良, 申弼永), 홍원룡(洪元龍, 洪祐健), 서원예(徐元藝, 徐承輔)[39]가 나의 예역당(禮易堂)에 모여 매화를 감상하다. '溯游從之, 宛在水中央'[40]을 나누어 시를 지으니 나는 '水'자를 얻다. 그래서 기해년(1839) 겨울에 지은 '매화' 시의 옛 운을 써서 장구(長句)를 짓다」[41]라는 시를 통

---

37 이정리는 위에서 언급한 바와 같이 박규수의 부친 박종채의 외사촌형제이다. '순계'는 그의 호이고 자는 '심부'이다. 1821년 음보로 출사한 뒤 의령 현감 등을 지냈다. 1839년 동지사 서장관으로 연행을 다녀왔다.

38 윤정현(1793~1874)의 본관은 남원, 자는 季愚이고 '침계'는 호이다. 정조 임금의 총신이었던 尹行恁의 아들로, 부친의 신원이 복원될 때까지 은둔하다가 1843년 과거에 급제해 함경 감사, 이조 판서 등을 지냈다. 금석고증 및 음운학에 조예가 깊었다. 윤정현의 생애에 대해서는 김용태(2002) 참조.

39 서승보(1814~1877)는 서유영의 삼종질로 '원예'는 그의 자이고 호는 圭庭이다. 벼슬은 형조 판서에 이르렀다.

40 '溯游從之, 宛在水中央'는 『시경』, 「秦風」, '蒹葭'의 구절로 벗을 그리워하는 내용이다.

41 김상현, 『경대시존』, 「臘月十九夜 李醇溪 洪沆瀣 尹梣溪 徐子直 朴桓卿 申穉良 洪元龍

해 연말을 맞아 북촌의 선배 세대와 후배 세대들이 함께 모여 성대한 시회를 열었음을 볼 수 있다.

이듬해인 1842년에 접어들어서도 박규수의 시회 활동은 이어졌는데 이때 특기할 점은 풍석(楓石) 서유구(徐有榘)의 교외 별장에서 열리는 시회에 참여했다는 점이다. 박규수와 서유구의 교유가 이때 처음 시작되었음은 서유영이 「족형 풍석 상서(尙書)가 은퇴하여 집에서 거처하는데 밤에 홍항해, 원천, 경대를 불러 시를 지었다. 경대는 처음 시사에 들어왔다」[42]라는 제목의 시를 짓고, 이 시에 "이때 환재는 다음에 오겠다는 약속을 남기고 오지 않았다(時桓齋留約不來)"라고 달아놓은 주석을 통해 알 수 있다. 이때의 교유를 통해 박규수는 서유구의 학식과 문장에 크게 감복하였는데 특히 "공리공담이 아니라 실제적인 효용을 중시하는 '사공(事功)'과 현실생활에서 실천할 수 있는 '적용(適用)'을 강조한 서유구의 학문"에 크게 감화 되었다.[43]

서유구는 '북촌 시사'의 인물이 아니었지만 박규수나 홍우건과 같은 북촌 시사의 젊은 후배들에게 크게 존경을 받았음을 이때 지어진 시들에서 확인할 수 있다. 다음은 홍우건이 서유구에게 보내는 상찬이다.

> ……
> 규장각의 도서를 마음껏 펼쳐보며　　　　王府圖書恣搜剔
> 그 정수를 모조리 흡수해 폐부에 담았네.　　　　盡吸英華歸肝肺
> 경적에 찌가 붙어 질서정연한 십삼경이며　　　　經籤魚雅十三部

徐元藝 會余禮易堂 賞梅 分'溯游從之, 宛在水中央' 余得水字 因依己亥冬梅花舊韻 賦長句」

42 서유영, 『雲皐詩選』, 「族兄楓石尙書(有榘氏) 致政家居 夜邀洪沆瀣(吉周)丈 原泉 經臺賦詩 經臺初入詩社」.

43 김명호, 앞의 책, 223면.

사서(史書) 놓인 서가(書架)가 거대한 이십일사며	史架磊落廿一代
오거서의 허다한 학식이 흉중에 담겨	五車芸芸在胸中
넓기는 바다 같고 높기는 산과 같네.	涵如溟渤崇恒岱
천손인 직녀처럼 만폭 비단을 짜내니	織成天孫萬幅錦
광채는 번쩍번쩍 대지의 문장을 뿜어내네.[44]	光芒灼爍噓大塊
……	

서유구의 학식과 문장에 대한 칭송이 대단하다. 장자풍의 거대한 비유들을 구사하여 호방하면서도 화려하게 표현하였다. 홍우건의 눈에도 서유구의 학문이 대단하게 비쳤음을 충분히 짐작하고도 남음이 있다. 그런데 서유구 학문과 문장이 구체적으로 어떠한 점에서 훌륭한가 하는 점에 대해서는 분명히 표현되지 않았다는 점을 지적할 수 있다. 앞에 언급했듯이 박규수는 '사공'과 '적용'을 들어 설명을 하였지만, 홍우건에게서 그런 점은 찾아볼 수 없는 것이다. 이러한 점을 통해서도 박규수 학문의 경세적 지향성을 간취할 수 있다 하겠다.

그런데 박규수는 서유구와의 시회 활동 이후 또다시 절필 상태에 들어갔다. 박규수가 이 시기에 지은 시가 문집에 보이지 않고, 지금까지 언급한 벗들의 문집에서도 이 시기 이후로 박규수와 관련된 내용이 보이지 않는다. 박규수의 시회 활동은 1850년대에 가서야 다시 이어지게 된다. 박규수 본인이 상당한 예술적 자질을 타고 났으며, 시우들이 그를 문학활동으로 견인했지만 박규수의 경세적 학문태도와 문학관은 그를 다시 절필 상태로 이끌었던 것이다.[45]

---

44 홍우건, 『原泉集』 권2, 「楓石宅 小集 分'山月曉仍在' 各賦 得在字(辛丑)」. 이 시는 7언 60구의 장편고시이다.

45 김명호, 앞의 책, 603~611면, 619면 참조. 김명호 교수는 여기서 특히 고염무(顧炎武)의 영향을 강조하였다.

3. 철종 시절 박규수의 시회활동

박규수는 긴 은둔의 세월을 보낸 끝에 1848(헌종14)년에 문과에 합격하고 이듬해 용강 현령에 부임함으로써 본격적인 관직생활에 나서게 되었다. 박규수가 이때 은둔의 삶을 접기는 하였지만 시회활동에 적극적으로 참여한 것으로 보이지는 않는다. 그렇지만 궁궐에서 숙직을 할 때 동료 관원들과 시를 수창하는 자리에는 참석하지 않을 수 없었다. 『환재집』을 보면 1842년에 지은 시 이후 긴 공백을 깨고 수록된 시가 「신해년(1851) 제석 전날 밤에 옥당(玉堂)에서 숙직하는데, 사유(士綏, 신석희)도 함께 숙직하였다 ……」[46]인 것이다. 1854년(철종4) 박규수는 경상좌도 암행어사가 되어 1년여 기간을 암행어사 직임을 수행하다가 이해 12월 복명하여 동부승지에 특제되었다. 이때 박규수는 승정원에서 숙직을 하다가 소론계 관료 문인인 이삼현(李參鉉, 1807~1872)[47]과 함께 연구시(聯句詩)를 짓기도 하였다.

촛불 돋우는 승정원의 저녁	剔燭銀臺夕(瓛)
날은 싸늘하니 저녁 눈이라도 내릴 듯.	天寒欲暮雪

46 박규수, 『환재집』 권3, 「辛亥除夕前夜宿玉堂 士綏伴直 余偶誦豈知玉堂同夜直 臥看椽燭高花摧之句 士綏問作者爲誰 余依俙認爲歌歌歐陽永叔爲梅聖兪作也 士綏因題一詩以此爲落句 苦要余和之 明日攷檢 始知非歐陽也 乃東坡武昌西山詩中語耳 其序曰元祐元年十一月二十九日 與翰林承旨鄧聖求會宿玉堂話舊事 聖求嘗作元次山窪樽銘刻之巖石 因作此詩 要聖求同賦云云 且非豈知玉堂同夜直 乃豈知白首同夜直也 余舊業荒廢記其膚郭而已 爲士綏言之 且曰君爲我誤 我被君困 其事適相當也 相與一笑」.

47 이삼현의 본관은 용인이며 자는 台卿 호는 鐘山이다. 그는 소론계 명문가의 자제로 그의 조부 李崇祜(1723~1789)는 문과에 급제해 정조 때 형조판서를 역임하였으며 19세기 소론계의 중심인물이라 할 수 있는 鄭元容(1783~1873)의 외조부가 된다. 이삼현은 1841년 문과에 급제하여 북방의 지방관을 많이 맡았고 예조 판서를 역임하였다. 이삼현의 생애에 대해서는 김용태(2017) 참조.

흰 빛은 귀밑머리 파고들어 허옇고 皓光侵鬢華(台)
차가운 기운은 철관[48]에 넘치네. 冷氣餘冠鐵
화려한 궐문은 밤새도록 환한데 繡闥通宵明(瓛)
아름다운 누대는 육중하고도 정결하네. 瓊樓壓地潔
그대는 관직에 인연 있어 수레를 얻었고 僚緣君得輿(台)
나는 환로에서 바퀴자국 따라갔네. 宦跡我循轍
지난 날 추억하니, 평양에 있던 날도 떠오르고 緬憶浿西年(瓛)
(내가 청남어사를 맡았을 때 환재는 강서에서 용강현령으로 있었다)
(余爲淸南御史時 瓛卿以龍崗守見於江西)
고달프게 경상좌도에서 암행어사 노릇도 하였지. 支離嶠左節
박환재 어사는 고인을 흠모하고 桓驄欽古人(台)
이종산 어사는 동료 사이에서 기뻐하네. 李御喜同列
모자를 떨어뜨린 일 서로 웃을 만하며 落帽堪相嘲(瓛)
(강서에서 만났을 때 절을 하며 자리에 모자를 떨어뜨렸는데 오늘 등청하여 앉을 때에 내가 또 모자를 떨어뜨렸다)
(見江西時 拜而帽落於席 今日廳坐時 余又落帽)
서로 만나니 참으로 기쁘도다. 盍簪儘可悅
붉은 관복에는 품급이 넉넉하고 緋袍紆寵章(台)
승정원에는 이야기가 끊이지 않네. 畵省霏談屑
밤은 깊어 시각을 알리는 소리 들려오고 坐久聽更傳(瓛)
잠이 와서 급히 술 가져오라 하네. 睡來喚酒渴
눈꽃송이는 하늘의 조짐을 드러내니 六花呈瑞符(台)
세 차례 내린 흰 눈에서 풍년을 징험하네. 三白驗農說
석정 연구시를 오늘 저녁 읊조리니 石鼎今宵吟(瓛)
만년에 우정을 맺은 증표로 남겨두세.[49] 留徵晩契結(台)

---

48 철관은 암행어사가 쓰는 法冠을 가리킨다. 법관은 관자를 쇠로 만들었기 때문에 '철관'이라 일컬은 것이다.

49 이삼현, 『鐘山集』 권2, 「銀臺直夜與朴僚瓛卿(珪壽)共賦(瓛卿以嶺南御史復命 翌日特除同副)」.

연구시는 유희적 성격이 다분하므로 시인의 사상과 감정을 표출하는 일반적인 시와는 그 성격이 많이 다르다고 할 수 있다. 그런데 이 시는 시상이 매우 자연스럽게 연결되고 있어 두 사람의 시 짓는 기교가 상당한 수준에 도달해 있었음을 짐작할 수 있다. 시의 도입부는 두 사람이 처한 현재의 상황을 묘사하고, 이어서 상대방의 지난 관력을 언급하면서 두 사람 사이에 있었던 일화도 삽입함으로써 시로서의 흥취도 살렸다. 그리고 풍년을 기원하고 한유(韓愈)의 「석정련구(石鼎聯句)」[50]를 언급하면서 운치 있게 작품을 마무리하였다.

이 시에서 함께 수창한 박규수와 이삼현은 나이가 같은데 1862년 진주 농민항쟁이 일어났을 때 박규수는 안핵사로서, 이삼현은 선무사로서 사태의 해결을 위해 최전선에서 동분서주하였다는 것도 공통점이다.[51] 두 사람은 모두 양심적 관료였으며 경세 문제에 깊은 고민을 지니고 있던 인물이었다. 그런데 그러한 두 사람이 10여 전년인 1850년대 중반에 이미 교분을 맺고 한때 승정원의 동료가 되어 함께 연구시를 지었다는 것은 매우 공교롭게 여겨지는 바가 있다.

박규수의 시회 활동과 관련하여 빼놓을 수 없는 인물이 바로 조면호(趙冕鎬, 1803~1887)[52]인데 두 사람의 본격적 교유가 바로 이즈음에 시작

50 한유의 「석정연구」 서문에 따르면 道士 軒轅彌明, 진사 劉師服, 교서랑 侯喜 3인이 石鼎을 두고 聯句를 지었다. 처음에 軒轅彌明을 깔보았던 두 사람은 軒轅彌明의 식견에 탄복해 제자가 되기를 청하고 잠이 들었다. 그런데 아침에 일어나보니 도사는 어디론가 떠나버리고 다시 오지 않았다고 한다.

51 김명호, 앞의 책, 480~481면 참조.

52 조면호의 본관은 임천이고 자는 藻卿 호는 玉垂, 怡堂이다. 조면호 집안은 김조순 집안과 아주 가까운 인척 관계였으므로 조면호의 정치적 입장은 안동 김문과 같다고 할 수 있다. 이런 점 때문에 박규수와 조면호가 젊어서는 서로 교유가 없었던 것이라는 추정도 가능하다. 조면호는 평양 서윤, 의성 현령 등을 역임하기는 하였으나 그를 관료 문인이라 규정하기는 곤란하다. 그는 평생 시와 글씨에 전념한 전문적 시인으로 규정하는 것이 온당하다. 조면호에 대해서는 김용태(2008) 참조.

되었다. 두 사람은 성향이 많이 달랐으니 박규수는 평생에 걸쳐 경세 문제에 몰두하였던 반면, 조면호는 평생에 걸쳐 시와 글씨에 몰두했던 인물이다. 그렇지만 50대 중반에 들어 본격적으로 시작된 두 사람의 돈독한 우정은 박규수가 먼저 세상을 떠날 때까지 변함없이 지속되었으며, 홀로 남은 조면호는 오랫동안 박규수를 그리워하였다. 두 사람은 자신에게 부족한 부분을 상대방에게서 충족하는 관계가 아니었을까 생각된다. 다음은 조면호의 『옥수집(玉垂集)』에 실린 작품 가운데 박규수가 언급되는 가장 이른 시기의 시이다.

호수와 산 푸르고도 고요한데 그 곁에는 그윽한 대나무	湖山蒼靜依幽竹
대나무 비친 난간에서 눈길을 저 너머로 보내네.	竹影闌干目過軒
천천히 거닐며 홀로 웃음 짓나니	散步逍遙成獨笑
청컨대 그대여 시의에 맞는 말일랑 그만 하시오.[53]	請君無下合時言

이 시의 제목은 「밤에 호숫가 산 옆에서 박규수와 함께 수창하다」이며 창작 시기는 1858년이다. 이때 조면호는 힘든 시기를 보내고 있었다. 직전에 조면호는 의성 현령을 지내다가 암행어사에게 탐장죄를 범했다는 탄핵을 받았다. 그래서 평안도로 유배를 명받아 막 서울을 벗어나면서 이 시를 지은 것이다. 아마도 박규수는 조면호를 위로하기 위해 밤을 같이 보낸 것이라 생각된다. 그런데 시의 내용을 살펴보면 이 순간에도 박규수는 실의에 빠진 조면호를 위로하기보다는 '시사(時事)'에 대한 논의를 폈던 것이 아닌가 추측된다. 이에 조면호는 특유의 농조를 써서 유머러스하게 자신의 소회를 가볍게 표현하였다. 두 사람의 개성이 대비적으

53 조면호, 『玉垂集』 권5, 「夜傍湖山 與朴瓛齋相酬」.

로 잘 드러났다고 할 수 있겠다.

박규수는 1861년 열하 문하사행에 자원하여 부사(副使)로 다녀왔다. 이때 박규수의 벗들은 송별연을 열어 시를 수창하였고, 박규수도 관련 시를 남겼다. 현재 관련 자료를 조사해 보면 서유영, 신필영, 조면호가 지은 송별시가 확인된다.[54] 그런데 박규수가 남긴 시의 제목이 「신유년(1861) 정월 6일에 학초서실(鶴樵書室)에 모여서 "幽賞未已 高談轉淸"으로 운자를 나눴는데, 나는 '轉'자를 얻었다. 당시 나는 열하로 가는 사신의 명을 받아 국경을 나서려 할 때였으므로 우선 장구(長句)를 남겨서 여러 벗들과 작별하다」[55]인데 서유영 등 3인의 시의 운자는 '幽賞未已, 高談轉淸'를 쓰지 않은 것으로 보아 송별연은 여러 차례 열렸고 그에 따라 송별시도 지금 확인되는 것보다 더 많이 지어졌을 것이라 생각된다.

또 박규수가 연행을 통해 가져온 중국 인사들의 수다한 문묵(文墨)은 벗들에게 큰 화제였던 것으로 보인다. 다음은 조면호의 「환재가 보여준 연경의 여러 명사들의 시문과 서화를 빌려 읽고서 감사의 말을 붙이다」[56]이다.

연경 갔던 사신 붉은 옷 입고서	燕臺使者紋緋衣
만 길 뻗는 찬란한 광채를 갈무리해 돌아왔네.	携盡晴虹萬丈歸
서쪽 이웃의 메마른 안목에 빌려 보여주니	乞與西鄰枯澹眼
일시에 휘황한 보배가 갑자기 쏟아지네.	一時暴富眩珠璣
한묵으로 만남이 실제 만남과 무엇이 다르리오	牋墨何殊一面眞

54 이에 대해서는 김명호, 앞의 책, 382~389면 참조.

55 박규수, 『환재집』 권3, 「辛酉孟春之六日 集鶴樵書室 分韻幽賞未已高談轉淸 余得轉字 時余奉使熱河將出疆 聊以長句留別諸公」.

56 조면호, 『옥수집』 권7, 「借讀桓齋所示燕中諸名士詩文書畵卷 附謝」.

마음이 딱 들어맞으니 하나됨을 기뻐하네.	有心端合說同塵
작은 집에 비바람 몰아침은 천리 밖과 다를 바 없어	小齋風雨無千里
등불 앞으로 무릎을 맞대어 벗을 당기네.	促膝燈前來故人

난초를 그리고 대를 그려도 모두 생의가 있으니	寫蘭寫竹皆生意
사람에 대해 어찌 유독 생의가 없어서야 되겠는가.	( )( )於人豈獨無
해가 바뀌면 그대에게 초상화를 보내 달라 청하리니	年祴請君傳小照
모습을 날마다 보며 서로 웃으며 부르리라.	影形日得笑相呼

박규수는 연행을 통해 여러 중국 문인들과 활발히 교유했고, 그 결과로 남은 문묵(文墨) 또한 적지 않아 『신유연관오언첩(辛酉燕館五言帖)』, 『고재시록(顧齋詩錄)』, 『연초시록(硏樵詩錄)』 등의 첩자와 서책을 남겼다.[57] 아마도 조면호는 이러한 문묵을 보고서 그 감회를 위 시로 나타내었을 것이다. 박규수는 연행에서 돌아와 중국에서 교유했던 심병성(沈秉成)에게 편지를 보내며 "지금 마침내 오형(吾兄)들과 몽매간에도 미치지 못하던 곳에서 함께 만났으며, 산과 바다로 가로막힌 곳에 떨어지게 되었으되 서로 속마음을 털어놓으며 간절하게 그리워합니다. 이는 오직 응당 추구하는 것이 의기의 투합이요, 기대하는 것이 언행의 일치이기 때문입니다. …… 그렇다면 저의 진정한 벗은 중국에 있고, 여러분들의 진정한 벗은 조선에 있습니다."[58]라고 '우정론'을 펼친 바 있다. 조면호의 시를 보면 이러한 우정론이 정감적인 측면에서 실감나게 그려지고 있음을 보게 된다. 박규수와 조면호가 '진정한 우정'에 대해 얼마나 열망하고 있었던가 하는 점을 이 시는 생생히 보여주고 있다.

박규수가 연행에서 돌아오고 나서 몇 달 되지 않아, 1862년 2월 진주

57 김명호, 앞의 책, 437면.

58 김명호, 위의 책, 438면에서 재인용.

농민항쟁이 일어났다. 그러자 박규수는 곧바로 영남으로 파견되어 안핵사(按覈使)로서 활동을 벌인 뒤 6월에 귀경을 하였다. 그런데 이때 조정에서는 박규수의 대처가 너무 관대했다는 이유로 삭직 처분을 내렸다. 아마도 당시 박규수는 이어지는 극심한 노고로 매우 지쳐 있었을 것이다. 이에 박규수의 벗들은 그를 위로하는 차원에서 시모임을 주선하였던 듯하다. 다음은 조면호의 「해장(海藏, 申錫愚)[59], 환재와 세검정에 노닐며 '천(天)'자를 얻다」이다.[60]

세검정 구름과 나무는 이미 가을인데	劍亭雲樹已秋天
오는 것은 우리들이요, 가는 것은 강물이네.	來者吾人逝者川
붉은 콩과 푸른 오동은 모두 예전의 벗들이요	紅豆碧梧皆舊雨
(신석희의 옛 싯구를 가리킨다－원주)	(指韋史舊句)
창백한 얼굴과 흰 머리는 또한 금년의 모습이네.	蒼顔白髮又今年
산에 드니 수레 자욱 어찌나 길이 여럿인지	入山轍迹何多路
가까운 절 종소리에 홀연 안개가 일어나네.	近寺鐘聲忽起烟
시 주머니의 좋은 구절 다 전하지는 않겠지만	未畢奚囊傳好句
물결에 임해 발을 씻으니 또한 상쾌하네.	臨流濯足亦陶然

이 시는 인생무상의 정조를 바탕에 깔고 있다. 쉼 없이 흐르는 물에 세월의 이미지를 투영하고, 젊음을 상징하는 '홍두(紅豆)'·'벽오(碧梧)'와 늙음을 나타내는 '창안'·'백발'을 대비시켜 무상감을 짙게 표현하였다. 게다가 이곳 세검정을 찾았던 시인묵객들이 남긴 시편들이 너무도 많기에 자신들이 지은 시가 후세에 꼭 전해지지는 않을 것이라는 상념은 초

59 신석우(1805~1865)의 본관은 평산이고 자는 聖睿 호는 海藏이다. 신석우의 종조부와 본생조가 되는 申光蘊, 申光直 형제는 연암의 젊은 시절 벗이었으며, 외조부가 金履度이므로 조면호와는 외사촌이 된다. 벼슬은 경상 감사, 예조 판서 등을 역임하였다.

60 조면호, 『옥수집』 권8, 「同海藏瓛齋 遊洗劍亭 得天字」.

연한 심상을 불러일으킨다. 이에 흐르는 물에 발을 씻으며 이 순간을 즐기라는 시인의 전언은 지친 박규수에게도 적지 않은 위안이 되었을 법하다.

또 당시 김포 군수로 재직 중이던 윤종의는 박규수를 비롯해 신석우, 조면호 등을 초대해 西江에서 출발해 김포까지 다녀오는 뱃놀이를 마련하였다.[61] 이때 이들은 박지원의 시 「강거만음(江居漫吟)」의 운자에 차운하는 시를 지었는데, 박규수는 10수의 연작시를 지었고,[62] 조면호는 43수의 연작시를[63], 신석우는 43수의 연작시와 1편의 유기로 정리하였다.[64] 이때 지은 시들은 서로 주거니 받거니 하면서 지은 것이기에 서로의 작품을 겹쳐 감상하면 당시의 분위기를 더욱 잘 이해할 수 있다. 다음은 이 모임의 분위기가 어떠했는지를 보여주는 시편들이다.

공의 시를 읽으며 머리 흰 늙은이 되었거니와	讀公詩到白紛頭
오늘 밤은 무슨 바람이 우리 배에 불어왔나.	今夜何風吹我舟
그대와 함께 오래된 소원을 정말 성취하였나니	與爾眞成平昔願
강 가득 밝은 달 비추는데 김포로 내려가네.	滿江明月下金州
(신석우 제2수)	
어부 집에 기숙하니 천장에 머리가 닿네.	寄宿漁家屋打頭
발자국에 고인 물에서는 겨자도 배가 된다 말하지 마소	蹄涔休說芥爲舟
정다워라, 옥수 늙은이 청광이 심하여	絶憐玉叟淸狂甚
밤 깊도록 허풍 떨며 천하가 좁다 하네.	夜久談鋒隘九州
(박규수 제3수)	

61 이에 대해서는 김명호, 앞의 책 625~629면에 자세한 설명이 나와 있다.

62 『환재집』 권3, 「壬戌仲秋之望 同申成睿 · 趙藻卿 · 張明叟 舟下金浦 赴尹士淵太守之約」

63 『옥수집』 권8, 「金陵舟遊」.

64 『海藏集』 권8, 「金陵唱酬」; 권12, 「金陵遊記」.

안타깝다 인간 세상에서 나의 한 걸음을　　可惜人間我一頭
어찌하여 해장이 탄 배에 양보하지 않았을까.　　如何不讓海公舟
예동(박규수의 또 다른 자－원주)은 서강의 저녁을 자꾸 말하고　　禮東錯道西江夕
옥수 늙은이는 웃으며 말하길 구주가 좁다 하네.　　玉叟談笑隘九州
(조면호 제25수)

먼저 신석우의 시를 보면 우여곡절 끝에 이번 유람이 성사된 감회를 나타내고 있다. 이들은 김포 유람의 계획을 세웠다가 박규수가 "요즘은 궂은 날이 많고 맑은 날이 드물어 바람이 이슬이 쉬이 차가워진다. 어찌 봄날 강물이 따뜻할 때로 미루지 않는가."라고 물러나는 바람에 일단 무산되었다.[65] 그러다가 다시 박규수가 "맑은 햇살이 눈에 스치니 가을 강의 거울 같은 물결이 심히 그립다."[66]고 마음을 바꾸어 유람이 성사될 수 있었다. 제2구에는 박규수의 결심을 반가워하는 신석우의 마음이 잘 표현되어 있다. 제4구 "滿江明月下金州"는 바로 연암이 지은 「강거만음」의 마지막 구를 그대로 가져온 것이니, 이 유람이 연암의 문학을 계승하고자하는 뜻을 지녔음을 드러내었다.

박규수와 조면호의 시는 구체적으로 어떤 상황을 말하고 있는지 알기 어려운 면이 있지만, 이들이 가볍게 농담을 주고받던 분위기는 잘 전달된다. 이들은 좁고 누추한 어민의 집에서 밤을 보내면서 풍류와 해학을 즐겼던 듯하다. 이때 조면호가 특유의 '장자풍'의 재담을 시작하여 '길에 괴어 있는 물이 작은 것이 아니며, 천하가 넓은 것이 아니라'는 장광설을 늘어놓자, 이에 박규수가 '청광이 심하다'고 농담 삼아 질책을 했던 듯하다. 그러자 조면호는 신석우가 탄 배가 일찍 당도했다면 그 질책은 자신

65 『海藏集』 권12, 「金陵遊記」. "近日多陰少晴, 風露易凉, 盍退以春江水暖之候."
66 위의 글. "晴暉射眸, 甚思秋江鏡面"

에게 돌아오지 않았을 것이란 농담을 하는 듯하다. 신석우가 지은 제7수를 보면 “배에선 대머리를 드러내도 무방한 법, 청광의 늙은이 한강의 배에 오르네(蓬底無妨露禿頭, 淸狂老上洌江舟)”라는 구절이 있어 이들의 가벼운 기분을 짐작해 볼 수가 있다. ‘서강의 저녁을 자꾸 말했다’는 것은 연암이 「강거만음」을 지었던 장소가 바로 서강이었던만큼 박규수가 들뜬 마음에 조부에 관한 이야기를 즐겨 했던 것이 아닐까 생각된다. 이때의 뱃놀이를 통해 박규수는 상당히 마음이 가벼워졌을 듯하다.

철종 말년인 1863년 박규수는 서울에 있으며 비교적 안온한 시간을 보냈던 것으로 보인다. 이 시기에 조면호가 박규수에게 보낸 시편들을 보면 화훼 취미에 대한 내용이 많은 것으로 보아 이 시기 박규수도 이러한 취미를 일정 정도 즐겼음을 알 수 있다. 다음은 조면호가 지은 시 두 편이다.

> 그대는 이르다 타박하고, 나는 더디다 타박하니　　君嫌太早我嫌遲
> 매화도 이 세상 처신하기 어렵겠네.　　梅亦難爲處世宜
> 봄바람을 기다리면 그 빚을 갚으리니　　待到春風看了債
> 푸른 잎 일제히 가지마다 가득 피어나리라.[67]　　一般葉綠滿枝枝

> 매화가 본래 사람과 더불어 교제할 때　　梅花本與人周旋
> 그 기질이 오로지 겨울을 인내하는 자만을 찾는다네.　　氣類偏求耐雪天
> 어찌 동쪽 이웃의 독서하는 집으로 하여금　　肯使東隣讀書屋
> 한 화분의 매화도 틔우지 못한 채 금년을 보내게 할 수 있겠나.　　一盆無發送今年

67 조면호, 『옥수집』 권10, 「朴瓛齋有書訊及梅信 盖其所藏者已花 無以消受臘天也 余所藏者尙渺然)」.

물가나 숲에 사는 우리 같은 사람들	水邊林下吾儕人
꽃이 좋으니 뼛속까지 가난한들 무슨 상관이랴.[68]	花好何妨徹骨貧
반쯤 핀 것 보고서 이제 보내나니	看到半開今送致
그 꽃에게 우리 두 집의 봄을 맡아 달라 부탁하네.[69]	付渠料理兩家春

첫째 시는 「박환재가 매화 소식이 담긴 편지를 보내왔는데 매화가 일찍 꽃망울을 터뜨려 선달에 꽃을 감상할 수 없다고 한다. 나의 매화는 아무 소식도 없다」이고, 둘째와 셋째 시는 「듣자니 박환재의 집에 매화가 없다기에 반쯤 핀 화분을 거두어 보내며 이어 절구 3수도 부치다」이다. 이 시들에 등장하는 매화는 모두 '분매(盆梅)'이므로 그 재배 방법이나 개화 시기의 조절 등이 매우 까다롭다. 그런데 첫째 시의 내용을 통해 추측해 보면, 박규수는 그러한 분매를 때에 맞게 개화시킴에 종종 실패하였던 것 같고, 둘째와 셋째 시의 내용을 통해 추측해 보면 그럴 경우에 박규수는 매화 애호가로 이름이 났던[70] 조면호에게 도움을 청하였던 것이라 짐작된다.

첫째 시에서, 매화가 너무 일찍 꽃망울을 터뜨림을 아쉬워하는 박규수에게 조면호는 농담을 하며 봄이 되면 가지에 가득 잎이 푸르게 돋아날 것이니 그것도 볼만할 것이라고 하여 웃음을 자아내고 있다. 둘째와 셋째 시에서 조면호는 매화는 자기 같이 가난한 사람을 편애하기에 자기 집에서 핀 매화를 '독서가'에게 보낸다며 또한 해학을 부리고 있다.

---

68 이 구절에는 "羅聘이 朴齊家에게 보낸 「墨梅」의 구절을 활용했다(用羅兩峰 贈朴次修墨梅句)"라는 주석이 있다.

69 조면호, 『옥수집』 권10, 「聞朴瓛堂 無梅供 撤半開盆 送致 仍寄三絶」. 제목에는 절구 3수라 하였지만 실제는 2수로 되어 있다.

70 정만조 저 · 안대회 외 역(2018), 204면 참조. 정만조의 전언에 따르면 매우 청빈하였던 조면호의 매화 사랑은 흥선대원군에게까지 알려졌다. 조면호의 집이 가난해 매화가 얼어 죽을 위기라는 소식을 들은 흥선대원군은 조면호에게 명주와 솜을 보내주었다고 한다.

박규수의 '취미'와 관련된 조면호의 증언을 좀 더 살펴보면, "공(公, 박규수−인용자)은 금석서화에 벽(癖)이 있다 말하지 않을 수 없다(公於書畵金石, 不可謂不癖)"[71]라 말하기도 하였고, 박규수가 조성한 '가산(假山)'에 대해서 다음과 같은 농담조의 편지를 보내기도 하였다.

> …… 공의 벽(癖)은 진실로 옥수보다 큽니다. 그렇다면 또한 공의 솜씨를 한번 발휘한 것이겠지요. 공의 솜씨를 한번 발휘했다면 공의 마음은 이미 흡족하겠지요. 공의 마음은 참으로 눈앞의 우뚝한 것이 족히 우리의 삶을 깨우치고 우리의 베풂을 다하였기 때문에 흡족한 것이겠지요. 우리는 공께서 애오라지 그 앞에 머무르실 것을 압니다. 옥수는 공께서 거기에 온통 마음을 붙이신 줄 압니다. 그러나 공을 아는 자가 몇 사람입니까? 옥수는 두렵습니다. 공을 알지 못하는 자들이 와서 서원(西園)의 산에서 공을 보고는 모두 혀를 차며 '기이하고 이상하도다.'하고는 떠들썩하게 웃을 것입니다. 물러나서는 쑤군덕거리며 머리를 모아 "아무개 공이 어째서 이렇게 남들이 일찍이 안한 일을 할까?"라 말해대면 공은 장차 변명할 틈도 없을 것입니다. 또 조물주 같은 경우는 "너는 어찌 꼭 내가 할 일을 빼앗느냐?"고 하리니 역시 크게 두려워할만합니다. ……[72]

이 편지 제목에는 "이때 환재는 무너진 담장의 흙과 석회로 산을 만들고는 붉고 검은 색을 써서 꾸몄다(時瓛齋以敗墻之土, 和石灰爲山. 而用赭黛出色)"라는 주석이 달려 있어 박규수가 자신의 정원인 '서원(西園)'에

---

71 조면호, 『옥수집』 권28, 「寄瓛卿」. 이 글은 조면호가 박규수에게 보낸 편지인데, 작성 연대가 분명치 않다.

72 조면호, 『옥수집』 권28, 「與瓛卿書」. "…… 公之癖, 誠大於玉垂也. 然則又公之手一試矣, 公之手一試矣, 則公之心已快矣. 公之心眞果爲眼前突兀, 可足悟吾生而盡吾施而快矣乎? 吾知公聊且寓焉, 玉垂知公之心斷斷其寓也. 然知公者幾人? 玉垂恐不知公者來見公於西園之山, 莫不嘖嘖曰, "奇哉異哉." 哄堂而笑. 及其退也, 竊竊然聚首而議之曰, "某公奚爲此人所未曾爲者?" 公將無暇乎辨之也. 又若造化家誚之曰, 汝何必奪吾所爲, 亦大可懼也 ……"

가산을 조성하였던 사실을 확인할 수 있다. 사실 조면호는 기석(奇石)을 모으는 취미로 유명하였다. 그러한 조면호가 보기에도 깜짝 놀랄만하게 박규수가 가산을 꾸며놓았기에, 조면호는 약간은 부러움을 느끼며 위와 같은 농담을 구사한 것이라 볼 수 있겠다. 박규수가 본격적으로 발휘하지 않았을 뿐이지 그에게는 예술적 기질이 농후하였던 것이다.

4. 고종 시절 북촌시단의 동향

1864년 고종이 등극한 뒤 박규수가 비교적 한가롭게 지내던 시절은 마감을 고하였다. 박규수는 동지의금부사, 한성판윤, 경복궁 중건을 위한 영건도감 제조, 평안감사, 예조판서 등의 관력을 이어 나가며 제네럴셔먼호 사건, 병인양요, 신미양요, 제2차 연행, 강화도 조약 등 중대한 사건들을 연이어 처리해야만 했다. 그런데 그렇게 바삐 지내던 중인 1865년 5월 5일 박규수의 행적은 다음과 같은 것이었다. 이는 조면호의 증언이다.

> 늙은 신하의 심사는 하늘이 알지니　　老臣心事上天知
> 흰 머리 천 가닥, 세월은 더디기만.　　白髮千莖歲月遲
> 오늘도 계산초당 안에서 통곡을 하니　　今日桂山草堂裏
> (초6일은 효명세자의 탄신일이다. 환재는 매양 이날이면 계산초옥에서 통곡을 한다)　　(初六日是 綏陵諱辰 瓛齋每於是日 慟哭於桂山草屋)
> 담재 옹의 출처요, 송강의 시일세.[73]　　湛翁出處松江詩

73 조면호, 『옥수집』 권7, 「五月五日 爲題一絶句 呈瓛齋相公」.

이 시의 제목은 「5월 5일 절구 1수를 지어 환재상공에게 바치다」이다. 이 무렵 박규수는 계산초당이 아닌 재동의 집에서 거처하고 있었다. 그럼에도 굳이 계산초당을 찾아 효명세자를 기렸던 것은 생전의 효명세자가 친히 계산초당을 방문하였던 일을 잊지 못했기 때문이었을 것이다. 제4구에 등장하는 '담재 옹'은 하서(河西) 김인후(金麟厚)를 지칭하고, '송강의 시'는 정철(鄭澈)의 시 「회하서(懷河西)」를 가리킨다. 그 시에 따르면 김인후는 자신을 아껴주었던 인종 임금에 대한 은의를 잊지 못해 "해마다 칠월이면, 깊은 산속에서 목 놓아 울음(年年七月日, 痛哭萬山中)"을 울었다고 한다.[74] 조면호는 김인후의 고사를 가져와 박규수의 행위에 의미를 부여하고자 하였던 것이다.

그런데 이때는 효명세자가 서거하고서 30년도 넘는 세월이 흐른 때였다. 그런데도 박규수는 매년 '통곡'을 이어 왔으니 효명세자에 대한 충절이 대단하다 할 수 있겠다. 그런데 한편으로 박규수의 정치적 행로를 감안해 보면,[75] 그 '통곡'에는 보다 복잡한 심경이 담겨있을 수도 있을 것이다.

1866년 박규수는 평안감사에 임명되었다. 평안감사로 부임한 박규수는 곧이어 발생한 제네럴 셔먼호 사건을 처리하고, 병인양요를 맞아 혹시 있을지 모를 프랑스 측의 도발에 방비를 갖추느라 또다시 분주한 시기를 보내야만 했다. 그리고 당연하게도 이 시기에는 북촌을 비울 수밖에 없었는데, 이로 인해 조면호는 몹시 상심한 세월을 보내야 했다. 당연

---

74 정철, 『松江集』 권1, 「懷河西」. "東方無出處, 獨有湛齋翁. 年年七月日, 痛哭萬山中(河西一號湛齋, 每値仁廟諱辰, 前期携酒入山, 醉後號哭無節云)"

75 박규수가 중앙정계에 복귀한 철종 연간은 안동김씨 세력이 권력을 독점한 시기였다. 특히 철종 초에 일어났던 '진종 천묘 논쟁'을 통해서는 趙秉鉉, 權敦仁, 申憲, 金正喜 등 풍양조씨 세력을 대거 축출하기도 하였다. 이때 박규수는 신석희 등과 함께 권돈인을 탄핵하는 대열에 동참을 하였다. 박규수가 안동김씨 세력과 손을 잡았던 것이다. 김명호, 앞의 책, 제3부 제2장 "1. 철종 초의 정국과 진종 천묘 논쟁" 참조.

히 전별시를 지어주고,[76] 밤낮없이 그리워하다가,[77] 꿈에서도 박규수를 그리고,[78] 박규수가 아끼던 돌을 자신의 책상에 옮겨 놓고 바라보았다.[79] 그러다가 오랫동안 고대하던 박규수의 편지가 당도하자 답신을 보내는 것만으로는 소회를 풀 수 없어 7언 54구의 장편시까지 지었다.[80] 그 가운데 몇 구절을 들면 다음과 같다.

환재의 서신을 오늘 펴보니	瓛齋之書今日披
해장(海藏)과 작옥(芍玉)의 일을 먼저 말했네.	海芍之事首說之
우리들 가운데 이 편지 보여 줄 사람 많이 없거늘	吾輩無多擧似人
날마다 한 사람씩 줄어드니 더욱 서글프네.	日少一人尤可悲
……	
늙은 눈 홀연 씻기네, 편지글 펼치자마자	老眼忽揩擢簡青
백 열 한 글자, 그 말이 깔끔하네.	百十一字精其辭
기한 맞춰 문서 처리도 시간이 부족할 터	簿書期會猶不給
'방비'에 대한 말 아니면 '부세'에 대한 이야기뿐이네.	爲保障哉抑繭絲
그대의 마음 이미 오래도록 한결 같았으니	君之心已一矢久
나라와 공무만 돌보느라 어느 겨를에 사사로운 이야기 하리오.	國耳公耳遑念私
……	
북촌에는 본래 옛 집이 있어	北山自有舊屋子
계단의 대나무와 뜨락의 소나무가 세한의 자태를 드러내고	階竹庭松歲寒姿

76 『옥수집』 권11, 「贐別瓛堂西藩持節 幷小識」.

77 『옥수집』 권12, 「又次感懷作(瓛齋 久斷音墨 海藏 靈几將捲 歸永峽)」; 「憶瓛齋(用阮雲臺韻)」; 『옥수집』 권13, 「雨夜 憶瓛齋」.

78 『옥수집』 권12, 「懷瓛卿(夢與瓛卿昆季 略說時事)」; 「紀夢」, "夢與海瓛"; 「紀夢書寄瓛齋」

79 『옥수집』 권11, 「贐別瓛堂西藩持節 幷小識」, "瓛齋 青鋼小山 移置玉案頭 作相思顔面"

80 『옥수집』 권12, 「自得瓛齋書 尤不堪棖觸也 以答緘餘懷 繹述長句以寄」

찻물 끓이는 부뚜막과 필상이 놓여 있으니 安排茶竈與筆床
앉았다 일어섰다, 가히 여생의 눈썹을 펼 수 있으리. 偃仰可展餘生眉
……

박규수의 편지는 아마도 그 즈음 세상을 떠난 신석우(1805~1865년)와 홍종응(1803~1866)에 대한 애도로 시작했던 듯하다. 아마 당시 박규수로서는 벗들의 상례를 제대로 챙기기 어려운 상황이었기에 더욱 서글픈 마음을 토로했을 것으로 생각된다. 그런데 정작 편지의 본론은 온통 나라 걱정으로 채워져 있었으니 조면호로서는 '君之心已一矢久'란 말이 절로 튀어나왔을 법하다. 위 인용문의 하단부에는 어서 공무를 마치고 북촌으로 돌아오라는 조면호의 당부와 바람이 정겹게 표현되어 있다.

서유영은 이때 의령 현감으로 있었다. 그런데 1868년 가을에 암행어사의 탄핵을 받아 평안도 삼등(三登)으로 유배를 가게 되었다. 삼등의 유배지로 가던 서유영은 평안 감사로 있는 박규수를 방문하여 위로를 받았다. 다음은 서유영의 작품으로 제목이 「박환재는 내 옷이 얇은 것을 보고서 명주와 무명 각 2필, 비단 5근을 주었다. 절구 한 수를 지어 사례하다(朴桓齋見余衣薄 以紬木各二疋綿五斤贈 賦一絶謝之)」이다.

관서 땅 유배 가는 길, 감히 수고롭다 못하는데 薄竄關西未敢勞
그대는 바야흐로 관찰사라 깃발이 늘어서 있네. 君時觀察按旌旄
비로소 믿겠네, 험난한 길에 닥쳐야 고마운 줄 안다더니 窮途始信偏爲感
추위에 떠는 나를 보고 비단 솜옷 내어주네. 見我衝寒贈綈袍

이때는 제네럴 셔먼호 사건이나 오페르트 도굴 사건 등이 지난 뒤였으므로 박규수도 한숨 돌리고 있었을 것이다. 오래간만에 다시 만나 박규수와 서유영은 함께 기생의 비파 연주를 듣기도 하는 등[81] 객수를 풀어 내었다. 이후 서유영은 유배지에서 벗들을 추억하면서 「회인시(懷人詩)」를 지었는데 박규수에 대해서는 "분명히 알겠네, 백성들 구제함이 자애로운 뗏목 같아서 / 온 고을이 복성(福星) 내렸다고 함께 칭송할 것을(懸知拯濟同慈筏, 一路齊稱降福星)"라고 하여 평안감사로 지내는 박규수 모습을 시의 소재로 삼았다. 서유영의 눈에 비친 '평안감사' 박규수는 대단히 자애로운 모습이었던 것이다.

박규수는 평안감사 임기를 연임한 끝에 1869년 봄 북촌으로 돌아올 수 있었다. 그런데 이듬해 1870년 겨울에는 북촌의 시사가 굉장히 성대하게 열렸다. 이때의 시회에 대해서는 신석희의 기록이 자세하다.[82] 그 기록들을 토대로 모임의 경과를 박규수 중심으로 살펴보도록 하겠다.

11월 25일 김성근(金聲根, 1835~1919)[83]의 집에 신석희, 조기응(趙基應1803~1877)[84], 조면호, 김영수(金永壽, 1829~1899)[85], 윤태준(尹泰駿, 1839~1884)[86], 황진규(黃鎭圭, ?~?)[87] 등이 모여 주연을 열었으며 박규수도 함께하였다.[88] 그런데 이때 지어진 시들을 시권으로 묶어내자 홍선대

---

81 서유영, 『雲皐詩抄』, 「余謫三登之路 迂入浿城 巡使桓齋與李方溫卿承宣來訪於管籥堂 時童妓銀蟾善彈琵琶 卽席賦一絶以贈」.

82 이상하게도 이 시절에 지어진 작품들이 『옥수집』에는 누락되어 있다.

83 김성근의 본관은 안동, 자는 仲遠이고 호는 海士이다. 1811년 마지막 통신사였던 金履喬가 그의 從祖가 된다.

84 조기응의 본관은 임천, 자는 成汝이고 호는 晋齋이다. 조면호의 족숙이다.

85 김영수의 본관은 광산, 자는 福汝이고 호는 荷亭이다. 벼슬은 판서에 이르렀다.

86 윤태준의 본관은 파평, 자는 稚命이고 호는 石汀이다. 임오군란 때 민비를 자신의 집으로 피신시킨 바 있으며, 갑신정변 때 살해되었다. 영의정에 추증되었다.

87 황진규의 호는 友竹, 石然인데 어떤 인물인지 잘 파악되지 않는다. 조면호의 문집에 대단히 많이 보이는 것으로 보아 조면호와 가깝게 어울리던 동인이었던 것은 알 수 있다. 신석희의 「贈黃五衛鎭圭」를 통해 그가 무인이었음을 짐작할 수 있으며, 임오군란 때 조선에 왔던 朱銘盤의 「和朝鮮黃鎭奎石然」를 통해 그의 시재가 높았음을 짐작할 수 있다.

88 신석희, 『韋史詩藁』(교토대 소장본), 「金海士仲遠 招同 晉齋 獻齋 玉垂 眉堂 石汀 石然

원군이 차운시를 보내왔다.[89] 며칠 뒤에는 이틀 연속 박규수의 집에서 시회가 열렸다. 이때는 조재응, 조면호, 조민식(趙敏植, 1803~?)[90], 신억(申檍, 1805~1874)[91], 신응조(申應朝, 1804~1899)[92], 김상현, 이우(李玗, 1807~?)[93], 김세균(金世均, 1812~1879)[94], 김기수(金綺秀, 1831~1924)[95] 등등의 인물이 모여 함께 술을 마시며 매화시를 지었다.[96] 다음은 이때 신석희가 지은 시이다.

방은 따스하고 창은 차가운데 앞 다투어 모이니	暖閣寒窓較後先
물가의 숲 아래로 풍광을 갖추었네.	水邊林下管風烟
빗긴 가지에 그림자 드리운 천 길의 대나무	枝斜影壓千尋竹
오랜 나무에 향기 맴도는 열 길의 연꽃.	樹老香浮十丈蓮
마치 신선 있어 바야흐로 이 세상 함께 하는 듯한데	若有仙人方併世
이들을 스승이라 일컬을 수 있으니 나이는 논하지 않네.	可稱師長不論年
몇 생애에 굳어진 습관을 능히 닦을 수 있으려나	幾生結習能修得

蘿山 會飮(十一月二十五日)」.

89 신석희, 『韋史詩藁』(교토대 소장본), 「卷成後 伏奉石波閤下賜趂酌之作 恭書以記風雅盛事」.

90 조민식의 본관은 함안, 자는 景訥이고 호는 澹人이다. 그림으로 유명했던 觀我齋 趙榮祏의 후손이다.

91 신억의 본관은 평산, 자는 景春이고 호는 玉霞이다. 南延君의 사위로 흥선대원군의 매제가 된다.

92 신응조의 본관은 평산, 자는 幼安이고 호는 桂田이다. 흥선대원군의 이종사촌이다.

93 이우의 본관은 우봉, 자는 洪夫이고 호는 陶雲이다. 도학자 陶菴 李縡의 현손이다.

94 김세균의 본관은 안동, 자는 公翼이고 호는晩齋이다. 풍양조씨의 대표적 인물이었던 趙萬永이 외숙이 된다.

95 김기수의 본관은 연안, 자는 季芝이고 호는 蒼山이다. 金鑣의 아들이자 金鑢의 조카이다. 1876년 修信使로서 일본을 다녀왔다.

96 신석희, 『韋史詩藁』(교토대 소장본), 「瓛齋宅 會晉齋 玉垂 松石 澹人 玉霞 桂田 經臺 丈峰 陶雲 翠董 晩齋 甋齋金參判(元植)兪承宣(初煥)廉川眉堂海士倉山洌陵 同飮賦梅花」; 「翌日又會瓛齋宅同前」.

생각은 제나라 양나라 시인들의 앞 시대로 달려가네. 思到齊梁作者前

수련(首聯)과 함련(頷聯)은 박규수 집에 대한 묘사라 볼 수 있다. 그 중 특히 "水邊林下"라는 표현에 주목하게 되는데, 신석희는 이 시를 짓고 나서 며칠 뒤에 다시 박규수의 집에 모였을 때 지은 시에서도 "숲 아래 물가에서 날마다 바쁘거니, 만 그루 대나무 오솔길로 찾아가네(林下水邊日日忙, 行尋一逕萬條長)"[97]라고 노래한 바 있다. 당시 박규수의 집을 찾아가기 위해서는 시내를 끼고 대나무 오솔길을 따라가야 했던 것이라 짐작된다. 또 제4구의 '十丈蓮'이란 표현을 통해 박규수의 집에 연못도 있었음을 알 수 있다. 이때는 한겨울이었으므로 연꽃이 피었을 리 만무하지만, 연못 옆의 늙은 나무는 오랜 세월 동안 연꽃의 향기를 맡아왔을 것이라는 낭만적 표현으로 볼 수 있다.

경련(頸聯)은 이때 모인 사람들에 대한 묘사이다. 이 자리에 함께하는 이들은 모두 신선 같은 풍모에 스승으로 삼을 수 있을 만큼 학덕이 높으므로 나이는 따질 필요가 없다는 것이다. 서로 나이를 논하지 않는다고 하는 표현이 인상적으로 다가온다. 미련(尾聯)에 나오는 '結習'은 시풍(詩風)이 후대로 내려올수록 나쁜 습관에 물들게 되었다는 인식을 표현한 것이라 생각된다. 자신들의 성대한 시회를 통해 '齊梁'의 남북조 시대를 뛰어넘어 성당(盛唐)의 시풍을 되살리고 싶다는 포부를 표출한 것으로 볼 수 있다.

12월 10일에는 15명이 모여 '십오로회(十五老會)'를 열었다.[98] 이때 모인 면면을 보면 김병교(金炳喬, 1801~1876)[99] 70세, 이휘중(李彙重, 1803

---

97 신석희, 『韋史詩藁』(교토대 소장본), 「梅下第九席 瓛齋宅(二十三日)」.

98 신석희, 『韋史詩藁』(교토대 소장본), 「十五老會(十二月十日)有序 金尙鉉述」.

99 김병교의 본관은 안동, 자는 公器이다.

~1889)[100] 68세, 조기응 68세, 조면호 68세, 이승수(李升洙, 1804~?)[101] 67세, 박래만(朴來萬, 1804~1880)[102], 서재순(徐載淳, 1805~1871)[103] 66세, 신억 66세, 김익문(金益文, 1806~?)[104] 65세, 이우 64세, 박규수 64세, 신석희 63세, 김상현 60세, 심승택(沈承澤, 1811~1880)[105], 김세균 59세 등이었다. 이 모임에 대해 신석희는 "태평한 기상이 나타났거늘 우리들은 늙었으니, 새로 시를 지어 함께 이 자리를 기념하세(升平有象吾儕老, 共把新詩記此筵)"라는 감회를 표하였다.

12월 10일에는 김세균의 집에서 모임이 열렸고[106], 12월 22일과 23에는 조면호의 집에서 모임이 열렸다. 이때는 대원군이 미리 시를 보내오고 거액의 금액도 보내왔다.[107] 12월 25일 다시 박규수의 집에서 시회가 열렸다. 다음은 이 자리에서 신석희가 지은 시이다.[108]

눈 내린 외로운 산, 나무 성근 동산이라	雪後孤山半樹園
담황빛 새벽달도 눈썹 모양을 거두네.	淡黃殘月斂眉痕
고향 그리워 시름겨우니 마음 어찌 다스리나	思鄕愁亂如何理
세도를 담당하는 명망 높되 속되지 않도다.	持世名高便不村

---

100 이휘중의 본관은 전주, 자는 稚亨이다.

101 이승수의 본관은 전주, 자는 聖猷이다.

102 박래만의 본관은 밀양, 자는 稚永이고 호는 丈峰이다.

103 서재순의 본관은 대구, 자는 元厚이고 호는 鄕坡이다.

104 김익문의 본관은 청풍, 자는 公晦이고 호는 翠董이다.

105 심승택의 본관은 청송, 자는 稚敬이고 호는 松石이다.

106 신석희, 『韋史詩藁』(교토대 소장본), 「晚齋宅同前人會飮(十二日)」.

107 신석희, 『韋史詩稿』(국립중앙도서관 소장), 「玉垂宅 煖梅會 晉齋 瓛齋 海士 端溪 友竹同飮 蒙石坡閤下賜梅花詩 兼承煖梅費萬錢 招同近隣 設酒賀梅神遭遇之盛 謹誓原韻於卷首 (冕鎬) 謹識 (十一月二十二日)」; 「翌日又會玉垂宅 招同尹穉命泰駿 用賓 友濂 配命 致三 兪聖壽鎭一 尹文翊泰興 兪聖召鎭萬 金福汝永 柳公弼壙季芝 金淸友永穆 晉齋景五 荐蒙 大著再疊 更設酒 恭和冕鎬再識」.

108 신석희, 『韋史詩藁』(교토대 소장본), 「梅下第十席 瓛齋宅(二十五日)」.

온자한 풍류는 만년의 절개를 온전히 하고	韞藉風流全晩節
허명한 기상은 짙은 어두움을 깨뜨리네.	虛明氣象破重昏
흰 머리로 다시 여러 가지를 골라 꽂고서	白頭更揀繁枝揷
그대의 집에 취해 머물며 찰랑찰랑 술잔을 드네.	留醉君家瀲灩樽

이 시의 제목이 「매화꽃 아래에서 갖는 열 번째 모임이 환재댁에서 열리다」이고 마지막 구에 '그대의 집'이라는 표현이 등장하는 것으로 보아, 이 시는 전체적으로 박규수와 그의 집에 대해 그린 것으로 볼 수 있다. 그중에서 주목되는 대목은 제4구부터 6구까지이다. 박규수의 명망이 세도를 담당할 정도라고 표현하고 있는 점이 특히 주목되고, 그의 풍류와 기상에 대한 상찬도 눈길을 끈다. 당시 북촌에서 박규수의 위상이 대단히 높았다고 보아도 좋지 않은가 한다.

그런데 이때 북촌에서 보름 남짓한 기간 동안 이어졌던 성대한 모임의 주인공은 바로 홍선대원군이었다. 장소는 조면호, 김세균, 박규수의 집이 번갈아 사용되었지만, 그 비용은 홍선대원군이 충당하였던 것이다. 이때 지어진 시들 가운데 김세균의 집에서 지어진 작품들은 이듬해인 1870년 『운계시첩(雲階詩帖)』이라는 제목의 첩자로 묶이게 되는데 그 발문을 신석희가 다음과 같이 썼다.

> 나의 선형 해장 신석우 그리고 작옥 홍종응 형제가 세상을 떠난 이후로 북촌 시사는 풍아(風雅)의 성대함이 삭막해지고 말았다. 숲에는 수레바퀴 자욱이 바뀌지 않고 예원의 무대가 그대로 있건만, 옛 벗들은 재주를 끊어버리려는 서글픈 마음을 품고 있고 노래 가락에는 지기(知己)를 잃었다는 탄식이 담겨있어 필묵(筆墨)으로서 시교(詩敎)를 공부하는 자가 장차 끊겨 닦이지 않게 되었다.
>
> 그런데 대원군 합하(閤下)께서 온유돈후(溫柔敦厚)의 시교로써 온 세상에 소리 없는 음악을 일으키시어 날마다 사방에 들리게 되니 조정에서

들으면 군신의 수창(酬唱)이요, 들판에서 들으면 우아한 노래였다. 종(鐘)과 경쇠, 노도(路鼗), 갈(楬) 등 온갖 악기가 다투어 음률에 들어오게 되니 우리 당의 선비들도 찬란히 빛이 났다.

이당 조면호, 환재 박규수, 만재 김세균 그리고 나 신석희는 훌륭한 말씀을 받들어 차례로 자리를 마련하여, 『시경』의 「녹명(鹿鳴)」과 「어리(魚麗)」가 서로 어울리는 사이에서 번갈아 불리니 마치 춘추시대 대부들의 연회 자리 같았다. 지난날의 문채와 풍류를 의연히 다시 보게 되니 참으로 성사였다. …… 아, 문자는 작은 기예이지만 그 지극함에 이르러서는 정치와 서로 연결되어 성쇠(盛衰)를 함께 한다. 그러므로 '그 시를 읊조리고 그 시대를 논한다' 하였으니 참으로 그렇지 아니한가. 대원 합하께서 조면호에게 준 시에 "술잔 대하고 매화 읊조리매 백발 드리웠는데, 젊은 시절엔 시단이 지금보단 성대했었지. 지금 쓸쓸한 시사(詩社)에 지기(知己) 많으니, 우정을 맺고 마음을 나눔이 아직 늦지 않았네."라 하였으니 이는 어찌 우리 시사의 다행이 아니겠는가. ……109

이 글의 주지(主旨)는 말할 것도 없이 '대원군에 대한 감사'이다. 과거 북촌 시사의 중심인물이었던 신석우, 홍종응, 홍종서 등이 타개하여 북촌 시사도 활력을 잃고 말았는데, 대원군의 관심과 후원으로 인하여 북촌 시사가 다시 빛나게 되었다는 것이다. 그런데 대원군은 어떤 의도에서 이렇게 대대적으로 북촌 시사를 후원하였던 것인지, 또 대원군과 박

---

109 『韋史文稿』3, 「雲階詩帖跋(辛未)」, "自先兄海藏 · 洪芍玉昆弟兩尙書游岱, 而北社風雅之盛, 盖索然矣. 平林之塗轍不改, 藝垣之壇墠自在, 義舊懷絶鍔之悲, 聲調有輟斤之欽, 載筆墨而攻比興者, 且將廢而不修. 大院君閤下, 以敦厚溫柔之教, 風一世無聲之樂, 日聞四方, 聽於朝則賡歌矣, 問於野則雅誦矣, 鍾磬鞉楬, 競趍於命律之呂, 吾黨之士, 斐然有章. 趙怡堂 · 朴瓛齋 · 金晩齋與錫禧, 奉德音, 次第設席, 鹿鳴魚麗, 迭唱交酬於尊俎揖讓之間, 如春秋大夫宴飮之樂, 昔日之文采風流, 依約復見, 甚盛擧也. …… 噫, 文字小數, 及其至也, 與政相通, 汚隆係焉. 故曰, 誦其詩, 而論其世, 不其然乎? 大院閤下, 贈怡堂詩曰, 對酒吟梅白髮垂, 少年詩運盛斯時. 如今寒社多知己, 結契論心尙未遲. 玆豈非吾社之幸歟 帖旣成 晩齋囑錫禧識之 於是書志榮也."

규수는 정치적으로 어떤 관계였는지 하는 의문점들이 대두된다. 이에 대해 우선 생각할 수 있는 것은 1866년부터 이 시기(1870년)까지 연이어 일어났던 '제너럴 셔먼호 사건', '병인양요', '셰난도어호의 내항', '오페르트 사건' 등의 국가적 중대사들의 처리에 있어 박규수에 대한 대원군의 신임이 매우 깊었으며, 대외정책에 대한 기본입장에 있어서도 두 사람의 견해가 크게 다르지 않았다는 점이다.[110] 이러한 사실을 고려하면 이때의 성대한 시회에는 박규수(내지는 그 일파)를 전폭적으로 신뢰한다는 점을 드러내려는 대원군의 정치적 함의가 담겨있었다고 보아도 좋지 않은가 한다. 또 한편으로는 이때의 성대한 시회(詩會)가 마무리된 직후인 1871년 벽두부터 대원군은 '서원 철폐', '군포제 개혁' 등 양반계층이 민감하게 반응할 수밖에 없는 개혁정책들을 다시금 밀어붙이는데, 북촌 시사에 대한 대대적 후원이 이에 대한 우호적 여론 조성을 위한 사전 작업의 일환은 아니었을까 하는 추측도 해볼 수 있을 듯하다.

1871년 봄이 되자 신미양요가 일어나고, 당시 박규수는 예문관 제학으로서 미국과 중국에 보내는 외교문서 작성을 담당하는 일을 도맡아 대단히 분주하였기에 연전과 같은 북촌 시단의 성대한 모임은 열릴 수 없었다. 그런데 이때 북촌시단에서는 문학사적으로 매우 의미 있는 사건이 있었으니 그것은 조면호가 신미양요의 전개 과정을 장편 연작시로 담아낸 「후서사잡절(後西事雜絕)」을 창작하였다는 사실이다. 이 작품은 신미양요의 전 과정을 총체적으로 그려낸 시사(詩史)의 걸작으로 평가받는데[111], 조선 조정의 대응 내용을 자세하면서도 정확하게 소개하고 있기에 당시 실직(實職)을 맡고 있지 않았던 조면호가 단독으로 지을 수는 없었을 것이라 추측된다. 조면호가 「후서사사잡절」을 지을 수 있었던 것

110 김명호(2005), 77 ; 198 ; 206 ; 275면 참조.

111 김명호(2001), 325면 참조.

은 분명 그가 북촌 시단의 동인이었기에 가능했다고 보아야 할 것이다. 그렇다면 같은 북촌 시단의 일원으로서 신미양요의 대처에 최일선에 있었던 박규수 또한 「후서사잡절」의 창작에 간접적이나마 관여되었다고 볼 수 있을 것이다.

이 해 가을이 되어 양요가 지나가자 북촌에서도 문학 활동이 재개되었다. 9월 6일 밤 조면호는 한밤중에 달빛에 반짝이는 나뭇잎을 보고 「명엽게(明葉偈)」[112]라는 게송을 지었는데 이 작품을 여러 벗들에게 보이고서 평어를 받았다. 본래 불가의 운문 양식인 '게(偈)'는 정통 한문 양식이라고 할 수 없는데, '사(詞)'에도 조예가 깊었던 조면호는 실험적으로 게송도 지어보았던 것이라 생각된다. 그런데 이에 대한 박규수의 평어도 「명엽게」 말미에 다음과 같이 부기되어 있다.

> 휘황한 빛은 본래 형질이 없는데 형질은 빛을 얻어야 아름답게 된다. 지금 빗긴 달과 가물거리는 촛불이 아직 지지 않은 반짝이는 잎을 얻지 못했다면 어떻게 광휘를 발할 수 있었겠는가. 그러나 만약 옥수 노인의 영험하고 오묘한 안력(眼力)과 필치가 없었더라면 또한 적막하게 이 밤을 지내고 말았을 것이다. 그렇다면 문장은 마음에서 나오는 것이다. 광채와 빛은 또한 형질을 빌리는 것이 아니다![113]

이 인용문에 따르면 아름다움은 '형질'에서 나오는 것이 아니라 '안력(眼力)'과 '마음'에서 나온다고 하니, 박규수는 불교의 문학양식인 '게송'에

112 원문은 다음과 같다. 조면호, 『玉垂集』 권27, 「明葉偈」. "簷稜挂明月, 室中張明燭. 開戶限庭樹, 樹葉失故綠. 瀼瀼如塗銀, 瑩瑩如綴玉. 如虛又如實, 團總成一束. 通徹琉璃籠, 變現此奇局. 樹南與樹東, 葉陰乃委曲. 下之自相窒, 上之無以續. 葉非明所求, 明非葉所欲. 是故當誰知, 巧湊故相觸. 有意無意地, 居然係人矚. 佇立窅喪吾, 吾身豈葉屬."

113 조면호, 『玉垂集』 권27, 「明葉偈」. "光色曜輝, 本無形質, 而形質得以爲美. 今斜月殘燭, 得未落沃若之葉, 發甚麽光輝. 然若無玉垂老人靈幻竗悟之眼力筆致, 又不過寂寞度此夜. 然則文章自心生, 光曜輝色, 又非借形質者耳."

어울릴 법한 유심주의적 미론(美論)을 인상적으로 펼쳤다고 할 수 있겠다. 그런데 평생 경세적(經世的) 문학관을 견지하였으며, 학문과 경세에 전념키 위해 한시를 짓는 일조차 달갑게 여기지 않았던 박규수가 이런 입론을 펼쳤다는 점이 의외로 다가온다. 아마도 이것은 조면호의 「명엽게」에 대해 의도적으로 우호적인 평가를 내린 것으로 보는 것이 타당할 것이다. 본래 박규수와 조면호 두 인물은 그 성격이 판이하게 달랐다. 그럼에도 두 사람은 1850년 무렵부터 박규수가 먼저 타개할 때까지 대단히 친밀한 관계였다. 역시 두 사람은 자신에게 부족한 부분을 상대방으로부터 보충하면서 삶의 균형을 취했던 것으로 볼 수밖에 없을 듯하다.

이듬해인 1872년 7월에 박규수는 진하사(進賀使)의 정사로 생애 두 번째 연행을 떠났다. 이에 북촌의 벗들은 당연히 전별연을 열고 시를 주었다. 신석희는 "연암의 손자가 앞선 발자취를 좇아, 사마천의 문장으로 두 번째 연행으로 잇네. 벗들의 그리움도 크고 나랏일도 급하니, 중국이 비록 좋다 해도 오래 머물지 마오(燕巖孫子追先武, 太史文章續再遊. 朋友情多王事急, 中原雖好莫淹留)"[114]라는 당부도 하고, 또 "묻노니 고염무의 사당에서 함께 했던 사람들, 지금은 몇이나 다시 만나 노닐 수 있을까(爲問顧祠同會客, 如今更見幾人遊)"[115]라고 하여 박규수의 제1차 연행의 성과를 이어가기를 바라기도 하였다. 조면호 역시 "교분 맺은 이름난 선비들 지금 누가 있을까, 무사한 평시에 다시 한번 떠나는구려. 술잔 들어 그대에게 권하며 조심해 다녀오라 당부하니, 전별시 주는 이는 다만 화성 유수(신석희) 뿐만은 아니라오(知名結識今誰在, 無事平時更一游. 把酒勸君珍重返, 贈言不獨是華留)"[116]라고 하며 1차 연행 때 사귀었던 명사들의 안부를

114 신석희, 『韋史詩藁』(교토대 소장본), 「餞瓛公赴燕韻(壬申六月)」.

115 신석희, 『韋史詩藁』(교토대 소장본), 「又代人作(壬申六月)」.

116 조면호, 『玉垂集』 권16, 「華留申韋史公設酒餞瓛齋太史赴燕之行 與筵者幷有一詩」.

궁금해 하는 한편, 1차 연행 때의 북경사변 같은 급박한 사태가 없는 시절에 떠남을 다행으로 여기며 무사 귀환을 기원하였다. 김세균은 "다만 산하(山河)에만 광세지감(曠世之感)이 많을 뿐만은 아닐 터이니, 옛 벗들을 몇 차례나 만나 진심을 나눌까(不獨山河多曠感, 班荊幾處見心眞)."[117]라고 하여 박규수가 중국의 벗들과 다시 만나 마음을 나누기를 축원하였다.

또 박규수가 중국에 있는 동안에 그의 생일이 다가오자, 조면호는 「9월 27일은 환재의 생일이다. 생각건대 옥하관에서 나그네가 드는 술잔은 지극한 풍취가 있을 듯하다. 집에서 먹는 떡국과 견주어 그 즐거움이 어떠할지 모르겠다. 이에 짧은 절구에 마음을 담는다」[118]는 제목의 시를 지어 "남아는 천하 사방에 뜻을 두니, 원래부터 이 날의 유람이 정해졌던 것(男子蓬桑志, 元從是日游)"이라고 노래하며 박규수의 큰 뜻을 추켜세웠다. 그리고 박규수가 사행의 임무를 마치고 돌아오자 신석희는 축하연을 열어 "촛불 아래 수염과 눈썹 어제와 같거늘, 우리나라 사람들은 다시 살아온 사람 보듯 하네(燭下須麋如昨日, 東人看作再生人)"[119]라고 노래하여 박규수의 의연한 모습을 칭송하였다.

1873년 11월 정치적 공방 끝에 대원군이 하야하고 고종이 친정을 시작하였다. 이때 박규수는 고종을 보필한 공로로 우의정에 올랐다. 이 시기에 조면호가 지은 시 가운데 「환재가 흑편두(黑扁豆)를 심으라 권하기에 심기를 마치고 두보의 운을 가져와 짓다」[120]라는 작품이 있다. 그 수련이 "예동의 편지 당도하여 마음이 기쁘니, 오늘 아침 비가 싫어 잠자던 나를 깨우네(禮東書至爲欣然 攪我今朝惱雨眠)"이니 박규수가 편지를 보내

---

117 김세균, 『晩齋遺稿』(성대 존경각 소장)권1, 「奉贐瓛齋太史別使之行」.

118 조면호, 『玉垂集』 권16, 「九月卄七日 瓛齋生朝也 想于玉河萍尊 極有風趣 較之家裏湯餠 未知歡飮却如何 爰以短絶寓情」.

119 신석희, 『韋史詩藁』(교토대 소장본), 「朴太史桓卿燕槎復命日 少集口號」.

120 조면호, 『玉垂集』 권17, 「瓛齋勸種黑扁豆 種訖 拈杜韻 賦之」.

조면호에게 콩을 심으라 권유하였음을 알 수 있고, 미련의 "약 바구니와 밥사발 모두 풍족하니, 선생이 어찌 정말로 돈이 없어서였겠는가(藥籠飯盂俱可足, 先生豈是苦無錢)"라는 구절을 통해 박규수가 편지에서 콩을 심으면 돈도 벌 수 있다는 농담조의 말도 하였음을 짐작할 수 있다. 얼마 뒤에 또 조면호는 「환재 공의 붉은 콩 종자는 연경의 저자에서 가져온 것이다. 내게 몇 알 나누어 주기에 심었더니 바야흐로 꽃과 열매가 흐드러져 이에 감사하며 절구 한 수를 드린다」[121]라는 작품도 지었다. 이 시기 박규수는 콩을 심는 것과 같은 취미에도 마음을 붙이며 환로에서 물러날 준비를 하였던 것이 아닐까 생각된다.[122]

그러나 이후 박규수의 삶은 평안하지 못했다. 일본 측의 변경된 서계(書契) 접수 여부를 명쾌히 결론 내지 못하고 있던 조선 조정은 운요호 사건(1875)을 겪고서 이듬해 벽두에 어수선한 분위기 속에서 강화도 조약을 체결하였던 것이다. 이 와중에 박규수는 고심에 고심을 거듭하며 심력을 소모하였을 것으로 짐작된다. 그러나 박규수 스스로 자신의 속내를 직접적으로 드러낸 글을 남기지 않았는데, 다음 조면호의 시 속에 박규수의 생각이 상당 부분 담겨있을 것으로 생각된다.

---

121 조면호, 『玉垂集』 권17, 「瓛公紅豆種 得自燕市 分我幾顆 種之 方花莢紛綸也 乃感寄一絶」

122 1874년에 조면호의 시 중에 「환재 상공이 매화를 돌려줌에 감사하다(謝瓛齋相公還梅)」(『玉垂集』 권17)라는 제목의 작품이 있다. 그 서문에 "'반쯤 핀 것 보고서 지금 보내드리오', '두어 가지 두 집안의 봄을 나누네'는 내가 예전에 환재에게 매화를 보내며 썼던 싯구들이다. 올겨울 또 한 번 매화를 보냈는데 이번에는 꽃이 활짝 핀 채로 돌아왔으니 예전의 빚을 갚는 듯하였다. 이에 절구 두 수를 보내어 사례한다(看到半開今送致 數枝分得兩家春 卽玉垂舊贈梅瓛齋拙句也 今冬又贈一梅 花已闌珊而見還 有似舊債之還償也 乃以二絶句謝)"라고 되어있다. 이전에 두 사람 사이에 오고 간 매화시의 내용을 보면 대개 박규수가 매화를 잘 피우지 못했기에 조면호가 매화를 보내준다는 것이었다. 그런데 이번에는 박규수가 매화를 잘 가꾸어 활짝 핀 꽃을 조면호에게 보내주어 빚을 갚았다는 것이다. 아마도 이 시기에는 박규수도 매화에 많은 정성을 기울이고 있었던 것이라 짐작된다.

동래 왜관 우호를 잃은 지 팔구년	萊館失和八九年
부사와 역관 모두 왜들 그러는가?	邊臣象譯總胡然
이웃 나라 서계 받는 것 별일도 아니거늘	交隣書契非他事
온 나라가 그릇된 말 하니 참으로 가련하구나.	擧國訛言足可憐
마음속으론 계속 수뢰포[123]를 의심하고	心內長疑水雷砲
입만 열면 먼저 화륜선에 겁을 먹네.	語頭先怯火輪船
우리가 충신을 다한다면, 오랑캐라 하더라도	盡吾忠信無蠻貊
강화부에서 흑전(黑田, 쿠로다)을 대접한들 잘못될 거 무어있나?	沁府何傷宴黑田

시의 제목은 「왜선이 대관과 만나기를 청하는데, 조정은 의논이 아직 통일되지 않고 있으니 참으로 이상한 일이다. 이것이 어찌 의심하고 겁낼 일이리오! 탄식할만하도다(倭船請大官相接 廟議尙未歸一 誠可異也 是何嘗疑劫事 可歎)」(『玉垂集』 권19)이다. 이 제목을 보면 조약체결을 찬성하는 조면호의 입장이 명백히 드러나 있는데, 이는 박규수의 견해에 크게 영향받은 것이라 생각된다. 제3구와 제7구의 내용을 보면 기존의 교린 체제를 벗어나지 않는 선에서라도 적극적으로 대비하며 융통성을 발휘하면 평화적으로 사태를 수습할 수 있을 것이라는 낙관적 정세 인식이 분명히 드러나 있다. 조면호가 이러한 인식을 지니게 된 데에는 제네럴셔먼호 사건, 병인양요, 신미양요 등을 거치면서 박규수가 체득한 경험과 경륜이 큰 작용을 하였을 것이 분명하다.[124]

---

123 수뢰포는 물속에서 화약이 터지도록 만든 장치를 말한다. 『海國圖志』 권92에 「攻船水雷圖說」이 실려 있고, 『各司謄錄』, 「湖南啓錄」 1885년 5월 3일자 기사를 보면 영국배들이 수뢰포를 설치한 정황을 탐지하여 보고한 내용이 보인다.

124 이러한 조면호의 인식에 대해서는 조약체결을 밀어붙인 일본 측의 제국주의적 야욕을 제대로 파악하지 못한 것이라는 비판이 가해질 수 있다. 그런데 이러한 한계는 조면호 개인의 한계가 아니라 박규수까지 포함한 북촌 시사 동인들의 공통적 한계라고 할 수 있을 것이다.

이후 강화도 조약이 실제 체결됨으로써 군사적 긴장이 해소되자 조면호는 "조약을 맺어주지 않았다면 임진년 난리처럼 후회했으리(不惠隣約悔龍年)"[125]라 노래하며 기뻐하였는데, 조약을 체결하려 했던 가장 중요한 이유가 군사적 충돌을 방지하는 것이었음을 알 수 있다. 긴장이 완화되자 박규수도 김병학(金炳學, 1821~1879)과 함께 꽃놀이를 가기도 하고[126], 조면호와 밤늦게까지 술을 마시기도 하였다.[127] 그렇지만 이해 가을이 되자 조면호가 "쇠약하고 병들어 서로 걱정하는 두어 벗들, 지금 같은 격조함 너무 괴롭네(衰病相憐三數友, 如今睽濶已難哉)"[128]라고 한탄할 만큼 박규수는 갑자기 쇠약해졌다. 그리고 급기야 12월 27일에 박규수는 타개하고 말았다. 이 비보(悲報)를 들은 조면호는 다음의 조시(弔詩)를 지었다.

참으로 세상사 많이도 겪었거늘	眞厭人世事
영원히 누었으니 다시 누가 알아주리.	一臥復誰知
오늘 하염없이 눈물 흐르는 것은	今日無從淚
다만 내가 그의 뒤에 죽는 것이 서글퍼서라네.[129]	只緣後死悲

이 시를 통해 만년의 박규수가 얼마나 고심이 컸던가를 짐작해 볼 수 있다. 염증이 날 만큼 세상사를 겪으며 고통을 겪었기에 박규수로서는 죽는 것이 무어 그리 슬플 것도 없고, 다만 홀로 남은 조면호 자신의 신세가 더 슬퍼 눈물 흘린다는 역설적 표현에서 생전 박규수의 고통스런

125 조면호, 『玉垂集』 권19, 「日使定約返櫂 并小識」.
126 조면호, 『玉垂集』 권19, 「瓛齋潁樵兩相公 東城看花」.
127 조면호, 『玉垂集』 권19, 「從瓛齋所 醉歸 欲東至後川度 老脚不可能 半途回屐 又欲攪吾弟玄卿睡 興盡又止」.
128 조면호, 『玉垂集』 권19, 「瓛齋有慎 桂田阻信」.
129 『옥수집』 권19, 「哭瓛齋相公」.

심려를 지켜보았던 조면호의 안타까운 마음이 느껴진다. 다음은 상여가 나갈 때 지은 시이다.

길에는 천 개의 등불로 상여는 환하고	來路千燈廣柳明
지나는 사람들 눈물 훔치니 인정이 어떠한지 알겠네.	路人揮涕見人情
어떻게 잊을 수 있으리오, 평생의 우정을	如何可忘平生契
밤새도록 통곡하는 범식(范式)이로세.[130]	痛哭中宵范巨卿

이 시는 박규수의 마지막 가는 모습을 그리고 있다. 당시 사람들이 그의 죽음을 얼마나 슬퍼하였는지가 1, 2구에 잘 나타나 있고, 3, 4구에는 벗을 보내는 조면호의 마음이 드러나 있다. 후한(後漢) 때의 인물인 장소(張劭)의 상여가 움직이지 않자 그의 벗 범식(范式)이 어루만지매 그제야 상여가 움직였다는 고사를 가져와 두 사람의 우정을 표현하였다.

이후에도 조면호는 박규수에 대한 추모의 정을 종종 시로 나타내었다. 박규수가 땅에 묻힌 날에는 "기성(箕星)을 타고 푸른 하늘에 올라서는, 한밤에 양주로 가서 밝은 달을 보려 하네(騎箕欲上青天去, 夜到楊州看月明)"[131]라고 하여 박규수의 혼령이 빙의한 듯한 표현을 하였고, 박규수의 영정이 퇴촌(退村)으로 갔다는 소식을 듣고는 "구비구비 애간장을 진실로 펼 수 없나니, 이 몸이 내 몸이로되 이름 붙일 수 없네(回腸曲曲苦難平, 身是吾身不可名)"[132]라고 하여 슬픔을 신체의 통증으로 바꾸어 표현

---

130 『옥수집』 권19, 「哭瓛齋相公靷車」.

131 『옥수집』 권19, 「是夜 瓛齋相公赴道山 月星明槩」. 이 시에서 '箕星'을 타고 오른다는 것은 『莊子』, 「大宗師」의 "傅說이 도를 얻어 武丁을 도와 천하를 소유하자 東維星을 타고 箕星과 尾星을 몰아 뭇별과 나란하게 되었다(傅說得之, 以相武丁, 奄有天下, 乘東維, 騎箕尾, 而比於列星)."는 고사에서 가져온 표현이다. 傅說은 殷 高宗의 재상이었는데 박규수를 부열에 비긴 것이다.

132 『옥수집』 권19, 「瓛齋公靈筵 歸退村 去桂田石林 牛鳴也 幽顯之間 情有可象 值玆 通宵雨聲 令人不能作懷 時成一詩 寄呈桂田」.

하였다. 또 박규수가 세상을 떠나고 수년이 지난 뒤에도 조면호는 종종 꿈속에서 박규수를 만났다.[133]

5. 맺음말

박규수는 19세기의 가장 뛰어난 학자이자 경세가라고 할 수 있는데 그가 남긴 업적 가운데 문학 방면의 성과는 상대적으로 비중이 적다고 할 수 있다. 사실 박규수는 문학에 뛰어난 재능을 타고 났지만 일부러 그런 능력을 발휘하지 않았다고 할 수 있다. 하지만 그가 일생에 걸쳐 문학 활동을 완전히 접은 것은 아니었다. 이러한 점은 박규수가 남긴 자료를 통해서는 잘 알 수가 없고, 그의 벗들이 남긴 자료를 통해서야 살펴볼 수 있는 사안이다. 이러한 점은 박규수를 온전히 이해하기 위해서는 꼭 검토해야 하는 문제라고 할 수 있다. 이에 본고에서는 북촌시사에서 박규수와 함께 어울렸던 시우(詩友)들의 자료를 활용하여 박규수의 문학 활동을 상황을 살펴보았다. 그 결과는 다음과 같이 요약할 수 있다.

박규수는 1830년 효명세자의 급서를 계기로 긴 은둔기에 들어가면서 작시 활동도 완전히 접었다. 그런데 1838년부터 1842년에 이르는 기간에는 시회 활동에 꽤 활발히 참여하였다. 박규수가 이렇게 시회 활동에 나섰던 것은 신석희, 김상현, 홍우건 등의 북촌시사 벗들의 적극적 권유가 있었기 때문이었다고 보인다. 이 벗들은 박규수의 시적 재능은 대단히 뛰어났으며, 당시 학술 방면에 있어서도 왕성한 연찬이 이루어지고 있었음을 증언하고 있다. 이들은 1840년 9월에는 북한산을 유람하며 많은 시

133 『옥수집』 권25, 「七月望夜 夢陪瓛齋相公盡歡 至以椀飯分食 覺而潸然 率成短篇 新拈韻」.

를 짓기도 하였고, 1842년에는 서유구를 종유하는 시회에 참여하기도 하였다. 박규수는 서유구와의 만남을 통해 서유구의 깊고 넓은 학문에 큰 감명을 받았다. 서유구와의 만남 이후 박규수는 또다시 긴 기간 동안 시회 활동에 나서지 않았다.

1848년 박규수가 문과에 급제하고 본격적으로 관료 생활이 시작되자 어쩔 수 없이 시를 지어야 하는 경우도 생겼다. 궁궐에서 숙직을 할 때 문신들이 시문수창을 하는 것은 오랜 전통이었기에 박규수도 그러한 경우 시를 짓지 않을 수 없었다. 이와 관련하여 흥미로운 장면은 박규수가 소론계 문인 이삼현과 연구시를 지었던 일이다. 이 두 사람은 각각 노론계와 소론계를 대표하는 경륜가라고 할 수 있는데 1854년 겨울에 승정원에서 함께 숙직을 하며 연구시를 지을 때도 각각 빼어난 솜씨를 보여주었다. 이 시기에 조면호와의 본격적 교유도 시작되었는데 두 사람의 깊은 우정은 박규수가 먼저 세상을 떠나는 순간까지 이어졌다.

1861년 박규수가 열하문안사행을 떠나게 되었을 때에도 역시 북촌의 시우들은 시회를 열어 여러 편의 시를 지어 주었다. 박규수는 사행에서 돌아오자마자 진주농민항쟁의 수습을 위해 안핵사로 파견되었다. 이후 북촌의 시우들은 이어지는 강행군으로 지친 박규수를 위로하는 차원에서 시회를 열었다. 특히 신석우가 중심이 되어 김포에서 뱃놀이를 하며 시를 짓기도 하였는데 이는 연암 박지원이 서호에서 지낼 때 지은 「강거만음」에 "강에 가득 밝은 달 비추일 때 김포로 내려가네(滿江明月下金州)"라는 구절처럼 자신들도 김포의 뱃놀이를 하며 연암의 문학을 계승한다는 취지도 지닌 것이었다. 이후 박규수는 매화도 기르고 가산도 꾸미는 등 아취 있는 생활을 영위하였음을 조면호의 시편을 통해 확인할 수 있다.

고종대에 들어 북촌시사는 소강상태에 들어갔다. 시사를 주도하던 신석우, 홍종응 등의 인물이 세상을 떠났기 때문이었다. 그런데 1870년 겨울 북촌에서는 굉장히 성대한 시회가 보름 남직 되는 기간 동안 계속해서 이어졌다. 이 시회는 박규수, 조면호, 김세균의 집을 번갈아가며 열렸는데 실은 홍선대원군이 적극적으로 후원을 하였기에 가능하였다. 홍선대원군의 모종의 정치적 의도를 갖고서 북촌의 시회를 성대히 후원하였던 것이라 생각된다. 1872년 박규수가 2차 연행을 떠나고 돌아왔을 때에도 북촌의 시회가 활발히 열렸다.

이와 같이 박규수는 북촌시사의 인물들과 꾸준히 인연을 이어나갔다. 박규수는 북촌시회를 통해 정서적으로 문화적으로 도움을 받기도 하였으며, 또 조면호가 「서사잡절」과 같은 기념비적 성과를 산출하는 데에 결정적 도움을 주기도 하였다. 이러한 점에서 박규수와 북촌시사의 관계는 보다 중요하게 다루어질 필요가 있다 할 수 있다.

본고를 마무리하면서 박규수의 문인이었던 김윤식(金允植)이 저술한 『속음청사(續陰晴史)』의 1921년 3월 28일(양력)자 기사의 일부를 소개하고자 한다. 이 기사는 박규수가 세상을 떠난 뒤 북촌의 박규수 집이 어떤 모습이었는지를 보여주고 있다.

> 오늘은 환재 선생을 묘정에 배향하고 치제한 날이다. 계동의 松亭屋이 곧 환재선생의 고택인데 뇌원(雷園)이 거주하고 있으니 그는 선생의 외척이라서 여기서 제사를 지낸다. 모든 준비며 손님 맞는 일을 모두 뇌원이 주관한다. 나는 걸을 수가 없어 가보지 못하니 서글픔은 이루다 말할 수 없다. 홍규(興珪)와 유문(裕問)을 보내어 참관케 하였는데 내빈도 얼마 없고 차림도 조촐하였다 한다. 사세가 그러한 법이다.[134]

134 "今日瓛齋先生廟庭配享致祭, 桂洞松亭屋, 卽瓛翁古宅, 雷園居住, 且爲瓛翁外戚, 故於此延致祭, 凡百設備接賓, 皆雷園主之, 余不能行步, 不能往參, 不勝愴廓, 送興珪及裕問觀光, 來賓無幾人云, 設備草草, 事勢然矣."

이때 북촌시사는 존재하지 않았지만 그래도 20세기 전반까지 조촐하나마 북촌에서 박규수에 대한 제사가 거행되었던 사정을 전해주고 있다. '雷園'은 유정수(柳正秀)라는 인물의 호인데 그는 박규수 외가의 일족으로 유길준의 매부가 된다. '興珪'와 '裕問'은 각각 김윤식의 조카와 아들이다. 그런데 『대한관원이력서』에 의거하면 유정수의 원적지가 '계동정 35번지'라고 나오는데[135] 이곳은 현재 '대동세무고등학교' 북쪽의 주택가에 해당한다. 필시 바로 이곳이 박규수의 계동 집이 있던 곳일 것이다. 그렇지만 지금 이곳을 방문해 보면 조금도 박규수의 자취를 찾을 수 없게 되어 있다. 박규수의 역사적 위상을 고려할 때 '환재고택'을 알려주는 표지석 정도는 속히 세워질 필요가 있을 것이다.

135 이에 대한 내용은 김현정(2015), 87~89면을 참조하였음.

參考文獻

金尙鉉, 『經臺詩存』, 성균관대 존경각 소장본.

金世均, 『晩齋遺稿』, 성균관대 존경각 소장본.

朴珪壽, 『瓛齋叢書』, 성균관대 대동문화연구원.

徐有英, 『雲皐詩選』, 한중연 장서각 소장본.

申錫愚, 『海藏集』, 한국문집총간 속127.

申錫禧, 『韋史詩藁』, 국립중앙도서관 소장본; 일본 경도대 소장본.

尹鍾燮, 『溫裕齋集』, 한국문집총간 속119.

李參鉉, 『鐘山集』, 한중연 장서각 소장본.

鄭澈, 『松江集』, 한국문집총간 46.

趙冕鎬, 『玉垂集』, 한국문집총간 속125~126.

洪祐健, 『原泉集』, 한국역대문집총서 2935.

洪吉周 저 · 박무영 외 역(2006), 『항해병함』, 태학사.

朴珪壽 저 · 김채식 외 역(2017), 『환재집』, 성대출판부.

鄭萬朝 저 · 안대회 외 역(2018), 『용등시화』, 성대출판부.

김명호(2005), 『초기 한미관계의 재조명－셔먼호 사건에서 신미양요까지』, 역사비평사.

김명호(2008a), 『환재 박규수 연구』, 창비.

김용태(2008), 『19세기 조선 한시사의 탐색』, 돌베개.

장효현(1998), 『서유영 문학의 연구』, 아세아문화사.

김명호(2001), 「옥수 조면호의 〈서사잡절〉 전후편에 대하여」, 『고전문학연구』20, 한국고전문학회.

김명호(2008b), 「김영작(金永爵)의 연행(燕行)과 『연대경과록(燕臺瓊瓜錄)』」, 『한문학보』 19, 우리한문학회.

김상기(1974), 「尹淵齋와 그의 遺著에 對하여」, 『동방사논총』, 서울대 출판부.
김용태(2002), 「침계 윤정현의 문학활동」, 『한국한문학연구』 30, 한국한문학회.
김용태(2017), 「鐘山 李參鉉(1807~1872)의 삶과 글쓰기의 지향점」, 『한국한문교육연구』 48, 한국한문교육학회.
김용태(2016), 「풍고 김조순과 북촌시단」, 『민족문학사연구』 61, 민족문학사연구회.
김윤조(1996), 「실학파 문학의 계승에 관한 연구 : 특히 북학파의 경우를 중심으로」, 『대동한문학』 8, 대동한문학회.
김철범(2006), 「原泉 洪祐健 산문론의 주체적 상상력」, 『동양한문학연구』 22, 동양한문학회.
김현정(2015), 「19세기 말 20세기 초 김윤식의 교유망과 서울 북촌의 공간변화」, 『서울학연구』 59, 서울시립대 서울학연구소.
최보윤(2006), 「『闢衛新編』을 통해 본 尹宗儀의 서양인식」, 서강대 석사논문.
표가령(2018), 「玉坡 申弼永의 『洌上紀行絶句』 연구」, 서울대 석사논문.

1872년 박규수의 제2차 연행과 그 성과

김명호 | 서울대학교 국어국문학과 교수

1. 머리말

영·정조시대의 실학이 후대의 개화사상과 어떤 관계에 있는가 하는 문제는 지금까지 명쾌하게 밝혀지지 못한 학계의 큰 쟁점에 속한다. 실학에서 개화사상으로 연속적인 발전이 이루어졌다고 보는 통설에 맞서, 양자는 관련성이 희박한 별개의 사상으로 보아야 한다는 반론이 제기되었다.[1] 환재 박규수(1807~1877)는 이와 같은 실학과 개화사상의 관련성 논쟁의 한복판에 놓여 있는 인물이다. 종래 학계에서는 박규수를 '우리나라 최초의 개화사상가'로 간주하고 그가 실학에서 개화사상으로 전환하게 된 시기와 원인에 관해 논의를 벌여왔다. 하지만 일각에서는 박규수가 실학에 그치고 개화사상으로 나아가지는 못했다거나, 심지어 실학파보다 사상적으로 후퇴한 면이 있다는 반론을 제기하기도 했다.

이 문제와 관련하여 필자는 박규수가 그의 조부 연암 박지원의 실학을 충실히 계승한 사실을 다방면으로 입증한 위에서, 그의 사상 발전 과정을 추적한 바 있다.[2] 박규수가 실학에서 개화사상으로 전환했다고 보는 논자들은 그가 두 차례 연행(燕行)을 다녀온 사실을 중시하고, 제1차 연행 이후인 1860년대 아니면 제2차 연행 이후인 1870년대에 이와 같은 사상 전환이 일어났을 것으로 추정하였다. 필자는 그중 박규수의 제1차 연행에 대해 면밀하게 고찰한 결과, 1860년대 당시 그는 '동도서기론(東道西器論)의 맹아'로 볼 수 있는 사상 변화를 드러냈으나 개화사상에 도달했다고 보기는 어려움을 확인하였다.[3]

본고에서는 그에 이어 박규수가 제2차 연행을 계기로 개화사상에 도

1 조광(2000), 501~533쪽 참조.

2 김명호(2008) ; 김명호(2011).

3 김명호(1999) ; 김명호(2008), 361~436쪽.

달했다는 주장에 대해 그 타당성 여부를 검토해 보고자 한다. 이러한 주장은 1872년의 진하사행(進賀使行)에서 박규수가 천진교안(天津教案)의 사죄사절(謝罪使節)로 서양 각국을 다녀온 숭후(崇厚)의 친형인 숭실(崇實) 장군을 찾아가 해외 정세를 탐문한 사실이나, 귀국한 뒤 국왕 고종에게 동치제(同治帝) 치하 청나라 양무운동(洋務運動)의 성과를 보고한 사실을 근거로 한 것이었다.[4] 하지만 이와 같은 단편적인 사실을 거론하는데 그치고 더 이상의 실증적인 근거를 제시하지는 못했다.

1872년의 제2차 연행이 박규수의 사상 발전에 미친 영향을 제대로 해명하기 위해서는 무엇보다도 먼저 연행 자체를 전 과정에 걸쳐 다각도로 치밀하게 고찰할 필요가 있다. 그러므로 본고에서는 우선 1861년의 제1차 연행 이후 재차 연행에 나서기까지, 주로 고종(高宗) 초기의 대원군 집권기에 해당하는 시기에 박규수가 펼친 정치적 활동, 그리고 제1차 연행 이후 지속된 청나라 문인들과의 서신 교류를 중심으로 그가 재차 연행에 나서게 된 배경을 살펴보고자 한다. 이어서, 박규수가 청(淸) 동치제의 대혼(大婚)을 축하하기 위한 진하사행의 정사로서 출국하여 북경 체류를 거쳐 귀국하기까지의 경위를 구체적으로 밝혀보고자 한다. 2개월에 걸친 북경 체류 중에 그가 외교사절로서 공적인 임무를 수행하는 한편으로, 청나라 문인들과 적극적으로 교유하고 북경의 명나라 유적들을 애써 탐방한 사실을 중점적으로 논하려고 한다.

다음으로, 본고에서는 제2차 연행 당시 북경에서 이루어진 한중 교류의 실상을 가급적 상세하게 해명하고자 한다. 당시 박규수가 교유한 인물들은 동문찬(董文燦)·오대징(吳大澂)·이자명(李慈銘) 등 청류파(清流派)에 속하는 신진 문사들과, 만청려(萬青藜)·팽옥린(彭玉麟)·숭실 등

4 이광린(1979), 26~27쪽, 42~43쪽; 강재언(1981), 176~182쪽.

청국의 고관 대신들이었다. 이들과의 교유가 박규수에게 어떤 영향을 끼쳤는지를 면밀히 검토하는 작업은 최근 연행록(燕行錄)을 중심으로 국내외 학계에서 활발하게 이루어지고 있는 조선후기 한중 문화교류에 관한 연구에도 기여할 수 있을 것이다.

끝으로, 이상과 같이 1872년 박규수의 제2차 연행의 실상을 최대한 충실하게 복원한 위에서 연행의 성과와 한계를 엄정하게 논하고자 한다. 이를 통해 박규수의 개화사상을 에워싼 논쟁과 관련하여 진일보한 견해를 제시하는 것이 본고의 궁극적인 목표이다.

2. 연행의 배경과 경위

1) 청 동치제 대혼(大婚)과 진하사행(進賀使行) 파견

제2차 아편전쟁의 여파로 영국·프랑스 연합군이 북경을 점령하고 함풍제(咸豐帝)가 열하(熱河)로 피신한 '북경사변(北京事變)'이 발발하자, 박규수는 1861년 열하문안사행(熱河問安使行)의 부사(副使)로 파견되어 청나라에 처음 다녀왔다. 북경 체류 중에 그는 서양인들의 동향과 기독교 포교 실태 등을 탐문하는 한편, 풍지기(馮志沂)·황운혹(黃雲鵠)·심병성(沈秉成)·왕헌(王軒)·동문환(董文渙) 등 청나라의 문인 학자들과 널리 교유했다. 또한 고염무(顧炎武)의 사당이 있던 자인사(慈仁寺)와 명 효정태후(孝定太后 : 神宗의 母后)의 영정을 모신 자수사(慈壽寺) 등 주로 명나라 관련 유적들을 탐방했다.

그 이듬해에 진주농민항쟁이 일어나자 박규수는 안핵사(按覈使)로 현지에 파견되어 성공적으로 임무를 수행했으나, 조정의 강경책을 따르지 않았다는 이유로 삭탈 관직되었다. 그리하여 철종 말년에 잠시 불우하게 지내다가, 1864년 고종이 즉위하면서부터 대원군 정권에서 특별히 중용되었다. 1866년 평안감사로 영전할 때까지 그는 예조판서 등을 역임하며 경복궁 중건과 만동묘(萬東廟) 철폐를 도왔고, 강관(講官)으로서 어린 나이에 즉위한 고종의 학문을 다년간 지도했다.[5]

평안감사 시절에 박규수는 1866년 대동강에 무단 침입한 미국 상선 제너럴셔먼호를 격침하는 공로를 세워 대원군의 두터운 신임을 받았다. 곧이어 프랑스 함대가 침공한 병인양요 때에도 그는 대원군의 양이책(攘夷策)을 전폭적으로 지지하면서, 대동강 입구에 동진진(東津鎭)을 신설하는 등 해방(海防)에 주력하였다. 또한 셔먼호사건 이후 잇달은 미국 군함의 내항이나 오페르트 도굴사건 등으로 대외 위기가 고조될 적마다 청국에 보내는 외교문서의 작성을 전담함으로써, 막후에서 대원군 정권의 외교 전문가로도 활약했다.

1869년 중앙 관직으로 복귀한 박규수는 형조판서 등을 거쳐 1871년에는 대제학에 임명되었다. 바로 그 해에 미국의 아시아함대가 침공한 신미양요가 발발했다. 이때에도 그는 미국측과 교신하는 문서나 청국에 중재를 요청하는 문서를 도맡아 작성함으로써, 분쟁을 되도록 평화적·외교적으로 타결하려는 대원군 정권의 노력을 뒷받침했다. 그러나 한편으로 그는 지구전 끝에 미 함대가 자진 철수한 것을 패주(敗走)로 여기고 자축하는 조정의 안이한 태도를 비판하고 향후의 사태를 매우 우려했다.[6]

대원군 정권은 서양 열강과의 관계뿐만 아니라 대일 관계에서도 갈등을 겪고 있었다. 1867년 청국은 일본의 조선 침공 소문을 알리는 비밀 외교문서를 보내왔다. 야도 준슈쿠(八戶順叔)라는 일본인이 청국의 한

5 김명호(2001).

6 김명호(2005), 제1장~제6장.

신문에 기고하기를, 최근 조선이 일본에 대한 오랜 '조공(朝貢)'을 폐지했기 때문에 일본이 신식 군함들을 이끌고 조선을 정벌하려 한다는 것이었다.[7] 그런데 곧이어 이른바 서계(書契) 문제가 발생했다. 1868년 명치유신 직후 일본의 신정부가 천황제로의 왕정복고를 통고하는 서계를 보내왔으나, 조선 정부는 종전의 격식을 어겼다는 이유로 수정을 요구하며 계속 접수를 거부했다. 특히 천황을 뜻하는 '황(皇)'자를 썼을뿐더러 조선을 지칭하는 '귀국(貴國)'보다 글자를 높여 쓴 서식을 문제삼은 것은, 그에 앞서 접한 야도 쥰슈쿠의 신문 기사로 인해 일본이 조선에 대해 종주국 행세를 하려는 불순한 의도를 드러낸 것으로 의심한 때문이었다.[8]

평안감사 시절에 박규수는 문제가 된 '왕정복고 통고 서계'의 필사본을 역관을 통해 입수해 두었으며, 청국이 비밀 외교문서를 통해 전한 야도 쥰슈쿠의 신문 기사에 관해서도 잘 알고 있었다.[9] 서계 문제는 1872년 왜관을 불법 점거한 일본 외무성 관원들이 서계 접수를 또 거부당하자 모두 철수함으로써 양국 간의 외교가 일시 중단되는 사태로까지 악화되었다.

한편 박규수는 제1차 연행을 마치고 귀국한 뒤, 북경에서 사귄 청국 인사들과 서신 왕래를 계속하면서 우의를 다지고 학술 교류를 추진했다.[10] 고종 즉위 후인 평안감사 시절에 박규수는 작고한 벗 남병철(南秉

---

7 『日省錄』, 고종 4년(1867) 3월 7일, 「命稱謝回咨撰出 轉致北京 另具書契 傳及東武」.

8 김홍수(2009), 154~160쪽 참조.

9 박규수, 『환재집』 권11, 「答上大院君(甲戌)」, "小生在浿時, 忽聞萊館事, 方禹叙謄示一本, 而入於休紙, 日前大費精力搜出耳. …… 曾在丁卯丙寅間, 有新聞紙從北咨出來. 其時則不曾與日人失和, 而其所孟浪無倫之說, 閣下想記存矣." 박규수 휘하의 東津鎭 첨사 李鍾元의 『東津禦侮輯要』에도 八戶順叔의 신문 기사를 전한 청국 외교문서가 轉載되어 있어, 이 신문 기사가 당시 큰 주목을 끌었음을 알 수 있다.

10 철종 말년인 1863년까지 이루어진 서신 왕래와 학술 교류에 관해서는 김명호(2008), 437~452, 614~617, 657~659, 663~667, 671~673, 682~686쪽 등 참조.

哲)의 『해경세초해(海鏡細草解)』 등 천문 수학 분야 저술을 왕헌에게 보냈으며, 왕헌의 문자학 연구에도 각별한 관심을 표명하고 이를 격려하였다.[11] 그리고 동문환에게는 거액의 성금을 보내 북경 자수사의 구련보살상(九蓮菩薩像: 명 효정태후의 영정)을 보수하게 해 완성을 보았으며, 동문환이 추진하던 조선 한시 선집 『한객시록(韓客詩錄)』의 편찬을 돕기 위해 자신의 7대조인 박미(朴瀰)와 조부 연암 박지원의 시 등을 뽑아 보내기도 했다.[12] 또한 왕헌 등에게 셔먼호사건과 병인양요나 미 군함 셰난도어호의 내항(1868) 소식을 전하면서, 조선의 긴박한 정세를 함께 걱정해달라고 당부하였다.[13]

이와 같은 활발한 교류는 박규수가 중앙 관직으로 돌아온 뒤 제2차 연행에 나설 때까지도 지속되었다. 1870년 윤10월(이하 음력) 왕헌에게 보

11 박규수, 『환재집』 권10, 「與王霞擧軒」(3), "研秋書, 以爲兄近頗力學古篆, 雖魯川亦當讓與一頭, 回憶松筠雅謔如昨日也. 家弟亦爲此學, ……"; 「與董研秋文煥」(4), "顧齋說文之學, 近復何如? …… 傳世之學, 非卑官浮湛者不能, 有若天爲之位置, 誠如兄教. 此事今古一轍, 只是有蘊抱者, 每不見展施, 終又不能自閟, 載之空言, 垂世故耳. 鄭漁仲・馬貴與得著書之暇最多, 杜君卿・王伯厚, 雖非卑官浮湛, 跡其平生, 亦與浮湛何異? 所以有許大著作, 其功利及人不少. 顧齋倘得繼昔賢之爲, 今日浮湛, 庸何傷乎!".

12 김명호(2000), 412~414쪽.

13 박규수, 『환재집』 권10, 「與王霞擧軒」(3), "秋間淍江有洋船之擾, 弟於此事, 素審之熟矣, 萬萬無自我啓釁理, 奈彼自取死法何哉! 秋冬之交, 別有一種, 又搶掠江華府, 竟又被城將殪其渠魁而走之. 然沿海戒嚴, 不可少弛. 此時方面, 豈書生逍遙地耶? 緗芸行走樞要, 想有聞知此等事, 故於其書略之, 且不欲屢煩筆墨. 兄於逢際, 爲道及此一段, 如何如何? 於研秋・仲復, 亦望同照此狀, 想皆爲我憂之耳."; 「與黃緗芸雲鵠」(4), "弟猥膺藩寄, 薄領之餘, 不無湖山樓臺之勝, 政是坡老所云: '士大夫游宦四方, 亦以取樂一時'者, 而顧憂虞澒洞, 殊無展眉時. 兄書所問天東近事, 可已有默會耳. 衛道距邪, 未可以言語文字奏功, 必煩兵戈, 是豈書生所能者乎? 奈何奈何!"; 「與王霞擧軒」(4), "弟箕都宦蹟, 今已三載, 只愧素餐. 春夏之交, 西海一帶, 洋船來窺, 殊勞備禦, 今雖遠走, 其情叵測. 今便卽陳奏此事之行也."; 「與董研秋文煥」(5), "弟素餐箕邦, 今已三載. 春夏交, 又有洋船窺境, 頗勞備禦. 今雖走去, 餘虞未弛. 今聞王京以此事有陳奏之价, ……" 이와 같이 박규수가 서신 왕래를 통해 청국 인사들과 國政을 담론한 데 대해, 胡佩佩는 일반적으로 詩酒酬唱에 그치던 전통을 타파했다고 하면서, "중국과 조선의 臣子 간 書信外交의 先河를 열었으며, 중국과 조선 양국의 근대외교를 초보적으로 개시했다"고 보았다(胡佩佩(2016), 62쪽).

낸 서신에서 박규수는 아우 박선수(朴瑄壽)가 문자학 저술인 『설문해자익징(說文解字翼徵)』을 탈고하면 그에게 증정해서 서문을 받고 싶다고 했다.[14] 또한 동문환의 일기에 의하면, 동문환은 1870년 3월 동지 부사 조영하(趙寧夏) 편에 박규수의 근황을 전해 듣고 서신을 보냈으며, 1871년 11월에도 박규수의 서신을 받고 시헌서(時憲書) 재자관(齎咨官)으로 북경에 와 있던 역관 이용숙(李容肅) 편에 답신을 보냈다고 한다.[15]

1872년(고종 9) 4월 4일, 전년에 파견한 동지사의 정사 민치상(閔致庠)과 부사 이근필(李根弼)이 귀환하여 왕에게 복명(復命)하였다. 그 자리에서 민치상은 지난 2월에 한림원(翰林院) 시강학사(侍講學士) 숭기(崇綺)의 딸이 황후로 간택되었으며, 동치제의 대혼(大婚)은 9월에 거행될 예정이고, 관례에 따라 대혼 하루 전에 황후를 책립(冊立)한다는 정보를 전하였다.[16] 4월 30일, 뒤늦게 귀국한 동지사 서장관 박봉빈(朴鳳彬)이 문견별단(聞見別單)을 바치고 복명하였다. 바로 그날 영의정 김병학(金炳學)의 건의에 따라, 황후 책립을 축하하고 동지사에 대한 포상에 감사하는 진하겸사은사(進賀兼謝恩使)를 파견하기로 결정하여, 박규수가 정사로 차출되었다.[17]

그 해 5월, 자신의 절친한 벗인 강원감사 신응조(申應朝)에게 보낸 서신에서 박규수는 정권의 실세인 대원군에게 요청하여 연행을 갈 수 있게 되었노라고 밝혔다.

---

14 박규수, 『환재집』 권10, 「與王霞擧軒」(6). 박규수는 1866년 10월 왕헌에게 보낸 서신에서 이미 박선수의 문자학 연구를 그에게 소개한 바 있다(『환재집』 권10, 「與王霞擧軒」(3)).

15 董文渙, 『峴樵山房日記』, 同治 9년 3월 1일, 同治 10년 8월 2일, 3일, 9일, 11월 2일, 11일, 同治 11년 2월 2일(董壽平 · 李豫 主編(1997), 제2권, 888쪽 ; 제3권, 247, 250, 280, 284, 314쪽 ; 李豫 · 崔永禧 輯校(1996), 347~349쪽).

16 『승정원일기』, 고종 9년 4월 4일.

17 『승정원일기』 및 『일성록』, 고종 9년 4월 30일. 부사는 成彛鎬, 서장관은 姜文馨이었다.

> …… 어느 날 이른 아침에 심심해서 중국의 한인(漢人)들과 주고받은 서신을 꺼내 훑어보다가, 갑자기 북경의 사신 숙소로 재차 여행하고 싶은 생각이 솟아나, 바삐 먹을 갈아 석파장(石坡丈)께 서신을 써서 올렸지요. 한마디로 즉시 승락하시어, 마침내 사신의 직함을 얻었소. 어떤 이는 노인네가 경거망동하는 것 아니냐고 의심하지만, 이는 전혀 그렇지 않소. 서성서성대며 집안에 들어 앉아 세월을 헛되이 보내느니, 경쾌한 수레를 타고 익숙한 여로를 거쳐 옛 친구들을 많이 만나서 회포를 풀고 담소를 나누는 편이 낫지 않겠소? 그 즐거움은 이루 말할 수 없을 겁니다.[18]

당시 66세의 노령으로 연행을 다녀오는 것을 염려하는 이도 있지만, 자신은 1861년의 첫 번째 연행 이래 서신 왕래를 통해 우의를 다져온 중국 친구들을 만나고 싶어 재차 연행하기로 결심했다는 것이다.[19]

6월 13일 박규수는 판중추부사(종1품)에 가설(加設)되었다.[20] 이는 진하 정사로서 그의 직함을 높혀 주기 위한 조치였다. 같은 달에 박규수의 우인들이 송별연을 마련하고 그에게 시를 지어 주었다. 북촌시사(北村詩社)의 중심 인물인 시인 조면호(趙冕鎬)는 당시 수원유수(水原留守) 신석희(申錫禧)가 베푼 주연에 참석하여 송별시를 지었다. 이 시에서 조면호는 박규수가 1861년의 열하(熱河) 문안사행 때와 달리 무사태평한 시기에 연행 가게됨을 축하하면서, 청국의 저명 인사들과 재회하고 무사히

18 박규수, 『환재집』 권9, 「與申幼安」(壬申), "…… 一日淸朝無聊, 出閱華人往復書牘, 忽然起再遊燕邸之想, 疾磨墨作書, 上石坡丈矣. 一言卽諾, 遂得使銜. 或者以老人妄擧疑之, 是殊不然耳. 伥伥然屋裏坐, 虛度光陰, 孰如輕車熟路, 多逢舊識, 暢懷談笑? 其樂不勝言." 石坡는 興宣大院君 李昰應의 호이다. 대원군은 박규수보다 13세 연하이지만 당시 이미 53세였으므로, '丈'이라는 존칭을 붙인 것이다.

19 북경에 체류 중인 1872년 10월 沈秉成에게 보낸 서신에서도 박규수는, "나는 지금 머리털이 모두 대머리가 되고 치아가 반이나 빠졌지만, 그래도 3천 리를 달려온 것은 오로지 한두 사람이라도 옛 친구를 만나고 싶었기 때문입니다"라고 하였다(『환재집』 권10, 「與沈仲復秉成」(7), "吾今髮盡禿, 牙半脫. 然猶馳三千里者, 專欲得逢一二故人").

20 『승정원일기』, 고종 9년 6월 13일.

돌아오기를 기원하였다.[21] 신석희도 송별시에서 "연암옹(燕巖翁)의 손자로 선대의 발자취를 뒤따르고, 대제학의 문장(文章)으로 두번 째 연행을 이었네"라고 하였다.[22] 박규수가 조부 연암의 뒤를 이어 열하로 사행을 다녀온 사실과, 뛰어난 문장을 갖춘 관료만 맡을 수 있는 대제학을 역임한 뒤 연행에 재차 나선 사실을 강조한 것이다. 당시 북촌시사 동인들의 모임에는 박원양(朴元陽)도 참여하여 박규수의 연행을 송별하는 시를 지었는데, 그의 시가 그 중에서 가장 빼어난 시로 알려졌다고 한다.[23] 북촌시사의 동인인 이조판서 김세균(金世均)과 우의정 홍순목(洪淳穆)도 송별시를 지어주었다.[24]

연행에 나서기에 앞서 박규수는 명 효정태후의 영정 보수를 기념하는

---

21 조면호, 『玉垂集』 권16, 「華留申韋史公設酒餞瓛齋太史赴燕之行與筵者幷有一詩」, "熱河使者鴨江頭(瓛齋曾以熱河使赴北), 記否蒼蒼關樹秋. 七月星槎辭北闕(七月二日 當辭陛), 三年棠茇過西州(瓛齋以西伯多遺愛, 今將過關西). 知名結識今誰在(瓛齋曩年結識, 皆海內知名之士. 今在燕都者, 能爲幾人)? 無事平時更一游.(瓛齋以卽今無事日奉使爲大幸) 把酒勸君珍重返, 贈言不獨是華留." 북촌시사와 조면호에 관해서는 김용태(2008) 참조.

22 申錫禧, 『韋史詩稿』, 「餞瓛公赴燕韻」(壬申六月), "燕翁孫子追先武, 太史文章續再遊." 그리고 「又代人作」(壬申六月)에서도 신석희는 "爲問顧祠同會客, 如今更見幾人遊?"라고 하여, 박규수가 1861년 연행 때 북경의 고염무 사당에서 회동했던 심병성·동문환 등과 재회하기를 기원하였다.

23 조면호, 『玉垂集』 권16, 「懷人絶句」 제5수, "近來就飮槐泉水, 第一詩傳送別詩.(朴水雲元陽, 與余舊識. 水雲窮寓華城, 近日復入城, 住槐泉, 同社諸公會合猶前時. 其瓛齋燕行別詩, 爲北隣詩之第一唱.)" 박원양(1804~1884, 호 水雲)은 박규수의 일족으로, 수원에서 궁핍하게 살다가 1872년 그의 아들 朴泳孝가 철종의 부마가 됨에 따라 한양의 槐泉洞(지금의 종로구 효제동)으로 이주하였다. 수원에 거주했으므로, 수원유수 신석희와도 왕래가 빈번했던 듯하다. 신석희의 『韋史詩稿』에 박원양의 시에 화답하여 지은 「水雲老 將有近體詩三則屬和 勤意不可孤 輒以蕪拙仰塞」이라는 시가 수록되어 있다.

24 김세균, 『晩齋集』 권2, 「奉贐瓛齋太史別使之行」; 홍순목, 「贐呈瓛齋朴太史上价之行」(수원화성박물관 도록(2014), 88~89쪽) 김세균은 박규수와 마찬가지로 대원군 정권에서 특별히 중용되었으며, 그 역시 고종의 학문을 지도하는 講官을 역임하였다(김명호(2001), 226쪽). 홍순목은 개화파 洪英植의 부친으로, 갑신정변 실패 후 박영효의 부친 박원양과 마찬가지로 자결하였다.

글인 「효정황태후 화상중선공기(孝定皇太后畵像重繕恭記)」를 짓고, 아우 박선수의 문자학 저술인 『설문해자익징』과 함께 가지고 가기로 했다. 이 글에서 박규수는 효정태후의 영정을 보수하게 된 전말을 서술한 뒤, 고염무의 「성자천경궁기(聖慈天慶宮記)」를 인용하면서 자신의 소견을 덧붙였다. 중국 태산(泰山)의 도교 사원에 명 신종 때 효정태후를 구련보살로 받드는 전각을 지었고, 마지막 황제인 의종(毅宗) 때에는 그의 생모 효순태후(孝純太后)를 지상보살(智上菩薩)로 받드는 전각인 '성자천경궁(聖慈天慶宮)'을 세웠다. 고염무는 이처럼 도교 사원에 의탁하고 보살의 칭호를 빌린 덕분에 왕조가 망한 뒤에도 두 황태후에 대한 인민들의 참배가 계속되고 있는 현실에 대해, "이야말로 확실히 위대한 성인이 신묘한 도리로 교화를 베풀어 인민들이 이를 따르도록 하되, 알지는 못하게 한 경우가 아니겠는가"라고 개탄하였다.[25] 박규수는 이러한 고염무의 주장에 대해 크게 공감하는 말로 글을 맺었다.

> 아아! 정림(亭林 : 고염무의 호)의 말이 저와 같이 정대(正大)한데, 그 글의 마지막 단락에서 어찌 에둘러 말했겠는가. 아마 그 역시 명나라의 유민(遺民)으로 침통하고 비통한 심정이라, 모후(母后)의 화상(畵像)이 엄연히 예전대로인 것만을 다행으로 여겼으리라. 나 자신을 돌아보면, 역시 좌해(左海 : 조선)에 사는 후세의 인민이라, 망국으로 상전벽해가 된 자수사의 폐허에 남겨진 효정태후의 영정을 우러러 뵙고는 방황하고 머뭇거리며 떠날 수가 없었다. 그러니 어느 겨를에 일개 유생(儒生)의 식견을

25 顧炎武, 『亭林文集』 권5, 「聖慈天慶宮記」, "是固大聖人之神道設教, 使民由之而不知者乎?" 이는 『주역』과 『논어』에 출처를 둔 표현이다. 『주역』 「觀卦」 彖傳에 "聖人以神道設教, 而天下服矣."라고 하였고, 『논어』 「泰伯」에 "子曰 : '民可使由之, 不可使知之.'"라고 하였다. 단 박규수는 이 마지막 문장을 풍자와 悲憤의 의미로 이해하지 않고, 후세의 무지한 인민들이 명나라를 잊지 않고 존숭하게 하려고 성인이 교묘하게 배려했다는 뜻으로 긍정적으로 이해한 듯하다.

> 가지고 감히 천박한 논의를 폈었겠는가![26]

이와 같이 「효정황태후 화상중선공기」에서 박규수는 조선에 사는 명나라의 유민(遺民)으로 자처하면서, 1861년의 연행 때는 효정태후의 영정을 참배하고 비분(悲憤)한 나머지 미처 짓지 못했던 글을 이제서야 짓노라고 저술 동기를 밝혔다.[27]

절친한 선배인 윤정현(尹定鉉 : 1793~1874) 역시 연행을 앞둔 박규수의 부탁으로 「효정이태후 상정개장기(孝定李太后像幀改裝記)」를 지었다. 박규수의 「효정황태후 화상중선공기」와 마찬가지로, 윤정현의 이 글도 대명 의리를 강렬하게 표명한 글이다. 여기에서 그는 명 신종이 임진왜란 때 망할 뻔한 나라를 구해준 은혜를 조선이 잊지 못하고 청조가 들어선 후에도 대명 의리를 변함없이 지켜온 사실이 중국에 제대로 알려지지 못했다고 안타까워 했다. 또한 왕헌이 효정태후의 영정 보수 경위를 기록한 「구련상 중장기(九蓮像重裝記)」[28]에서 명나라와 신종에 대한 박규수의 충애(忠愛)하는 마음을 칭송한 대목을 들어, "아! 중국 사대부들의 진정을 여기에서 볼 수 있다"고 감탄했다. 아마도 중국의 사대부들은 박규수의 경우로 미루어, 조선의 존주(尊周) 의리가 춘추시대의 회(檜) 나라와 조(曹) 나라보다도 훨씬 더 뛰어나다고 생각할 것이 틀림없다고 하

---

26 박규수, 『환재집』 권4, 「孝定皇太后畵像重繕恭記」, "嗚呼! 亭林之言, 正大如彼, 至其末段, 豈曲爲之說哉! 蓋亦遺民沈痛悲苦之情, 則惟幸母后之像, 儼然依舊爾. 珪壽自顧, 亦左海後民, 而得瞻遺容於黍離滄桑之墟, 彷徨躑躅而不能去, 奚暇以儒生之見, 敢爲規規之論哉!"

27 박규수는 1848년에 지은 「高麗史洪武聖諭跋」(『환재집』 권4)에서도 "좌해의 초야에 사는 명나라의 遺臣(左海草茅遺臣)"이라고 자칭했다. 『환재집』에는 이 글 바로 다음에, 같은 성격으로 글로 「孝定皇太后畵像重繕恭記」가 배치되어 있다.

28 1867년 왕헌이 「九蓮像重裝記」를 지어 보낸 사실은 박규수, 『환재집』 권10, 「與王霞擧軒」(4)에 언급되어 있다.

면서, “우리나라 사람들은 자자손손 이 의리를 변치 말고, 한결같이 환재(박규수의 호)의 마음으로 자신의 마음을 삼기 바란다”고 하였다.[29]

한편 박규수의 문인인 운양(雲養) 김윤식(金允植)의 증언에 의하면, 박선수는 일찍부터 『설문해자(說文解字)』의 한자 해석을 수정·보완하는 연구에 전념했다고 한다. 이를 위해 그는 고대 중국의 청동기 복제품 수백 종을 손수 제작해 곁에 두고 금문(金文 : 청동기의 銘文)을 밤낮으로 연구했다. 도중에 성과가 있으면, “백씨(伯氏)인 환재 선생의 처소로 달려가 책상을 마주하고 토론하니, 환옹(瓛翁 : 박규수) 역시 흔쾌히 그 설을 인정하였다. 천 리나 멀리 떨어져 있는 경우일지라도, 반드시 서신왕복을 통해 질정을 받은 연후에야 원고를 작성했다.” 그런데 이들 형제와 절친한 국내 인사들 중에는 『설문해자익징』을 논할 만한 전문가가 없었기 때문에, 박규수는 연행 가는 길에 이 책을 가지고 가서 『설문해자』에 조예가 깊은 중국 학자들에게 보이고자 했다는 것이다.[30] 이러한 김윤식의 증언을 통해, 박규수가 아우 박선수의 문자학 연구에 대해 깊은 관심을 가지고 학문적 조력을 아끼지 않았을 뿐만 아니라 중국 학계에까지 소개하고자 『설문해자익징』을 휴대하고 연행에 나섰음을 알 수 있다.

---

29 윤정현, 『梣溪遺稿』 권5, 「孝定李太后像幀改裝記」, “噫! 中州士大夫之情, 斯可以見矣. …… 惟我邦人, 世世子孫, 勿替斯義, 一瓛齋之心爲心也.” 글의 말미에서 “萬曆壬辰後二百八十一季壬申六月之望, 東海遺民尹定鉉恭記.”라고 하여, 명나라 연호를 써서 1872년 6월 15일에 지었다고 밝히면서 “東海遺民”이라고 자칭하였다.

30 김윤식, 『雲養集』 권10, 「說文翼徵序」, “…… 走至伯氏瓛齋先生所, 對床討論, 瓛翁亦欣然許之. 雖在千里之遠, 必往復質正, 然後登稿.” 이 서문에서 김윤식은 연행 당시 박규수가 가지고 간 『설문해자익징』은 “미완성 초고(未成草)”라고 하였다. 1874년 겨울에 청 예부상서 萬青藜에게 보낸 서신에서도 박규수는 『설문해자익징』이 “10여 권”이라고 소개하면서 “아직 탈고하지 못했다(尙未脫稿)”고 밝혔다(박규수, 『환재집』 권10, 「與萬庸叟青藜」(3)). 그런데 1872년 10월 북경에서 박규수를 만났던 李慈銘의 『越縵堂日記』에 의하면, 『설문해자익징』은 “14권”으로 명기되어 있다(1872년 10월 2일, 李慈銘(2000), 185쪽). 『설문해자익징』은 박선수의 사후인 1912년에 14권 6책으로 간행되었다.

2) 출국에서 귀국까지

1872년 7월 2일 진하사행이 북경을 향해 출발하였다. 이미 9차나 연행에 참여한 노련한 역관 오경석(吳慶錫 : 1831~1879)이 처음 수역(首譯)으로 동행하였다. 사폐(辭陛)할 때 고종이 "상사(上使)는 돌아올 적에 중국의 물정과 들을만한 정보를 상세히 탐색해서 오라"고 하자, 박규수는 "중국의 벼슬아치 중에 본래부터 상종하는 사람이 많습니다. 상세히 탐색해서 오겠습니다"라고 아뢰었다.[31] 1861년 연행 이래 오랫동안 다져온 중국의 인맥을 활용해서 정세를 탐문하겠다고 답한 것이다.

7월 23일 아우 박선수에게 보낸 서신에서 박규수는 의주(義州)에 방금 도착한 사실과 8월 초순에 압록강을 건널 예정임을 알렸다. 그리고 이번 사행에 『설문해자익징』을 가지고 가는 보람을 역설하였다. 자신은 지난 10여 년 동안 중국의 사대부들에게 자랑할 만한 글을 전혀 짓지 못했으나, 아우의 『설문해자익징』은 "중국을 다 뒤져 봐도 아직까지 있지 않은 책"이라, 이 책을 중국에 가져가 마음 맞는 이에게 손수 건네주도록 하늘이 무언의 도움을 베푼 듯하다고 기뻐했다.[32] 도강을 앞둔 8월 2일 박선수에게 보낸 답신에서도 박규수는 『설문해자익징』을 "유수(有數)한 저작"이라고 칭찬하면서 이런 보물을 중국에 전하려는 의욕으로 용감하게 여행하고 있노라고 했다. 그리고 『설문해자익징』을 출판하면 서적상이 큰 이익을 볼 터이니, 중국에서 뜻 있는 사람과 상의해 자금을 조달해서 출판할 궁리도 하고 있다고 했다.[33]

9월 6일 북경에 도착한 진하사행은 11월 8일까지 61일 간 그곳에 체류

---

31 『승정원일기』, 고종 9년 7월 2일, "上曰 : '上使還來時, 中國物情與可聞者, 詳探以來也!' 珪壽曰 : '中國仕宦人中, 自多相從矣. 當詳探以來矣.'"

32 박규수, 『환재집』 권8, 「與溫卿」(34), "此爲海內縱橫上下所未有也."

33 박규수, 『환재집』 권8, 「與溫卿」(35), "說文翼徵, 有數之作也."

하였다. 9월 14일 동치제의 황후가 책봉되고, 9월 15일 대혼(大婚)이 거행되었다. 9월 16일 황제가 황후와 함께 경산(景山)의 수황전(壽皇殿)에 나아가 참배할 때 박규수 등 조선 사신들은 자금성 북쪽 신무문(神武門) 밖에서 황제의 행차를 맞이하였다.[34] 9월 18일 황제가 자금성 태화전(太和殿)에서 대혼 축하를 받는 예식에 조선 사신들도 동참하여 예를 행했으며, 9월 19일 황제가 태화전에서 베푼 잔치에도 동참하였다.[35]

9월 24일 박규수는 아우 박선수에게 서신을 보냈다. 여기에서 그는 황제가 대혼과 관련하여 반포한 조서를 진하사행 편에 순부(順付)할 것이라는 정보를 탐지하고 이를 미리 보고하고자 파견하는 인편에 서신을 부친다고 하면서, "원합(院閤 : 대원군 閤下)께 올리는 서신은 즉각 송정(送呈)했다"고 밝혔다. 비변사로 보내는 장계와 별도로, 대원군에게 직접 보고 서신을 보낸 것이다. 그리고, 동문환의 아우 동문찬을 만나 『설문해자익징』을 건네주면서 평가를 부탁했으나, 북경의 온갖 물가가 뛰어올라 이 책을 출판하기는 힘들 것 같다고 했다. 또한 대혼 예식으로 인해 사람들이 모두 바빠서 청국 명사들과의 교유가 예상에 크게 미치지 못해 실망스럽다고 하면서, 오늘 다시 만날 동문찬을 통해 새로운 인사들을 알게 되리라는 기대를 표명했다.[36] 9월 24일에 이어, 9월 29일에도 박규수

---

34 『大淸穆宗實錄』, 同治 11년 9월 丁酉 ; 『승정원일기』, 고종 9년 12월 26일.

35 『大淸穆宗實錄』, 同治 11년 9월 己亥, 庚子.

36 박규수, 『환재집』 권8, 「與溫卿」(36), "上院閤書, 卽刻送呈 ……." 박선수에게 보낸 같은 해 12월 6일자 서신에서도 박규수는 "이번 연행은 유람을 일삼자는 것이 아니라 단지 청국의 명사들과 교분을 맺고자 함이었는데, 예전에 사귄 이들은 모두 북경에 있지 않고, 오직 동문환의 아우 동문찬만 있었네. 大婚은 9월 15일에 있었지. 그 전에는 朝臣들이 모두 우리와 상종할 겨를이 없었네. 15일 이후에야 혹은 궁중의 반열에서 사람을 만나기도 하고, 혹은 명성을 듣고 먼저 사신 숙소로 와 방문하기도 하고, 혹은 다른 자리에서 교분을 맺기도 했었네"라고 하였다(박규수, 『환재집』 권8, 「與溫卿」(38), "今行不以遊覽爲事, 只欲結識中原名士, 而舊交諸人皆不在京, 惟研樵之弟文燦在矣. 大婚在九月十五日, 其前朝士皆無暇相從. 及到十五以後, 或於班次逢人, 或有聞名先來館中相訪者, 或於他座證

는 조선 사신의 숙소로 찾아온 동문찬 등과 필담을 나누었다. 그 다음날 박규수는 동문찬과 그의 동인들이 자인사에 모여 고염무의 제사를 올릴 때 참여하였다.[37]

10월 1일 황제가 예친왕(睿親王) 덕장(德長)을 보내 종묘의 겨울 제사를 대행하게 하자, 조선 사신들은 자금성 오문(午門) 밖에서 그 행차를 맞이하였다.[38] 10월 2일 동문찬을 통해 교분을 맺게 된 오대징(吳大澂)·이자명(李慈銘)·장지동(張之洞)·사유번(謝維藩)·고조희(顧肇熙)·왕의영(王懿榮) 등이 사신 숙소로 박규수를 찾아왔다. 박규수는 그들에게 셔먼호사건과 신미양요에 관한 정보를 알렸다. 즉, 평안감사 시절에 평양을 침범한 "영이(英夷: 영국인)"를 격퇴했는데, 그 뒤에도 재차 침범하고 신미양요 때는 강화도를 침범했으나 모두 뜻을 이루지 못하고 떠났다고 했다.[39] 10월 9일 황제가 태화전에서 양궁 황태후에 대한 존호 가상(尊號加上)을 경하하는 예식을 거행할 때 조선 사신들도 동참했다.[40] 그날 오후에 박규수는 안휘회관(安徽會館)의 공식 연회에 참석하여 이자명·주유연(朱逌然)·사유번·장지동·온충한(溫忠翰)·왕의영·오대징 등과

交者.").

37 董文渙, 『峴樵山房日記』, 同治 11년 9월, "是月, 朝鮮使者朴珪壽一行至京師, 住玉河館, 與弟董文燦諸人筆談暢飮, 幷在月末, 同祭顧亭林先生于慈仁寺."; 동문찬, 『芸香書屋詩草』 卷下, 「贈朴桓卿珪壽判樞」, "同臨金粟境, 況値菊花秋.(九月晦日同人集慈仁寺, 祀顧亭林先生, 君亦與焉.)"(董壽平·李豫 主編(1997), 제6권, 167쪽).

38 『大淸穆宗實錄』, 同治 11년 10월 壬子; 『승정원일기』 고종 9년 12월 26일, "珪壽曰: '宗廟冬享, 皇上雖未親行, 而行展拜禮時, 臣等在午門外祗迎."

39 李慈銘, 『越縵堂日記』 제16책, 桃花聖解盦日記, 己集, 壬申 10월 2일, "淸卿(오대징)復來速飮. 晡後詣之朝鮮正使朴珪壽, 字瓛卿, 年六十餘矣. 香濤·麐伯·顧緝庭·陸雲生·王廉生皆在. 朴君言戊辰(1868)歲英夷犯平壤, 彼爲平壤觀察使擊敗之. 庚午(1870)復入犯, 辛未(1871)又犯江華島, 皆不得志去." 단 셔먼호사건(1866)이나 미국 군함의 내항 시기(1867, 1868)가 부정확하게 기록되어 있다. 또한 "英夷"라고 한 것은 셔먼호사건의 주모자를 영국인 토마스 목사로 알고 있었기 때문이다.

40 『大淸穆宗實錄』, 同治 11년 10월 庚申.

함께 벽영롱관(碧玲瓏館)에서 술을 마셨다.[41]

11월 8일 진하사행은 북경을 떠나 귀국길에 올랐다. 그간 북경에서 두 달이나 체류한 것은 두 차례 반포한 황제의 조서를 수정하고 옥새를 찍는 절차가 신속하게 이루어지지 못한 탓이었다.[42] 북경을 떠나기 전까지 박규수는 제1차 연행 때 탐방했던 명나라 유적을 재차 탐방하였다. 자인사를 찾아가 경내의 고염무 사당에서 동문찬 등이 거행한 제사에 참여했을 뿐 아니라, 이들과 함께 자수사를 방문해서 수년 전 보수를 마친 구련보살상(명 효정태후의 영정)을 드디어 참배하였다. 이 화상(畵像)에는 보수 작업을 주관한 동문환과 왕헌의 친필 글씨가 씌어져 있어 두 사람을 대면한 듯 반가웠다.[43] 그런데 자수사의 승려가 모사본(模寫本)을 내걸지 않고 화상 원본에 공양을 올리는 바람에, 보수한지 얼마 되지 않았는데도 화상에 먼지와 그을음이 또 쌓여 있었다. 이를 본 박규수는 손수 화상을 말아서 상자에 보관하게 했다. 동문찬이 "모사본이 또 있으니 승려에게 다시 주어 걸게 할 수 있다"고 하여 마음을 놓았다고 한다.[44] 당시

---

41 李慈銘, 『越縵堂日記』 제16책, 桃花聖解盦日記, 己集, 壬申 10월 9일, "午後, 同肯夫, 詣安徽會館公宴, 朝鮮使臣朴瓛卿 · 荇丈 · 麐伯 · 香濤 · 味秋 · 廉生 · 淸卿皆至. 飮于碧玲瓏館, 頗有竹石, 淸池曲欄, 垂楊映之, 爲最佳處."
지금의 북경 宣武區 後孫公園胡同에 있었던 안휘회관은 상경한 安徽省籍 관원 접대를 위해 李鴻章 등이 주도하여 1871년에 세운 건물이다. 회관의 중앙 정원에 있던 碧玲瓏館에서 이홍장이 조선 사신들을 접대했다고 한다.
朱逌然(자 肯夫)은 절강 餘姚人으로, 1862년 진사가 된 뒤 湖北按察使를 지냈다. 溫忠翰(자 味秋)은 山西 太谷人으로, 直隸總督 溫承惠의 손자이다. 1862년 探花(진사 급제 제3등)가 된 뒤 翰林編修를 거쳐 湖南學政 · 陝西按察使 등을 지냈다. 溫忠彦 · 溫忠善 · 溫忠翰 형제는 1853년 진하사행으로 북경에 온 姜時永과 교유한 바 있다(허방(2016), 68~73쪽).

42 『승정원일기』, 고종 9년 12월 26일, "珪壽曰 : '兩次詔書修正安寶之不得神速, 如是遲滯矣.'"

43 『환재집』 권10, 「與董研秋文煥」(5), "客臘憲書使迴, 奉覆函及慈壽石刻諸本, 讀重裝九蓮畵像歌, 服吾兄有心做好事, 感激之極, 不獨經理此事, 爲不孤遠友托也." 1867년 동문환과 왕헌은 영정 보수를 기념하여 각각 장편 七言古詩인 「重裝九蓮菩薩畵像歌」와 「明孝定李太后九蓮菩薩畵像歌」를 지은 바 있다(李豫 · 崔永禧 輯校(1996), 308~309쪽).

44 『환재집』 권10, 「與董研秋文煥」(7), "令弟雲龕, 雖初面, 便是宿交. 追隨往還, 賴不寂寞.

박규수가 출국할 때 가지고 간 자신의 「효정황태후 화상중선공기」와 선배 윤정현의 「효정이태후 상정개장기」를 과연 소망한 대로 구련보살상의 여백에 기입할 수 있었는지는 알 수 없다.

박규수는 명 의종(毅宗)의 생모인 효순태후 유씨(劉氏)의 영정을 봉안한 장춘사도 다시 방문하였다. 제1차 연행 때 장춘사 승려의 각별한 배려로 그는 새로 만든 모사본 대신 구본(舊本) 영정을 참배하는 행운을 누렸다.[45] 그런데 이번에 장춘사를 다시 찾았더니, 누각 하나를 별도로 세워 효순태후의 영정을 봉안하고 있었다. 건물이 웅장하고 화려하며 차려놓은 기물들이 찬란하여, 필시 많은 사람들의 성금으로 이루어진 것일 터였다. 나중에 이 사실을 전해 들은 윤정현은 중국 한인(漢人)들이 마음 속으로 아직도 명나라를 잊지 못하고 있다고 감격해 하였다.[46]

또한 박규수는 동치제의 부름을 받고 상경한 팽옥린(彭玉麟)을 만나고

共拜顧祠, 又展慈壽佛像, 兄及顧齋題墨, 如接顔儀也. 寺僧太蠢, 不揭墨拓之本, 還復以畵幀供養, 不幾時已塵媒堆集. 余手自捲藏匣中. 雲龕言 : '復有墨本, 可再給僧人張揭'云. 如是則久益無慮耳."

1867년 영정 보수가 이루어진 뒤에 동문찬의 형 董麟이 화공을 시켜 별도로 작은 모사본을 만들어 慈仁寺에 보내 두었다. 나중에 동문찬은 박규수에게 언약한 대로 이 모사본을 표구해서 자수사의 승려에게 주어 공양하게 했으며, 화상 원본은 잘 보관하여 후세에 길이 전하도록 당부했다. 1873년 동문찬은 이러한 사실을 기록한 「跋九蓮菩薩刻象」을 지었다(동문찬, 『芸龕日記』, 1873년 6월 19일, "跋九蓮菩薩刻象. …… 此九蓮菩薩刻象也. 慈壽寺舊有畵象, 同治丁卯(1867)同人曾醵金重裝, 朝鮮朴瓛齋侍郎遠有同志, 王顧齋(왕헌)駕部爲文記之. 家云雲舫兄(동린)命工另摹小幅, 送慈仁寺, 皆善緣也. 壬申(1872)秋九月, 瓛齋復奉使來都, 瞻仰舊象, 恐日久再致于汚損, 余因裝成此幅, 畀寺僧供養之, 舊像屬善爲藏護, 永詔來玆, 亦無負遠友雅意云爾."(董壽平 · 李豫 主編(1997), 제5권, 679~680쪽)).

45 박규수, 『환재집』 권9, 「與洪一能」, "長春[椿]寺劉太后遺像, 弟亦曾拜謁. 見其安奉櫃子中有一新摹粉墨如昨日斷手. 怪問於主僧, 僧曰 : '舊本渝黦, 故改摹而恭養. 今逢東國大人來謁, 故出揭舊本耳.' 其言可感, 又可見華人之心尙存明室也."

46 윤정현, 『梣溪遺稿』 권5, 「書朴瓛卿二楊公遺墨跋後」, "瓛卿云 : '初於長春寺, 見佛堂樓上藏孝純劉太后眞容矣. 及再到, 則別建一閣, 妥奉劉后像. 未知誰所營爲, 而棟宇陳設, 壯麗璀瓈, 有非一人之力所能辦, 必合衆醵金而爲之也.' 嗚呼! 華夏人心, 尙不忘明朝有如是者, 亦自瓛卿而聞, 故牽連書之."

자 그가 일시 묵고 있던 송균암을 찾아갔다. 송균암은 명나라 때 환관 엄숭(嚴嵩)의 전횡을 탄핵했다가 처형된 양계성(楊繼聖)을 추모하기 위해 청 건륭(乾隆) 때 건립한 사당이다. 도광(道光) 연간에는 양계성의 탄핵 상소문 초고를 벽에 새긴 간초정(諫草亭)도 그 서남쪽에 세워져 북경의 한 명소가 되었다. 송균암을 재차 방문한 박규수는 제1차 연행 때 이곳에서 황운혹 등과 만나 술 마시고 시를 읊던 추억을 떠올렸다.[47]

그밖에 박규수는 송나라 충신 문천상(文天祥)의 사당인 문승상사(文丞相祠)도 방문했을 것으로 짐작된다. 제1차 연행 때 그는 청국 명사들에게 소개하고자 『열하일기』 중의 한 명문인 「문승상사당기(文丞相祠堂記)」를 친필로 써서 가지고 갔었다. 당시 그는 심병성에게 조부 연암의 「문승상사당기」가 문승상사에 게시되도록 주선해줄 것을 당부했으며, 귀국한 뒤에 심병성이 주선한 덕분으로 「문승상사당기」가 사당에 게시되었음을 알았다.[48] 1870~1871년 동지 부사로 북경을 다녀온 서상정(徐相鼎)은 문승상사에서 연암의 「문승상사당기」를 보았다고 하였다.[49] 이로 미루어 박규수 역시 「문승상사당기」를 확인하고자 그곳을 탐방했을 것이

---

47 박규수, 『환재집』 권10, 「與黃緗云雲鵠」(6), "辛酉歲會飲松筠菴, 兄讀椒山諫艸, 有'千秋俯仰心如醉, 我亦人間駕部郎'之語. 余別詩有云 : '且看諫艸堂前竹, 再度來時綠滿園,' 夫豈竹之云乎? 今來, 縱不與吾兄相見, 此竹已森森作歲寒姿, 徘徊咏言, 懷可知也."; 김명호(2008), 403~404쪽, 419쪽 참조.

48 박규수, 『환재집』 권10, 「與沈仲復秉成」(2).
『熱河日記』「謁聖退述」에 수록되어 있는 「문승상사당기」는 士란 天道의 代行者라는 선비론에 입각하여 문천상의 순절을 찬미한 글이다. 명나라 遺臣에 대해 청나라 황제가 관대하게 예우하기를 바라는 뜻을 함축하였다.

49 徐相鼎, 『燕槎筆記』 卷下, 辛未(1871) 정월 18일, "過柴市, 謁文文山先生祠堂 …… 西壁甃石卽戶部主事李世德詩, 而見其上頭, 揭朴燕巖謁文丞相祠堂記一篇. 公于乾隆庚子, 隨其族兄錦城尉朴明源入燕, 遊熱河, 文成于是時, 而咸豐辛酉, 公之孫宗伯君珪壽, 以副使來拜于祠下, 仍以寫揭云."(허방(2016), 265~266쪽 참조) 여기에서 서상정은 1861년 연암 손자인 예조판서(사행 당시의 假銜) 박규수가 문승상사를 참배하고는 이 기문을 써서 걸었다고 기록했으나, 본문에서 언급한 바와 같이 이는 사실과 조금 다르다.

틀림없다.

12월 6일 진하사행은 압록강을 다시 건넜다. 이날 박규수는 아우에게 보낸 서신에서 북경에서의 교유를 회상하며, "한 번 이상 만난 사람을 통계하면 80여 명쯤이니 역시 '널리 교유했다'고 할 만하다"고 하여 소기의 연행 목적을 이룬 만족감을 드러냈다.[50] 12월 26일(양력 1873년 1월 24일) 귀환한 세 사신이 왕에게 복명하는 것으로 연행은 마무리되었다.

3. 북경에서의 교유

1) 청류파(淸流派) 문사들과의 교유

연행을 통한 19세기 후반의 한중 문화교류는 주로 추사 김정희 계열에 속하는 역관 문인들과 영·정조시대 북학파(北學派)의 전통을 계승하고자 한 사대부 문인들에 의해 주도되었다고 할 수 있다. 전자에 속하는 대표적 인물로 이상적(李尙迪)과 그 제자 이용숙·오경석 등을 들 수 있다면, 후자에 속하는 인물로는 김영작(金永爵)·신석우(申錫愚)·박규수 등을 들 수 있다. 이 두 계열의 문인들은 종종 함께 연행하기도 했을 뿐만 아니라, 이들과 교유한 청국 인사들 역시 대체로 같은 그룹에 속했다. 일찍이 김정희가 옹방강(翁方綱)·완원(阮元) 등과 교분을 맺은 이래 북경에 온 조선 사행과 지속적인 관계를 맺어온 이 청국인 그룹은 공헌이

---

50 박규수, 『환재집』 권8, 「與溫卿」(38), "自一面以上, 統計可八十餘人, 亦云廣交遊也." 박선수가 쓴 「행장」(『환재집』 권1, 「節錄瓛齋先生行狀草」)에는 제2차 연행 당시 박규수가 심병성·풍지기·황운혹·왕헌·동문환·王拯·薛春黎·정공수·만청려·공헌각·오대징 등 "百餘人"과 교유했다고 했으나, 부정확하다. 그중 심병성·풍지기·황운혹·왕헌·동문환·왕증·설춘려는 제1차 연행 때에만 만났던 인사들이다.

(孔憲彝)와 섭명풍(葉名灃)을 중심으로 한 동인적(同人的) 성격이 강했다. 이들은 대개 청의 내정개혁과 더불어 서양 열강에 대한 강경투쟁을 주장한 청류파였고, 고염무를 숭상하는 고증학자였으며, 요내(姚鼐)와 매증량(梅曾亮)의 뒤를 잇는 동성파(桐城派) 문인이었다.[51]

1861년 제1차 연행 때 박규수는 이러한 그룹에 속하는 공헌이 · 정공수 · 풍지기 · 왕증 · 황운혹 · 심병성 · 왕헌 · 동문환 등과 교유했으며, 귀국 이후에도 꾸준한 서신 왕래를 통해 교분을 다져나갔다.[52] 그런데 이들과 재회하려는 소망을 품고 나선 이번의 진하사행에서 그는 정공수와 공헌각(孔憲珏) 등 겨우 한두 사람을 만났을 뿐이다.[53] 그 사이에 공헌이와 풍지기는 별세했고,[54] 왕증과 왕헌은 낙향했으며,[55] 황운혹과 심병

51 김명호(2000), 401~402쪽 ; 손성욱(2012) 참조. 이 그룹의 인사들은 북경 太僕寺街의 衍聖公府에 있던 공헌이의 韓齋에 주로 모였다. 공자의 72대손인 공헌이(1808~1863)는 완원과 인척간이다. 완원은 그의 후처가 誥封衍聖公 孔憲增의 장녀여서 북경의 衍聖公府에 寓居하기도 했다. 섭명풍(1811~1859)의 부친 葉志詵은 옹방강의 문인이자 사위로, 김정희와 친교가 깊었다. 섭명풍은 이상적과 30년 知己였다고 한다.

52 김명호(2008), 410~418쪽, 437~452쪽 참조.

53 당시 69세로 저명한 서예가였던 정공수는 박규수의 요청으로 그의 처조카인 李敏翼에게 증정하는 "圖史娛情無俗慮, 塤篪奏雅得天眞"이란 對聯을 써주었다(故 李九榮 선생 소장). 또한 정공수는 1859년 燕行 때 결교한 이래 두터운 우정을 쌓았던 故 金永爵의 아들 金弘集 형제에게 선물을 전해달라고 박규수에게 부탁했다(『환재집』 권10, 「與程容伯恭壽」, "人海結契, 與兄最早, 而乃中間十載, 忽若相忘, 再到續緣, 殆有物相之. …… 玉河枉車, 臨別携贈毛褥, 早已信傳金文園昆季, 而兄之篤於友朋, 有此至性, 尤令人感歎, 何日而忘之?")

공헌각(호 玉雙 · 鄭菴)은 공헌이의 從弟로서, 翰林과 主事를 지냈다. 이상적 · 오경석 · 김석준 등과 교분이 있었다(『환재집』 권10, 「與黃緗芸雲鵠」(6), "雖不無新知作讌會爲樂, 舊雨落落, 惟有孔君玉雙, 話繡山宿緣, 稍慰悵悵."; 王軒, 『耨經樓詩集續編』 권2, 「潤臣 · 繡山兩先生, 招同魯川 · 少鶴 · 子重 · 汀鷺 · 玉雙, 餞朝鮮安桐齋 · 吳亦梅二從事, 分老字」(1858) ; 李尙迪, 『恩誦堂集續集』 詩 권9, 「繡山閣讀, 與同人邀餞小棠, 屬其從弟玉雙太史作雅集圖. 玉雙題一絶云 : '韓齋坐有三韓客, 素繪春明雅集圖. 比似西園應不惡, 可無新詠待髥蘓.' 自注謂 : '李藕船 · 小棠屬題其後.' 賦此以謝玉雙, 兼懷繡山」(1862) ; 金奭準, 『懷人詩錄』 下, 「孔鄭菴主事(憲殼)」, "經義詞華是碩儒, 憐君兄弟卽聯珠. 別時慰我相思苦, 寫出春明雅集圖.").

성 · 동문환 등은 지방관으로 나가 있었기 때문이다.[56]

그 대신 제2차 연행에서 박규수는 동문환의 아우 동문찬(董文燦)을 만났으며, 그를 통해 오대징 · 장지동 · 사유번 · 왕의영 · 고조희 · 이자명 · 오보서(吳寶恕) 등 신진 문사들과 새로 교분을 맺을 수 있었다.[57] 동문찬과 그의 동인들은 대개 30대의 거인(擧人) 또는 진사(進士) 출신 경관(京官)으로, 공헌이 그룹의 소장파(少壯派)라고 할 수 있다.

---

54 공헌이과 풍지기는 각각 1863년과 1867년에 별세했다. 1867년 8월, 안휘성 徽寧池太廣道 道員 풍지기의 별세 소식을 접한 동문환은 형 董麟 및 孔憲珏 · 황운혹 · 왕헌 등과 함께 慈仁寺에서 추모 제사를 지냈으며, 그의 죽음을 애도한 만시를 지었다(李豫, 「董硯樵先生年譜長篇」, 董壽平 · 李豫 主編, (1997), 제6권, 121~122쪽; 동문환, 『峴樵山房詩集初編』 권8, 「挽魯川觀察」).

55 왕증은 벼슬이 左都副御史 · 通政使에 이르렀으나, 同治 3년(1864) 侍郎 董恂 등을 탄핵했다가 도리어 誣告를 입고 降職되자 그 이듬해 낙향하여 1874년 별세할 때까지 廣西省 桂林에서 노년을 보냈다. 桐城派 '嶺西(廣西省)五家'의 한 사람으로 일컬어졌다.
왕헌은 오랫동안 軍機處의 兵部主事로 지내다가, 동치 8년(1869) 황제의 師傅인 강경보수파 倭仁의 同黨으로 의심받아 배척되자 낙향하였다. 1887년 별세할 때까지 교육과 저술에 전념하여 山西省을 대표하는 고증학자로 숭앙되었다.

56 황운혹은 兵部郎中을 거쳐 지방관으로 나가, 1890년 은퇴할 때까지 四川省에서만 수십 년간 관직을 전전하였다(『淸代碑傳全集』 下, 『碑傳集補』 권18 「黃雲鵠傳」).
심병성은 1864년 雲南省의 迤東道 道員으로 나갔다가, 1869년 江蘇省의 常鎭通海道 道員을 거쳐, 1871년 蘇松太道(上海道) 도원으로 蘇州에 부임했다. 그 사이에 부친상과 再娶 姚夫人 및 두 아들이 잇달아 병사하는 불행을 겪은 데다 海關의 임무가 과중하여 병을 얻었으므로, 관직에서 물러나 1876년부터 소주의 유명한 耦園(2001년 유네스코 세계문화유산 등재)에서 詩畫에 능한 三娶 嚴夫人과 함께 古書와 金石書畫를 완상하는 隱逸 생활을 했다. 光緖 10년(1884) 順天府尹으로 관직에 복귀하여 安徽巡撫 · 兩江總督署理에 이르렀다(『淸代碑傳全集』 下, 『續碑傳集』 권31, 「安徽巡撫沈公墓誌銘」(兪樾)).
동문환은 1866년 山東의 농민반란군 토벌에 실패한 관군이 도리어 무고한 자들만 잡아들인 것을 비판한 상소로 權臣의 미움을 사서 배척받다가, 1867년 甘肅省의 甘凉道 도원으로 방출되었다. 1870년 부친상으로 귀향한 뒤, 1871년 4월부터 북경에 우거했다. 부친상을 마친 1872년 權臣과의 불화로 인해 다시 감숙성의 鞏秦階道 도원으로 임명되어 그해 4월 북경을 떠났으며, 1777년 秦州(지금의 天水市)의 관소에서 병사하였다(김명호(2000), 394~395쪽 참조).

57 박규수, 『환재집』 권10, 「與吳淸卿大澂」, "同好諸君子香濤 · 麟伯 · 廉生 · 皡民 · 蓴客 · 子實皆平安, 盍簪麗澤, 日有樂事否? 不能各修候問, 心甚缺然也."

동문찬(1839~1876)은 거인 출신으로, 내각중서(內閣中書)를 지냈다. 시와 서예에 뛰어났고, 금석 비판(碑版) 문자와 고대 화폐 수집에 힘썼으며, 장서가 풍부했다고 한다. 저술로 『허재금석문자(鄦齋金石文字)』와 『운향서옥시초(芸香書屋詩草)』가 현재 전하고 있다.[58] 동문찬과 처음 만났을 때 박규수가 『설문해자익징』을 보였더니, 동문찬은 "이 책은 완원(阮元)의 『적고재 정종이기관지(積古齋鐘鼎彝器款識)』와 설상공(薛尙功)의 『역대이기종정 관지법첩(歷代彝器鐘鼎款識法帖)』에서 금문(金文) 자료를 채록했는데, 완원은 고증은 상세하나 오자가 많고 설상공은 필획에 오류가 많다"고 논평하였다. 이에 박규수는 문자학에 대한 동문찬의 조예에 감탄하고 그에게 『설문해자익징』을 건네주면서 평어(評語)를 써 달라고 부탁했다고 한다.[59] 그 뒤 동문찬은 박규수와 다시 만나 자신의 동인들을 소개했던 듯하다. 박규수는 동문찬과 그의 동인들이 자인사에서 고염무의 제사를 지낼 때 참여했으며, 자수사에서 구련보살상도 함께 참배하였다.[60]

---

58 潘祖蔭, 「芸龕董君墓誌銘」; 孫奐父 · 韓坰 등 撰, 『洪洞縣志』 권12, 「董文燦傳」(李豫, 「董硯樵先生年譜長篇」, 董壽平 · 李豫 主編(1997), 제6권, 196~197쪽, 206쪽). 李慈銘은 동문찬 삼형제를 陸機 삼형제에 비겨 칭송하였다(이자명, 『越縵堂詩續集』 권3, 「哭董芸龕舍人(文燦)」, "才名三陸早知聞, 汾晉風流總出群").

59 박규수, 『환재집』 권8, 「與溫卿」(36), "硏樵弟雲龕, 名文燦, 年三十四, 官內閣中書, 力學六書. 以翼徵示之, 片時披覽, 已悉其凡例, 且言 : '此書採阮氏積古款識 · 薛氏款識. 阮則攷據詳而頗有誤字, 薛則筆畫多誤'云云. 其敏妙如此, 遂以付之, 求評隲以還耳." 嘉慶 9년(1804)에 간행된 阮元의 『積古齋鐘鼎彝器款識』는 宋代의 금석학을 대표하는 薛尙功의 『歷代彝器鐘鼎款識法帖』을 계승하여, 嘉慶 이후 金文 연구의 성행에 큰 영향을 미친 선구적 저작이다.

60 박규수, 『환재집』 권8, 「與溫卿」(36), "今日當會雲龕, 可有新知諸君也. 不宣. 壬申九月廿四日."; 권10, 「與董研秋文煥」(7), "令弟雲龕雖初面, 便是宿交, 追隨往還, 賴不寂寞. 共拜顧祠, 又展慈壽佛像, 兄及顧齋題墨, 如接顔儀也."
당시 동문찬이 지은 오언절구 2수가 전하고 있다(동문찬, 『芸香書屋詩草』 卷下, 「贈朴桓卿珪壽判樞」; 董壽平 · 李豫 主編(1997), 제6권, 167쪽). 이 시의 둘째 수에서 "高士來韓國, 前塵接咏樓(仲復師所居.) 同臨金粟境, 況値菊花秋!(九月晦日, 同人集慈仁寺, 祀顧

한편 박규수는 동문찬의 청탁으로, 1869년 동지 정사 김유연(金有淵)이 동문찬에게 증정한 「신라왕 정계비(新羅王定界碑)」 탁본, 즉 신라 진흥왕의 함경도 황초령(黃草嶺) 순수비(巡狩碑) 탁본[61]에다 다음과 같은 제사(題詞)를 써 주었다.

> 신라의 고도(古都)는 지금 경주부(慶州府)가 되었다. 부윤(府尹)의 관아 중에 큰 석지(石池 : 석조 함지박)가 있는데, 당시의 욕조였던 듯하다. '대동년조(大同年造)'[62] 등의 글자가 그 돌 위에 새겨져 있는데, 지금은 연뿌리를 심어놓아 한창 무성하다. 선배 대산(臺山) 김매순(金邁淳) 선생이 경주 부윤을 지낼 때 지은 "새벽 달 어렴풋이 흰 연꽃 비추는데, 석지는 거울처럼 하늘 비추며 헛되이 세월 보내네. 애석해라 저 노물(老物)도 '어르신'으로 불릴 수 있었을 텐데,[63] 남조(南朝) 양(梁)나라 대동(大同) 연호를 본 적 있거늘"이라는 시[64]가 있다. 지금 운감(芸龕)의 서실에서 진흥왕 정계비를 보고 생각이 이 시에 미치자, 주인(동문찬)이 종이 여백에 함께 기록할 것을 요청하므로, 마침내 쓴다.[65]

亭林先生, 君亦與焉.) 壇坫瞻先哲, 琴樽紀勝游. 他時相憶處, 還作畵圖留.(君昔年曾繪懷人圖, 寄硏樵家兄.)"이라고 하였다. 이처럼 제1차 연행 때 박규수가 심병성의 거처인 八咏樓를 누차 방문하고 동문환에게 「懷人圖」를 그려 보낸 사실을 거론하고 있음을 보면, 동문찬이 비록 박규수와 초면이었지만, 공헌이 그룹 선배들과 박규수의 교유에 관해 익히 알고 있었음을 짐작할 수 있다.

61 이 탁본은 1938년 朴榮喆이 북경의 琉璃廠에서 구입한 것인데, 현재 서울대 박물관에 소장되어 있다. 박규수의 題詞 외에도 王軒의 글씨와 동문찬의 題詩·題詞가 있고, 오경석의 아들인 吳世昌의 題跋 등이 있다(한국의 名碑古拓 전시회 도록(1998), 52쪽).

62 '大同 연간에 만들었다'는 뜻으로, 大同은 남북조시대 梁 武帝의 연호(535~546년)이다.

63 米芾拜石의 고사를 말한 것이다. 북송의 유명한 서화가 米芾은 기이한 암석을 좋아하여, 無爲軍知州가 되었을 때 관아 중의 怪石을 보자 절을 올리고 '石丈'이라는 존칭으로 불렀다고 한다.

64 김매순(1776~1840)은 박규수의 부친 朴宗采와 戚叔 李正履의 절친한 벗으로서 박규수를 식견이 뛰어난 후배로 인정하고 아껴주었던 인물이다. 이 시는 김매순이 1833년 경주부윤으로 재직할 때 지은 「詠新羅三物」 3수 중 제2수로, 김매순의 『臺山集』 제3권에 수록되어 있다.

1830년대에 유희해(劉喜海)의 『해동금석원(海東金石苑)』을 통해 황초령비의 존재가 중국에 알려진 이래 공헌이 그룹에서 뜨거운 학문적 관심의 대상이 되어 왔으므로,[66] 동문찬 역시 이 희귀한 탁본을 입수한 뒤 마침 북경에 온 박규수에게 제사를 써달라고 요청한 것이다. 이 제사에서 박규수는 황초령비보다 더 오래된 신라시대 유물로 경주 관아의 석지(石池)를 소개했다. 이와 같이 동문찬과의 교유는 『설문해자익징』과 황초령비를 대상으로 한 문자 연구와 금석 고증 등 학술 방면에 치중되었던 것으로 보인다.[67]

오대징(1835~1902)은 1871년 한림편수(翰林編修)가 된 뒤 동치제의 막대한 혼례 비용을 절감하도록 청하는 상소를 과감하게 올려 직신(直臣)으로서 명성을 떨치고 청류(淸流)로 일컬어졌다. 이후 벼슬이 호남순무(湖南巡撫)에 이르렀다. 그는 갑신정변 직후 흠차대신(欽差大臣)으로 파견되어 조선과도 인연이 깊은 인물이다. 당시 고종에게 조선의 국정

---

65 "新羅古都, 今爲慶州府. 府尹衙中有大石池, 似是當時浴槃也. 有'大同年造'等字刻在石上, 今種藕最盛. 前輩金臺山先生邁淳, 尹此府, 有詩曰 : '曉月依依墮白蓮, 石池虛度競中天. 憐渠老物堪呼丈, 曾見蕭梁大同年.' 今於芸龕室, 見眞興定界碑本, 想及此詩. 主人要幷記於空紙, 遂書之. 朴珪壽."

66 藤塚隣(1975), 385~391쪽 ; 葉名灃, 『敦夙好齋詩集續編』 권6, 「新羅眞興王北狩定界石刻殘字(幷序)」(李豫 · 崔永禧 輯校(1996), 115쪽).

67 귀국한 뒤에도 박규수와 동문찬의 교분은 이어졌다. 1873년 1월 동문찬은 박규수에게 작별 후 첫 서신을 보내면서, 趙寧夏에게 轉交를 부탁했다. 박규수는 조영하로부터 이 서신을 전달받은 뒤 쓴 답신에서 『설문해자익징』을 중국에서 출간하려는 소망을 포기하지 않으면서, 책의 보완을 마치는 대로 왕헌에게 질정을 구할 생각이라고 말했다. 그 뒤 1875년 1월에도 동문찬은 박규수의 서신과 인삼 선물을 받은 뒤 답신을 부치면서 매화 그림 한 폭을 그려 보냈고, 2월에도 재차 박규수에게 서신을 보내면서 왕헌의 『耨經廬詩集』을 부쳤다(동문찬, 『芸龕日記』 제11책, 同治 11년 癸酉, 1월 12일, "書致桓卿信, 屬惠人(趙寧夏의 호－인용자)轉交." ; 동문찬, 『鄦齋日記』, 光緒 元年 乙亥, 1월 4일, "東友朴桓齋右相來札, 悉已懸車致仕矣. 贈白蔘一斤, 受之.", 1월 23일, "書復朴桓卿信, 寄畵梅一幅, 驛使贈春之意也.", 2월 2일, "再書寄朝鮮朴右相信, 坿槈經廔詩一部." ; 董壽平 · 李豫 主編(1997), 제5권, 614쪽, 782쪽, 790쪽, 798쪽 ; 박규수, 『환재집』 권10, 「與董雲龕文燦」).

개혁책을 건의한 『헌책론(獻策論)』, 조선의 '개화당(開化黨)'과 '수구당(守舊黨)'을 모두 비판한 『변당론(辨黨論)』을 저술하기도 했다.[68] 한편 오대징은 반조음(潘祖蔭: 1830~1890)의 문하에서 이자명·장지동·동문환 등과 친밀하게 교유하며 금석 고증과 문자 연구에도 열중하였다. 박선수의 『설문해자익징』과 마찬가지로 『설문해자』의 한계를 보완하고자 금문(金文) 자료를 활용한 『설문고주보(說文古籒補)』(14권, 1884년 초간)를 비롯하여 다수의 중요한 저작들을 남겼다. 반조음·왕의영 등과 함께 청말(淸末)의 대표적인 금석학자로 손꼽힌다.[69]

제2차 연행에서 박규수는 『설문해자익징』을 동문찬뿐 아니라 오대징에게도 보였던 듯하다. 그랬더니 오대징도 이 책을 크게 칭찬했다고 한다.[70] 또한 그는 박규수에게 금문 자료집인 완원의 『적고재 종정이기관지』와 유희해의 『장안획고편(長安獲古編)』을 증정했던 듯하다.[71]

---

68 黃鴻壽(1986), 권50, 「同治中興」, 穆宗 同治 11년, 333쪽, "…… 時備辦大婚, 費已千萬, 結綵宮門, 至十餘萬, 而公奏朝廷, 動用錢糧, 雖以慈安之賢, 莫能禁之."; 『淸史稿』 권450, 列傳 237, 「吳大澂」, "穆宗大婚典禮隆縟, 疏請裁減繁費, 直聲震朝右."; 『淸代碑傳全集』 下, 『續碑傳集』 권32, 光緒朝督撫 12, 「前湖南巡撫吳君墓誌銘」(兪樾), "穆宗皇帝大婚典禮繁縟, 君亦疏請裁減, 以一詞臣言人所不敢言, 風采震動朝右."; 蕭一山(1976), 제4권, 1937쪽, "…… 以翰林名士, 累官諫垣, 數上封事, 號稱淸流,."; 吳大澂, 『辨黨論』 下; 권혁수(2000) 참조.

69 李軍(2011), 117~127쪽, 155~160쪽; 李豫, 「董硯樵先生年譜長篇」, 同治 10년 辛未(1871), 11월 15일(董壽平·李豫 主編(1997), 제6권, 155쪽); 支偉成(1986), 下, 金石學家列傳 제18, 「吳大澂」, 515~517쪽; 梁啓超(1985), 48쪽; 김순희(1995), 76~80쪽; 양원석(2006), 155~174쪽; 문준혜(2010) 참조.

70 金允植, 『雲養集』 권10, 「說文翼徵序」, "瓛翁嘗奉使入燕, 携帶說文翼徵未成草, 示王軒·董文燦·吳大澂諸君, 皆邃於說文之學者也. 莫不大加稱賞曰: '此許氏之眞功臣, 非若徐鉉父子[兄弟의 오류]之依文解釋而已. 俟其全稿出, 當見洛陽紙貴也." 단 『설문해자익징』을 왕헌에게 보였다는 것은 사실과 다르다. 수년 전 왕헌은 낙향했기 때문이다. 후술하는 바와 같이 박규수는 동문찬과 오대징 외에 이자명에게도 『설문해자익징』을 보였다.

71 박규수의 장서 목록인 『錦篋藏弆錄』의 「藝海珠囊」 上函에 "『彝器款識』, 『長安獲古編』, 吳淸卿所贈."이라 기록되어 있다. 『彝器款識』는 『積古齋鐘鼎彝器款識』의 약칭이다. 또 藤塚隣(1975), 圖版 41, 『長安獲古編』(후지츠카 기증 추사자료전 III(2008), 173쪽 참조)의

이와 아울러 특기할 것은 당시 오대징이 박규수에게 『증문정공문초(曾文正公文鈔)』[72]를 증정한 사실이다. 이로 인해 박규수는 증국번(曾國藩 : 1811~1872)에게 경도(傾倒)되었다. 귀국한 뒤인 1873년 10월 오대징에게 보낸 서신에서 박규수는 증국번에 대해 각별한 존경심을 드러냈다.

> 지난번에 증정하신 『증문정공문초』를 귀국한 뒤 읽어 보고는 증공(曾公 : 증국번)을 경앙하고 흠복하였으며, 그 분이 살아계실 때 문하에 나아가 '천하의 장관(壯觀)'[73]을 다 보지 못했음을 한탄했습니다. 뛰어난 문장과 공훈, 그리고 학술과 경세제민(經世濟民)의 능력을 완벽하게 겸비하셨으니, 이전 시대에서 찾아보더라도 이보다 훌륭한 분은 아직 없었습니다. 하늘이 우리 시대에 이런 위인을 내신 것은 유자(儒者)로 하여금 기염을 토하게 하려는 뜻이 아닌가 합니다. 이 책은 '문초(文鈔 : 산문 선집)'에 불과하니, 전집으로서 인쇄된 완질이 있는지 모르겠습니다. 그런 책을 한번 보면 후련하겠습니다만, 아마 얻기가 쉽지 않겠지요. 증공은 임신년(壬申年 : 1872)에 별세하셨는데, 탄생은 어느 해이며 향년은 얼마인지 가르쳐 주시기 바랍니다. ……
>
> 저는 늙고 게으름이 날로 심해서, 글 짓는 일에 심혈을 기울일 수 없습니다. 증공이 군사 업무로 혼잡한 가운데에서도 남을 위해 지은 비문과 기문과 서문들을 읽을 적마다, 그토록 부지런히 노력하는 자세를 따라잡

해설과 김윤식, 『雲養續集』 권3 「題彝器款識帖」에 의하면, 이 두 책은 원래 박규수 편에 전달되기는 했지만 박선수에게 기증한 책이었음을 알 수 있다.

72 『증문정공문초』는 4권 4책으로, 증국번의 잡문 67편을 수록한 것이다. 兩江總督 증국번의 막료이자 門人인 黎庶昌에 의해 증국번의 서거 직후인 1872년 3월에 편찬되었으며, 그 해 6월 張瑛의 편집 · 교정을 거쳐 음력 겨울에 蘇州에서 간행되었다(『증문정공문초』의 서문(黎庶昌)과 발문(張瑛 : 『曾文正公奏議』의 卷末에 수록됨) 및 『曾文正公奏議』의 서문(薛福成) 참조).

73 蘇轍의 「上樞密韓太尉書」에서 유래한 표현이다. 이 글에서 소철은 높은 산과 큰 강을 보고 위대한 인물로 歐陽脩도 만나보았으나, 韓琦를 마저 만나보아야만 "천하의 장관(天下之大觀)"을 유감없이 다 본 셈이 된다고 하면서, 한기를 극도로 예찬하였다. 박규수는 한기에 비기어 증국번을 '천하의 장관'으로 예찬한 것이다.

> 기 어려운 점에 더욱 탄복하게 됩니다. 아마도 평소에 수양을 갖추어 그러신 듯하니, 몹시 찬미하면서도 몹시 부끄럽습니다. 도리어 한스러운 것은 같은 시대에 태어났는데도 영토에 구애되어 이처럼 걸출한 위인에게 직접 가르침을 받을 수 없었다는 점이니, 이렇게 해서 어떤 인간이 되겠습니까?[74]

증국번은 오대징을 비롯한 동문찬의 우인들도 크게 존경했던 인물이다.[75] 위에서 인용한 서신에서 박규수는 문장과 공훈, 학술과 경세제민의 능력을 겸비한 전대미문의 위인으로 증국번을 존경하면서, 생전에 그의 제자가 되지 못한 것이 유감이라고까지 말하였다. 이는 아마도 『증문정공문초』에서 태평천국군과의 전투에서 전사한 이들을 추모하기 위해 지은 묘지명, 신도비(神道碑), 순난비기(殉難碑記), 소충사기(昭忠祠記) 등과 왕부지(王夫之)의 저술을 널리 알린 「선산유서서(船山遺書序)」, 동성파(桐城派)의 문풍을 예찬한 「구양생문집서(歐陽生文集序)」 등의 글을 읽고

---

74 박규수, 『환재집』 권10, 「與吳清卿大澂」, "向贈曾文正文鈔, 歸而讀之, 景仰欽服, 恨不得及門於在世之日, 以盡天下之觀也. 文章勳業, 學術經濟, 兼全備具, 求之前代, 未有盛焉. 盖天於聖代, 生此偉人, 爲儒者吐氣耳. 此書只是文鈔, 未知全集可有剞劂完本否. 一覩爲快, 而恐未易得也. 曾公卒於壬申, 而嶽降在於何年, 其壽幾何, 幸示之如何? …… 弟衰倦日以甚, 不能着意爲文字事. 每讀曾公在戎務旁午中, 爲人碑版記序, 益服其勤勵難及, 蓋充養有素而然也. 甚美甚愧! 却恨生幷一世, 拘於彊域, 不能親灸此傑鉅人, 此爲何如者乎?"

75 증국번은 1853년부터 湖南省에서 義勇軍인 湘軍을 조직해 이끌고 태평천국군의 토벌에 나서 갖은 고초를 겪었다. 1860년부터 兩江總督으로 재임하면서, 1864년(同治 3년) 태평천국의 수도인 天京(南京)을 함락하는 큰 공로를 세웠다. 1868년 直隸總督이 되었으나 天津敎案 처리 문제로 朝野의 비난을 받고 물러났다가, 1870년 양강총독으로 재임명된 뒤 1872년 2월 4일(양력 3월 12일) 향년 62세로 任所인 남경에서 병사하였다(『청사열전』 권45, 大臣畫一傳檔後編 1). 동문환은 증국번의 서거를 애도하는 「曾文正公輓詞」를 지었다(董文渙, 『峴樵山房日記』, 同治 11년 3월 7일(董壽平·李豫 主編(1997), 제3권, 338~339쪽)). 이자명은 반조음에게 신간서인 『증문정공문초』를 증정받았다(李慈銘, 『越縵堂日記』 제16책, 桃花聖解盦日記, 己集, 壬申 10월 30일. 이 날짜의 일기에 이자명은 『증문정공문초』를 읽고 거기에 수록된 산문들을 칭송하는 논평을 남겼다).

탄복한 때문이 아닌가 한다.[76]

이자명(1829~1894)은 진사 출신으로, 산서도(山西道) 감찰어사(監察御使) 등을 지냈다. 청류파로 자처하면서 이홍장 등 양무파 대신들을 즐겨 탄핵했으며, 청일전쟁 패전 소식을 접하고 울분 끝에 죽었다고 한다. 시문(詩文)과 변려문·사곡(詞曲) 등 문학 창작에 뛰어났을 뿐 아니라, 사학과 경학에 치력하여 고증학자로서도 명성을 얻었다. 그의 저술 중 가장 저명한 것은 『월만당일기(越縵堂日記)』(51책)로, 학술적·사료적 가치가 매우 높다.[77]

박규수는 동문찬과 오대징 뿐 아니라 이자명을 만났을 때에도 박선수의 『설문해자익징』을 보이고 논평을 구했다. 이자명의 『월만당일기』에 관련 기록이 보인다. 1872년 10월 2일 이자명은 오대징·장지동 등과 함께 조선 사신 숙소로 박규수를 방문하였다. 이날의 모임에서 처음 『설문해자익징』을 열람한 이자명은 이 책이 금문(金文) 자료로서 겨우 설상공의 『역대종정이기 관지법첩』과 완원의 『적고재 종정이기관지』 등을 인용했을 뿐이라고 비판했다. 그러나 금문을 직접 볼 수도 없고 참고서적도 많지 않은 조선의 열악한 여건에서, 박선수가 형성(形聲)의 원리를 깊히 이해했으며, 경서(經書)의 주석에 의거해 왕왕 독창적인 견해를 밝혔다고 높이 평가했다.[78]

---

76 1873년 이후로 추정되는, 윤종의에게 보낸 서신에서도 박규수는 중국번의 문집이 완간되기를 기다려 구하고 싶다고 하면서, "이 분에게 이같은 大勳業 大學術이 있는데, 우리는 그를 알아 볼 줄도 좋아할 줄도 모르니, 다만 부끄러울 뿐. 어쩌면 좋습니까?"라고 했다(『환재집』 권9, 「與尹士淵」(18), "曾集, 未久必有全部登梓. 非無可求之道, 而必輸致不易, 此爲可悶. 必有會心人, 持使節去來, 然後可謀之, 而此公有此大勳業大學術, 我人無能知之好之, 只是慚愧, 奈何!").

77 『清史稿』(中華書局) 44, 권486, 列傳 273, 文苑 3, 13440~13441쪽; 『清代碑傳全集』 下, 『碑傳集補』 권10, 「掌山西道監察御史督理街道李君蓴客傳」; 李慈銘(2000), 「內容提要」.

78 李慈銘, 『越縵堂日記』 제16책, 桃花聖解盦日記, 已集, 壬申 10월 2일, "……朴君今官禮

며칠 뒤인 10월 7일 이자명은 오대징이 빌려준 『설문해자익징』을 종일 열람하고 나서, 더욱 전문적인 논평을 일기에 남겼다.[79] 우선 그는 박선수가 채택한 금문 자료와 『설문해자』의 텍스트에 오류가 많은 문제점을 지적했다.[80] 뿐만 아니라 『설문해자』에 관한 단옥재(段玉裁)·전대흔(錢大昕)·계복(桂馥) 등 저명한 고증학자들의 연구 성과에 접하지 못하고,[81] 경전의 주석에서도 주자학파의 낡은 학설을 고수하고 있는 점을 비판했다. 그럼에도 불구하고 박선수가 허신의 『설문해자』와 완원의 『적고재 종정이기관지』에 대해 경솔하게 공박한다고 불만을 표했다. 또한 형성자(形聲字)를 논하면서 성부(聲符)에만 치중하고 의부(義符)를 소홀

曹判書(猶中朝之禮部尙書). 其弟瑄壽, 字溫齋, 著說文解字翼徵十四卷, 取鐘鼎文字以證說文, 多駁許君舊解. 其所據者, 薛氏鐘鼎款識之外, 惟阮文達積古齋鐘鼎款識, 間一引馮雲鵬金索, 苗夔說文聲訂諸書耳. 彼國見聞旣少, 書籍不多, 而能究悉形聲, 參稽經義, 往往獨抒所見, 亦難能也."(李慈銘(2000), 185~186쪽 참조).

79 李慈銘, 『越縵堂日記』 제16책, 桃花聖解盦日記, 己集, 壬申 10월 7일, "…… 得吳淸卿書, 幷以朴溫齋說文翼徵迸(=送)閱. 閱說文翼徵. 朴君頗識偏旁, 折衷經注及釋文, 體例秩然, 深爲可取. 惟彝器之屬, 本多贋作, 自宋以來, 言古文奇字者, 大率皮傅肊決, 强不知以爲知. 流及近世, 糢糊景響, 郢書燕說, 更不可問. 溫齋生于僻陋, 目不見鐘鼎眞款, 所列文字, 皆采自博古圖·薛氏款識·阮氏款識三書, 寫刻傳譌, 滋不足據, 而說文亦僅見相沿誤本, 如朱氏·孫氏·祁氏刻本, 段氏·錢氏·桂氏之注, 概未之聞. 其于經注, 亦惟守書之僞孔傳·蔡傳, 詩之朱傳以爲據依, 輒以輕詆鄦書, 于阮氏亦屢加駁詰, 至謂陳祥道·薛尙功輩不足責備. 又于文字, 但知求聲, 不知求義. 且言古籒不作尖鋒, 說文·汗簡諸書, 形摹皆失, 而以科斗爲野言, 點漆燒錐爲妄說, "古人之巧, 豈不能聚毫爲筆, 屑煤爲墨?", 則誠荒外怪誕之言矣. 其中一知半解, 不無足取. 于聲均通轉, 亦有微悟. 如謂元有兀聲, 釁有微聲, 乃有仍聲, 其見出二徐之上. 又以古文上作二, 與二形相似, 謂詩皇矣, 惟此二國, 其政不獲, 毛傳二國謂殷夏也, 上文無言夏事者, 此二國當是上國, 上國謂殷也. 毛傳當本作上國謂殷是也. 鐘鼎夏作昰, 與是字近而誤, 說甚有理. 晩作書, 還淸卿翼徵, 得復."

80 그러나 『설문해자익징』에서 주로 참고한 薛尙功의 『歷代鐘鼎彝器款識法帖』과 阮元의 『積古齋鐘鼎彝器款識』에 대해 박선수도 자주 비판을 가했다(『설문해자익징』 제6, 朿部 剌字 등). 또 『설문해자』 텍스트인 大徐本과 小徐本에 대해서도 종종 문제점을 지적했다(『설문해자익징』 제10, 夲部 卉(홀)字, "愚謂二徐皆非也." 등).

81 단 박선수는 段玉裁만은 한 차례 거론하였다(『설문해자익징』 제7, 片部 片字).

히 했다고 비판하였다. 그리고 『설문해자』의 '고문(古文)'과 '주문(籒文)'은 금문을 과두(蝌蚪) 문자체로 모사하는 바람에 글자의 원형을 잃었다고 주장할뿐더러 과두 문자 자체의 진위를 의심한 것은 변방 지식인의 망발이라고까지 혹평했다.

이와 같이 이자명은 『설문해자익징』에 대해 '일지반해(一知半解)'의 피상적인 인식에 머물렀다고 비판하면서도, '내(乃)'자를 발음 성분으로 취한 형성자(形聲字)들이 대개 '잉(仍)'으로 발음되는 현상을 지적하는 등,[82] 성운(聲韻)의 통전(通轉)에서 진일보한 견해를 보여주었다고 했다. 또 금문에 근거하여, 『시경』「황의(皇矣)」에 나오는 '이국(二國)'은 '상국(上國)'의 오류이며 모전(毛傳)과 달리 은(殷)나라만을 가리킨다고 변증한 것은 매우 일리 있는 학설이라고 인정하였다. 요컨대 이자명은 고증학의 불모지나 다름없는 변방 조선에서 박선수가 결코 무시할 수 없는 수준의 문자학 성과를 거두었다고 본 것이다.

박규수는 역시 동문찬의 동인인 장지동[83] · 왕의영[84] · 사유번[85] · 고조희[86] · 오보서[87] 등과도 만났다. 하지만 귀국 도중 아우 박선수에게 보낸

82 이는 『설문해자익징』 제5, 乃部 乃字의 해설을 가리키는 듯하다. 그밖에 이자명은 聲韻通轉의 예로서 元'자에 '兀'聲이 있고 '𡙇'자에 '微'聲이 있다는 주장도 들었으나, 통행본의 '元'자에 대한 해설(『설문해자익징』 제1, 一部 元字)에는 그와 같은 내용이 보이지 않는다. 또 '𡙇'자에 대해서는 별도의 해설조차 베풀지 않고, '爨'자와 관련하여 '𡙇'자는 '許振切' 즉 '흔'으로 발음된다고 했을 뿐이다(『설문해자익징』 제3, 爨部).

83 1837~1909. 동문환의 同年이고, 왕의영의 매부였으며, 오대징과 사돈이 되었다. 1872년 동치제 大婚 때 樂章을 撰進한 공로로 侍讀의 직함을 얻었다. 이홍장 등 양무파 대신을 견제하는 청류파의 맹장으로 활약하다가, 1880년대 이후 巡撫 · 總督을 역임하면서 양무파로 전향하였다.

84 1845~1900. 진사 출신으로 벼슬이 국자감 祭酒에 이르렀으며, 장지동과 달리 평생 청류파의 要人으로 남았다. 오대징의 30년 知己로서, 그와 더불어 淸末의 대표적 금석학자로 손꼽힌다. 갑골 문자의 최초 발견자 중 한 사람이기도 하다.

85 1834~1878. 장지동과 우의가 깊었으며, 시인으로 명성이 있었다. 동치제의 사부가 된 倭仁의 문인으로, 山西學政으로 재임할 때 주자학 보급에 힘썼다.

서신에서 그는 북경에서의 교유를 돌아보며, "나이 젊은 신진(新進)들은 모두 글 짓고 글씨 쓰는 문사에 불과한데다가 몹시 특출한 자도 없었네. 교제한 이들이 많기는 하나 술과 음식으로 서로 초대해 농담하고 즐길 뿐이었으니, 무슨 마음에 드는 일이 있었겠나?"라고 했다.[88] 이는 대체로 동문찬과 그의 동인들을 평가한 말이라 짐작된다. 이들과의 교유가 주로 시문(詩文) 창작 아니면 문자 연구와 금석 고증 등 학술 방면에 국한되고, 내외 정세에 대한 진지한 논의로까지 확대되지 못한 불만을 드러낸 것이 아닌가 한다.

이밖에 박규수는 예은령(倪恩齡)과도 교분을 맺었다. 1872년 10월 예은령의 서실에 초대받은 박규수는 그로부터 양계성의 친필 『연보(年譜)』와 환관 위충현(魏忠賢)을 탄핵한 양연(楊漣)의 친필 상소문을 빌려 본 뒤 발문을 지어주었다. 또 박규수는 양계성의 유명한 언지시(言志詩) 친필도 보았다고 한다.[89] 효정태후의 영정을 모신 자수사 등 북경의 명나라 유적들을 재차 탐방한 것과 마찬가지로, 양계성에 대한 이러한 박규수의 각별한 관심도 대명 의리에서 우러나온 것이다.[90]

---

86 1841~1910. 오대징과 동향이자 同年이며, 吉林에서 관직 생활도 함께 한 그의 평생 지기였다. 臺灣布政使 등을 지낸 뒤, 말년에는 이홍장이 창건한 輪船招商局의 會辦을 맡았고 洋務企業을 설립하기도 했다.

87 1832~1880. 역시 오대징과 동향이자 동년으로, 翰林侍讀 · 廣東學政 등을 지냈다.

88 박규수, 『환재집』 권8, 「與溫卿」(38), "年少新進, 皆不過詞翰筆墨, 而亦無甚超羣者. 所交雖多, 而只是酒食相招邀, 詼笑相樂而已, 有何可意耶?"

89 박규수, 『환재집』 권4, 「敬題楊椒山楊應山二先生遺墨後」; 권10, 「與黃緗芸雲鵠」(6); 高朝英 · 張金棟(2011), 70~71쪽.
倪恩齡(호 淡園 · 覃園)은 운남성 昆明 사람으로 진사 출신이다. 南昌 · 饒州 등의 知府를 지냈으며, 서화에 능했다. 楊繼聖(1516~1555)은 환관 嚴嵩을 탄핵했다가 처형되었다. 그를 추모하기 위해 청 乾隆 때 건립한 사당이 松筠庵이다. 楊漣(1571~1625)도 환관 魏忠賢을 탄핵했다가 처형되었다.

90 尹定鉉, 『梣溪遺稿』 권5, 「書朴瓛卿二楊公遺墨跋後」, "滇南倪恩齡出示忠愍忠烈二楊公手筆, 請爲之跋, 乃極道二公秋霜烈日之氣節, 見於行墨之間而以托名爲榮, 瓛卿之名,

1872년 10월 말 경 북경을 떠나기 직전에 박규수는 재회하지 못한 왕헌 · 심병성 · 황운혹 · 동문환 등 오랜 벗들에게 보내는 작별 서신을 남겼다. 그중 심병성에게 보낸 서신에서 그는 공무의 여가에 "음주부시(飮酒賦詩)"만 하지 말고 "실용(實用)"이 되는 "주해문자(籌海文字)"를 저술할 것을 권유하였다.[91] 위원(魏源)이 『해국도지(海國圖志)』에서 역설한 바 서양 열강의 침략에 대비한 해방책(海防策)을 강구해야 한다는 것이다.

2) 고관 대신들과의 교유

박규수는 종1품 판중추부사의 직함을 지닌 조선의 최고위 외교사절으로서, 만청려(萬青藜) · 팽옥린(彭玉麟) · 숭실(崇實) 등 청국의 고관 대신들과도 교분을 맺었다. 만청려(1807~1883)는 동치제 때 병부상서와 예부상서(1865~1874), 광서제(光緖帝) 때 예부상서(1874~1878)와 이부상서를 역임했다. 박규수와 재회한 정공수의 친구이다. 조선 사행을 접대하는 예부의 상서로 장기간 재임하면서 국제 정세에 관한 정보를 알려주고 조언을 아끼지 않았다.[92] 제2차 연행 때 만청려는 그의 별장 지촌원(咫村

當與二公之書, 同千秋矣."

91 박규수, 『환재집』 권10, 「與沈仲復秉成」(7), "駐節上海. 想此地方繁氄少暇, 讀書受用, 正在盤錯, 幸勉之. 務餘能不倦飮酒賦詩否? 倘復有籌海文字, 此爲實用, 瓛卿今日望吾兄在此不在彼也."
심병성은 1871년 蘇松太道(上海道) 道員으로 임명되어, 上海縣에 駐在하면서 海關 업무를 감독했다. 당시 상해에는 이미 서양 각국의 租界가 설치되어 외국인과의 분규가 잦았으나 이를 엄중하게 법대로 처리했다고 한다(『淸代碑傳全集』 下, 『續碑傳集』 권31, 「安徽巡撫沈公墓誌銘」(兪樾)).

92 『淸史稿』 권190~192, 권194, 表30~32, 表34, 部院大臣年表 七上, 八上, 九上 ; 박규수, 『환재집』 권10, 「與萬庸叟青藜」(3), "程容伯復入都門耶? 其去故里, 本非盡室捲歸, 暫往旋來耶? 無妄之疾, 又爲之悶歎不能已也." 병인양요 직후인 1867년 王妃冊封 奏請使(正使 柳厚祚)를 만난 만청려는 프랑스의 朝鮮出兵에 관한 정보를 제공하고 조언을 주었다(노대환(2005), 241쪽 참조).

園)으로 특별히 두 차례나 박규수를 초청하여 환대했다. 그러나 이는 "사적(私的)으로 만난 데 불과하고, 태반은 사행(使行)에 관한 일을 상의한 것"이어서, 학술과 경세책(經世策)에 관해 충분한 대화를 나누지는 못했다고 한다.[93]

박규수는 귀국한 뒤 만청려와 꾸준히 서신을 주고받으며 호형호제하는 사이가 되었다. 1874년 만청려에게 보낸 서신에서 박규수는 최근 대만(臺灣)을 정벌한 일본이 차후 조선을 침략할 우려가 있다고 통고한 청국의 자문(咨文)과 관련하여, "일찍이 지촌원에서 대화할 적에 이 점에 대해서도 우려했으니, 언제 조금이라도 마음속으로 해이한 적이 있었겠소?"라고 말했다.[94] 이 서신 내용으로 미루어, 제2차 연행 당시 박규수는 서계 문제로 조선과 불화한 일본이 조선을 침략할 우려에 관해 만청려와 심각하게 논의한 적이 있음을 알 수 있다.

박규수는 증국번 휘하 상군(湘軍)의 수사(水師)를 이끌고 태평천국군 진압에 혁혁한 공을 세운 팽옥린(1816~1890)과도 대여섯 차례나 만나 의기투합하는 사이가 되었다. 당시 팽옥린은 관직을 일절 사양하고 향리에 은둔해 있다가 동치제의 부름을 받고 상경하여 송균암 간초정에 묵고 있었다. 그 해 9월 그는 동치제를 알현한 뒤 병부우시랑에 임명되고 자금성에서 기마(騎馬)하는 특전까지 받아 명망이 드높았으나, 대혼 예식이 끝나자마자 또 사직하고 낙향하였다.[95] 박규수는 그에 관한 소문을 듣고

93 박규수, 『환재집』 권10, 「與萬庸叟青藜」(1), "向在都下, 不過一再私覿, 半是商量使事. 若夫學術經濟, 久欲質諸大雅者, 却不及傾倒困廩, 歸臥海隅, 彌增悒悒."; 개인 소장 박규수 간찰, "…… 萬公之厭接東人, 事勢使然. 使臣則不得已見之, 亦僅一見, 而再見者絶罕. 況求再枉者, 似未有之, 而年前之行, 要更枉暢談, 捐四日, 更晤, 爲具軟饌曰: "尊兄齒脫, 故爲具此屬耳." 其意可感!"

94 박규수, 『환재집』 권10, 「與萬庸叟青藜」(2), "卽者部咨到國, 亦關係憂虞, 不比尋常. 曾在咫邨對話, 亦嘗慮及於此, 何嘗少弛于中耶? 今可謂其幾已動, 將用何術而弭此患耶?"

95 『清史列傳』 권58, 新辦大臣傳 2; 『清史稿』(中華書局) 4, 「德宗本紀」, 9년, 833쪽, 11년,

즉시 송균암으로 찾아간 뒤 여러 차례 그를 만났다. 팽옥린도 조선 사신 숙소로 박규수를 찾아왔으며, 박규수에게 송별시를 지어주었다.[96]

이처럼 각별한 교분을 맺었음에도 불구하고, 박규수는 팽옥린에 대해 "그의 경지가 얼마나 깊은지 가만히 엿보았더니, 아주 기발하고 특출한 경세제민의 책략은 아마도 없는 듯하였다"고 평가했다.[97] 후일 팽옥린은 '청리치(淸吏治)', '엄군정(嚴軍政)', '단사습(端士習)', '소민곤(蘇民困)'을 골자로 한 자강책(自强策)을 주장했다. 그리고 이러한 자강책의 일환으로 서양의 군사 기술을 수용하는 데에는 적극적이었지만, 양무운동(洋務運動)에 대해 시종 비판적인 태도를 견지했다. 그는 경세사상가라기보다 청렴하고 강직한 명신(名臣)으로 숭앙되었다.[98] 이 점에서 박규수의 평가는 선견지명을 보여주었다고 할 수 있다.

이밖에 박규수는 태복시(太僕寺) 소경(少卿) 팽조현(彭祖賢)과도 교분을 맺었으며, 그의 부친 팽온장(彭蘊章)의 문집을 증정받았다. 팽조현(1819~1885)은 함풍조(咸豐朝)의 명신인 병부상서 팽온장(1792~1862, 시

838~841쪽 ;『淸代碑傳全集』下,『續碑傳集』권13,「光緖朝部院大臣彭剛直公神道碑文」(兪樾),「欽差巡視長江水師贈太子太保衡陽彭公年七十有五行狀」(王闓運).

96 박규수,『환재집』권7,「與溫卿」(38), "有彭玉麟, 號雪琴, 湖南人也. 以秀才團鍊鄕勇, 立水戰大功於江中. 當南匪平定時, 此人之功甚多, 爲曾相國藩所薦拔, 官至兵部侍郞太子小保, 而不受爵賞, 不赴京師. 今番因召至京, 駐松筠庵. 有人爲余言之, 卽日往見, 甚相傾倒. 然亦貌不逾中人, 又不見有異於人者. 後數日, 於班次相逢, 就我前肅揖, 欣欣有酬酢, 一班爲之動色. 盖此人時望方蔚, 擧世皆想望, 而觀其揖余而爲之動色, 亦可知時望之果然也. 前後四五次相見, 亦來訪館中, 皆不易得也." ; 彭玉麟 著, 楊紹輝等 整理,『彭玉麟集』(長沙 : 岳麓書社, 2003), 詩詞 · 卷4 北征草, 中冊, 77면,「朝鮮國使臣朴桓卿珪壽禮部尙書兼樞密院到京, 屢過訪, 甚相洽, 臨別作此以贈」, "遠客東來東海東, 華驍仙館駐行驄. 藩臣入京中朝日, 槎使猶存上古風(自註 : 奉使慶賀大婚, 衣冠古雅, 善詩, 工古文詞). 諫草淸談春茗錄, 梅花亂寫夕陽紅(自註 : 予寓楊忠愍公椒山先生古宅諫草堂, 煮茗作竟日談, 索梅花一大幅去). 湘江洌水多雲樹, 一樣離愁兩處同(自註 : 桓卿將歸國, 予亦乞病南旋.)." 팽옥린은 梅花를 잘 그렸다고 한다.

97 박규수,『환재집』권7,「與溫卿」(38), "然竊窺其閫奧, 恐無甚奇特拔類之經濟籌略也."

98 邱展雄(1986) ; 邱展雄(1991) 참조.

호 文敬)의 아들로, 1867~1869년과 1872~1873년에 태복시 소경(4품관)을 지냈으며, 후일 호북순무(湖北巡撫)에 이르렀다. 그는 오대징과 동향(同鄕)이며, 동문환과도 친했다.[99] 귀국한 뒤 팽조현에게 보낸 서신에서 박규수는 『팽문경공전집(彭文敬公全集)』을 백번이나 읽었다고 하면서, 평생 나라와 백성을 걱정하고 충성과 절개를 지킨 팽온장에 대해 존경을 표하였다.[100]

북경에서의 교유 중에 특기할 사실은 박규수가 만주족 장군인 양백기(鑲白旗) 몽고도통(蒙古都統 : 종1품) 숭실을 애써 찾아가 만난 일이다. 숭실(1820~1876, 시호 文勤)은 성씨가 완안(完顔)으로, 만주 양황기인(鑲黃旗人)이다. 하도총독(河道總督) 인경(麟慶)의 장남으로, 진사 출신이다. 성도장군(成都將軍) 겸 사천총독(四川總督) 서리(署理), 형부상서, 성경장군(盛京將軍) 서리 등을 역임하며 토비(土匪) 소탕에 공로를 세웠다.[101] 그의 아우인 숭후(崇厚 : 1826~1893)는 거인(擧人) 출신이다. 1861년 삼구통상대신(三口通商大臣 : 후일 北洋通商大臣)이 되어 서양식으로 군대를 조련하고, 덴마크와 수교하며, 천진(天津)에 기기국(機器局 : 병기공장) 설치를 건의하는 등 양무(洋務)에 힘썼다. 1878년 국경 분쟁 해결을 위해 러시아에 파견되었으나, 불리한 국경조약을 맺은 죄목으로 처벌을 받고 무능한 인물로 지탄받은 끝에 반무원(半畝園)에 칩거하여 여생을 보냈다.[102]

---

99 『淸史稿』 권385, 列傳 172, 「彭蘊章」; 『淸代碑傳全集』 下, 『續碑傳集』 권5, 「彭文敬公傳」(董沛), 권28, 「誥授光祿大夫頭品頂戴兵部侍郞都察院副都御史湖北巡撫彭公墓誌銘」(衛榮光); 董文渙, 『峴樵山房日記』, 同治 6년 11월 8일, 同治 11년 1월 16일, 3월 27일(董壽平 · 李豫 主編(1997), 제2권, 343쪽, 제3권, 309쪽, 348쪽).

100 박규수, 『환재집』 권10, 「與彭芍亭祖賢」, "文敬公集, 擎讀百回, 經濟文章, 不敢妄論, 只自欽服無量. 憂國憂民, 忠藎盡節, 公之平生大業也."

101 『淸史列傳』 권52, 大臣畫一傳檔後編 8, 「崇實」.

102 『淸史稿』 권446, 列傳 233, 「崇厚」; 湯仁澤(2009).

귀국 도중 박선수에게 보낸 서신에 의하면, 제2차 연행 당시 박규수는 북경을 왕래하던 서양인들의 동태에서는 별다른 변화를 감지하지 못했다. 그러나 수년 전인 1866년 공친왕(恭親王)이 장악한 총리아문(總理衙門)에서 빈춘(斌春) 등을 개인 자격으로 파견하여 영국과 프랑스 등 서양 각국을 시찰하고 오도록 했다는 정보와 아울러[103], 1870년 천진교안(天津教案)의 사죄 사절로 프랑스에 파견된 흠차대신 숭후가 역시 서양 각국을 둘러 보고 금년에 귀환했다는 정보를 접할 수 있었다.[104] 이에 숭후를 직접 만나 "저 오랑캐들의 사정(彼夷之事 : 서양 사정)"을 듣고 싶었으나 여의치 않자, 대신 숭후의 형인 숭실을 만나고자 한 것이다.

조선 사신이 한족(漢族)이 아닌 만주족 고관과 접촉하는 것은 매우 이례적인 일이었다. 박선수에게 보낸 서신에 의하면, "우리 조선인들은 여태까지 이런 사람들과 상종한 적이 없었다." 그래서 숭실의 문객 중에 박규수의 제자인 서상우(徐相雨)와 교분이 있던 복문섬(濮文暹)의 중개에 힘입어 숭실의 아들 숭신(崇申)을 먼저 만날 수 있었고, 아들로부터 사정을 들은 숭실이 자신의 저택 반무원(半畝園)으로 박규수를 초대함으로써 만남이 성사되었다.[105] 반무원은 청초(淸初)에 지어진 유서 깊은 북경의

103 박규수, 『환재집』 권8, 「與溫卿」(38), "洋情只依舊, 去去來來, 無甚可論, 而年前中國之人有至英法諸國而還者, 非使臣也, 只私自往還, 而其實則自國家送之云." 이에 관해서는 서장관 강문형의 「문견별단」에서도 언급되었다(『일성록』, 고종 9년 12월 26일, "聞英法二國領事官之來住皇京者, 力請遣使本國以爲通好. 故不得已允其所請, 且欲觀西土風俗, 而丙寅春, 遣斌春, 駕海八萬里, 歷見十八國, 當年冬回還.")

104 박규수, 『환재집』 권8, 「與溫卿」(38), "庚午冬, 天津欽差大臣崇厚奉命往法國. 盖彼夷屢請遣使通好, 不得已送之云. 今年夏始還, 而遍遊英法布美各國而還云." 이에 관해서는 서장관 강문형의 「문견별단」에서도 언급되었다(『일성록』, 고종 9년 12월 26일, "庚午冬, 又遣崇厚, 則法國王已爲被虜於布國矣, 留見其新立之君, 轉往美國而歸, 故今年夏始得還京云.").

105 박규수, 『환재집』 권8, 「與溫卿」(38), "聞厚之兄崇實自四川將軍解歸, 今爲蒙古廂白旗都統. 吾東人從無與此輩相從者, 吾試欲一見之. 實之客有濮文暹者, 徐殷卿之所識也. 見殷卿書卽來訪, 故因濮而逢實之子嵩申, 又約一遊半畝園矣. 崇帥聞於其子, 而證日約會,

대저택인데, 1840년대 초에 인경이 구입하여 중수(重修)했다. 박규수는 8만 5천 권이 넘는 책을 갖춘 반무원의 낭현묘경실(嫏嬛妙境室)에서 숭실 부자를 만났다.[106]

숭실과의 만남에서 박규수는 서양의 최근 사정에 관한 숭후의 견문을 간접적으로 전해 들을 수 있었다. 1872년 연말에 압록강을 건너 귀국하면서 박선수에게 보낸 서신에서 박규수는 숭실에 관해 이렇게 말하였다.

> 듣자하니 그의 아우가 사신으로 프랑스에 갔을 때 그 나라의 왕이 프로이센에 포로로 잡혀갔으므로, 새 군주를 옹립하기를 기다렸다가 사명을 전달하고 귀환했다고 한다. 프로이센은 서역(西域 : 중앙아시아)보다 훨씬 강성할 뿐만 아니라, 러시아가 은밀히 도와주어 승전할 수 있었다고 한다. 그에 관한 이야기가 들음직한 게 많았다. 대체로 천하대세를 보자면 큰 우환은 '러시아 오랑캐'에게 있다. 지금의 회교도(回教徒)들의 소요(騷擾)는 바로 신강(新疆)에 변고가 생긴 것이다. 이 역시 아마도 러시아 오랑캐의 도움이 있지 않았나 한다. 중국의 사대부들이 이 때문에 우려하지 않은 적이 없지만, 만주인들은 사치에 빠져 무위도식하고, 한족(漢族) 선비들은 문약(文弱)한데다 찬밥 신세라 천하의 일이 결국 어떻게 될는지 모르겠다.[107]

以是始見崇帥."

徐相雨(1831~1903)는 『夢經堂日史』(연행록)를 남긴 徐慶淳의 아들로, 문과 급제 후 공조판서 등을 거쳐 1894년 김홍집 내각에서 내무대신을 지냈다. 그는 1861년 연행을 다녀온 박규수의 소개로 동문환 · 황운혹 등과 서신 왕래를 통해 교분을 쌓았으며, 1870년 동지부사 徐相鼎을 수행하여 처음 연행했을 때 복문섬과 결교했다. 濮文暹(1830~1909)은 진사 출신으로, 刑部主事와 南陽知府 등을 지냈다. 詩文을 잘 지었으며, 천문학을 비롯한 다방면의 학술에도 조예가 깊어 저술을 다수 남겼다.

崇申(1841~1891)은 진사 출신으로, 형부 상서에 이르렀다. 오대징의 同年이다.

106 陳爾學 · 趙景逵(1991) ; 崔建利 · 王雲(2010) ; 慶麟, 『凝香室鴻雪圖因緣圖記』, 第3集 下冊, 「嫏嬛藏書」; 박규수, 『환재집』 권10, 「與崇樸山實」(1), "惟夢想旖旎, 多在嫏嬛妙境."

107 박규수, 『환재집』 권8, 「與溫卿」(38), "聞伊弟奉使往法國時, 其王被布國虜去, 待其立新君, 致命而還. 布之强甚於西域, 而亦由俄羅之陰助得勝云. 其說多可聞, 而大抵天下大

이와 같이 숭실의 전언을 통해 박규수는 1871년 프랑스가 프로이센과의 전쟁에서 패해 나폴레옹 3세가 포로로 잡혀 간 사실을 알았다. 그래서 '새 군주를 옹립하기를 기다려 사명을 전달하고 귀환했다'고 한 것은, 숭후가 패전 직후 등장한 프랑스 제3공화국의 대통령 티에르에게 국서를 전달한 사실을 가리킨다. 또 숭실의 전언에 의하면, 프로이센이 '서역(중앙아시아)'보다 훨씬 강성하기는 하지만 프랑스와의 전쟁에서 승리한 것은 러시아의 은밀한 원조 덕분이었다고 한다. 그리고 지금 청국의 회교도들이 반란을 일으켜 신강 지역에서 전쟁이 벌어지고 있는데, 그 배후에도 역시 러시아 '오랑캐'의 원조가 있는 것으로 의심된다고 했다. 따라서 천하의 큰 우환은 러시아에 있으며, 청국의 사대부들은 이를 늘 우려했다고 한다. 하지만 박규수가 보기에 지배층인 만주족들은 부귀를 탐닉하며 무위도식하고, 한족 문사들은 나약한데다가 권력에서 소외된 처지라, 천하 정세가 장차 어떻게 귀결될지 걱정된다고 개탄하였다.

한편 반무원에서의 만남에서 숭실은 박규수의 시에 화답하여 칠언절구 2수를 지었다. 그중 첫 수에서 그는 "거슬러 올라가면 신라(新羅)와 근본이 같으니, 어찌 의기투합한 벗일뿐이겠는가"라고 하면서, "나 숭실은 여진족 완안부(完顔部)의 후예이고, 형도 신라 왕족의 후손으로, 모두 금나라의 근원(根源)이 된다"는 주를 붙였다.[108] 『만주원류고(滿洲源流考)』 등에 기술된 바와 같이, 금나라를 세운 아골타(阿骨打)가 여진족 완안부 출신이고 아골타의 선조가 김씨 성을 가진 신라 왕족의 후예였기 때문에 국호를 '금(金)'이라고 정했다는 속설을 끌어와, 금나라를 계승한 청나라

勢, 深憂在於俄夷. 見今回擾者, 卽新疆有事也, 此亦恐有俄夷之助也. 中朝士夫未嘗不以此爲憂, 而滿人則豢酣無爲, 漢士則文弱踈遯, 未知天下事竟當何如也."

108 崇實(2010), 권3, 「和朝鮮使臣瓛卿尙書」, "果然東國重儒林, 書味醰醰道味深. 上溯新羅同一本(實乃完顔後裔, 兄亦新羅世胄, 皆金源也), 豈徒交誼托苔岑. 相逢正値菊花時, 燈下拈毫問答遲. 明月在天杯在手, 兩人懷抱有誰知." '金源'은 금나라의 별칭이다.

와 조선의 혈연적 유대를 강조한 것이다.

이처럼 박규수를 대단히 우호적으로 대한 숭실은 박규수가 귀국한 뒤에도 「반무원기(半畝園記)」와 손수 그림을 그린 부채, 필묵 등 선물을 동봉한 서신을 보내왔다. 그에 대한 답신에서 박규수도 반무원에서의 만남을 회상하면서 숭실의 시구를 거론하여 "거슬러 올라가면 금나라의 근원이 되고 의기투합한 벗이 되어 형제의 의리를 맺었으니, 아주 세상에 드문 기이한 인연입니다"라고 술회하였다.[109] 이와 같이 왕복 서신에서 박규수는 한족 고관 만청려뿐 아니라 만주족 장군 숭실과도 호형호제하였다. 이는 대명 의리에 투철했던 박규수로서는 파격적인 처신이라 생각된다.

4. 연행의 성과와 한계

임신(壬申)년 12월 26일(양력 1873년 1월 24일) 귀환한 진하사를 접견한 고종은 서장관과 수역의 문견별단은 이미 보았다고 하면서, "사신의 소견소문(所見所聞)을 다시 상세히 진술하라"고 했다. 그리고 "정사는 두 차례나 갔다와서 중원의 중앙 관료 중 새로 사귀거나 예전부터 사귄 이가 많을 테니, 제반 사정 역시 탐문할 방법이 있었을 것이다"라고

109 박규수, 『환재집』 권10, 「與崇樸山實」(1), "樸山仁弟大人閣下. 春間使星之回, 承讀華翰, 幷半畝園記, 手繪團扇筆墨之貺, 傾倒欣喜, 如何勝言!"; 「與崇樸山實」(2), "樸山大人老弟閣下. 都門一別, 居然四換星霜矣. 半畝淸讌, 上溯金源, 契托同岑, 義證兄弟, 儘是稀世奇緣也. 每一追憶, 夢想依依."
「半畝園記」는 道光 21년(1841) 麟慶이 半畝園을 구입하고 지은 글이다. 麟慶의 門下士인 沈樹基의 글씨로 써서 새겼는데, 그 탁본이 현재 전하고 있다. 박규수가 받은 것도 「半畝園記」의 탁본일 것이다.

하여 박규수의 보고에 대해 기대감을 표하였다.[110] 이에 박규수는 숭후의 형 숭실로부터 전해들은 프로이센·프랑스 전쟁에 관한 정보를 보고했다.[111]

> 신이 연경(燕京)에 도착했을 때, 중국이 사신을 프랑스에 보낸 일이 있다고 들었습니다. 그래서 상세히 탐문하였더니, 중국이 사신을 보내 친선을 맺기를 프랑스인들이 누차 요구했으므로, 천진(天津) 흠차대신 숭후를 보내기로 정하고, 경오(1870)년 10월에 사행이 출발했습니다. 화륜선을 타고 수개월이 못되어 그 나라에 도착하니, 프랑스왕은 이미 프러시아에 포로가 되어 잡혀갔으며, 그 나라는 다시 새 군주를 옹립했습니다. 그래서 중국의 사신은 새 군주에게 사명을 전달하고 귀환하다가, 영국과 미국 등 각국을 편력하고 금년 4월에 돌아와 복명했다고 합니다. 대체로 서양 각국은 서로 공격하여 전쟁을 그치지 않는 것이 바로 그들의 습속인데, 지금도 역시 프러시아와 프랑스가 전쟁을 벌이는 일이 발생했습니다. 그러므로 중국에 남아있던 자들 역시 교역과 매매에 힘쓸 겨를이 없어, 제멋대로 날뛰던 기세가 조금 수그러들은 듯합니다.[112]

---

110 『승정원일기』, 고종 9년 12월 26일, "上曰 : '聞見事件, 雖已覽矣, 而使臣之所聞所見, 更爲詳陳也.' …… 上曰 : '正使旣是再次往還, 則中原朝士, 應多新舊交遊, 諸般事情, 亦應有探問之道也."

111 프로이센·프랑스 전쟁 소식은 1872년 4월에 귀환한 동지사 首譯 李應三의 「문견별단」에서 이미 보고되었다. 즉, 서양 각국 중 최강자는 프로이센이며, 프랑스와 전쟁 중이라 북경과 天津 등지에 왕래하던 서양 오랑캐들이 점차 귀환하고 있다고 전했다(『일성록』, 고종 9년 4월 30일, "西洋諸國中最强者卽布國, 而代法國戰爭不息, 故京師與天津等處洋夷之來住者, 漸次還歸.")

112 『승정원일기』, 고종 9년 12월 26일, "珪壽[曰 ‒ 누락] : '臣到燕京, 聞有中國送使法國之事云. 故詳細探問, 則法國之人, 屢求中國之送使通好, 則以天津欽差大臣崇厚派定, 以庚午十月發行, 乘火輪船, 不數月至其國, 則法國王已被布國擄去, 而其國更立新君, 則中國之使, 致命於新君而還, 遍歷英國·美國等各國, 今年四月, 回還復命云. 蓋其各國, 互相攻擊, 爭戰不息, 卽其俗習, 而今亦有布·法相戰之事. 故其留在中國者, 亦似不暇於交易賣買之務, 而稍斂其橫行縱恣之氣矣."

이와 같이 박규수는, 프랑스가 청국과 친선을 맺고자 사신 파견을 요청하여 숭후가 프랑스에 갔으나 프로이센과의 전쟁에 패해 군주가 잡혀가는 바람에 새로 옹립한 '군주'에게 국서를 전달하고 서양 각국을 편력한 뒤 귀환했다고 아뢰었다. 이러한 보고로 미루어 아마도 박규수는, 숭후가 실은 천진교안의 사죄 사절로 파견되었음을 알지 못했고, 패전 직후 프랑스가 제정(帝政)에서 공화정(共和政)으로 바뀐 사실도 제대로 이해하지 못한 듯하다. 또한 박규수는 "대체로 서양 각국은 서로 공격하여 전쟁을 그치지 않는 것이 바로 그들의 습속"이라고 단언했다. 1840년대 말에 쓴 「벽위신편 평어(闢衛新編評語)」에서 이미 그는 『해국도지』에 의거하여 서양 각국은 침략과 학정(虐政)으로 살상과 전란이 끊임없다고 보았는데,[113] 그와 같은 비판적인 서양관(西洋觀)을 여전히 견지하고 있음을 볼 수 있다. 그리고 박규수는 프로이센·프랑스 전쟁의 여파로 청국에 진출한 서양인들도 교역과 매매에 큰 지장을 받고 있으며, 종전에 방자하던 그들의 기세가 다소 꺾였다고 보고하였다.

이어서, 박규수는 동치제 즉위 후 추진된 초기 양무운동의 성과를 다음과 같이 보고하였다.

> 대저 서양 오랑캐가 북경에 거주한 것이 지금 이미 여러 해인데, 당초에는 서양 상품의 매매가 몹시 성행했습니다. 그런데 요즈음은 중국인들이 모두 서양 상품이 사람의 눈을 현혹시킬 뿐이고 실용에 적합하지 않음을 깨달았습니다. 그러므로 그들과 그다지 교역하지 않아, 서양인들은 이 때문에 실리(失利)했습니다.
>
> 지난번에 강남(江南) 지방에서 용병(用兵)할 때 중국은 양포(洋砲)를 많이 사서 전진(戰陣)에서 사용하여, 서양인들이 총포 제조로 이득을 얻

113 김명호(2008), 283~284쪽 참조.

> 었습니다. 그런데 요즈음은 중국이 양포를 모방해 만들어 극히 편리해져서 그들의 총포를 사지 않아, 서양인들은 또 실리하게 되었습니다.
>
> 종래 중국의 상인들은 화륜선을 세내어 썼으므로, 서양 오랑캐들이 이로써 이득을 얻었습니다. 그런데 지금은 중국도 화륜선을 모방해 만들고 다시는 세내어 쓰지 않아, 그들은 또 실리했습니다.
>
> 종래 그들은 아편으로 이득을 얻었습니다. 그런데 지금은 중국도 꽃을 심어 아편을 만들므로, 그들은 또 실리했습니다.
>
> 그들은 통상하고 교역할 계책으로 도처에 가옥을 많이 건축하여 비용이 몹시 많이 들었습니다. 그런데 지금은 사사건건 이득이 없으니, 건축 비용도 충당할 방도가 없습니다. 지금의 사정을 보면 점차 걷어치우고 물러갈 기세가 있다고 합니다.
>
> 북경의 여론 중에 혹은 이상과 같은 이야기들이 있으나, 반드시 그럴 것인지는 확실히 알기 어렵습니다.[114]

이와 같이 박규수는 청국에 진출한 서양인들이 최근 네 가지를 "실리(失利)"하였다고 보고했다. 첫째, 서양 물건이 사치품에 불과하고 비실용적임을 깨달은 청국인들이 점차 그들과 교역하려고 하지 않아 실리하였다는 것이다. 이는 박규수와 동행한 서장관 강문형도 「문견별단」에서 언급한 내용이다.[115] 둘째, 태평천국군을 진압할 때 양포를 대량 구입해 썼

---

114 『승정원일기』, 고종 9년 12월 26일, "大抵洋夷之來居都中, 今旣多年, 而當初則洋貨賣買甚盛矣. 近日則中國人皆覺洋物之徒眩人眼, 不中實用, 故不甚與之交易, 洋人以此失利. 向於江南用兵時, 中國多買洋砲, 用於戰陣, 而洋人以造砲得利矣. 近日則中國倣造洋砲, 極爲便利, 不買彼砲, 洋人又爲失利. 向來則中國商賈貰用火輪船, 故洋夷以此得利矣. 今則中國亦倣造火輪船, 而不復貰用, 彼又失利. 向來則彼以鴉片烟得利矣. 今則中國, 亦種花製烟, 故彼又失利. 彼夷以通商交易之計, 到處多建房屋, 所費甚多, 今旣事事無利, 則房屋所費, 亦無充償之道. 見今事情, 漸有捲歸退去之勢云. 燕中物論, 或有如此等說, 而亦難的知其必然矣."

115 『일성록』, 고종 9년 12월 26일, "洋夷現在皇城, 近頗稀少, 來泊天津, 亦爲不多. 蓋洋漢通商之貨, 都是玩好浮華之物, 當初則雖爲眩人耳目, 欺賣騙財, 而近來則華人知其不能經久, 漸漸因用內地之物, 不用洋貨, 彼亦知其無利, 稍稍還去."

으므로 서양인들이 이득을 얻었으나, 최근 청국이 서양의 총포를 모방해 제조함에 따라 실리하였다는 것이다. 이는 1865년 이홍장이 상해에 설립한 강남제조국(江南製造局)이나 1867년 숭후가 설립한 천진기기국(天津機器局) 등 근대식 군수공장들에서 총포류와 탄약류를 생산하기 시작한 사실을 가리킨다. 그러나 이러한 무기들은 품질이 조악한 데다가, 원자재를 대부분 수입하고 서양인 기사와 청국인 관료들에 드는 인건비가 막대하여 공장 경영은 비효율적이었다고 한다.[116]

셋째, 서양인들이 화륜선을 임대하여 이득을 얻었으나, 지금은 청국이 화륜선도 모방해 건조함에 따라 失利했다는 것이다. 이는 강남제조국과 1866년 좌종당(左宗棠)이 설립한 복주선정국(福州船政局)에서 서양 선박을 모방하여 군함을 제조하기 시작한 사실을 가리킨다. 하지만 이 군함들은 대부분의 부품과 엔진을 수입하여 건조 비용이 막대할 뿐 아니라, 소형의 목제 선박에 불과해 해군의 주력이 되기에 부족했다. 1860년대부터 양자강 항로의 이익을 독점한 미국계 상선회사에 맞서 이홍장이 관독상판(官督商辦) 방식의 윤선초상국(輪船招商局)을 설립한 것은 박규수가 북경을 떠난 뒤인 동치 11년 12월(1873년 1월)의 일이다. 윤선초상국 설립을 추진할 때 강남제조국과 복주선정국에서 건조한 군함들을 상선으로 개조하여 활용하자는 논의가 있었지만 실행되지는 않았다.[117]

넷째, 서양인들이 아편 무역으로 이득을 얻었으나, 지금은 청국도 아편을 재배·제조하므로 실리하였다. 결론적으로, 박규수는 청국에 진출한 서양인들이 이처럼 하는 일마다 이득이 없어 조만간 자국으로 철수할

---

116 박혁순(1989), 176쪽; 夏東元(1992), 77~91쪽, 124~130쪽; 樊百川(2003), 제2권, 1250~1267쪽, 1275~1286쪽 참조.

117 박혁순(1989), 173~174쪽; 夏東元(1992), 92~116쪽, 192~215쪽; 樊百川(2003), 제2권, 1399~1490쪽 참조.

조짐이라고 보고하였다. 그러면서도 그는 보고의 말미에 "북경의 여론 중에 혹은 이상과 같은 이야기들이 있으나, 반드시 그럴 것인지는 확실히 알기 어렵습니다"라고 단서를 달았다. 여기에서 박규수가 진위 여부를 확인하기 힘든 현지의 일부 여론을 전한다는 신중한 태도를 취하고 있는 점에 유의할 필요가 있다.

기존 연구에서는 이와 같은 박규수의 귀국 보고를 대단히 중시하고, 그가 개화사상을 표명한 증거로 확대 해석했다.[118] 박규수가 청 양무운동의 성과를 최초로 국내에 알린 것은 사실이다. 하지만 그가 보고한 내용은 실상보다 크게 과장된 것으로, 양무운동이 본격화되기 전인 1870년대 초까지 양무파가 추진한 근대식 군수공업은 매우 비효율적이고 보잘 것 없는 수준이었다.[119] 그런데도 이를 긍정적으로 보고한 것은 북경에서 일부 양무파의 낙관적인 여론을 접한 결과로 짐작된다. 다만 박규수

118 이광린은 1870년대 초에 洋夷의 군사적 우월성을 인정하고 국가의 위기를 타개하기 위해 개화사상가로 전환한 인물로 강위와 함께 오경석과 박규수를 들고, 박규수는 "1872년 사절의 대표로 중국을 시찰한 뒤 종전의 태도를 바꾸고 개항과 개화를 해야 된다고 하였다"고 보았다. 그리고 박규수의 귀국 보고를 인용하면서, 이는 "양이를 두려워하지 말고 주체적으로 그 문화를 받아들이면 도움이 된다고 示唆하고 있다"고 해석했다(이광린(1979), 27쪽 주54, 43쪽).

강재언도 1872년 진하사행을 계기로 박규수가 개화사상으로 전환했다고 보았다. 박규수의 귀국 보고 중 洋務運動에 대해 언급한 대목을 들고, "거기에서 그는 洋物은 배척되어야만 할 것이 아니라, 그것을 수용하여 그 제조법을 습득함으로써 자주생산의 길을 개척하고 통상을 내실화하는 개국의 대응책을 생각하고 있었다고 보아도 좋을 것이다"라고 주장하였다(강재언(1981), 181~182쪽).

손형부 역시 박규수의 귀국 보고를 주목하고, "이것은 그간에 중국에서 개항 이후 일어났던 『해국도지』로 대표되는 서양의 長技를 배워서 서양을 막는다는 서양 대응론과 그것에 기초하여 북경조약 이후 추진되어 왔던 양무운동을 긍정적으로 평가하는 것"이었다고 하면서, 이를 통해 박규수는 "척사론자의 쇄국론을 비판하고, 동시에 서양과 수교하여 서양의 발달된 기술문명을 적극 수용해야 한다는 자신의 개화론을 표명하였던 것"이라고 주장했다(손형부(1997), 172~173쪽)

119 노대환(2005), 240~241쪽에서도 동일한 견해를 표명하였다.

는 '그러한 여론도 있다'는 식으로 신중하게 전달하는 데 그치고, 적극적인 지지를 표명하지는 않았다. 오히려 그는 귀국 보고에서 서양에 대해 배타적인 태도를 드러냈다. 프로이센·프랑스 전쟁을 서양 국가들의 호전성과 침략성을 입증하는 사례로 보았고, 서양인들이 점차 실리하고 청국에서 철수하려는 조짐이 보인다는 정보를 희소식으로 전했다.

신미양요를 치른 직후이자 일본과 불화가 심한 시기에 연행에 나섰으므로, 박규수는 해외정세 탐문을 통해 조선의 대외 위기에 관한 대책을 강구하고자 했던 것으로 보인다. 그런데 그가 주로 접촉한 동문찬·오대징·이자명 등 신진 문사들은 양무운동에 비판적인 청류파에 속했다. 박규수는 이들과의 교유가 시문 창작이나 『설문해자익징』 등에 대한 학술적 논의에 그친 데 불만을 토로했다. 그는 재회하지 못한 심병성에게도 '음주부시(飮酒賦詩)'만 하지 말고 서양 열강의 침략에 대비한 해방책(海防策)을 강구하라고 당부하는 서신을 남겼다.

박규수가 교유한 청국의 고관 대신들 중에서 양무파로 볼 수 있는 인물은 겨우 숭실 정도가 아닌가 한다. 만청려와 만나서는 일본의 조선 침략을 우려하는 대화를 나누기는 했으나 사행의 실무를 상의하는 데 치중했고, 팽옥린과도 만났으나 그에게 특출한 경략(經略)이 없음을 엿보고 실망하였다.

또한 박규수는 오대징이 증정한 『증문정공문초』를 읽고 증국번에게 경도되었지만, 그에게 증국번은 큰 학문을 갖춘 유자(儒者)로서 경세제민의 역량을 발휘해 혁혁한 공훈을 세운 인물로 숭배되었을 따름이다.[120] 증국번은 수구와 혁신의 양면을 지닌 경세사상가였다. 박규수는

---

120 魏源의 『經世文編』의 영향, 顧炎武 숭배, 桐城派와의 문학적 교류 등에서 박규수는 증국번과 뚜렷한 유사성을 보여준다. 아마도 이로 인해 그는 증국번의 사상과 학문에 쉽게 공감하게 되지 않았나 한다.

그가 양무운동의 선구자이기도 한 사실을 전혀 인지하지 못했다. 증국번은 1861년 안경내군계소(安慶內軍械所)를 설립해 서양식 총포를 모방·제작하게 했고, 강남제조국 설립을 적극 후원했다. 1868년 강남제조국에 서양의 과학기술서를 번역·출간하는 번역관(飜譯館)을 설립하게 했다. 1870년 이홍장과 함께 미국 유학생 파견을 추진하여, 그의 사후인 1872년 7월(양력 8월) 용굉(容閎) 등이 인솔한 유학생 제1진이 상해에서 미국으로 떠났다. 하지만 박규수가 증정받은 『증문정공문초』에는 이와 같은 증국번의 양무 활동을 알 수 있는 글이 단 한 편도 수록되어 있지 않다. 증국번이 양무운동의 선구자로 활동한 사실은 1874년에 간행된 『증문정공전집(曾文正公全集)』에 수록된 이홍장과의 왕복 서신 등을 보아야 알 수 있다. 박규수는 『증문정공전집』도 입수하고 싶어 했으나 뜻을 이루지 못했다.[121]

이와 아울러 지적할 것은 박규수가 제2차 연행 시기에도 여전히 대명의리를 견지하고 있었던 사실이다. 1870년 3월 어전(御前) 강의에서 박규수는 1840년대 말 1850년대 초 이래 견지한 '동도서기론'적 발상을 피력하면서, 아울러 조선이 명나라의 의관(衣冠) 제도를 준수함으로써 대명의리를 실천하고 있는 점에 큰 자부심을 나타냈다.[122] 또한 1872년 4월 홍대용 손자 홍양후(洪良厚)에게 보낸 서신에서 박규수는 몽골의 영향을 받은 조선의 부인복식(婦人服飾)을 중화의 제도로 개혁하는 문제를 거론

---

121 梁紹輝(2006), 203~232쪽 ; 『洋務運動文獻彙輯』(1963), 제1책, 265~267쪽 ; 박규수, 『환재집』 권9, 「與尹士淵」(18), "曾集, 未久必有全部登梓. 非無可求之道, 而必輸致不易, 此爲可悶."

122 『승정원일기』, 고종 7년 3월 7일, "珪壽曰 : '臣嘗聞中國人所言, 則彼夷每多買取中國經籍, 載歸其國者陸續, 而以其夷語飜譯讀之云. 其果如此不已, 則彼中許多衆生, 終必有一朝大悟者, 自覺其說之邪妄, 而悉歸於中國聖人之敎也.' …… 上曰 : '我國衣冠, 是三代以來古制, 而皇明制度亦然也.' 珪壽曰 : '然矣. 上用袞冕, 下至百官, 朝祭公服時服, 一一皆皇明制度, 他日若有中國眞天子, 還復中華古制, 則必將取法於我國矣.'"

하면서, 아울러 제1차 연행 때 명 효순태후와 효정태후의 영정을 참배한 일을 회상하고, 평안감사 시절에 효정태후 영정 보수사업을 추진하여 완수한 사실을 밝혔다.[123] 그리고 앞서 살펴본 바와 같이 박규수는 제2차 연행 때에도 북경의 명나라 유적을 탐방하는 데에 힘을 쏟았다. 1872년 연말에 귀환하여 복명하는 자리에서도 박규수는, 청(淸)이 중국을 차지한 데 대해 한인(漢人)들이 지금껏 통탄하면서 명나라를 사모하는 마음을 감추지 못한다고 답했다.[124]

그런 반면 박규수는 미국과 일본의 최근 동향을 탐지하는 더욱 시급한 임무의 수행에서는 일정한 한계를 드러냈다고 생각된다. 예컨대 그는 신미양요를 치른 조선과 달리, 청국이 양무운동의 일환으로 유학생 파견을 추진하는 등 미국과 우호적인 관계에 있었음을 알지 못했다. 또 1871년 청일수호조규(淸日修好條規)가 체결되었다는 정보가 진하사행 직전의 동지사행을 통해 보고되었는데도,[125] 이 조약이 조선의 안위(安危)와 직결

---

123 박규수, 『환재집』 권9, 「與洪一能」, "長春[椿]寺劉太后遺像, 弟亦曾拜謁. …… 出阜成門八里有慈壽寺, 寺本萬曆間刱建, 奉壽皇太后神宗母后像, 歲久煤弊, 嘉慶間趙懷玉號味辛, 法式善號梧門, 爲之重裝, 今又弊弊, 弟歸後不能忘焉. 及在浿藩, 貽書於董文煥王軒諸君, 送白金五十兩, 求爲改裝, 兩人者竟爲我成其志."

124 『승정원일기』, 고종 9년 12월 26일, "上曰 : 順治沖年, 何以得天下乎?' 珪壽曰 : '此實天運之不可知者也. 淸太宗旣據瀋陽, 稱帝號八九年而殂, 順治六歲嗣立, 而流賊李自成, 圍犯燕京, 崇禎皇帝, 殉社稷, 而山海關守將吳三桂開關毁城, 招納淸兵. 於是睿親王多爾袞遂入燕京, 擊走李自成, 仍據京城, 迎入順治爲帝, 此實天運之不可知者, 而海內遺民, 至今痛恨, 莫可如何者矣.' 上曰 : '漢人尙思皇明乎?' 珪壽曰 : '雖未顯然開說, 而色辭之間, 往往有掩覆不得者矣.'"

125 『승정원일기』, 고종 9년 4월 4일, 동지 정사 閔致庠의 復命, "上曰 : '去時已諭之, 而果詳探事情而來乎?' 致庠曰 : '有他事情, 無以詳知, 而聞去秋洋夷, 利誘倭人而來, 要與中國通貨, 已有約書, 將行交易云矣.' 上曰 : '然則中國將何以接待倭人乎?' 致庠曰 : '旣非臣服之國, 則倭人似不稱臣云矣.'" ; 『일성록』, 고종 9년 4월 30일, 동지사 서장관 朴鳳彬의 復命, "予曰 : '洋夷招入倭人, 與中國將有通貨之說云. 果然乎? 鳳彬曰 : '然矣.' 予曰 : '倭國本非臣服於中國, 則胡不禁制, 乃反以通貨爲約耶?' 鳳彬曰 : '昨年七八月之間, 洋夷果與倭人來, 請交易, 則重違洋夷之言, 不得已許之, 而倭國自前不受中國正朔矣.'" 이는 전

되는 중대 사안임을 인식하지 못한 채 1873년 조약을 비준하기까지 청일 양국의 움직임을 간취하지 못했다. 일본은 정한론(征韓論) 추진에 유리한 여건 조성을 위해 먼저 조선의 종주국인 청과 대등한 조약을 맺음으로써 조선의 국제적 지위 격하를 노렸던 것이다.[126]

이상에서 살펴본 바에 의하면, 1872년의 제2차 연행을 계기로 박규수가 실학에서 개화사상으로 전환했다는 종래의 주장은 재고되어야 한다. 귀국한 뒤 박규수가 양무운동에 호의적인 북경의 일부 여론을 전달한 것은 사실이지만, 그렇다고 해서 그가 양무운동을 적극 지지했다고 보기는 어렵다. 박규수가 북경에서 친밀하게 교제한 청국인들은 대개 양무운동에 비판적인 인사들이었다. 그러므로 박규수의 사상적 전환을 검증하자면, 제2차 연행 이후 1877년 별세할 때까지 생애의 최후 수년 동안에 그가 대원군에 맞서 일본의 서계 접수를 주장하고 조일수호조규(朝日修好條規) 체결을 지지하게 된 경위를 면밀히 고찰할 필요가 있다.

끝으로, 박규수와 수역 오경석의 관계에 대해 첨언하고자 한다. 일찍이 오경석의 개화사상을 고찰한 한 논문에 의하면, 오경석은 1850년대에 이미 개화사상을 형성한 '한국의 첫 개화사상가'이며, 그보다 조금 뒤늦게 제1차 연행(1861)과 서면호사건 · 병인양요를 겪으면서 개화사상에 도달한 박규수와 1860년대 후반부터 사상적 동지가 되었다고 한다.[127] 이

년 가을에 淸日修好條規가 체결되었음을 보고한 것이다. 하지만 청일수호조규는 단지 交易을 위한 것이며, 서양 제국이 배후에서 이를 주도한 것으로 부정확하게 파악하였다. 그리고 청국이 상호 대등한 관계를 뜻하는 이 조약을 받아들인 까닭은 서양의 강요뿐만 아니라 일본은 원래부터 조공체제에 속하지 않는 외국이기 때문이라고 보았다.

126 장팅푸(1991), 19~33쪽 ; 彭澤周(1969), 24~33쪽 참조. 박규수는 1874년 6월 만청려에게 보낸 서신에서 "然曾聞日本約條有不侵中國屬國等語 ……"라고 하여 청일수호조규 제1조의 "兩國所屬邦土"에 관한 不可侵 조항을 언급하였다(『환재집』 권10, 「與萬庯叟靑藜」(2)). 이 시기에 이르러서는 분명 1873년에 비준된 청일수호조규의 내용을 파악하고 있었음을 알 수 있다.

러한 학설은 지금까지도 오경석의 개화사상에 관한 정설(定說)처럼 받아들여지고 있다. 그 논문에서는 오경석이 일찌감치 개화사상을 형성할 수 있었던 것은 그가 북경에서 사귄 청국 인사들이 대개 양무파 개혁사상가였기 때문이라고 주장하면서, 장지동 · 왕의영 · 오대징 등이 오경석에게 보낸 초대장을 증거의 하나로 제시했다.[128] 또한 오경석과 박규수가 1860년대 후반부터 개화사상을 공유한 사상적 동지로서 친교가 있었다는 문헌적 증거로서 오경석에게 보냈다는 박규수의 서신을 거론했다.[129]

그러나 오경석이 장지동 등을 처음 만난 것은 그가 수역으로서 정사 박규수를 수행하여 북경에 갔던 1872년이었다. 그때 장지동 · 오대징 등이 오경석에게 증정한 매화 그림과 제화시(題畵詩)가 전하고 있다[130] 그런데다가 당시 이들은 '양무파 개혁사상가'가 아니라 청류파에 속하는 신진 문사들이었다. 1879년 청류파의 맹장(猛將)이 된 장지동은 러시아와 불리한 국경조약을 체결한 숭후를 참수할 것을 주장하였다. 장지동이 청류파에서 양무파로 전향한 것은 오경석의 사후인 1880년대 초이다.[131] 왕의영은 평생 청류파의 주요 인물로 남았으며, 1900년 의화단(義和團)

---

127 신용하(1985). 이 논문은 신용하(1987)에 재수록되었다. 이하의 서술은 김명호(2011), 137~141쪽을 요약한 것이다.

128 신용하(1985), 140쪽. 연도가 적혀 있지 않은 이 초대장의 작성 시기를 1858년 또는 1863년으로 추정하였다. 그러나 만약 초대장의 작성 시기가 1858년이라면, 당시 장지동은 21세, 오대징은 23세, 왕의영은 겨우 13세가 된다.

129 신용하(1985), 152쪽, 167쪽. 이 서신에서 "3품 이하의 관리에게 붙이는 경칭인 '惠人'이라는 용어로 오경석을 부르고 있어서 이 시기에 박규수와 오경석이 서로 親交가 깊었음을 증명해주고 있다"고 하면서, 이 서신을 보면 "두 사람의 친교는 1869년 이전에 이미 돈독했었음을 알 수 있다"고 주장하였다. 그러나 3품 이하의 관리에게 붙였다는 '惠人'이라는 경칭은 존재한 적이 없다.

130 한국서예사 특별전15 도록(1996), 179~181쪽, 청 장지동 외, 「題墨梅詩 · 墨梅跋」(한국서예사 특별전20(2001), 98쪽) ; 吳世昌(1928), 권5, 鮮代編, 純祖, 「吳(諱)慶錫」, 253쪽, 顧肇熙 · 吳大澂 · 張之洞의 시.

131 馮天瑜(1985), 16~53쪽 ; 馮天瑜 · 何曉明(1991), 38~67쪽 참조.

사건으로 열강(列强)의 연합군이 북경을 점령하자 자살하였다.[132]

뿐만 아니라 그 논문에서 오경석과 박규수가 1860년대 후반부터 사상적 동지로서 친교가 있었다는 증거로 제시한 박규수의 서신은 제2차 연행에서 돌아온 뒤인 1873년 경에, 오경석이 아니라 조영하(趙寧夏)에게 보낸 것이다. 오경석의 후손가에 보존되어 있는 이 서신을 살펴보면, 외봉(外封)에 "혜인인형(惠人仁兄) 안계(案啓)"라고 수신자가 밝혀져 있다. 그 논문에서는 '혜인(惠人)'이 "3품 이하의 관리에게 붙이는 경칭"이며 오경석을 지칭한 것이라 억측했으나, '혜인'은 조대비(趙大妃)의 조카로 권세를 누렸던 조영하(1845~1884)의 호이다. 서신의 전문을 소개하면 다음과 같다.

> 한더위에 대감께서 청왕(淸旺)하시다는 서신 받잡고 송축(頌祝)합니다. 매양 한번 방문하고자 생각하면서도 뜻을 이루지 못하고, 이토록 오랫동안 만나지 못해 안타깝습니다.
>
> 북경에서 보낸 서신을 뜻밖에도 얻게 되어 몹시 기쁩니다. 「반무원기(半畝園記)」와 중국 남방의 붓, 휘주(徽州)의 먹과 비단 부채는 숭독산(崇犢山 : 犢山은 崇實의 아들 崇申의 호-인용자)이 부친 것으로, 형으로 하여금 나에게 전달해주도록 요청한 것인데 그의 서신은 아직 오지 않았던가요?
>
> 이번에 온 서신에 "허재수함(鄦齋手椷 : 허재가 보낸 서신이라는 뜻)"이라고 칭한 것은 곧 동문찬(그의 호가 허재임) 군입니다. 형은 아마 독산(犢山)의 서신으로 아신 듯합니다. 혹시 독산도 나에게 서신을 보냈는데 빠트린 걸까요. 점검해서 알려주시면 감사하겠습니다.
>
> 마씨(馬氏)가 서우(徐友 : 박규수의 문인 徐相雨를 가리키는 듯함)에게

---

132 『清史稿』 권468, 列傳 255 ; 『清史列傳』 권65, 忠義傳 ; 『清代碑傳全集』 下, 『碑傳集補』 권33, 「皇清誥授榮祿大夫追贈侍郎銜賜謚文敏前團練大臣國子監祭酒公神道碑銘」(孫葆田).

> 부친 서신과 시전(詩箋)은 전달되었을 테지요. 나머지는 후일 말씀드리기로 하고 이만 줄입니다. 아우 규수 배(拜).[133]

앞서 살펴본 바와 같이 박규수는 1872년 북경의 반무원에서 숭실·숭신 부자를 만났다. 또한 제1차 연행 때 친교를 맺은 동문환은 만나지 못했으나 그의 아우 동문찬을 만날 수 있었다. 이 서신의 수신자인 조영하는 1869~1870년 동지 부사로 북경을 다녀왔으며 그때 동문찬의 부탁으로 그의 형 동문환의 서신을 박규수에게 전해준 적이 있다. 위에서 인용한 서신은 박규수가 1873년 경 조영하에게 보낸 답서로, 조영하가 동문찬의 서신을 숭신의 서신으로 오인하고 전해주었으므로 숭신의 서신을 마저 찾아서 보내달라고 요청한 내용이다.

1872년의 진하사행에서 정사 박규수와 수역 오경석이 외교 실무와 관련하여 긴밀한 관계를 맺었을 것은 거의 틀림없는 사실이다. 하지만 오경석은 박규수보다 24세나 연하인데다가 명문 양반과는 현격한 신분 차이가 있는 중인이었음을 염두에 둘 필요가 있다. 그리고 두 사람의 귀국 보고를 보면, 박규수가 양무운동에 대한 북경의 호의적인 여론을 보고한 데 비해, 오경석은 ①두 황태후에게 휘호(徽號)가 더해지고, ②황제가 내년부터 친정(親政)하게 되며, ③회교도 반란 진압을 위해 군대가 출동했고, ④농사가 풍년이라는 정보를 보고하는 데 그쳤을 뿐이다.[134] 수역

---

133 "盛熱拜審, 台省候淸旺爲頌. 每擬一造未遂, 到此久阻歉歎. 燕信得於望外, 欣甚! 半畝記·南筆·徽墨·紈扇, 是崇犢山所寄, 求兄轉致於我, 而未有書來耶? 此來一函, 稱鄦齋手椷者, 卽董君文燦也. 兄似認以犢山之札. 或犢山亦有函於我而遺漏歟? 幸檢而敎示, 如何? 馬氏寄徐友信件及箋, 當送傳耳. 留進不備. 弟珪壽拜."(오세창 후손가 소장. 한국서예사 특별전15 도록(1996), 221쪽에 사진으로 소개된 바 있다. 인용문 중의 '鄦'자는 원본에는 小篆體로 씌였다.)

134 『일성록』, 고종 9년 12월 26일, 수역 문견별단. 그중 ①과 ④는 서장관의 문견별단에서도 보고된 내용이다. 박규수의 귀국 보고에서도 ①~④의 내용이 거론되었다.

오경석의 문견별단에는 양무운동에 대한 아무런 관심도 드러나 있지 않은 것이다. 그러므로 오경석의 경우 역시 그의 개화사상을 검증하려면, 1873~1874년과 1874~1875년 잇달아 연행을 다녀온 뒤, 조일수호조규 체결에 조력(助力)하고 1879년 별세하기 전까지 그의 말년의 활동을 면밀히 고찰해야 하리라 본다.[135]

5. 맺음말

본고에서는 1872년 박규수의 제2차 연행에 대해 집중적으로 고찰해 보았다. 연행의 배경과 경위, 그리고 북경에서 이루어진 한중 교류의 실상을 상세하게 밝힌 위에서, 과연 박규수가 이 제2차 연행을 계기로 개화사상에 도달했는지를 규명해보고자 한 것이다.

1861년 제1차 연행을 다녀온 박규수는 고종 즉위 초의 대원군 정권에서 중용되어 평안감사 · 대제학 등을 역임하면서, 서면호사건과 신미양요 등 대외 위기 상황에서 유능한 외교 전문가로 활약하였다. 당시 대원군 정권은 미국 · 프랑스 등 서양 열강 뿐만 아니라 명치유신 직후 일본의 신정부와도 서계 문제로 심각한 갈등을 겪고 있었다. 다른 한편 박규수는 제1차 연행 때 교분을 맺은 왕헌 · 심병성 · 동문환 등 청국 문사들과 지속적인 서신 왕래를 통해 우의를 다지면서 학술 교류를 추진하고 있었다. 그러던 차 1872년 조정에서 청국에 특별 사행을 파견할 일이 생기자,

---

135 최근 학계에 소개된 영국의 외교문서에 의하면, 오경석은 1874년과 1875년 북경 체류 중에 영국 공사관의 梅輝立(William Frederick Mayers)을 찾아가 중국어로 대화를 나누었는데, 서양 열강에 의한 조선의 강제 개항을 희망했다고 한다(김종학(2015), 1~4쪽; 한승훈(2015), 30~39쪽).

박규수는 홍선대원군에게 청을 넣어 정사로 임명되었다. 연행을 앞두고 조면호 · 신석희 · 박원양 · 김세균 · 홍순목 등 북촌시사의 동인들이 송별시를 지어 주었다. 그중 박원양과 홍순목은 후일 갑신정변을 주도한 개화파 박영효와 홍영식의 부친이다.

1872년 제2차 연행 당시 박규수는 진하사행의 정사로서 동치제의 황후 책봉을 축하하는 임무 외에도, 청국 정세를 상세히 탐색해 오라는 임무를 부여받았다. 제1차 연행 이래 교분을 유지해 온 청국의 벗들과 재회하고 싶어 연행을 자원한 박규수는 이러한 청국의 인맥을 활용하여 주어진 임무를 충실히 수행할 작정이었다. 아울러 그는 제1차 연행 때 탐방한 북경의 명나라 유적들을 재차 탐방할 의도도 품고 있었다. 특히 자수사 방문에 대비하여, 자신이 성금을 보내 그 절에 봉안된 구련보살상(명 효정태후 영정)을 보수한 일을 기념하는 글인 「효정황태후 화상중선공기」를 짓고, 선배 윤정현에게도 글을 지어달라고 부탁하여 받은 「효정이태후 상정개장기」를 함께 가지고 떠났다. 또한 박규수는 아우 박선수의 문자학 저술 『설문해자익징』도 가지고 가서 중국 학계에 소개하고, 가능하면 출판할 생각도 지니고 있었다.

하지만 북경에서 박규수는 오랜 벗들 가운데 정공수 등 한두 사람밖에 만나지 못했다. 대신 동문환의 아우 동문찬과 그의 동인인 오대징 · 이자명 · 장지동 등과 새로 교분을 맺었다. 이들은 대체로 청의 내정 개혁과 서양 열강에 대한 강경투쟁을 주장하는 청류파에 속하는 신진 문사들이었다. 박규수는 이들에게 셔먼호사건과 신미양요 등 당시 조선이 겪은 대외위기를 알렸으며, 박선수의 『설문해자익징』에 대한 학문적 평가를 요청하기도 했다. 또한 이들과 함께 자인사에서 고염무 제사에 참여하고 자수사에서 명 효정태후 영정을 참배했으며, 명 효순태후 영정을 모신 장춘사도 다시 방문했다. 그의 조부 연암의 기문이 게시되어 있던 문승상사도 탐방했을 것으로 짐작된다. 당시 동문찬은 박규수에게 신라 진흥왕 황초령비 탁본에 제사(題詞)를 써달라고 요청했으며, 오대징은 그에게 증국번의 산문 선집인 『증문정공문초』를 증정했다. 이자명은 『설문해자익징』에 대해 문자학적으로 매우 전문적인 논평을 남겼다.

한편 박규수는 예부상서 만청려, 병부시랑 팽옥린, 장군 숭실 등 청국의 고관 대신들과도 교제하였다. 만주족인 숭실은 천진교안의 사죄 사절로 프랑스에 파견되었다가 서양 각국을 둘러보고 귀환한 숭후의 형이었다. 따라서 숭실을 애써 만난 박규수는 그로부터 프로이센 · 프랑스 전쟁기의 유럽 정세를 전해 들었으며, 청국이 러시아를 회교도 반란의 배후로 보고 크게 경계하고 있음을 알았다.

박규수는 귀국한 뒤 고종에게 해외 정세를 보고할 때 숭실로부터 입수한 정보를 주로 전하였다. 동치제 즉위 후 추진된 초기 양무운동의 성과를 상당히 호의적으로 보고한 것도 대표적 양무파인 숭후의 형 숭실을 만난 사실과 무관하지 않을 것이다. 박규수가 전한 정보는 초기 양무운동의 성과를 실상보다 크게 과장한 것이었다. 하지만 그는 '그러한 여론도 있다'는 식으로 신중하게 전달하는 데 그치고, 양무운동에 대해 적극적인 지지를 표명하지는 않았다. 또한 박규수는 프로이센 · 프랑스 전쟁을 서양의 호전성과 침략성을 입증하는 사례로 간주하고, 청국에 진출한 서양 상인들이 실리(失利)하고 철수하려는 조짐을 희소식으로 전하는 등, 서양에 대해 배타적인 태도를 드러냈다.

제2차 연행 당시 박규수가 주로 접촉한 청국인은 양무운동에 비판적인 청류파에 속하는 신진 문사로, 이들과의 교유는 문자학이나 금석 고증 등 학술 방면에 국한되다시피 하였다. 또한 박규수는 오대징이 증정한 『증문정공문초』를 읽고 증국번을 숭앙하게 되었지만, 증국번이 양무운동의 선구자임을 미처 인지하지 못했다. 뿐만 아니라 그는 「효정황태후 화상중선공기」를 지어 가지고 자수사에서 명 효정태후의 영정을 참배하는 등으로, 여전히 강고한 대명 의리를 견지하고 있었다.

이상과 같은 사실에 비추어 볼 때, 1872년의 제2차 연행을 계기로 박규수가 실학에서 개화사상으로 전환했다는 주장은 더 이상 성립하기 어렵다. 하물며 박규수가 '한국의 첫 개화사상가'인 오경석과 1860년대 후반부터 개화사상의 동지가 되었다는 주장은 더욱 실증적 근거가 박약한 학설이다. 1872년의 진하사행에서 정사 박규수와 수역 오경석이 외교 실무와 관련하여 긴밀한 관계를 맺은 것은 사실이겠지만, 두 사람은 사상적 동지가 되기에는 연배로나 신분상으로나 현격한 차이가 있었다. 게다가 귀국 보고에서 박규수는 양무운동에 대한 북경의 호의적인 여론을 전달하면서도 신중하게 단서를 달았고, 오경석은 양무운동에 대해 아무런 보고도 하지 않았다. 당시 박규수는 물론 오경석도 개화사상에 도달했다고 보기 힘든 것이다.

그렇다면 앞으로 남은 과제는 제2차 연행 이후 1877년 별세할 때까지 만년의 박규수가 일본의 서계 접수를 주장하고 조일수호조규 체결을 막후에서 추동(推動)하게 된 과정을 면밀하게 고찰함으로써 그의 사상적 전환을 검증하는 작업이 될 것이다.

参考文獻

金邁淳, 『臺山集』, 한국고전번역원, 『韓國文集叢刊』.

金奭準, 『懷人詩錄』, 국립중앙도서관 소장.

金世均, 『晩齋集』, 국립중앙도서관 소장.

金允植, 『雲養集』, 서울대 규장각 소장.

朴珪壽, 簡札, 개인 소장.

朴珪壽, 『錦篋藏弆錄』, 실학박물관 소장.

朴珪壽, 『瓛齋集』, 성균관대 대동문화연구원, 『瓛齋叢書』 6, 1996.

朴瑄壽, 『說文解字翼徵』, 서울대 규장각 소장.

徐相鼎, 『燕槎筆記』, 임기중 편, 『燕行錄叢刊』.

申錫禧, 『韋史詩稿』, 일본 京都大學 河合文庫 소장.

吳世昌(1928), 『槿域書畵徵』.

尹定鉉, 『梣溪遺稿』, 한국고전번역원, 『韓國文集叢刊』.

李尙迪, 『恩誦堂集』, 서울대 규장각 소장.

李鍾元, 『東津禦侮輯要』, 서울대 규장각 소장.

趙冕鎬, 『玉垂集』, 서울대 규장각 소장.

『承政院日記』, 국사편찬위원회 승정원일기DB.

『日省錄』, 서울대 규장각 일성록DB.

崇實(2010), 『適齋詩集』, 清代詩文集彙編編纂委員會 編, 『清代詩文集彙編』, 上海古籍出版社, 第678冊.

董壽平・李豫 主編(1997), 『清季洪洞董氏日記六種』, 北京圖書館出版社.

董文渙, 『峴嶕山房詩集初編』, 『續修四庫全書』, 第1559冊.

顧炎武, 『亭林文集』, 四部叢刊初編.

黃鴻壽(1986), 『清史紀事本末』, 上海書店.

李慈銘(2000), 『越縵堂讀書記』, 上海書店出版社.

李慈銘, 『越縵堂日記』, 民國9年(1920), 서울대 도서관 소장.

李慈銘, 『越縵堂詩續集』, 『續修四庫全書』, 제1559冊.

李豫 · 崔永禧 輯校(1996), 『韓客詩存』, 北京 : 書目文獻出版社.

慶麟, 『凝香室鴻雪圖因緣圖記』, 早稻田大學圖書館 所藏 PDF.

吳大澂, 『辨黨論』, 서울대 규장각 소장.

曾國藩, 『曾文正公詩文集』, 四部叢刊初編.

曾國藩, 『曾文正公文鈔』, 성균관대 존경각 소장.

曾國藩, 『曾文正公奏議』, 성균관대 존경각 소장.

『大淸穆宗實錄』, 臺灣華文書局, 1964.

『淸代碑傳全集』, 上海古籍出版社, 1987.

『淸史稿』, 中華書局, 1977.

『淸史列傳』, 中華書局, 1987.

『洋務運動文獻彙輯』(1963), 臺北 : 世界書局.

강재언(1981), 『한국의 개화사상』, 정창렬 역, 비봉출판사.

김명호(2005), 『초기 한미관계의 재조명』, 역사비평사.

김명호(2008), 『환재 박규수 연구』, 창비.

김용태(2008), 『19세기 조선 한시사의 탐색－옥수 조면호의 시 세계』, 돌베개.

김흥수(2009), 『한일관계의 근대적 개편 과정』, 서울대학교출판문화원.

노대환(2005), 『동도서기론 형성 과정 연구』, 일지사.

손형부(1997), 『박규수의 개화사상 연구』, 일조각.

수원화성박물관 도록(2014), 『또 다른 역사의 시작』.

신용하(1987), 『한국근대사회사상사연구』, 일지사.

이광린(1979), 『한국개화사상연구』, 일조각.

장팅푸(1991), 『淸日韓外交關係史』, 김기주 · 김원수 옮김, 민족문화사.

한국서예사 특별전15 도록(1996), 『위창 오세창』, 예술의전당.

한국서예사 특별전20 도록(2001), 『위창 오세창』, 예술의전당.

한국의 名碑古拓 전시회 도록(1998), 『옛 탁본의 아름다움, 그리고 우리 역사』, 우일출판사.

후지츠카 기증 추사자료전 III(2008), 『후지츠카의 추사연구자료』, 과천문화원.
樊百川(2003), 『淸季的洋務新政』, 上海書店出版社.
馮天瑜(1985), 『張之洞評傳』, 河南教育出版社.
馮天瑜 · 何曉明(1991), 『張之洞評傳』, 南京大學出版社.
梁啓超(1985), 『淸代學術槪論』, 朱維錚 校注, 『梁啓超論淸學史二種』, 復旦大學出版社.
梁紹輝(2006), 『曾國藩評傳』, 南京大學出版社.
錢仲聯 主編(2001), 『曾國藩文選』, 蘇州大學出版社.
湯仁澤(2009), 『經世悲歌 : 崇厚傳』, 上海社會科學院出版社.
夏東元(1992), 『洋務運動史』, 上海 : 華東師範大學出版社.
蕭一山(1976), 『淸代通史』, 臺北 : 商務印書館.
張其昀(1998), 『"說文學"源流考略』, 貴州人民出版社.
支偉成(1986), 『淸代朴學大師列傳』, 長沙 : 岳麓書社.
藤塚隣(1975), 『淸朝文化東傳の研究』, 東京 : 國書刊行會.
彭澤周(1969), 『明治初期日韓淸關係の研究』, 東京 : 塙書房.

권혁수(2000), 「『吳淸卿獻策論』을 통해 본 淸政府의 對朝鮮 干涉政策」, 『藏書閣』 4.
김명호(1999), 「1861년 熱河問安使行과 박규수」, 『한국문화』 23, 서울대 규장각한국학연구원.
김명호(2000), 「동문환의 『韓客詩存』과 한중문학교류」, 『한국한문학연구』 26, 한국한문학회.
김명호(2001), 「大院君政權과 박규수」, 『진단학보』 91.
김명호(2011), 「실학과 개화사상」, 『한국사 시민강좌』 48, 일조각.
김순희(1995), 「『說文解字翼徵』에 관한 연구」, 중앙대 박사논문.
김종학(2015), 「개화당의 기원과 비밀외교, 1879~1984」, 서울대 박사논문.
문준혜(2008), 「『說文解字翼徵』 解說字 譯解」, 서울대 박사논문.
문준혜(2010), 「『설문해자익징』과 『說文古籒補』 비교 고찰」, 『中國語文學誌』 32.
박혁순(1989), 「양무운동의 성격」, 서울대 동양사학연구실 편, 『강좌 중국사V』, 지식산업사.

손성욱(2012), 「19세기 朝·淸 문인 교류의 전개 양상－북경내 학풍과 교류 네트워크의 변화를 중심으로」, 『역사학보』 216.

신용하(1985), 「오경석의 개화사상과 개화활동」, 『역사학보』 107, 역사학회.

양원석(2006), 「조선 후기 文字訓詁學 연구」, 고려대 박사논문.

조광(2000), 「실학과 개화사상의 관계에 대한 재검토」, 강만길 엮음, 『조선후기사 연구의 현황과 과제』, 창작과비평사.

한승훈(2015), 「19세기 후반 조선의 對英 정책 연구(1874~1895)」, 고려대 박사논문.

허방(2016), 「철종시대 연행록 연구」, 서울대 박사논문.

陳爾學·趙景逵(1991), 「北京"半畝園"考」, 『中國園林』 7卷(4).

崔建利·王雲(2010), 「江南河道總督慶麟考論」, 『淮陽工學院學報』 第19卷 第4期.

潘佳(2013), 「潘祖蔭硏究」, 復旦大學 博士論文.

高福生(2010), 「江瀚其人及與黃雲鵠·黃侃父子之關係」, 『中國文化』 第31期, 春季號.

高朝英·張金棟(2011), 「楊繼聖『自書年譜』卷考略(中)」, 『文物春秋』.

胡佩佩(2016), 「朴珪壽與淸朝'顧祠修禊'文人的尺牘交流硏究」, 『河北科技師範學院學報(社會科學版)』 第15卷 第1期.

蔣丹(2012), 「淸王軒『耨經廬詩集續編』硏究」, 『山西煤炭管理干部學院學報』 第25卷 第3期.

李軍(2011), 「吳大澂交遊新證」, 復旦大 博士論文.

李雪梅(2006), 「文章貽珠玉 蕭瑟嘆浮生－淺談洪洞詩人董文渙生平及其詩歌創作成就」, 『滄桑』.

劉長海(2012), 「祁寯藻與門生王拯」, 『文物世界』.

劉達科(1996), 「王軒及其文學創作」, 『山西大學學報(哲學社會科學版)』 第3期.

劉漢忠(2002), 「王拯及其文學成就」, 『廣西地方志』 第5期.

劉漢忠(2009), 「淸代文學家王拯卒年考證」, 『辭書硏究』 제4期.

劉夏淸(2015), 「試談董文渙在甘肅的游宦經歷及其詩歌創作」, 『天水師範學院學報』 第35卷 第3期.

劉榮華·陸奕(2013), 「湖州鑒賞家吳雲沈秉成與吳門眞率會」, 『收藏家』 第4期.

秦京(2013), 「淸代山西學者王軒的方志學成就」, 『運城學院學報』 31.

邱展雄(1986), 「彭玉麟的洋務思想」, 『益陽師專學報(哲科版)』 第2期.

邱展雄(1991), 「彭玉麟風範略評」, 『益陽師專學報』 第12卷 第1期.

孫迎慶(2014), 「閑中覓件書爲上 身外無求睡最安」, 『東方收藏』 第5期.

楊嘯 · 于紅(2011), 「清王軒與『耨經廬詩集』」, 『山西煤炭管理干部學院學報』 第24卷 第4期.

張佳麗(2009), 「李慈銘年譜」, 復旦大學 博士論文.

박규수의 대일수교론과 개화사상

김흥수 | 홍익대학교 역사교육과 초빙교수

1. 머리말

박규수는 개화사상의 원조, 실학사상의 최후를 장식한 학자, 실학에서 개화사상을 이어준 가교의 역할을 한 인물[1] 등으로 다양하게 평가되고 있다. 박규수가 우리 역사에서 중시되는 이유는 그가 문호개방을 앞장서서 주장하여 조일수호조규(강화도조약)를 주도적으로 체결하고 개화파를 양성한 두 가지 점에 있을 것이다.

박규수는 일본과 서계(書契) 문제가 불거지자 일찍부터 서계 수용론을 주장하였다. 거의 대부분이 반대한 서계 수용에 대해 박규수가 수용을 주장한 근거와 논리는 무엇이고, 그것이 개화사상 형성에 끼친 영향은 무엇인지 탐색하려 한다. 이른바 메이지유신으로 서양화한 일본과 국교 수립을 주장하기 위해서는 이를 긍정하는 일본관의 형성이 전제되어야 한다. 필자는 박규수의 긍정적 일본관 형성에 중국에서 유입된 한역서양서인 『중서문견록(中西聞見錄)』이 지대한 영향을 끼쳤음을 새롭게 확인할 수 있었다.

박규수는 조일수호조규 체결을 주도하여 한정적이긴 하지만 조선 사회를 개방으로 이끌었다. 일본의 군사적 압력 아래에서 진행된 교섭에서 박규수는 일본의 침략에 대응하는 전략을 마련하는 한편, 『만국공법(萬國公法)』과 중국이 서양과 체결한 조약을 참조하여 적극적으로 대응하였다. 그 결과 조선은 일본의 일방적 요구를 막아내면서 자주적 개항을 달성할 수 있었다. 조일수호조규 체결과정에서 능동적으로 대처한 박규수의 역할을 재조명하면 기존의 조일수호조규에 대한 인식의 교정에도 기여할 수 있을 것으로 생각한다.

---

1 金泳鎬(1978), 참조.

박규수의 초기 개화사상은 후진에게 계승되어 개화파를 형성하였다. 개화파는 다시 온건개화파와 급진개화파(개화당)로 분기되었다.[2] 기존의 통설은 1879년에 개화당이 결성되고 1882년 임오군란으로 개화파가 분기되었다는 앞뒤가 맞지 않는 설명을 해왔다. 개화당의 결성은 개화파의 분기를 의미하기 때문에 개화당의 결성 시기를 확정하는 것은 매우 중요하다. 개화파에 대한 기존의 설명은 주로 수십 년 뒤의 회고록이나 후대의 자료에 의존하여 당대를 설명하는 문제를 노정하기도 하였다. 새로운

---

2 당대의 일본신문 등에서는 개화파와 개화당을 엄격하게 구분하여 사용하지 않았는데, 개화를 수용·주장하는 개화파와 정치적 결사로서의 개화당을 구분할 필요가 있다. 현재 온건개화파 / 급진개화파를 개량적 개화파 / 변법개화파, 동도서기론자 / 변법개화파, 시무개화파 / 변법개화파, 양무개화파 / 변법개화파, 동도서기론자 / 문명개화론자, 양무개혁론자 / 문명개화론자 등으로 매우 다양하게 구분하고 있다. 대체로 갑신정변을 긍정하는 논자는 '변법론'으로, 부정하는 논자는 후쿠자와 유키치의 영향을 강조하여 '문명개화론'으로 명명하는 편향을 보인다. 변법론은 갑신정변 실패 후의 김옥균 상소(1886년)와 박영효 상소(1888년)를 주된 근거로 하는데, 이 상소들은 정변 실패의 반성문 성격을 띠는 것으로 정변 이전의 상황을 반영하는 것으로 볼 수 없다. 문명개화론도 '문명개화'라는 용어 자체가 '개화'와 동의어이기 때문에 개화를 급진개화파의 전유물로 여겨 개화사상의 폭을 축소하는 문제가 있다. 시무개화론은 김윤식의 '開化說'을 근거로 한 것인데, 이는 면천 유배 중에 급진개화파와 거리를 두기 위해 작성된 것이라서 시의성이 있는 용어는 아니다. 그리고 '시무'라는 말은 일반명사로 입장에 따라 천차만별이기 때문에 역사용어로는 부적당하다. 예컨대 척사파도 시무를 말하는데 그 내용은 개화파의 시무와 천양지차라는 얘기이다. 필자는 온건(혹은 점진) 대 급진이 당시의 실상을 온전히 반영하는 객관적 용어라고 생각한다. 김옥균의 상소에서 갑신정변을 많은 사람들이 '急激'이라 한 점과 박영효의 상소에서 갑신정변을 '擅行輕卒之擧'로 표현했기 때문이다. 제2차 수신사 김홍집이 이노우에 가오루(井上馨) 외무경과 담화할 때, 이노우에가 자신이 겪은 힘들었던 경험을 곁들여 메이지유신의 과정을 설명하자 그가 "조선도 이 辛難을 맛보지 않을 수 없다는 것을 알지만 다만 매우 급격하게 하면 파열을 초래하므로 점차 개량을 꾀하지 않을 수 없다(「朝鮮國修信使ト談判ノ大略」『三條家文書』 제58권 33-3)"고 표명한 의견에서 온건개화파의 입장이 잘 드러나 있다. 광산, 금은분석기술 등을 배우기 위해 조사시찰단의 별견으로 파견된 金鏞元이 본국의 이재선 사건을 듣고 당시 일본에 체류 중인 하나부사 요시모토 공사에게 보낸 편지(1881년 11월 6일자, 『花房義質關係文書』 305-2) 중에, "장차 어떻게 하면 안온하게 개화하여 이와 같은 시끄러운 일이 없겠습니까!(將何以則其能安穩開化 而無此咻咻之擧乎哉)"라고 한 구절에서도 온건개화파의 입장이 잘 드러나 있다. 우사 김규식의 부친이기도 한 김용원의 이 언급은 당시 조선 정부의 개화정책의 방향을 대변하는 것이기도 하다.

사료의 발굴 없이 연구가 진행됨에 따라 오히려 개화사 연구의 혼란을 부추기고 있는 실정이다. 후대의 회고록이 당대의 역사적 사실과 부합할 때 사료적 가치를 지님은 말할 필요도 없을 것이다. 따라서 당대 사료를 적극적으로 발굴하여 박규수 사상의 계승관계를 명확히 할 필요가 있다. 본고에서는 지금까지 제대로 활용되지 않은 『花房義質關係文書』를 적극 활용하여 이 문제를 다루어 보려 한다.

2. 박규수의 대일수교론

1) 서계문제(書契問題)

메이지유신 이후 일본의 신정부는 조선과의 통교를 대마도에게 맡기는 한편 왕정복고를 조선에게 알리도록 하였다. 1868년 12월 대마도는 대마도주 명의의 서계를 작성하여 대수사(大修使)를 파견하였다. 그런데 이 서계에 종래의 관례와 달리 황·칙 등의 문자를 사용하고, 조선에서 하사한 도서(圖書, 銅印)를 사용하지 않고 앞으로는 천황이 하사한 인장을 사용하겠다고 하였다(〈그림1〉참조). 이는 대마도가 조선의 기미교린(羈縻交隣) 정책에서 벗어나겠다고 선언한 것이다. 대마도도 황·칙 글자가 들어간 이 왕정복고 통고를 조선에서 수리하지 않을 것으로 예상했지만, 당시 대마도는 일본 조정으로부터 원조를 기대하고 있는 상태였기 때문에 일본 조정의 명령을 따르지 않을 수 없었다.

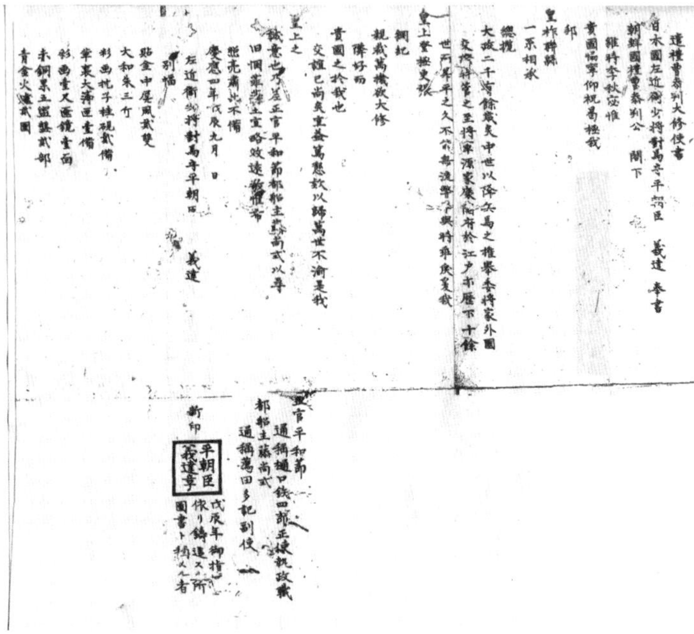

〈그림1〉 왕정복고 통고 서계 사본

그렇다고 이 서계가 조선을 신하의 나라로 삼으려는 의도에서 황, 칙 등의 용어를 사용한 것은 아니었다. 조선과 청나라가 외교문서를 왕복할 때 황실과 관련된 용어는 본문보다 석자 이상을 올리지만, 이 서계에서는 두 자만 올렸기 때문이다. 막부의 쇼군을 의미하는 大君과 조선의 국왕과 관련된 글자는 모두 두 자를 올려 상호 대등함을 나타낸 이전의 형식을 따랐다고 볼 수 있다.

그러나 조선의 대원군 정권은 전년도(1867년) 야도 준슈쿠(八戶順叔)의 정한론(征韓論)을 상기하면서 이 서계에 의구심을 가질 수밖에 없었다. 중국에서 발행된 신문에 게재된 야도의 정한론은 "조선이 5년에 한 번씩 조공하지 않아 대군이 260명의 제후와 80여 척의 화륜선을 거느리고 조선을 치려한다"는 내용이다.[3] 야도가 정한의 근거로 내세운 조공은 물론

허구이지만, 이 조공 문제가 왕정복고 통고 서계의 황·칙 글자와 연상되면서 양국관계에 악영향을 미친 것이다. 용어와 연결되어 의구심을 가지는 것은 너무나 당연하다 하겠다. 더욱이 당시의 대원군 정권은 메이지 신정부가 아직 안정되지 않았다고 판단하여 국교재개 교섭에 적극적으로 나서지 않았던 것이다.

야도의 정한론을 전한 북경의 자문에 대해 조선 정부는 청에 회답자문을 보내고 일본에 서계를 보내는데, 양자의 내용이 다르다는 점이 흥미롭다. 청에 보낸 회자에선 야도가 조공의 사례로 든 사실(史實)이 조선의 역사서에 보이지 않는 '거짓으로 모독하여 더럽히고 욕되게 하는 설(誣衊汚辱之說)'이라고 격렬히 비난하였다.[4] 반면에 일본에 보낸 서계에 조공에 대한 언급이 전혀 없는 점을 유의할 필요가 있다.[5] 사실이 아니기 때문에 해명할 필요성을 못 느꼈을 수도 있지만, 이 문제로 논란에 휩싸이는 것을 꺼린 것으로 보인다.

왕정복고 통고 서계의 수리가 거부되자 재정난에 허덕이던 대마도는

---

3 『同文彙考』(국사편찬위원회편 영인본), 2479~2480면.

4 "新聞諸條內 事係日本者 有曰新羅王之子來朝 有曰新羅王降 高麗百濟亦來降者 東國紀載 原無是事 根据失實 自歸虛妄 有曰文祿元年遣兵伐朝鮮云者 卽指敝邦昭敬王壬辰被兵時事 而諱敗飾勝 變幻事實 有曰朝鮮王每五年必至江戶拜謁大君 有曰往討朝鮮 因朝鮮五年一朝貢 至今負固不服 此例久廢故也 其陽浮慕尊之習 已是可厭 誣衊汚辱之說 罔有攸極 敝邦與日本通好旣久 凡有事端 輒爲咨報 其說之全沒着洛 理應畢燭無餘 固不足多辯 而似此可駭文字 已經目睹 亦宜忍視若尋常 泯默無言乎"(『同文彙考』, 2480면).

5 「禮曹報異聞書」
朝鮮國禮曹參判李 沇應 奉書
日本國對馬州太守拾遺平公 閣下
(전략)
日本國客人八戶順叔言 日本江戶政府督理船務將軍中濱萬次郎 月前時特至上海 制造火輪船 近日已啓行回國 國中共有 二百六十諸侯 至江戶會同議 現有興師往討朝鮮之志 八戶順叔者 不識爲何狀人 屬籍之的在貴國 旣不可詳 流寓之現因何事 又未必詰 而竊怪其揑造虌誣 恣意譸幻 公肆流播 無所顧畏 揆諸事理 實是窮究不得者矣 …… 幸將右項事實 轉達東武 明賜覆音 是所深企(『宗重正家記』朝鮮事件 2)

신인(新印)사용 원칙을 포기하였다. 대마도에서 구인을 다시 사용하자 조선 정부는 팔송사(八送使)의 접대를 다시 허용하였다. 그러나 1871년 7월 14일(양력) 단행된 폐번치현(廢藩置縣)으로 대마도주 소씨(宗氏)의 가역(家役)으로 인정된 조선외교권은 자연적으로 소멸되었으며, 소씨도 이즈하라번지사(嚴原藩知事)에서 해임되었다. 이 사실을 알린 것이 임신년(1872년) 서계이다.[6]

---

6 폐번치현으로 對馬守의 조선과의 교제 임무도 해임되었지만 다시 외무대승으로 임명되었다는 내용이다.

大日本國外務大丞從四位平　義達　呈書
朝鮮國禮曹參判公　閣下
　時維仲秋恭惟
　文候亨嘉欣賀曷歇我
邦自戊辰之年
國制一新以來
天子親政廢幕府置
太政官革封建爲郡縣於是世襲之官皆罷其職如不佞亦解
　對馬守任及左近衛少將官並罷我
邦與
貴國交際將命之職更以不佞任外務大丞矣今又蒙令
　外務卿傳
旨曰嚮
朝廷欲與
朝鮮國尋舊盟而命汝幹其事但至外國交際之事則旣置
　外務省管之故昨年十月特遣外務官員吉岡弘毅森山茂廣津弘信等
本邦誠意之所在而於彼
國尙未領悉之今雖解汝世職以其舊交有素任汝現官更令汝告尋
兩國舊交之事汝須克體認
朝廷之盛旨速差使以語其狀由幷說彼此脣齒之間宜修舊交講新盟之理以達
國家善隣之誠意以成永遠不渝之良圖不佞敬奉其
命旣從其事乃使家人相良正樹以報此事
　閣下其明諒焉義達有故改名重正合併拜告肅此不宣
　明治四年 辛未八月　日
　　外務大丞從四位平 重正

(「1872년 相良正樹가 交隣方에 보낸 서장」『報告使 · 館司來狀』對馬島宗家文書 기록류 국편 5838).

임신년 서계에서는 '황상' 대신 '천자(天子)'라는 글자를 사용하였다. 당시 일본의 외교문서에 전혀 쓰지 않은 '천자'라는 용어는 조선 측에서 보면 '황상'이나 '황제'보다 더 거부감이 있는 용어이다. 이론상으로 천하에 황제는 여러 명이 있을 수 있으나 천자는 유일한 존재이기 때문이다. 천자라는 글자는 조선과의 교섭을 동결하기 위해 사용되었다. 동결의 가장 확실한 방법은 사절을 파견하지 않는 방법이다. 그러나 폐번치현과 대마도주의 가역면직과 외무대승 임명은 어떤 방식으로든지 알려야 할 사안이었다. 이들 사실은 알리되 이에 수반되는 교섭은 진전시키지 않는다는 수단으로 선택된 것이 '천자'의 사용이었다. 당시 일본은 최대의 현안인 조약개정을 서구와 교섭하기 위해 이와쿠라 사절단을 파견하였다. 일본 정부는 조약개정 교섭 중에 소씨를 파견하는 것은 이른바 '사교(私交)'에 해당하는 것으로 만국공법 체제에 어긋나는 것으로 이해했다. 서계문제를 해결할 수 있는 가장 합리적인 방안이 '구교(舊交)'의 담당자인 소씨의 파견이었지만, 일본 정부는 조선 문제의 해결을 이와쿠라 사절단의 귀국 이후로 미루었다.

당시 조선 정부는 '나라 안의 논의를 수렴한다'는 명목으로 관망의 자세를 취하면서 임신년 서계를 수리하지 않았다. 그 배경에는 메이지 유신에 따른 급격한 제도개혁으로 메이지 신정부가 아직 안정되지 않았다고 판단하였기 때문이다.

그 사이에 일본 외무성은 하나부사 요시모토(花房義質) 외무대승을 파견하여 대마도의 조선 외교권을 접수하고 급기야 왜관을 점거하기에 이른다(1872년 9월). 폐번치현으로 인한 가역의 면직은 조선－대마도 관계의 중대한 변경을 초래하므로 당연히 그 당사자인 소씨가 도한(渡韓)하여 재협상을 벌여야 할 사안이었다. 그러나 소씨가 조선과의 협상을 통해 왜관을 다시 확보할 수 있다는 보장이 없었다. 임진왜란 이후 조선

정부가 대마도 인에게 통상을 허락한 왜관을 메이지 신정부는 대륙으로 진출할 수 있는 교두보 내지 대륙의 정보를 체크할 수 있는 요충지로 여겨, 조선 정부와 협상을 거치지 않고 왜관을 차지한 것이다. 왜관의 불법 점거는 양국 관계를 더욱 악화시켜 이른바 정한론정변(1873년 10월)의 도화선이 되었다.

한편 대원군정권은 하나부사의 왜관 점거와 일방적 세견선 폐지에 대항하여 모든 것을 동래부사 정현덕, 훈도 안동준, 배통사 최재수에게 맡겨 처리하도록 했다. 이들은 세견선이 실질적으로 폐지되었음에도 경상도 각 고을에서 동래부에 바치는 하납미(下納米)와 하납목(下納木)[7]을 계속 받았다. 공작미(公作米)와 공목(公木)은 오래두면 부식되고 변색되기 때문에 이를 가지고 채식(債殖)한 것이다. 이 반대급부로 훈도는 지금까지 공무역을 통해 수입해 온 동류(銅類)는 대마도의 사상이나 밀상을 통해 조달하고 무기류의 교역도 주도하여 대원군의 군비강화정책에 호응하였다.[8] 이런 이유로 대원군정권은 훈도의 비리를 묵인하였던 것이다. 그리고 공무역은 마치 계속되고 있는 것처럼 정부에 허위로 보고하기까지 하였다. 이런 상태에서 계유정변으로 고종이 친정을 하게 된다.

2) 박규수의 서계수용론

고종은 최익현의 대원군 탄핵 상소를 계기로 1873년 11월 5일 친정을 단행했다.[9] 고종은 즉위 이후부터 친정 전까지 10년간 약 1300여회의 경

---

7 쌀과 베를 서울에 바치지 않고 아래에 있는 동래부에 바친다고 하여 이렇게 불렀다.

8 아래의 사료는 失火로 무기운반선이 소진된 사례인데 이를 통해 무기교역이 꽤 큰 규모로 이루어졌음을 알 수 있다. "今年(1874년)正月日 安訓導使私商倭 貿來火藥一萬斤 大砲三坐 移載我船 偶爾失火 燒燼無餘 甚至爛死人命 而火藥大砲所爲二萬兩此錢段 安訓導姑未報給於商倭處是如是乎所 太一千三百石入給之由" [『各司謄錄』13(국사편찬위원회 영인본), 673면].

연을 통해서 군주수업을 착실히 닦아 나갔으며[10] 14차례 연행사(燕行使)의 소견(召見)을 통해서 대외인식의 폭을 확대해 나갔다.[11] 특히 신미양요를 겪은 후인 1872년부터는 사행의 출발 전에 조사사항을 지령하고 소견한 자리에서는 이를 확인하는 매우 적극적인 모습을 보여주었다.

친정을 선언한 고종은 대원군파인 영돈녕부사 홍순목(洪淳穆)과 좌의정 강로(姜㳣) 우의정 한계원(韓啓源)을 파직시키고 이유원(李裕元)과 박규수를 각각 영의정과 우의정에 임명하여 친정체제를 구축해 나갔다.[12] 대일외교 라인인 경상감사도 김세호에서 유치선(兪致善)으로 동래부사는 정현덕에서 박제관(朴齊寬)으로 교체되었다.[13] 1874년 1월 10일 고종은 박제관이 입시한 자리에서 "하납미 · 목 · 포(下納米木布)가 많이 적체되어 농간을 부리는 폐단이 있다고 한다. 잘 조처하여 바로잡되, 훈도 이하로서 명령에 따르지 않은 자가 있거든 먼저 처형하고 나서 계문하라"고 왜관의 철저한 실태조사를 당부했다.

아울러 고종은 2월 21일 박정양을 영남좌도암행어사로 임명하였다. 암행어사는 지방사회의 폐단과 지방관의 실태를 파악하기 위해 전국적으로 파견되었으나, 박정양에게는 이 임무 외에 동래부 왜관의 동태와 일본측의 동향을 파악하라는 특지가 부여되었다.[14] 이는 기존 대원군의 대일정책을 재검토하겠다는 의지의 표현이었다. 재검토는 우선 세견선 단절의 원인을 규명하고 나아가 역관사(譯官使) 파견을 타진하는 것이었다.

---

9 친정과정은 James, Palais(1975), pp.176~201 ; 金炳佑(2001). 참조.

10 金世恩(2000), 참조.

11 안외순(1996), 참조.

12 『승정원일기』, 고종 10년(1873) 11월 13일, 12월 2일.

13 『승정원일기』, 고종 10년 12월 30일 ; 고종 11년 1월 3일.

14 고종 친정초기 암행어사의 파견에 대해서는 韓哲昊(1998) 참조. 경상감사 유치선은 박정양의 외척종숙이고 동래부사 박제관은 박정양의 3종 季叔 관계였다.

이처럼 일본과의 관계개선을 적극적으로 모색하던 도중에 북경의 밀자(密咨)가 도착하였다(6월 24일). 밀자는 첫째, "대만침략 이후 일본이 5,000여 병력을 동원하여 프랑스와 미국과 합동으로 조선을 침공하려" 한다는 흠차대신 심보정(沈葆楨)의 프랑스인 고문인 지켈(Prosper Marie Giquel, 日意格)의 설을 전한 것과, 둘째, 프랑스와 미국이 조선과의 통상을 청에 요구한 사실을 알려주면서 일본을 고립시키기 위해 조선이 프랑스, 미국과 통상조약을 체결하도록 은근히 압박한 내용이었다.[15]

6월 25일의 차대(次對)에서 영의정 이유원은 통상 요구에 불쾌감을 드러내고 "지금은 익히지 않는 일이 없어 이미 포를 쏘는 기술까지 알고 있으니, 의심하고 겁낼 것이 뭐가 있겠습니까. 그뿐만 아니라 연전에 또 양요(洋擾)를 겪어 서양 놈들의 장점과 단점을 남김없이 잘 알고 있으니, 오늘날의 군병을 임진년 왜란 당시에 비교하면 도리어 나은 데도 있다"고 근거 없는 자신감을 피력하였다. 반면에 우의정 박규수는 "중국은 옛날부터 전쟁이 있었지만, 우리나라는 한쪽 모서리에 치우쳐 있으니, 마땅히 이런 일이 없어야 합니다. …… 오늘날 백성들은 군대가 무엇인지를 알지 못하고 살아온 마당에, 한 번 이 말을 듣기라도 한다면 반드시 다들 놀라 동요하고 두려워 겁을 먹을 것"이라고 절박한 위기감을 피력하였다.[16] 이어서 고종과 박규수의 대화는 다음과 같이 계속된다.

> 고종 : 대신이 전에 연경에 다녀왔는데, 양이(洋夷)가 동쪽을 침범할 기미가 있다는 것을 혹시 들은 적이 있소?
>
> 박규수 : 서양 각국은 오로지 교역과 상업을 중히 여깁니다. 바다로 나가는 상선은 모두 그 나라의 장부에 기재하고 왕래·출입합니다. 화물을 계

15 『고종실록』, 고종 11년 6월 24일 ; 『同文彙考』, 3744면.

16 『승정원일기』, 고종 11년 6월 25일.

산하여 세금을 부과함으로써 나라의 재정으로 삼는데, 이것이 그들이 자랑하는 부강의 방법입니다. 중외 각국이 통상하지 않음이 없는데 유독 우리나라와 통상할 수 없었습니다. 그러므로 몇 해에 걸쳐 왕래하여 사단을 일으킨 것은 대개 이로 말미암은 것입니다. 서양 각국이 일본과 통상한 것은 대체로 100년 이전부터입니다. 그런데 일본인이 사교를 배척한 것이 매우 엄하였습니다. 그중에 학문하는 선비로 울분하고 강개하여 척사를 주장하는 이가 많았습니다. 그런데 어떤 까닭인지 근년에 일본에서 관백(關伯)이라는 자를 제거하고 황이라 칭하는 자가 국정을 총람하는데 명분이 바르고 말이 순리에 맞지 않음이 없습니다. 그렇지만 그 실제는 그 임금이 사교에 빠지고 양이가 이를 도와서 그렇게 된 것입니다. 이로써 일본은 양이를 따라서 중국에 교역을 청하였고 중국 또한 이를 허락하였습니다. 지금 서양과 일본은 한 편이 되었다 할 수 있는데, 무릇 양이가 하는 일의 궤휼(詭譎)함이 극심합니다. …… 황제의 동생 공친왕(恭親王)이 양이와 강화하여 조약을 체결하고 교역을 하였으며, 지금에 이르러 공친왕 역시 사교에 빠졌습니다.[17] 이 때문에 북경의 인심이 양이를 분완(憤惋)하고 있으나 어느 누구라도 감히 뭐라고 하지 못합니다. 최근에 양이가 이미 안남국(安南國)을 병탄했다고 들었습니다.[18]

---

17 제2차 아편전쟁 이후 공친왕이 영·불 전권과 체결한 북경조약에서 기독교 포교권을 인정한 것을, 박규수는 이렇게 과장하여 표현하고 있다. 박규수의 기독교에 대한 반감을 알 수 있는 대목이다.

18 『日省錄』, 고종 11년 6월 25일. "予曰 大臣曾有燕行 或聞洋夷東犯之幾微乎 珪壽曰 西洋各國專以交易商販爲重 而出海商船 皆載於該國文簿往來出入 計其貨物而征稅以爲國帑 此其自誇富强之道也 中外各國無不通商 而獨不能通貨於我國 故屢年往來生事 蓋由於此 而西洋各國之通商日本 蓋自百年以前 而日本之人斥其邪教最爲切嚴 其中亦有學問之士 怫鬱慷慨 立論斥邪者多矣 不知何故近年以來日本除去所謂關伯 而其以皇稱號者總攬國政 非不名正言順 而其實則其君陷溺於邪教 而洋夷爲之助勢而然也 是以目今日本亦隨洋夷 同請交易於中國 而中國亦許之 到今洋與日本可謂打成一片 大抵洋夷所爲詭譎極矣 …… 皇弟恭親王 講和洋夷立約交易 而到今恭親王亦爲陷溺於邪教 故燕京人心雖憤惋於洋夷 而莫敢誰何 近聞洋夷又已呑竝安南國云"

위의 대화에서 눈여겨 볼 대목은, 고종이 '양이'의 침략 가능성을 묻자 박규수는 이에 대해 직접 언급을 피하면서 '서양 각국'[19]은 영토적 야심이 없으며 오로지 교역을 추구하고 그것이 부강의 원천이라고 강조한 점이다. 박규수는 이제 모든 나라가 통상하는 것은 거스를 수 없는 추세라고 은연중에 암시하고 있다. 그리고 일본의 왕정복고를 "명분이 바르고 말이 사리에 맞다(名正言順)"고 긍정하고 있는 점도 주목할 필요가 있다. 1873년 8월 이근필(李根弼) 사행의 "왜주(倭主)가 서양인의 힘을 빌려 관백을 제거한 다음 스스로 국가 권력을 총괄한다고 말하고 있으나, 실상은 텅 빈 산에 혼자 앉아 있는 것으로 마치 호랑이를 끌어들여 자신을 호위하는 격"[20]이라는 보고와 대비되기 때문이다. 박규수는 '왜주'를 서양에 의해 옹립된 허수아비가 아니라 '천황'의 실체를 긍정하고 있는 것이다. 박규수는 쇼군(將軍)이 통치하는 일본의 변칙적 정치행태를 명분이 바르지 못한 것으로 이해했겠지만, 그의 긍정적 일본관은 『중서문견록(中西聞見錄)』[21]의 영향을 받은 것으로 보인다. 『중서문견록』 제2호

---

19 『승정원일기』에는 '洋夷'로 기록되어 있다. 대체로 대외관계 기사는 『승정원일기』보다 『일성록』이 풍부하다는 것을 고려하면 박규수가 분명하게 '서양 각국'으로 표현했을 것이다. 고종이 '양이'라고 한 것을 박규수가 '서양 각국'으로 받은 것이다. 뒷부분에서 모두 '양이'라고 표현한 것은 조정 내에 만연한 '양이론'을 의식한 것으로 보인다.

20 『승정원일기』, 고종 10년 8월 13일.

21 『중서문견록』(영문명은 The Peking Magazine)은 1872년 8월(양력)에 미국 선교사 마틴(丁韙良), 영국 선교사 에드킨스(Joseph Edkins, 艾約瑟, 1823~1905) 등이 월간으로 창간한 중문 잡지로 1875년 7월까지 36호가 발행되었다. 서문의 언급처럼 天學(천문학)·地學(지리학)·化學·重學(역학)·醫學·格致之學(물리학)·식물학·동물학 등 서양의 근대과학기술과 萬國公法·律例 등의 국제법을 한역하여 소개한 것이다. 크레인, 土路火車, 화륜선, 제철법, 철도, 전신, 인쇄술, 환등기, 망원경, 현미경 등 새로운 기술이나 기기[新法奇器]는 장문의 기사로 소개했을 뿐만 아니라 매우 정밀한 삽화를 곁들여 이해를 도왔다. 이외에 매호에 '各國近事' 코너를 마련하여 서양 각국의 최신소식, 중국 양무운동의 성과, 그리고 일본의 개혁 소식을 전하였다. 『중서문견록』의 발행은 기존의 '강병' 중심의 양무운동을 '부국' 중심으로 전환을 도모한 것이며, 상해나 천진 등 개항장 중심의 양무운동을 정치의 중심인 북경으로 확산한 것이다.

(1872년 9월)의 '일본근사(日本近事 ; 國主省方)'에 다음과 같은 기사가 실려 있다.

> 일본의 국군(國君, 왜인은 천황이라 부른다)이 최근에 화륜병선 9척을 거느리고 해구(海口)를 두루 순행했는데, 참으로 건국 이래 미증유의 성전(盛典)이다. …… 5년 전에 쇼군 아무개를 쫓아내고 정권이 천황에게 돌아갔다. …… 최근에 들으니 그 임금의 나이가 약관인데 영단을 내려 과감하게 자강을 도모하고 정성을 다하여 정치에 힘쓰고, 즉위한지 몇 년 되지 않아 옛 습속을 개혁하고 정령을 일신하고, 서양의 여러 나라를 본받아 나라의 중흥이 실로 끝이 없다 한다.[22]

다만 박규수는 서양 세력이 기독교를 신봉한 천황을 도와 왕정복고가 이루어진 것처럼 언급하고 있는데, 이는 1873년 이근필 사행의 "왜주가

『중서문견록』은 박규수의 제2차 연행 시기에 북경에서 간행되었지만, 이 시기에 이를 언급한 것이 없는 것을 보면 이때는 읽지 못한 것으로 보인다.『瓛齋集』에 이 잡지가 언급된 최초의 사례는 1874년 6월 29일 박규수가 禮部尙書 萬青藜에게 보낸 서한에서이다. "이른바 『중서문견록』이라 하는 것이 동방에 유출되었다"(박규수, 『瓛齋集』권10, 「與萬庯叟青藜」)고 한 것이 그것이다. 이는 1874년 3월 동지사행(정사 鄭健朝)의 귀국 때 오경석 · 강위 등이 국내에 반입한 것이다. 1875년 강위의 제2차 연행에서도 이 잡지를 언급(『姜瑋全集』, 893면)한 것을 보면 지속적으로 반입되었음을 알 수 있다. 척사파 김평묵이 "『중서문견록』은 이름난 관리의 집에 성행하고 있으며, 그 책은 곧 서양학의 앞잡이(中西聞見錄盛行於名官之家 其書乃洋學之前矛也)"(金平默,『重菴先生文集』권24, 「答洪思伯」己卯二月)라고 표현한 것처럼 1870년대 조선의 노론집권층에게 서양문명 수용의 길잡이 역할을 하였다.

22 "日本國君(倭人稱爲天皇)近統火輪兵船九艘 周巡海口 洵立國以來未有之盛典也 …… 逡於前五年 逐其將軍某 以政歸於天皇 …… 近聞其君年甫弱冠 英果自强 勵精圖治 踐祚不數年 改革舊俗 政令爲之一新 泰西諸國 咸向慕之 國之方興 正未有艾也" 이와 유사한 기사가 제7호(1873년 2월)에도 실려 있다. "日本近事(國君勤政) : 日本國君米加多精圖勵治 勤於爲學 每晨興七點鐘卽起 誦讀日本書史 至十點鐘後 學習泰西方言文字書籍 …… 不欲著着日本先君所遺禮服 游於內苑 每著西國皮靴 近來日本官府多效泰西服色 …… 崇實黜華 修整武備 足見圖治之殷 國勢殆方興未艾也" 참고로 이 기사는『漢城旬報』 제24호(갑신 5월 21일)에도 전재되어 있다.

서양인을 끌어들여 사교(邪敎, 기독교)를 숭상"하고 있다는 보고[23]와 『중서문견록』의 영향을 받은 것으로 보인다. 왕정복고 직후에도 일본 정부는 '5방의 게시(五榜の揭示)' 제3조에서 기독교 금지를 공언하여 에도(江戶) 막부의 금지정책을 계승하였다. 그 결과 나가사키 부근 우라카미(浦上) 마을의 기독교도들을 유형에 처한 행위는 서양 외교관으로부터 격렬한 비난을 받았다. 이와쿠라 사절단이 기독교 탄압이 조약개정에 방해가 된다고 본국에 타전하면서 1873년 2월에 기독교 금제(禁制)는 폐지되었다. 이런 경위가 있지만 박규수는 『중서문견록』 제12호(1873년 7월)의 "일본 국왕이 기독교 금제를 폐지하였다(日本國君盡弛奉教之禁)"[24]는 것에 근거하여, 마치 왕정복고를 계기로 일본이 기독교를 공인하고 이를 매개로 서양과 일본이 한 편이 된 것처럼 인식하였다.

마지막에 언급한 양이의 안남 병탄도 『중서문견록』제15호(1873년 10월) '법국근사(法國近事)' 항목의 "안남의 몇 곳이 프랑스에 속했다(安南有數處屬法國)"는 정보에 근거한 것으로 보인다.[25] 이 기사는 프랑스가 1862년 사이공조약으로 코친차이나 동부3성을, 1867년 6월에 코친차이나 서부 3성을 무력으로 점령하여 코친차이나 전역을 식민지로 삼은 것을 의미한다. 전 베트남의 병탄은 1885년의 일이지만 박규수는 베트남도 서

---

23 『승정원일기』, 고종 10년 8월 13일.

24 이와 관련된 전체 기사는 다음과 같다. "從前日本禁止泰西各教 定例綦嚴 已禁二百餘載 凡遇國民有奉教者 或寘之大辟 或發遣充軍 於同治八年曾將長崎教民男婦老幼四千名口 四散流徙 彼時西國使臣 惟以善言婉規並未用兵力護持 日本弗從 其事遂寢 現聞日本國君盡弛奉教之禁 將先經流徙之教民 全數釋回云"

25 박규수가 '최근'이라고 하였기 때문에 이 언급은, 프랑스가 베트남 북부를 점령하고 베트남을 실질적 보호령으로 삼은 제2차 사이공조약(1874년 3월)을 가리키는 것일 수도 있으나, 프랑스가 제2차 사이공조약 체결 사실을 청의 총리아문에 통보한 것은 1875년 5월(나미키 요리히사 · 이노우에 히로마사, 김명수 옮김(2017), 206면)이기 때문에 그 가능성은 거의 없다.

양과의 교역을 거절하다가 병탄되었다고 위기의식을 고취하기 위해 이렇게 과장한 것으로 보인다. 3개월 전 정건조(鄭健朝) 사행이, 월남이 프랑스와의 교역을 거부하여 곤란을 당하고 있다는 소문을 보고하였는데[26], 박규수는 월남이 병탄되었다고 위기의식을 고조하고 있는 것이다.

이상에서 본 것처럼 박규수는 주로 『중서문견록』의 정보에 근거해서 모든 나라가 교역을 통해 부강을 추구하고 중국조차 서세동점의 물결을 거스를 수 없었으며, 양이론을 계속 고수하면 베트남처럼 나라를 잃을 수도 있다고 강조하면서 고종에게 대외관의 전환을 조심스럽게 촉구하였다. 그리고 선제적으로 대응하면 문호개방을 하더라도 기독교의 유입을 사전에 차단할 수 있다는 희망도 은연중에 내비치고 있다.

박규수는 북경의 밀자가 도착했을 때 공식적으로 회답서계[27]를 작성하는 한편, 비공식적으로 재자관(齎咨官) 이용숙(李容肅) 편으로 예부상서 만청려(萬靑藜)에게 편지를 보내, 청일수호조규 중의 "중국의 속국을 침범하지 않는다(不侵中國屬國)"[28]는 조항을 들어 일본의 침략을 막아주

---

26 『승정원일기』, 고종 11년 3월 30일. 정건조 연행 때 형부주사 장세준은 "프랑스와 베트남이 교전했는데 베트남이 버티지 못하여 조만간 베트남과 강화할 듯하다(法國與越南交兵 越南不支 似當早晩講解越南)"라고 하였다(『姜瑋全集』, 816면).

27 1874년 6월 27일자 「謝禮部先事咨通兼請曉諭各國咨」(咨官李容肅), 『同文彙考』四(국사편찬위원회 한국사료총서 24), 3744~45면. 『中外爛報』(편자 미상, 규장각 소장, 古5710-4)에 '右相朴珪壽製進'이라 한 것을 보면, 이 회답 자문은 박규수가 지은 것임을 알 수 있다. 회답 자문의 내용은 다음과 같다. 첫째, 일본과 서계문제로 대치하고 있지만 의연 교역이 이루어지고 있어 失和한 것이 아니기 때문에 5천 병사로 조선을 침략하려 한다는 지켈의 설은 근거가 없다. 둘째 서양과의 立約通商을 권고한 것에 대해서는, 조난 선박의 호송은 염려할 것이 없고 토산물화의 부족으로 교역은 기대할 것이 없다고 하여 1871년 미국의 통상 요구에 대한 입장과 동일한 태도를 취하였다. 이는 박규수의 개인 의견이 아니라 정부의 공식 입장을 표명한 것이다.

28 1871년 체결된 청일수호조규 제1조의 "양국에 소속된 방토도 각기 예로써 서로 대하여 조금도 침월함이 없어야 한다(兩國所屬邦土亦各以禮相對不可稍有侵越)"를 의미한다. 애초에 이홍장이 이 조항을 설정할 때 '방'은 속방을, '토'는 중국 본토를 뜻한다고 하여 조선, 대만, 류큐 등의 속방을 보호하려 하였다. 그러나 일본은 문맥상 '방'이 명시적으로 '藩屬'을 의미

도록 부탁하였다. 이 편지에서 "일찍이 지촌(咫村, 만청려의 별장)에서 대화할 때에도 이점에 대해 염려했으니, 어찌 잠시라도 마음을 놓은 적이 있었습니까?"[29]라고 피력하였는데, 박규수는 1872년의 제2차 연행에서 이미 서계문제로 인한 양국의 갈등이 일본의 조선침략으로 비화할 것을 우려하고 있었다. 일찍부터 일본의 침략을 경계한 박규수가 일본의 침략이 현실화 되려하자 청일수호조규 중의 제1조를 근거로 일본의 침략을 막아주도록 중국 조정의 주선을 만청려에게 부탁한 것이다. 원래 이 조항의 설정은, 막연하게 청일 양국의 상호불가침을 규정한 것이 아니라 일본의 조선 침공을 방지하려는 것이 목적이었다. '조선'을 명시하면 일본의 시의(猜疑)를 초래하기 때문에 개괄적으로 '소속방토'라 했다 한다.[30] 이는 박규수가 이 조항을 설정한 청조의 의도를 파악하고 있었다는 의미이다. 그리고 종전의 책봉조공체제에 따른 '자소사대(字小事大)'가 아니라 청일수호조규의 조항에 따라 도움을 요청한 것은, 박규수가 근대적 조약관계를 이해하고 있었다는 점에서 주목을 요한다.

그렇지만 박규수는 이 편지에서 "어려움을 제거하고 분란을 해소하는 것은 중국 조정도 어찌할 수 없음"을 알고 있다고 한 것에서 볼 수 있듯이 전적으로 중국에 의지하여 문제를 해결하려 한 것은 아니었다. 조일 양국 불화의 씨앗인 서계문제를 해결하여 일본의 침략론의 근거를 빼앗는 것이 근원적인 해결책이기 때문이다. 박규수는 이를 관철하기 위해 6월 29일의 차대에서 아래와 같은 근거로 서계수용을 건의한다.

왜주가 관백을 축출하고 국정을 총괄한다는 것은 곧 그들이 과장하는

하는 것이 아니라고 해석하여 이홍장의 의도를 부인했다. 『日本外交文書』4, 205~223면.

29 박규수, 『瓛齋集』 권10, 「與萬庸叟青藜」(2).

30 岡本隆司(2011), 173~174면.

> 것입니다. 대마도주가 '황'과 '칙'을 말하는 것은, 곧 그들이 스스로 잘난 체하며 부르는 칭호이지, 우리나라더러 자기네를 '황'이라 일컫고 '칙'이라 일컬으라고 요구하는 것은 아닙니다. 더구나 도주(島主)의 작질(爵秩)이 전일과 그 칭호가 다른 것은 가수(加授)하여 겸대(兼帶)한 것으로 이상할 것도 없는데, 규정에 어긋난다고 하면서 갑자기 그 글을 물리치고 받지 않아 온 지가 지금까지 여러 해 되었습니다. 이대로 그냥 둔 채 마무리를 짓지 않으면, 바다 밖의 미련한 풍속으로 볼 때 어찌 혐의하여 틈이 생기지 아니할 수 있겠습니까. 비록 보통 친구들 사이에서도 남이 보낸 서찰을 거부하고 받지 않으면 반드시 못마땅하게 여기거늘, 하물며 이웃 나라와 교제하고 우호를 다지는 마당에 있어서야 더 말해 무엇 하겠습니까? 영상이 아뢴 바는 참으로 시급한 일이라고 할 수 있으니, 안동준에게는 결단코 해당 법률을 시행하여야 합니다.[31]

그런데 서계를 수용하기 위해서는 넘어야 할 큰 산이 있었다. 강력한 서계 배척론자인 대원군을 설득해야 했다.

박규수는 이 무렵 대원군에게 편지를 보내 왕정복고 통고 서계(신인 고지 서계 포함)를 거절한 논거를 조목조목 반박하였다.[32]

첫째, '대마주태수(對馬州太守)'라고 하지 않고 직함을 덧붙여 '좌근위소장대마수평의달(左近衛小將對馬守平義達)'이라고 격식을 어긴 것에 대해, 박규수는 서계에서 직함을 덧붙여 쓴 것은 제 스스로 제 나라의 정령(政令)이 일신되어 임금에게 특별한 상을 받았음을 자랑한 것일 뿐, 조선의 경중(輕重)과 관계가 없다고 하였다.

둘째, '황실'이라 하며 한 글자 높여 썼고, '칙(勅)'이니 '경사(京師)'니 하는 등의 말을 쓴 것에 대해, 박규수는 저들이 '천황'이라 자칭한 것은 수

---

31 『승정원일기』, 고종 11년 6월 29일.

32 박규수, 『환재집』 권11, 「答上大院君 甲戌」. 이 편지는 고종에게 건의한 내용과 대동소이하기 때문에 6월 29일 직후에 쓴 것으로 추정된다.

천 년이나 되었고, 제 나라에서 스스로 일컫고 스스로 높이는 것이기에 타국과 관계가 없다고 하였다.

셋째, '황실'은 한 글자 높여 쓰고 '귀국'은 '황실'에 비해 한 글자 낮추어 쓴 것에 대해, 박규수는 '황실' · '황상' 등의 말은 과연 '귀국'보다 한 글자를 올려 썼지만, '일본국' · '조선국' · '본방' · '귀국' · '조정' · '칙' · '경사' · '예의(睿意)' 등의 글자는 똑같이 모두 평항(平行)으로 다른 글자보다 한 글자 높여 썼기 때문에 문제가 없다고 하였다. 이전의 서계나 국서에서 국가를 의미하는 글자는 본문의 첫 글자보다 한 글자 올렸고, 군주를 의미하는 글자는 두 자를 올렸는데 이 원칙을 어기지 않았다는 것이다.

넷째, 조선에서 만들어준 인장을 찍지 않고 일본에서 만들어 준 인장을 찍은 것에 대해, 박규수는 "이 도서를 준 것이 저들이 우리에게 신하로 복종한 것입니까? 우리가 저들을 봉건해 준 것입니까? 영남 절반 지역의 고혈을 긁어 저들에게 주고 도서 하나를 만들어 준 것으로 능사를 삼으니 천하의 가소로운 일"이라고 맹비난하였다. 이는 대마도를 매개로 하는 기존의 '기미교린' 관계를 청산하고 국가 대 국가 간의 정식 수교를 맺어야 한다는 주장이다.

박규수는 이처럼 서계 수용에 문제가 없는데도 여러 해 동안 거절한 것은 적국을 하나 더 만드는 행위라고 대원군을 설득하였다. 박규수는 우호가 단절되지 않은 1867년에도 야도의 정한론이 나온 것을 상기시키면서 조기에 갈등을 없애야 한다고 하였다. 그 방법으로 대원군의 총애를 믿고 방자하게 비리를 저지른 훈도 안동준을 처단할 것을 제안하였다.

아무리 '황'자를 두 글자만 올려 조선의 군주와 대등함을 꾀했다고 하더라도, '황'자가 들어간 서계를 받아들이자는 박규수의 주장은 당시로선 파격 그 자체였다. 지금도 일본의 천황을 굳이 일왕으로 고쳐 부르는 것과 비교하면 더욱 그러하다. 박규수의 이런 주장은 『만국공법(萬國公法)』[33]의 "각국의 주권자는 마음대로 존호(尊號)를 세워 자기의 백성으로 하여금 추대케 할 수는 있지만, 다른 나라로 하여금 이를 인정케 할 권리는 없다"[34]는 구절과 매우 유사하다. 각국의 주권자가 황제를 칭하든 왕을 칭하든 국가 간의 평등을 해치지 않는다는 의미이다. 서양에서도 군주의 칭호를 둘러싸고 논란이 많았는데 『만국공법』에서 이런 원칙을 제시한 것이다.

박규수는 제너럴셔먼호 사건부터 1871년의 신미양요에 이르기까지 총 6편의 자문을 기초했는데,[35] 청 예부에서 보낸 자문에는 근대 외교용어인 '영사', '공사' 등의 새로운 용어가 등장한다. 예부에서 보낸 자문의 문의(文意)를 정확히 이해해야 회답자문을 제대로 쓸 수 있다는 것을 고려할 때, 박규수는 이 기간에 『만국공법』을 구해서 연구했을 가능성이 있다. 이상은 직접적 자료로 뒷받침 되지 않는 추정이지만, 적어도 대원군에게 편지를 쓰는 이 무렵에는 읽은 것으로 보인다.

필자가 확인한 바로는 『만국공법』이라는 서명이 국내 사료에 처음 등장하는 것은 『姜瑋全集』에 실려 있는 「북유담초(北游談草)」이다. 여기에 "有中西聞見万國公報万國公法等書"[36]라 하여 『중서문견록』, 『만국

---

33 미국 선교사인 윌리엄 마틴(William Alexander Parsons Martin ; 丁韙良, 1827~1916)이 미국 법학자 휘튼(Henry Wheaton ; 惠頓, 1785~1848)의 Elements of International Law를 漢譯하여 同治 3년(1864) 同文館에서 간행한 것이다.

34 "各國自主者 可隨意自立尊號 令己民推戴 但無權令他國認之也"(『萬國公法』 권2, 제6절, 「君國之尊號).

35 6편의 자문은 제목만 들면 다음과 같다. 「請開諭美國使臣勿致疑怪咨」, 「美國兵船回去請使遠人釋疑咨」, 「陳洋舶情形咨」, 「陳洋舶情形咨」, 「美國封函轉遞咨」, 「美國兵船滋擾咨」.

36 "同文館數所 使之互習語言文字 以示王子無外之義 薈粹各埠新聞紙 擇其精子 月一刷印人得以見之 以知各國情形 無所隱秘"의 두주에 이 서명들이 적혀있다(『姜瑋全集』, 831면).

공보』[37], 『만국공법』을 열거하였다. 「북유담초」는 동지사(1873년 10월 24일~74년 3월 30일, 수역 오경석)의 정사(正使)인 정건조와 청국의 형부주사(刑部主事) 장세준(張世準)과 나눈 필담을 강위[38]가 정리한 것이다. 장세준은 양무 관료로 서양에 문호를 개방하도록 정건조에게 권유한 인물이다.[39] 위의 3책 중, 『중서문견록』은 앞서 보았듯이 이들 사행을 통해 국내에 유입된 것이 확인되기 때문에 강위가 연서(連書)한 3책 모두 반입된 것으로 보인다.[40]

이 『중서문견록』은 영국외교문서에도 등장하는데, 1874년 3월 6일(음력 1월 18일) 북경주재 영국공사관 서기관 메이어즈(W. T. Mayers)를 방문한 오경석은 『중서문견록』으로부터 외국관련 소식을 많이 수집했지만 외국과의 교류가 금지되어 있기 때문에 이 잡지를 국내로 가져갈 수 없다고 하였다.[41] 그럼에도 박규수가 이 잡지를 입수한 것을 보면 강위와

---

37 『만국공보』는 선교사 알렌(Young J. Allen ; 林樂知, 1836~1907)이 주필이 되어 1868년 9월에 창간한 『中國教會新報』(1872년 8월 『교회신보』로 개칭)를 1874년 9월에 개명한 것이다(상해 美華書館 발행). 300호까지 발간된 『教會新報』를 이어 301호로 시작한『만국공보』는 1883년 7월까지 750권이 발행되었다. 6년 뒤인 1889년에 월간으로 복간되어 廣學會 기관지 역할을 하였으며, 1907년까지 227책이 발행되었다. 서양의 근대 과학기술, 각국 소식, 시사논평, 위인 등을 소개하여 근대중국 사회에 많은 영향을 주었다. 熊月之(1994), 392~397면 참조.

38 강위에 대해서는 李光麟(1979) ; 朱昇澤(1991) ; 이헌주(2006) ; 裵基斟(2008) ; 이헌주(2018). 참조.

39 장세준은 정건조에게 중국이 대비를 하지 못해 서양에 당한 것을 귀감으로 삼아 '자강'을 빨리 도모할 것을 권유하였다. 자강을 해야 전쟁이나 수교를 주도적으로 결정할 수 있다는 이유에서다(『姜瑋全集』, 814~815면). 그리고 서양인들은 火輪舟車와 전신의 신속함, 철도와 도로의 편리함, 총포의 정밀함을 숨기지 않고, 또 즐겨 이것들을 제조하여 무역의 밑천으로 삼을 것을 권유하는 것을 보면 토지와 인민에 욕심이 있는 것이 아니고 오로지 통상에 전념함을 알 수 있다고 하였다(『姜瑋全集』, 829면).

40 다만 『만국공보』는 강위가 제1차 연행을 마치고 귀국한 이후인 1874년 9월에 발간되었기 때문에, 강위가 제2차 연행을 마치고 귀국한 1875년에 반입한 것으로 보인다.

41 "The stringency with which the prohibition of foreign intercourse is enforced is illustrated by the fact that, although much interested in the scraps of foreign news he has gleaned

오경석이 박규수의 정치적 배경을 믿고 반입했거나 아니면 고종 친정 이후의 달라진 분위기 탓에 공공연히 가져온 것으로 보인다.[42]

오경석은 메이어즈에게 일본이 왕정복고에 따른 급격한 사회변동이라는 국내문제를 해결하기 위해 몇 년 안에 대외전쟁을 일으킬 것으로 예상하면서 이에 대응하기 위해 조선이 서양과 조약을 체결해야 한다고 피력하였다.[43] 위와 같은 오경석의 대일인식은 『중서문견록』의 영향을 받은 것이다. 마틴(丁韙良)이 작성한 「일본근사－남경민변(日本近事－南境民變)」에서 1874년 2월(양력)에 발생한 '사가(佐賀)의 난'[44]이 소개되어 있

---

from Dr. Martin's monthly "Peking Magazine", the Commissioner does not venture to take a copy home with him to his lodgings here. He has seen copies from time to time at a bookshop in the city."(Memorandum of interviews with Corean Commissioner, Peking, March 6th. 1874. 영국외교문서 FO 17/672). 한편 오경석은 사역원 서고에 수장되어 있는, 25년 전에 간행된 『해국도지』를 정독했다고 한다(The geographical work published a quarter of a century ago under the title Hai Kwoh Tu Che forms part of the library of his department at the Corean capital, Sháh-ùll(or Sêh-ull), and this he has evidently read with great attention). 이를 보면 조선 정부 차원에서 공식적으로 『해국도지』를 구비하고 있었음을 알 수 있다. 이 문건은 김종학(2017), 392~397면에 활자화되어 있다.

42 오경석 등이 북경에서 간행된 서양관련 서적과 『중서문견록』을 구입하여 가져온 사실은 북경주재 미국공사 윌리엄스(Williams)가 피시(Fish) 국무장관에게 보낸 1874년 3월 30일(2월 13일)자 보고서에서도 확인된다. "we know that some of the Coreans in this city last year purchased many copies of all the books about foreign countries, including the monthly magazine published in this city, to carry back with them"(Park Il-Keun, ed.(1982), p.875.

43 "He thought that internal affairs consequent on the recent changes must occupy the Japanese government for at least two or three years ; but he looked on war as inevitable in the long run. I avoided giving any definite reply to his questions, but took the opportunity to remark that if the Coreans wish to secure themselves against aggression from their neighbours on either side-the Japanese and the Russians-their best course would be to enter on friendly relations with foreign powers generally. The Commissioner exclaimed that this is precisely his own opinion, and that he has frequently said the same thing among his own people, but that the grandees in office dismiss the idea contemptuously."

44 옛 사가 사족을 중심으로 일으킨 메이지 시기 사족반란의 효시이다. 이른바 '정한론정변'으로 하야한 전 參議 에토 신페이(江藤新平)를 옹립한 征韓黨과 전 侍從 시마 요시다케(島義勇)를 옹립한 憂國黨이 중심이 된 반란이다.

는데, 그 골자는 폐번치현으로 권한을 박탈당한 제후들이 조선 침략을 기치로 내걸고 반란을 일으켰다가 진압되었다는 것이다.[45] 후술하겠지만 메이지유신에 따른 일본의 급격한 사회변동에 대한 인식의 차이가 대원군, 박규수, 오경석 3자의 대응의 차이를 불러왔다고 할 수 있다.

한편 박규수는 『중서문견록』을 읽은 소감을 다음과 같이 피력하고 있는데 이른바 동도서기론(東道西器論)의 한계를 비치고 있다는 점에서 주목을 요한다.

> 이 책이 중국 사람이 서양의 글을 번역한 것인지, 아니면 서양 사람이 지금 모두 한문에 능통하여 이 책을 지은 것인지 모르겠습니다만, 아마 서양 사람이 한문에 능통하지는 않을 것이니 필시 중국 사람이 번역한 책일 것입니다.[46] 정교함을 자랑하고 신기함을 뽐내는 것이 모두 홍미진진하여 읽는 이로 하여금 부러워하게 하지 않음이 없습니다. 저는 모든 내용이 허탄하다고 생각하지는 않습니다만, 한탄스러운 점은 만약 중국 사람이 날마다 저들에게 달려가 그들의 염탐꾼이 되고 그들의 하인이 되지 않았다면 어떻게 이런 문자가 있겠느냐 하는 것입니다. 중국 사람들이 이 지경에 이른 이유는, 도술(道術, 道學)이 무너져 옛 현인들이 고심하며

---

45 "近聞長崎一帶 土民作亂 所至戕殺官吏 攻毁城池 經官軍剿捕 尙未蕩平 …… 現今日本國君莅位以來 勵精圖治 政令一新 盡革建封舊制 大權操自一人 頗有秦初廢諸侯爲郡縣之擧 具見强國偉略 然各屬之諸侯廢 各侯之掾吏無所依 而凡食客僕役亦無所歸 因而無賴之民日衆 黠而狎者生心 愚而懦者俯從 敢行稱亂之由 實胎於此 且聞日本前代曾與朝鮮搆兵 勝負未决而止 邇來朝鮮輕量日本 且有寧戰不和之言 日本國君志在肅淸內政 不欲更修邊釁 而亂人乘間揚言云 吾黨之爲此者 非有他志 祇期與朝鮮戰 以彰國威 而削朝廷之恥耳 然則兩國民心思逞 恐將來不能不有事於疆埸也(刻聞亂民經官剿捕 地方漸就肅淸 長崎可保無虞)"[『중서문견록』제20호(1874년 3월)].

46 이 부분은 박규수가 잘못 이해한 것이다. 처음 서양서적을 한역할 때 서양인 선교사가 구두로 내용을 설명하면 중국인이 한어로 번역하여 서로 검토하는 과정을 거쳤다. 그렇지만, 『중서문견록』단계에서는 한문에 능통한 丁韙良, 艾約瑟, 德貞(John Dudgeon, 1837~1901, 영국 선교의사) 등이 장문의 주요 기사를 작성하였고, 천재적 수학자인 李善蘭 등 중국인의 역할은 보조적 위치에 머물렀다.

> 노력하여 천리를 밝히고 인심을 바로잡은 것을 모두 진부한 것으로 돌리고, 따로 문호를 열어 신기한 것만 다투어 힘쓰다가 이러한 말폐(末弊)가 결국 여기에 이른 것이 아니겠습니까. 이런 말은 한만(閒漫)하게 붓을 놀려서는 안 되는 것이지만, 오직 노제(老弟)에게만은 일부러 숨기지 않았습니다. 아아! 어찌해야 하겠습니까?[47]

박규수는 이 편지에서 한편으로 서양의 과학기술을 부러워하고 다른 한편으로 유학의 쇠퇴를 한탄하는 양가의 감정을 드러내고 있다. 박규수가 1848년에 쓴 「벽위신편평어(闢衛新編評語)」에서 서양의 개신교 선교사들이 싱가포르나 말라카에서 유교경전을 번역·학습하고 있다는 『해국도지』의 정보에 근거하여, 동서 교섭의 결과 서양인들이 동양의 '도'에 감화될 날이 오리라는 그의 낙관적인 전망이[48] 점점 희미해지고 있음을 느낄 수 있다. 그리고 『중서문견록』에 여러 차례 소개된 중국 소년들의 미국 유학 기사[49]는 박규수에게 충격으로 다가왔을 것이다. 청조(淸朝)에서 추진한 중국 소년의 해외유학은 문명전파의 역전을 상징하는 사건이

---

47 이성민 옮김(2016), 175~176면.

48 김명호(2008), 286~290면.

49 『중서문견록』 제2호(1872년 9월)에 '遊學西國'이란 제목으로 "聞中國有大員二人 司員數人 携生童三十名 於上月初七日 從上海前往美國 俾該童等學習洋文格物 以及各種技藝 二大員內有一員 其先在美國學院七年 比滿課程 始回中國 旋奉曾督派往西地購買機器 事竣經曾公相保奬 嗣曾李二相以機器諸藝 實有裨中國 因選內地生童三十名 前往美國 講習學業 擬逐年加增 以百二十名爲定額 以十五年爲期限" 이라는 기사가 소개되어 있다. 1872년 7월(음력) 曾國藩과 李鴻章의 지시로 容閎(1828~1912)과 陳蘭彬(1816~1895)이 인솔하는 30명의 중국 소년이 서양과학·기술을 익히기 위해 미국으로 유학한 것과 매년 30명씩 총 120명을 15년 동안 유학한다는 사실을 보도한 것이다. 제9호(1873년 4월)의 '華生游學美國'에서는 학업규칙이 소개되어 있다. 한편 박규수가 만청려에게 편지를 보낸 이후에도 후속기사가 등장하는데, 제25호(74년 9월)의 '上海近事二則'에서 미국에 유학한 90명이 실학 즉 유용한 技藝를 학습하고 있다는 내용이 소개되어 있다. 1875년 두 번째의 연행에서 강위는 『중서문견록』에 기재된 외국유학 기사의 진위를 형부시랑 黃鈺에게 확인할 정도로 이 사안에 대해 관심을 표명하였다(『姜瑋全集』, 901면). 중국의 유학생 파견은 容閎(王蓁 번역), 『西學東漸記』(中國人民大學出版社, 2011)가 자세하다.

었다.

이상에서 본 것처럼 박규수는 국가 간의 평등한 관계를 규정한 『만국공법』과 일본의 메이지유신을 긍정적으로 소개한 『중서문견록』에 영향을 받아 서계수용론을 주장하게 된 것이다. 대일수교의 방침을 정한 박규수는 역관사 파견 준비에 시간이 소요되기 때문에 먼저 왜학훈도를 왜관에 보내 상황을 탐색하도록 했다. 1874년 6월 14일 임명된 왜학훈도 현석운(玄昔運)[50]은 7월 23일(9월 3일)에 도임하여 다음날 일본 외무성 관리 모리야마 시게루(森山茂)와 국교 재개와 관련된 현안에 대해 담판한다.[51] 이 담판에서 합의를 본 것은 양국이 대등한 입장에서 예조판서와 외무경의 서신교환(외무경과 소씨의 경조사에 사절을 파견하지 않음), 표민송환(왜관의 영사(領事)와 동래부사의 서신교환으로 절차 마련), 세견선 폐지의 3가지였다.

그러나 황칙의 문자를 조정으로 바꾸는 것과 조선에서 주송(鑄送)한 감합인(勘合印)을 사용하는 것은 모리야마가 반대하였고, 왜관 영사관(領事官)의 동래부 왕래와 임신년서계의 회답요구에는 훈도가 반대하였다. 특히 훈도는 '천자'의 문자가 사용된 임신년서계는 본서(本書)를 정납(呈納)하지 않았기 때문에 그대로 수용하기 어렵다고 강력히 반대하였다. 임신년서계의 회답문제로 훈도와 대립하자 모리야마는 아래의 3가지 중에서 하나를 선택하라고 타협안을 제시한다.[52]

---

50 『승정원일기』, 고종 11년 6월 14일.

51 『日本外交文書』 7, 398~399면.

52 『日本外交文書』 7, pp. 399~400.

一 壬申年書契 回答成否 若成 則直差回書 兩書契交換之事

一 同書如有難安處 以至不捧之境 則更撰自貴國外務卿對于我禮曹判書 自外務大丞對于參判之新書契 別定幹使 賫抵萊府 相接議定事

一 又有難便之端 自禮曹成書契 送聘使于東京 豫定期日 以回答事

右三件事中 一事擇定之意 因今日公論 備盡轉達于朝廷之計 而千里往還 必不可踰二十

① 임신년서계에 회답하기로 결정하였으면 바로 회답하여 서계를 교환할 것.
② 이 서계의 수용이 곤란하다면 외무경이 예조판서에게 외무대승이 예조참판에게 보내는 새로운 서계를 다시 작성하고 이를 특별히 정한 간사(幹使)가 지니고 동래부에 가서 의논하여 정할 것.
③ 이것도 어려우면 예조에서 서계를 작성하여 빙사(聘使)를 도쿄에 보내는 날짜를 정하는 것으로써 회답할 것.

타협안으로 제시한 3가지 안은 문맥으로 보면 이미 제2안을 염두에 두고 모리야마가 제시한 것임을 쉽게 알 수 있다. 고종 친정 이후의 조선 정세를 탐색하기 위해 왜관에 왔다가, 독자의 판단으로 교섭을 진전시킨 모리야마는 교섭의 성과가 필요하여 임신년서계의 회답요구를 양보한 것이다. 8월 22일(10월 2일)에 제2안으로 하기로 동래부사 박제관과 모리야마 사이에 협정이 성립되었다. 다만 일본의 사원(使員)이 동래부에 가는 것은 정부에 품의한 뒤 결정하겠다고 했는데, 그 사이 모리야마는 새로운 서계를 가져오기 위해 일본으로 떠났다.

모리야마가 떠난 뒤인 11월(양력)에 훈도는 왜관에 와서 "정부에 이의(異意)가 생겨 내가 의지한 대신이 이미 배척되었다. 그것이 아직 결정되지 않았으니 원컨대 우선 귀사(貴使)가 속히 와서 공간(公幹 : 국교재개 교섭)이 순조롭게 이루어지길 바란다"[53]고 일본 사절의 도한을 독촉하는 매우 적극적 모습을 보여주었다. 여기서 말하는 대신은 물론 박규수이다. 박규수는 9월 3일부터 수차례 사직상소를 올리고 9월 27일에 수용되었기 때문에 시기적으로 훈도의 언급과 일치한다. 이 훈도의 언급에서 박규수가 대일정책의 전환을 주도했을 뿐만 아니라 재임 중에 국교재개교섭을

餘日矣 只冀竣之焉

53 奧義制, 『朝鮮交際始末』, 1874년 11월조.

마무리 짓고자 했음을 알 수 있다.

박규수는 우의정에서 물러난 뒤에도 대원군의 서계배척론에 맞서 서계수용론을 주장하면서 대원군을 설득하였다. 대원군은 병조판서 민승호(閔升鎬)의 폭사(1874년 11월 29일), 영의정 이유원의 탄핵(12월 29일), 그리고 유생들의 대원군 봉환 상소에 힘입어 자신의 지론인 서계배척론을 주장하였다. 대원군이 일본의 새로운 서계가 오기도 전인 1875년 1월에 이미 서계 배척론을 펼친 것은 아마 이를 고리로 하여 정계복귀를 노린 것으로 보인다.

박규수는 대원군의 서계 배척론에 일일이 반론하면서 서계 수용론을 펼쳤다.[54] 일본과 서양이 한편이기 때문에 서계를 받는 것은 조선의 약함을 보여준다는 대원군의 주장에 대해, 박규수는 오히려 '왜양일편'이기 때문에 서계를 수용하여 침략의 빌미를 주어서는 안 된다고 하였다. 서계의 受·不受는 나라의 강약을 보이는 것과는 관계없고 일본이 군사를 일으키는 구실을 찾는 것과 관련된 문제라는 것이다. 더구나 서계를 고쳐왔는데도 수용하지 않으면 이는 일본을 모욕하는 결과가 되어 '격변(激變)'을 일으킬 것이기 때문에 박규수는 서계 수용을 강하게 촉구하였다. 서계를 동래부에 직접 전달하는 것에 대해서도 박규수는 이를 허용해야 한다고 하였다. 이는 임역(任役, 훈도와 별차)이 몇 년 동안 가로막아 그들이 직접 동래부사에게 전달하기를 원하는 것으로, 어차피 연향(燕饗) 때 동래부사가 왜관에서 사절을 접견하기 때문에 그들이 직접 동래부에 와서 서계를 전달해도 무방하다는 것이다. 동래부에 한번 가면 점차 감영에 가기를 원하고 수도에 가기를 원할 것이라는 우려는 모두 앞일을 미리 헤아려서 걱정하는 것이라고 비판하였다.

---

54 박규수, 『환재집』 권11, 「答上大院君」 乙亥正月.

한편, 일본 정부는 대만침략을 마무리한 뒤에 사절을 파견하는 방침을 정하여, 모리야마 이사관은 박-모리야마 협정에서 약정한 기한인 5개월이 거의 다된 1875년 1월 19일(2월 24일) 저녁에 증기선 만주마루(滿珠丸)를 타고 왜관에 도착하였다.[55]

그런데 이번에 가져온 서계(이하 1875년 서계)[56]는 원본이 일본어로

---

55 1875년 6월 30일 훈도 현석운은 이사관 일행이 늦게 온 것에 대해 통역 우라세 유타카(浦瀨裕)에게 아쉬움을 토로한 적이 있다. "理事官公이 작년 약정 후 3개월 이내에 왔으면 일이 반드시 순조롭게 이루어졌음은 의심할 바가 없는데, 5개월 이내에 오기로 약속한 것이기는 하나 애석하다. 그 2개월 안에 우리 廟堂의 형세가 일변하여 끝내 금일과 같이 百事가 버티고 있다. 시운이라고는 해도 매우 탄식하고 있다"(『三條家文書』 32-11).

56 문제가 된 외무대승 서계는 다음과 같다.

　大日本國外務大丞宗重正　呈書
　朝鮮國禮曹參判　閣下
　　曩者我
皇上親政廢幕府復
　　太政官革封建爲郡縣又置
　　外務省以管外交世襲之官皆罷之重正亦解對馬
　　守及左近衛少將之任弁
　本邦與
　貴國交際將命之職更任現官等事業已經屢次差家
　　人報之
　　本省又遣官員某等往晤東萊釜山兩使以告
　本邦盛意所在而
　貴國峻拒不納反
　　隣誼背舊好者七年於此重正不佞承乏外不
　　能奉揚
勅意內致士民之激怒恐慙恐愧深爲
　貴國慨之怪之將
　上請躬親渡航以究明蟠錯之由以講求
　　善隣之道會駐館本省官員森山茂與
　貴國官弁接晤得審
　貴國始覈知有奸譎之徒在中間而壅蔽之方行捕縛
　　於此從前窒礙頓開舊來
　　懇款乃復茂歸
　　京申

작성되었으며(부본은 한문) 임신년 서계의 '천자' 두 글자는 뺐지만 '대일본'과 '황상'을 사용하였다. 그리고 조선 정부에 '전사(專使)'의 파견을 추가로 요청하였다. 이것은 모리야마가 제3안에서 제의한 것으로 조선과 합의한 것이 아니었다. 무엇보다도 중간에서 양국의 교섭을 가로막은 관계자의 처단을 요구하고 이를 시행하지 않아 일본 인민의 "인심을 만족시키지 못할 때는 영원을 보장하지 못할 것"이라는 매우 불온한 내용이었다.

그렇지만 박규수는 '천자'를 고친 것을 높이 평가하고 동래부에 와서 서계를 바치는 것을 허용하도록 좌의정 이최응에게 요청하였다.[57] 고종

奏事由
朝廷深嘉之不佞果信嚮者峻拒非出
貴國廟議而然也欣抃曷已而其就縛者亦皆處刑抵
　法否事關
兩國之信義匿怨相友古今所耻以是爲問者將以成
兩國交驩之地非敢務爲此詰難不詳之辭
貴國以爲如何黜奸罰譎
貴國自應有法典在若夫濟一時之誼不慊人心則非
　保永遠之道
貴國亦豈望如此哉請
　垂示委曲玆我
　外務卿修書
　禮曹判書使理事官森山茂副官廣津弘信往東萊
　府致之使道以轉達一商量尋交
貴國宜
　款接之速派來
　專使以訂兩國交驩萬世不渝之盟不堪希望之至更陳
貴國所曾
　鑄送之圖書三顆併玆返進
　照納是祈肅此不宣
明治8年 1月　日
　　外務大丞宗重正
굵은 글씨 부분이 뒤에 추가되었다. 외무대승 서계의 작성과정에 대해서는 石田徹(2013)의 보론 「明治八年書契(外務大丞書契)の作成過程の一端」 참조.

도 천자를 황상으로 개수한 것을 평가하고, 화륜선을 타고 온 것에 대해서도 문제를 제기하지 않았다. 조선 조정은 모리야마의 동래부 입부(入府)는 인정하지 않고 대신 동래부사로 하여금 왜관에 가서 연향을 설행하고, "격식을 어긴 곳이 있으면 조항마다 상세히 살펴서 사리에 의거해 물리치되, 만일 하나같이 모두 개수하여 와서 바친다고 하면 즉시 받아들여서 다시 우호를 다지도록"하라고 지시하였다.[58]

이후 양측은 연향의식 특히 양복 착용문제를 둘러싸고 격렬하게 대립한다. 일본은 1872년 태정관 제339호로 문관 대례복과 통상 예복을 공식적으로 제정하였고 그에 따라 모든 의례 절차를 변경하였다.[59] 그렇지만 모리야마가 1874년 1월 11일 '소씨 파견론(宗氏派遣論)'을 건의한 「조선국 교통 유지방법에 대한 상신」[60]에서 소씨는 "가능한 한 고풍의 체면을 유지하여 그들의 의구를 사지 않음"을 요한다고 하여 서양복만 고집한 것은 아니었다. 모리야마가 "우리의 복장을 배척하는 것은 우리나라를 배척하는 것"이라고 격렬히 저항한 것은 이 무렵 일본 국내에서 시마즈 히사미쓰(島津久光) 좌대신(左大臣)이 예복의 복구를 요구하였기 때문이다. 일본의 보수파를 중심으로 서양복 사용에 대한 강력한 반발이 존재하는 상태에서 대외적으로 신복제를 관철하지 못하면 일본 국내에서 이를 적용할 명분은 사라지고, 이는 서양화를 지향한 메이지유신의 정통성에 심대한 타격을 주게 된다. 지엽적인 문제에 불과한 연향의식에서의 양복 착용이 사건의 핵심으로 부각된 이유는 바로 여기에 있다.[61] 이 때

57 박규수, 『환재집』 권11, 「答上左相」 興仁君李最應 乙亥二月 日本書契來到萊館時.

58 『승정원일기』, 고종 12년 2월 5일.

59 이경미(2009), 735~739면.

60 「朝鮮國交通維持之方法ニ付上申候」(牧原憲夫 編, 『明治建白書集成』제3권, 筑摩書房, 1986, 9~10면; 早稻田大學社會科學硏究所 編,『大隈文書』제1권, 1958, 211~213면).

61 복제문제에 대해서는 김흥수(2009), 377~378면 참조.

문에 서계 수용과 양복 착용을 관철하기 위해 운요호를 부산에 파견하여 시위를 벌인다. 그러나 오히려 이 조치는 서계수용론자 박규수의 입지를 약화시켰고 정부의 많은 온건론자를 침묵케 만들었다. 1875년 서계의 접수 여부를 결정하기 위해 5월 10일(6월 13일) 고종이 시원임(時原任) 대신과 정부 당상을 인견(引見)했을 때 시원임 대신과 정부당상 총 35명 가운데 중간적 입장을 취한 자와 의견을 개진하지 않은 자가 많았음은 이를 증명한다.[62] 당시 서계 수용의 찬성자는 박규수(判中樞府事) 등 4명이었고, 반대자는 김병학(金炳學, 領敦寧府事) 등13명이었다. 중간적 입장을 취한 자는 이유원(領中樞府事) 등 11명이었고, 의견을 개진하지 않은 자는 민규호(閔奎鎬, 행지삼군부사) 등 7명으로 이 양자를 합하면 18명이나 되었다.[63]

서계 척퇴를 결정지은 5월 10일(6월 13일)의 어전회의 모습에 대해 박규수는 다음날 대원군에게 보낸 서한에서 다음과 같이 전하고 있다.

> ① 대신과 여러 재상의 뜻을 가만히 살펴보면, 내심 서계를 받아 본 뒤에 조처하려는 뜻이 있지만 감히 발설하지 못하고 입을 다문 채 모두 두려워하며 얼버무리고 마니, 이것은 왜 그런 것입니까?
>
> ② 지금 저들이 화륜선에 군사를 싣고 왔으니 비록 제 사신을 보호하기 위함이라고 말하지만, 우리를 위협하려는 의도임을 명백히 알 수 있습니다. 그렇다면 이것은 전란의 기미가 이미 움직였다고 할 수 있습니다. 저들이 아직 위협하는 말을 하지 않고 사신의 행차를 호위한다고 핑계를 대니, 우리는 그 말을 믿고 의심하지 않는 체하며 지금 무사히 해결해야지 시기를 놓쳐서는 안 됩니다. 만약 저들이 포를 한 번 쏘고 나면 서계를 받고자 해도 그것이 나라의 치욕이 됨은 다시 여지가 없으니, 그 때가

62 『승정원일기』 및 『日省錄』, 고종 12년 5월 10일.

63 김홍수(2009), 384~385면.

되면 결코 서계를 받을 방법이 없을 것입니다.[64] (번호 부가는 필자)

흔히 서계 수용을 발설하지 못한 이유를 대원군의 압력 때문이라고 이해하고 있으나, 이후의 문맥을 고려하면 이는 비약적인 해석이다. 하라다 마키와 송안종은 ①과 ②부분을 의도적으로 끊어 따로 인용하면서, ①부분을 인용한 뒤 박규수가 "대원군의 압력이 있은 것을 지적하고 대원군 그 자체에 비판을 향하고 있다"고 평하였으며[65] 송안종은 대원군을 포함한 '천연론(遷延論)'자의 압력을 두려워한 '유화론자'가 보신을 위해 자기 의견을 명확히 하지 않은 것으로 부연하여 해석하였다.[66]

위의 인용문에서 보듯이 ①과 ②부분은 따로 끊어 해석할 수 없다. ①의 물음에 대한 답이 ②이기 때문이다. 박규수가 말한 대신들이 서계 수용을 쉽게 발설하지 못한 이유는 대원군의 입김 때문이 아니라 운요호의 시위 때문이다. 운요호의 시위 이후 전개될 사태에 대한 대책을 내놓을 수 없었기 때문에 애매한 태도를 취한 자가 많았다는 의미이다. 박규수 서한은 대원군 질타에 초점이 맞추어진 것이 아니라, 이미 병기(兵機)가 발동되었으니 전쟁에 이르기 전에 빨리 서계를 수용하여 빌미를 주지 말자고, 강력한 서계 배척론자인 대원군을 설득하려 한 것으로 보는 것이 타당할 것이다.

그럼에도 대원군은 다음의 다섯 가지 이유를 들어 서계 배척론을 굽히지 않았다.[67] 1) '황'자와 '칙'자를 극항(極行)으로 쓰고 국호에 '대'자를 쓴 점, 2) 팔송사와 연향을 시행하지 않으려는 것은 자유교역을 하려는 의도라는 점, 3) 동래부로 가는 것을 허용하면, 나아가 감영으로 가는 것과

---

64 박규수, 『환재집』 권11, 「答上大院君」(3) 乙亥五月.

65 原田環(1977), 171면.

66 宋安鍾(2000), 259~260면.

67 『龍湖間錄』 四(한국사료총서 제25집), 「大院位錄記 直谷聞商倭情條辨」.

상경을 주장할 것이라는 점, 4) 왜양일체(倭洋一體), 5) 서계에 일본어를 사용한 점을 들었다. 대원군은 1)과 관련하여 "大淸은 본래 황제국이므로 서로 호칭할 때 '황'과 '대'를 사용하더라도 조금도 문제가 없지만, 우리나라의 경우 '대조선', '대황제'라고 칭할 수가 없고 단지 국왕이라고만 해야 한다. 그런데 저들의 '대일본', '대황제' 아래에 국왕을 칭하면 그 등급과 분수가 확실히 존재하니 이를 참을 수 있겠는가? 또 나중에 통신사를 보낼 때 우리나라 서계 중에 전에 '대군전하'로 칭하던 것을 장차 '황제폐하'라고 고칠 수 있겠는가?"라고 하여 전통적인 사대교린의 틀에서 서계문제를 인식하고 있음을 알 수 있다.

대원군은 4)와 관련하여 "옛날에 조나라 무령왕(武靈王)은 오랑캐의 의복을 따랐지만 끝내 풍속이 변하지 않았고, 제나라 민왕(泯王)은 군대가 천하제일이었지만 화(禍)가 끊이지 않았으며, 진시황은 봉건제를 폐기하고 군현제를 시행했다가 그 후에 멸망하고 말았다. 지금 왜가 이 세 가지를 모두 갖추었으니 그 나라가 어찌 화란이 없을 수 있겠는가"라고 하여 일본의 국내 정세가 안정되지 않았다고 판단하였다. 메이지유신의 급격한 서양화 정책과 부국강병책, 그리고 폐번치현을 부정적으로 인식한 점이 대원군이 서계를 배척한 실제 이유였다.

이에 대해 박규수는 대원군에게 두 차례 편지를 보내 아래와 같이 조목조목 반박하였다.[68] 먼저 1)의 '황'과 '왕'의 차등 문제에 대해 다음과 같이 주장하였다.

> 이른바 '관백'이란 곧 저 나라의 대장군(大將軍)이지 왕의 칭호를 가진 자가 아닙니다. 당초에 우리가 강화할 때 관백과 서로 대등한 예를 갖춘 것이 이미 실계(失計) 중의 실계요, 실체(失體) 중의 실체입니다. 당당한

68 박규수, 『환재집』 권11, 「答上大院君」(4), (5).

한 나라의 군왕이 어찌 이웃 나라의 신하와 대등한 예로 교제했단 말입니까. '일본국왕전하'로 일컫기도 하고 '대군전하'로 일컫기도 하였으니 그 원통함을 어찌 이루 다 말할 수 있겠습니까. 그런데 지금은 관백을 없애고 저들의 천황이 조정에 나와 앉았으니, 그렇다면 우리가 통보하는 서계에 '왕'자로 저들의 '황'자와 대등하게 쓰는 것이 안 될 것이 없습니다. 이는 단지 교린의 방법일 뿐 그 호칭의 존비를 논할 것이 아닙니다. 그런데 모두 이것을 의심하는 것은 실로 고금의 역사에 밝지 못하기 때문입니다. ……

양국 군주 간에 서로 통신하는 경우에는 '모(某) 국왕이 일본국 황제에게 국서를 전한다.'라고만 쓰고, '대'자를 쓰지 않으면 됩니다. 저들의 자칭을 따라 써주는 것은 또한 괜찮지만, 다만 '폐하'라고 칭해서는 안 됩니다.

박규수는 임진왜란 이후 국교를 재개할 때 조선 국왕이 일본의 쇼군(將軍)과 대등하게 교제한 것이 실책이라고 비판하고 있지만, 이제 천황이 쇼군을 대체했기 때문에 조선 국왕이 일본 천황과 대등하게 교제해도 전혀 문제가 없다고 보았다. 다만 차등을 나타내는 양국원수의 존호인 '폐하'와 '전하'를 사용해서는 안 된다고 하였다. 박규수의 이 주장은 뒤의 강화도 교섭에서 관철되어 조약의 주체를 국가로 하였으며, 1881년 조병호 수신사가 일본에 국서를 보낼 때 이 원칙을 따랐다.

그리고 '대'자는 여러 나라가 앞 다투어 중국을 본받아 모두 '대'자를 쓰고 있고, '칙(勅)'자도 그들이 스스로 제 임금의 칙명을 받들고 왔다는 것으로 조선을 능멸하는 것이 아니기 때문에 쟁론하며 따질 문제가 아니라 하였다. 박규수의 이런 주장은 아마 『중서문견록』의 영향을 받은 것 같다. 1874년 3월에 발간된 제20호에 1873년 6월 5일 서양의 흠차대신들이 동치제를 알현한 장면이 소개되어 있는데, "大俄國 大皇帝, 大美國 大伯理璽天德, 大英國 大君主, 大法國 大伯理璽天德, 大荷國 大君主"라 하여 국호와 국가원수칭호에 모두 '대'자를 부가하였다.

2)에 대해서는 "서양인들을 싣고 와서 이르는 곳마다 시장을 열고 뭍에 내려 멋대로 행동할 것"이라는 설은 서계에 그런 내용이 없기 때문에 미리 염려할 필요가 없다고 하였다. 3)에 대해서는 명시적으로 언급하지 않았지만 서계에 경상감영으로 가거나 상경한다는 내용이 없으므로 문제될 것이 없다고 본 것 같다.

4)에 대해서도 비판은 하지 않았지만, 좌의정 이최응에게 보낸 서한[69]에 "시일을 끈다면, 일본에서 저절로 난이 일어나 관백이 다시 서고 대마주(對馬主)가 다시 설치되어 일마다 우리 뜻대로 되겠습니까?"라고 하여 일본의 내란 가능성에 대해서는 회의적이었다. 오히려 "화륜선은 현재 천하 각국이 널리 이용하며, 중국 역시 곳곳에서 이용하고 있습니다. 강과 바다를 통행하는 상선과 조운선에도 모두 편리하게 이용하며, 병선으로만 이용하는 것은 아닙니다. 이번에 저들이 처음 올 때 병사를 싣고 오지 않았습니다. 그런데 우리는 꾸짖고 물리쳐 우리 국경 가까이 정박하지 못하게 하였고, 그 배에서 헤아리지 못할 신기(神機)가 나올 듯이 여겨 감히 똑바로 쳐다보지도 못했으니, 어찌 저들이 크게 웃을 일이 아니겠습니까?"라고 하여 조선의 후진성을 지적하여 대원군을 은연중에 비판하였다.

5)에 대해서는 언급하지 않은 것으로 보아 대원군의 의견에 동조한 것으로 보인다.

박규수는 일본에서 비록 오만한 서계를 보냈지만, 예로써 상대하여 전쟁의 구실을 만들지 않는 것이 중요하다고 강조하였다. "우리가 아무리 병사가 정예롭고 양식이 넉넉하다 하더라도 전쟁을 하는 것은 전쟁이 없

69 박규수, 『환재집』 권11, 「答上左相」(4).

는 것만 못한데, 하물며 지금의 모든 일에 무엇을 믿고 반드시 변란을 일으키고야 말려는 것입니까? 이것이 제가 밤낮으로 걱정하며 크게 탄식하는 것"[70]이라고 하여 일본과의 갈등을 가능하면 평화적·외교적으로 해결하려 하였다. 이웃한 일본과 국교가 단절될 경우, 바다에 표류하는 백성이 생기면 그들의 안전을 보장할 수 없으며 이는 '백성을 보호하는[保民]' 왕도정치의 핵심을 외면하기 때문이다.

그렇다고 박규수가 무조건 서계를 수리하자고 고집하지는 않았다. 상황의 변화에 따라 매우 전략적으로 그리고 유연하게 대응하는 모습을 보여주었다. 조선 조정은 서계 접수를 거절하는 한편 별견역관 김계운을 보내 복제 문제로 대치한 연향설행의 절차를 회피하고 모리야마와 직접 교섭을 시도하였다. 서계 접수의 거절을 천명한 조선 조정의 방침이 전해지자 모리야마는 진퇴를 품신하기 위해 6월 1일에 부관인 히로쓰 히로노부(廣津弘信)와 수행원 오쿠 기세이(奧義制)를 만주마루 편으로 도쿄에 보냈다. 박규수는 서계 접수를 거부하기로 결정하였다면 서계 접수를 거부한 이유를 일본에 명확히 해명해야 함을 역설하였다. 박규수가 구상한 해명이란 야도의 정한론을 제기하는 것이었다. 그러나 이는 받아들여지지 않았다. 한편, 편복으로 면담하자는 별견관의 요청에 대해 모리야마는 "가령 국왕 전하가 친히 와도 예가 아니라면 결코 허접할 수 없다. 이미 접대를 거절한 이상 훗날 우리 조정의 조치를 기다려 진퇴하지 않을 수 없다"고 이를 거절하였다.[71]

조선 정부는 기대했던 별견의 파견도 모리야마의 거절로 성과를 내지 못하자 최종적으로 복제문제는 양보하기로 하였다. 박규수가 좌의정 이최응에게 "개가죽을 입든 소가죽을 입든 저 들의 일"이라는 주장이 받아

70 박규수, 『환재집』 권11, 「答上左相」(4).

71 『日本外交文書』 8, 112~113면.

들여진 결과였다. 7월 9일 시원임 대신들이 별견의 장계에 대해 모여 다음과 같이 결정하였다.[72]

> 한번 연향을 베풀라고 명한 뒤에 절목과 관련된 세세한 일로 버티면서 연향에 대해 거론하지 않은 것은 이미 사체에 어긋납니다. …… 그러니 동래부사로 하여금 먼저 연향을 베풀고 서계를 취하여 보게 한 후 즉시 베껴 써서 올려 보내도록 해야 할 것입니다. 서계 중에 이른바 칭호를 스스로 높인 것은 비록 그 나라가 신하로서의 표현이라고 하더라도 교린 문자는 겸손과 공경을 귀하게 여기는 것이니, 저들이 먼저 예모를 잃은 것이고 우리도 받아들이는 데는 걸리는 점이 있습니다. 이제 가져다 볼 서계에도 만약 전에 베껴 올린 것과 같이 되어 있다면 그들로 하여금 다시 수정해 오도록 하고, 저들이 또 끝내 듣지 않는다면 이웃 나라간 우호의 의리로 볼 때 잘못이 저쪽에 있으니, 이것은 물리치지 않을 수 없을 것입니다.

이사관의 서양복 착용을 묻지 않고 동래부사가 연향을 설행하여 서계의 원본을 봉출하라는 지시이다.[73] 그러나 이 결정도 박규수의 의견이 반영된 것은 아니었다. 박규수의 주장[74]은 서울에서 접위관을 보내 야도의 정한론을 힐책한 다음 서계를 접수해야 한다는 것이었다.[75] 박규수는 황·칙 칭호는 일본의 자칭이기 때문에 서계 접수 거절의 논거가 될 수 없다는 확고한 인식을 가지고 있었다. 그렇지만 당시 조선 조정은 그의

72 『승정원일기』, 고종 12년 7월 9일.

73 7월 20일 소통사 金正植이 통역 스미나가(住永)의 집에 와서 별견의 장계에 대한 回敎가 곧 있을 것이라고 전하면서 "이번의 회교도 前議를 바꾸어 貴意를 따르는 일은 萬萬 없을 것이다. 살펴보니 이사관의 착복 여하를 묻지 않고 다만 면오를 다하라는 뜻이다"라는 언급을 통해 알 수 있다(『朝鮮理事誌』, 1875년 8월 20일).

74 박규수, 『환재집』 권11, 「答上左相」(5), (6), (7).

75 박규수의 주장은 이후 조일수교협상 때 교섭전략으로 활용되었다.

'만국공법적 세계관'을 이해할 수 없어 황·칙 글자를 서계 접수 거절의 논거로 제시하였다. 박규수는 백성을 위한 일이라면 중국에서는 欽差大臣의 파견도 꺼리지 않으며 자신이 갈 용의가 있다고 하면서 접위관 파견을 주장하였다. 그렇지만 조선 조정은 이전처럼 동래부사가 맡아서 처리하도록 하는 방법을 고수하였다.

이후 운요호사건이 발생한 뒤인 11월 15일에 좌의정 이최응은 황상·칙 등의 문구를 문제 삼지 말고 받아들일 것을 고종에게 건의하였다.[76] 늦었지만 박규수의 주장이 관철된 결과였다. 이최응은 박규수와 서신교환을 통해 서계문제에 관한 전략을 자문하였는데[77] 박규수의 영향으로 이최응이 서계수용을 주장하게 된 것이다.

3. 박규수와 조일수호조규

조선 정부의 서계수용 방침이 통보되기 전에 일본 정부는 이미 군함을 대동한 전권사절의 파견을 결정하였다. 1875년 11월 12일(양력, 12월 9일) 전권대신에 임명된 구로다 기요타카(黑田淸隆)는 12월 19일 군함 6척에 800여 명을 대동하여 부산에 출현하였다. 일본의 메이지 신정부는 이토 히로부미(伊藤博文)가 기획한 운요호사건을 통해 반정부 세력인 급진파와 수구파를 제거하는 본래의 목적을 달성했지만, 운요호사건이 '조선의 폭거'로 역선전 되면서 일본 국내에서 광범한 정한논쟁을 불러일으켰다. 이를 방치하면 군 내부의 정한파와 불평사족이 결합하여 반정부운동을

76 『승정원일기』, 고종 12년 11월 15일.

77 『환재집』 권11, 「答上左相」에 이최응의 자문에 응한 9통의 편지가 수록되어 있다.

전개할 가능성이 있었다. 이 때문에 구로다 전권사절은 '정한'을 실행하는 것이 아니라 단지 '정한'을 일본 국내에 보여주기 위해 군함과 병력을 대동한 것이다.[78] 실제 전쟁을 하려는 것이 아니라 조선과 조약을 체결하여 '정한론'을 매개로 반정부 세력이 책동하는 구실을 없애는 것이 주 목적이었다. 이 때문에 일본 측은 조약의 내용보다 조약의 체결 그 자체를 무엇보다 중시했다.

이런 일본의 내부 사정을 알 수는 없었지만, 박규수는 조선 측에서 먼저 공격하지 않으면 청일수호조규의 "속국을 침범해서는 안 된다(勿侵屬國)" 조항에 따라 일본이 전쟁을 일으킬 수 없을 것으로 판단하였다.[79] 강위의 증언에 따르면 "오직 환재 상공(瓛齋相公) 만이 예로써 접대해야 한다는 논의를 극력 주장하여 조정의 의론이 이를 따르게 되었다"[80]고 한다. 1876년 1월 20일 조정의 대책회의에서 박규수는 가능하면 전쟁을 회피하려는 태도를 보여주었으며 자신의 지론인 평화적 수교론이 관철되지 못하고 끝내 무력을 동원한 형태로 진행된 것에 분노를 표출하였다.

일본이 수호한다고 말하면서 병선(兵船)을 거느려 왔으니, 그 정상을

---

78 김홍수(2009), 391~407면. 이 때문에 강위가 「沁行雜記」에서 "한 가지 괴이한 것은 저 나라에서 우리나라와 통상한 후에 무슨 이득이 있어서 수고와 비용을 아끼지 않고 이렇게 거창한 일을 시행했는가라는 점이다"라고 의아해 했던 것이다. 신헌 지음 · 김종학 옮김(2010), 330면.

79 박규수의 방침은 접견대관 신헌에게 교시한 아래의 글을 통해 확인할 수 있다. "下示日本領事初入中國, 請開館交市定條約時, 有勿侵屬國一條, 今彼之遣使中國, 稱以修好朝鮮云者, 以其曾有條約也. 故自明此擧之爲修好, 而其意萬一不如意, 而至於動兵, 則亦欲發明於中國曰, 朝鮮先失, 故不獲已而至於用兵, 非日本之違約於中國也. 其意必如此. 然則我不先動, 彼雖以兵船恐喝, 必不至於先發加兵矣. 此一段敎意, 誠是今日日本稱兵之肯綮也" (「代申大官上桓齋朴相國」『古歡堂收艸文稿』3, 補遺).

80 신헌 지음 · 김종학 옮김(2010), 319면.

예측하기 어렵습니다. 이미 수호하러 온 사신이라 하였으니 우리가 먼저 칠 수 없습니다. 그러나 뜻밖의 일이 있으면 군사를 쓰지 않을 수 없을 것입니다. 다만 생각하건대, 삼천리의 강토에서 과연 내정을 닦고 외적을 물리칠 방도를 다하여 나라가 부유하고 군사가 강성한 성과를 이뤘다면, 작은 섬나라가 어찌 감히 와서 경기(京畿)를 엿보고 방자하게 공갈 협박하는 것이 이 지경에 이를 수 있겠습니까. 참으로 극심한 분통을 이기지 못하겠습니다.[81]

1876년 1월 16일(2월 10일) 구로다 사절은 수행원과 의장병 400명을 거느리고 예포를 울리면서 갑곶진에 상륙하고 의장병의 호위를 받으며 강화부에 도착했다.[82] 다음날은 일본의 건국기념일인 기원절(紀元節)로 봉축과 시위를 겸하여 발포하는 등 군민(軍民)을 위협하면서 회담에 임한다. 이날의 제1차 회담에서 일본측은 먼저 운요호사건의 배상을 실마리로 조약을 체결한다는 훈조의 지침에 따라 운요호사건의 책임을 추궁한다. 그렇지만 운요호의 무단침입 문제를 거론한 조선 측의 비판으로 더 이상의 추궁은 불가능했다.

운요호사건의 책임추궁이 힘들게 되자 일본 측은 다음으로 서계를 받지 않은 이유를 추궁한다. 이에 대해 조선 측은 박규수가 이전부터 주장해온 야도 준슈쿠(八戶順叔)의 정한론을 이유로 내세웠다.

일본 전권대신이 말하기를, '사신도 만나주지 않고 서계(書契)도 받아주지 않고 6, 7년이라는 오랜 기간이 지났는데 이는 무슨 까닭입니까? 그 이유를 듣고 싶습니다.'라고 하니, 대관(신헌)이 말하기를, '지난 정묘년(1867)에 중국에서 보내온 신문지를 보니 귀국 사람 야도 준슈쿠(八戶順

81 『승정원일기』, 고종 13년 1월 20일.

82 『日省錄』, 고종 13년 1월 17일.

叔)가 보낸 신문지상에, 조선 국왕이 5년마다 반드시 에도(江戶)에 가서 대군(大君)을 배알하고 공물(貢物)을 바치는 것이 옛 규례였는데, 조선 국왕이 오랫동안 이 규례를 폐하였기 때문에 군사를 동원하여 그 죄를 추궁한다고 하였습니다. 이후 우리나라의 조정과 민간에서는 모두 귀국에서 우리나라를 몹시 무고(誣告)하고 있다고 하지 않는 자가 없습니다. 또 『만국공보』 가운데는 공물(貢物)이 들어오지 않기 때문에 귀국이 우리나라를 정벌하려고 한다는 말도 있습니다. 공물이 들어오지 않는다는 것은 바로 제 환공(齊桓公)이 주나라 왕실을 위하여 초나라의 왕을 꾸짖던 말이므로 비유하여 인용한 뜻도 맞지 않습니다. 이것이 사실 서계를 막아버린 첫째가는 근본 이유입니다. 이번에 관계를 좋게 하자는 이 마당에서 지나간 일을 들추어낼 필요는 없을 것입니다.'라고 하였습니다.[83]

야도의 정한론에 대해서는 이미 1867년 서계를 통해 에도(江戶) 막부

83 『고종실록』, 고종 13년 1월 19일. 『만국공보』 운운은 1875년 10월 13일 陳慰兼進香使 姜蘭馨의 귀국보고에 나오는 내용이다. 『승정원일기』에 "이른바 『만국공보』에 일본과 조선에 관한 기사 3건이 실려 있었는데 말이 아주 무함(誣陷)으로 핍박하고 이간질하는 내용이었습니다. 이 기사가 한번 나오자 비단 중국만 우리나라에 대해 의심할 뿐만 아니라 천하 만국이 이를 실상으로 여겼습니다. 신들이 분개함을 이기지 못하여 묵묵히 모른 체하고 물러날 수 없었기 때문에 그 자리에서 예부(禮部)에 정문(呈文)하여 왜인들의 간사한 형상을 통렬하게 배척하여 본국의 빛나는 의리를 밝혔습니다"라고 하여 내용을 구체적으로 적시하지 않았는데, 『中外爛報』(규장각 소장, 古 5710-4) 「日本國近事」에 자세한 내용이 실려 있다. 일본에서 발행된 서양신문인 『東洋西字新報』,『長崎西字報』,『長崎西字新報』에 실린 조일관계 기사를 한역하여 1875년 6월 『만국공보』에 게재하였는데,『長崎西字新報』에 "일본과 조선이 전쟁할 것이라고 신문에 게재했지만 처음에는 요언이라 했다. 이후에 상세히 조사하니 근거 없이 나온 것이 아닌 것 같다. 옛날부터 조선이 매년 조공하여 일본을 섬겼는데 이는 사람들이 모두 아는 바다. 근년에 조공을 바치지 않은 것이 이미 오래되었다. 일본인이 이를 요구하고 조선인이 이를 거부하여 의견이 합치되지 않은 것이다(日本與高麗有稱戈之意 雖登新報 原似謠言論也 嗣後細加察訪 似非出於無因 昔年高麗曾歲修貢事於日本 此人所共知者也 近年包茅不入 已有年矣 日本人索之 高麗人拒之 意見所爲不合也)"라는 기사가 실려 있었다. 최근에 황태연은 박규수가 서계 거부의 이유로 야도의 정한론을 무시했다고 하면서 그의 개항론을 '附倭的 대일사대주의 개국외교론'으로 혹평하였는데(『한국 근대화의 정치사상』, 청계, 2018, 320~323면), 이는 박규수의 주장을 완전히 곡해한 것이다.

에 조회한 적이 있었다. 조선 조정이 야도의 정한론을 심각하게 받아들인 이유는 '정한' 그 자체에 있는 것이 아니라 정한의 근거로 내세운 "5년에 한번 씩 에도에 가서 대군을 알현하고 조공을 바치는 것은 고례이다. 조선왕은 오랫동안 이 예를 폐하였기 때문에 병력을 내어 죄를 물어야 한다(每五年 至江戶 謁大君而獻貢 卽古例也 朝鮮王 廢此例久 故發兵責罪)"라는 구절이었다. 1867년의 서계에서는 쓸데없는 분란에 휩싸이는 것을 경계하여 의도적으로 이 구절을 넣지 않았다. 그런데 이 회담의 자리에서는 분명하게 이를 언급하고 있는 점을 눈여겨 볼 필요가 있다. 야도의 정한론에 이어 등장한 '왕정복고통고서계'에는 '황·칙'의 용어가 들어 있었고 강화도회담 직전까지 조선의 거듭된 요구에도 일본 측은 이를 제거하지 않았다. 조선에게 야도의 정한론은 10년 전에 끝난 해프닝이 아니라 '황칙'의 서계와 계속 연관되어 想起되었기 때문에 이 회담에서 그 사실을 말한 것이다.

조일수호조규 교섭은 이렇듯 일본의 무력을 배경으로 진행되었다. 그렇지만 일본의 요구가 일방적으로 관철된 것은 아니었다. 교섭전략을 주도한 박규수와 실무 교섭을 담당한 오경석과 강위 등의 적극적 대응이 있었기 때문이다. 일본과의 교섭임에도 한학역관인 오경석을 투입한 것은 그의 풍부한 대외지식을 활용하기 위함이었다. 오경석은 1871년부터 '개항가'로 지목되었으며, 1874년에는 북경주재 영국공사관의 메이어즈를 비밀리에 찾아가 유럽 열강의 힘으로 조선의 문호개방을 강제하도록 촉구하였다.[84] 1873~74년과 1874~75년 두 차례의 연행을 통해서 중국 양무운동의 실상을 견문한 강위는 귀국 후 문호개방을 통한 부국강병을 공공연히 역설한 인물이다.[85]

84 김종학(2016), 27~65면.

85 이헌주(2018), 229~233면.

박규수와 오경석, 강위 등은 일본 측에서 제시한 13개조 조약안을 축조심의하여 수정안을 제시하였다. 이 수정안이 청이 외국과 체결한 조약과 『만국공법』을 검토하여 작성된 사실은 다음의 기록을 통해 확인된다.

> 다른 나라들이 한국에 와서 일본과 동일한 요구를 할 가능성이 그들(한국인 : 필자 주)에 의해 충분히 예견되어 있으며, 이에 대한 대비책도 어느 정도 가지고 있다. 그들은 중국이 외국과 체결한 모든 조약의 사본을 가지고 있으며, 휘튼 국제법의 북경 번역판도 소유하고 있다. 모리야마가 만난 관리(오경석 : 필자 주)는 20년 동안 지속적으로 북경을 방문했으며 또한 홍콩까지 갔다 왔다. 그래서 그들은 유럽이나 미국 등 여러 다른 나라에 대해 정보에 어두운 것은 아니다.[86]

조약원안의 전문(前文)에 '대일본국 황제폐하'와 '조선국 왕전하'로 차등을 두어 표기한 것에[87] 대해 조선 측은 대일본국 대조선국으로 바꾸자고 수정안을 제시했다. 이 수정안은 결국 받아들여져 조일수호조규의 전문은 '황제폐하', '왕전하'와 같이 차등을 야기할 수 있는 용어는 사라지고 대신 대일본국과 대조선국이라는 상호 평등한 국가명이 조약의 주체가 되었다. 이는 중국과 영국의 텐진조약(天津條約, 1858년) 에 근거한 것이

---

86 조일수호조규 체결 직후 모리야마와 주일 영국 공사 파크스가 나눈 대화이다.
"The possibility of other nations coming to Corea and making similar demands to those made by Japan is fully foreseen by them, and they are in some measure prepared for it. They have copies of all the Treaties concluded between China and foreign Powers, and possess the Peking translation of Wheaton's International Law. One of the officers met by Moriyama had been a constant visitor at Peking for twenty years, and had also been to Hong Kong, so that they are not uninformed as to the different nationalities of Europe and America"(Parkes to Derby, Mar. 27. 1876. ; Park Il~Keun ed.(1982), p.47).

87 "大日本國皇帝陛下　簡特命全權辨理大臣陸軍中將兼參議開拓長官黑田淸隆　特命副全權辨理大臣議官井上馨 詣朝鮮國江華府 朝鮮國王殿下 簡何官何某各 從所奉諭旨玆議立條款"

었다.[88] 제1관의 "조선국은 자주의 나라로 일본국과 평등한 권리를 보유한다"는 조항은 톈진조약 제3관의 "영국은 자주의 나라로 중국과 평등하다(英國自主之邦与中國平等)"는 구절과 매우 흡사하다. 이 조항은 중국에 의해 외이(外夷)로 불리던 영국이 정치적 대등성을 확보하기 위해 삽입한 것이다. 이런 점을 고려하면 이 조항도 조선 측에서 주장하여 설정된 것으로 보인다.[89] 황·칙자가 들어간 서계문제의 핵심이 일본이 조선을 신하의 나라로 여기려한다는 우려였기 때문에, 이를 불식시키기 위해 양국의 대등성을 규정한 조항을 제1관에 배치한 것이다. 제4관에선 영남 백성의 부담이 된 세견선과 공무역의 폐지를 명기하였는데, 이것도 박규수의 지론이 관철된 것이다.

이처럼 박규수는 대원군의 강력한 반대에도 불구하고 양국의 관계를 근대적으로 개편하여 조선의 문호개방에 주도적 역할을 하였다. 수호조규 체결 이후 제1차 수신사로 김기수가 임명되었을 때, 박규수는 70세의 노령임에도 불구하고 "내가 나이와 지위가 공연히 이같이 되어, 이번의 장유(壯游)를 끝내 나의 벗에게 양보"[90]하였다고 할 정도로 일본의 현실을 직접 시찰하려는 의지를 표명하였다. 수신사로 예조참의가 가는 관례

---

88 "修好條規冊子頭辭 只擧國號 而不必稱以兩國君上位號之意 旣有前送冊子 而此爲大關節未安之事 故所以有前送冊子也 今有一可據之例 中國現行英國條款頭辭 只稱大淸國特簡大學士某 大英國特簡伯爵某云云 今者只稱國號 有何不可乎"(『倭使日記』卷1 丙子年 正月 21日 ; 『日使文字』卷1 丙子年 正月 21日).

89 조일수호조규 협상 때 일본의 전권 副大臣으로 참가한 이노우에 가오루(井上馨)는 1894년 11월 2일 김홍집 총리대신과의 회담에서 "귀국 전권위원과 강화도에서 會同하여 담판을 거듭한 끝에, 귀국의 위원이 귀국은 자주독립국이라 명언한 것이 結約書에 顯然했다. 우리 역시 귀국의 독립을 바라던 때이므로 피아의 情誼가 통하여, 마침내 수호조규를 체결하기에 이르렀다(『日本外交文書』 27-2, 36면)"고 하였다. 이노우에의 발언은, 청일전쟁의 명분으로 활용하기 위해 '독립'이라는 용어를 첨가했지만, 제1관을 신헌이 먼저 제안했다는 뉘앙스이다.

90 金綺秀, 『日東記游』 제1권, 差遣 二則.

를 모를 리 없는 그가 굳이 이런 의지를 피력한 것을 보면 그의 대일수교론이 강요에 의한 피동적인 것이 아니라 자주적인 것이었음을 증명한다.

4. 박규수의 개화사상과 개화파 양성

1) 박규수의 개화사상

박규수를 주목하는 이유는 그가 만년에 조일수호조규의 체결을 주도하여 조선을 '문호개방'으로 이끈 것과 개화파를 양성한 점에 있을 것이다. 그런데 박규수의 문호개방론을 개화사상으로 볼 수 없다는 견해[91]가 있는 반면, 박규수의 사상을 개화사상으로 인정하는 논자들 사이에서도 그 형성시기에 대해서는 1860년대[92], 1860년대 후반[93], 1872년[94] 등으로

---

91 하라다 마키는 박규수가 "조선의 근대화에 착수하지는 않지만 일본의 근대화 그것은 용인하고 구래의 교린관계를 명치정부와의 사이에 부활시키려고 했던 것"이고 서구문명을 수용하여 조선의 근대화를 도모하는 것에 대해서는 언급하지 않았기 때문에 개화파라고 할 수 없다고 하였다(原田環, 앞 책, 73면). 이완재는 박규수가 1872년에 해방론에서 개국론으로 사상적 전환을 했지만, 개국론은 어디까지나 북학파의 해외통상론을 계승하는 것으로 개화사상의 시동일 뿐, 그 자체가 개화사상은 아니라고 하였다[李完宰(1999), 230~234면].

92 孫炯富(1997), 169~184면. 손형부는 실학사상의 계승, 1840년대 魏源의『海國圖志』를 통한 海防論의 수용, 그리고 연행이라는 세 가지 요소가 종합되어 박규수의 개화사상이 1860년대에 형성되었다고 논하였다. 그리고 중국 양무운동의 추진 상황을 보고 온 1872년에 개화파를 결집했다고 추론하였다.

93 愼鏞廈(1987). 신용하는 개화사상이 조선 후기 실학사상과 중국으로부터 구입해 온 '新書' 등을 지적 자원으로 하여 1853~1859년에 오경석으로부터 형성되기 시작하여 1860년대에는 유홍기도 개화사상을 형성하게 되었으며, 1861년에 중국을 다녀온 박규수도 1860년대 후반에는 개화사상을 형성하고, 박규수가 평안도 관찰사로부터 한성판윤으로 전임되어 상경한 1869년에 개화사상의 3인의 비조가 완전히 합류하였다고 하였다. 1869~1870년 경에는 김옥균, 박영교, 김윤식 등을 비롯한 다음 세대들에 개화사상의 교육이 시작되었으며, 1870년 경 유홍기의 지도까지 받게 된 김옥균은 1874년에 개화당을 결성했다고 하였다.

94 文一平(1939), 82면; 李光麟(1989), 32면; 姜在彦(1996), 120면. 이광린은 박규수가 1872년

다양하다. 심지어 최근에는 박규수의 사랑에서 개화당(급진개화파)이 형성되었다는 박영효의 회고를 '신화'라고 단정하는 주장도 제기되었다.[95]

위의 연구사에서 드러나는 쟁점은 첫째, 문호개방론을 개화사상으로 볼 수 있느냐의 문제, 둘째, 박규수가 개화사상을 언제부터 지녔냐는 시기의 문제, 셋째, 박규수와 개화당(급진개화파)의 관련성 문제로 정리될 수 있겠다.

먼저 첫 번째 쟁점은 개화사상의 개념과도 직결되는 문제이다. 개화사상의 개념에 대해서는 논자들마다 다양하게 규정하고 있는데, 여기서는 먼저 당시에 사용한 '개화'의 용례를 통해 접근해보고자 한다. '개화'라는 용어는 널리 알려져 있듯이 'civilization'의 번역어이다. 후쿠자와 유키치(福澤諭吉)가 체임버스 형제(Robert and Williams Chambers)가 출판한 버튼(John Hill Burton)[96]의 Political Economy, for use in schools, and

---

진하겸사은사로 청에 갔다 온 뒤로 서양의 물질문명이 동양보다 우월하다는 것을 인식하고 개화사상가로 탈바꿈하였다고 하였다. 한편 개화당의 결성은 박규수 사후에 김옥균 등이 劉鴻基의 지도를 받고 李東仁을 일본에 밀파한 1879년으로 보았다[李光麟(1973), 4~15면]. 강재언도 이광린과 마찬가지로 박규수의 '실학'에서 '개화'로의 사상적 전환을 1872년도로 보았다. 그리고 1874년부터 박규수의 지도로 사상적 결사로서의 개화파가 형성되었고, 1879년부터는 유홍기의 지도와 이동인의 활동에 의하여 정치적 결사로 전환하였다고 하였다[姜在彦, 鄭昌烈 譯(1981), 193~198면].

95 김종학(2017), 58~65면, 373~374면. 김종학에 따르면 개화당은 오경석이 대미수교를 주장하다가 조정에서 '개항가'로 지목돼 배척당한 1871년에 대원군 설득을 포기하고 북촌의 젊은 양반 자제들을 대상으로 비밀결사를 조직하기로 결심하고 유대치를 통해 김옥균을 포섭하면서 결성되었다는 것이다. 개화당은 외세를 끌어들여서 정권을 장악하고 조선사회의 근본적 혁신, 특히 신분제 개혁을 목표로 만들어진 비밀결사였고, 박규수가 1874년에 우의정을 사임한 후 그 사랑방에서 김옥균과 박영효를 비롯한 홍영식 · 서광범 · 박영교 · 김윤식 · 유길준 · 김홍집 등 젊은 양반들에게 개화사상을 전수함으로써 개화파가 형성되었다는 통설은 갑신정변으로부터 거의 50년이 지난 박영효의 왜곡된 회고담에 기초해 만들어진 신화에 불과하다고 단정하였다.

96 후쿠자와가 『西洋事情 外篇』 題言에서 "英人 체임버스씨 所撰의 經濟書를 번역"이라 하여 원서의 저작자가 체임버스 형제인 것처럼 널리 알려졌지만, 체임버스 형제는 출판자이고 버튼이 저자임이 확인되었다. 福澤諭吉(2002), 『福澤諭吉著作集 第1卷 西洋事情』, 80,

private instruction(1852년 간행)을 번역한 『서양사정 외편(西洋事情外編)』(1867년 간행)의 「세상의 문명개화(世の文明開化)」라는 장에서 'civilization'을 문맥에 따라 '문명' 혹은 '문명개화'로 번역한 데서 유래한다.[97] 후쿠자와는 '문명'이 완성된 것이 아니라 이상적인 사회로 향해 진보한다는 의미를 강조하기 위해, 당시 유행하고 있던 속어인 '開ける'를 의식하여 문명개화로 번역하였다 한다. '開ける'는 개척하다, 번창하다, 인정 · 물정에 통하다는 의미이다.[98] 그 후 1870년대에 '문명'과 분리된 '개화'라는 단어가 일본에서 광범위하게 유행하게 되었다.

후쿠자와가 게이오 기주쿠(慶應義塾)의 설립 목적이 "어떻게든 이 쇄국 일본을 열어 서양류의 문명으로 인도하고, 부국강병을 이루어 세계 속에서 뒤떨어지지 않으려"[99] 했다는 것에서 볼 수 있듯이, 개화사상은 서양문명을 수용하여 부국강병을 지향하는 사상이라 할 수 있다. 그리고 서양문명을 수용하기 위해 문호를 개방해야 하는 것은 자명한 전제이기 때문에 문호개방과 개화는 불가분의 관계인 것이다.[100] 따라서 박규수가

94, 351면.

97 福澤諭吉, 위의 책, 10~11면. 후쿠자와는 이미 『西洋事情』(1866년 간행) 「小引」에서 "서양서적이 우리나라에 舶來한 것이 이미 오래다. 그 번역을 거친 것 역시 적지 않다. 그리고 窮理, 지리, 병법, 항해술 등의 여러 학문이 날로 열리고 月로 밝아져서 우리 문명의 정치를 돕고 무비의 결함을 보완한 이익 역시 크지 않은가!"라 하여 서양 문명을 표준으로 삼았다. 1866년 11월 7일 후쿠자와 에이노스케(福澤英之助)에게 보낸 서신에서도 "오늘날 세상에서 大名同盟을 제창하는 자는 일국의 문명개화를 방해하는 자로서, 즉 세계의 죄인으로 만국공법이 허용하지 않는 바이다(『續福澤全集』제6권, 岩波書店, 1934, 612면)"라 하여 '문명개화'를 사용하고 있다.

98 渡邊 浩(2010), 「文明開化」, 『日本政治思想史』; 加藤周一 · 丸山眞男 編(1991), 373~374면.

99 福澤諭吉(2003), 『福澤諭吉著作集 第12卷 福翁自傳』, 294면.

100 조사시찰단의 일원인 이헌영이 외무경 이노우에를 방문하여 필담했을 때, 이노우에가 '쇄항당'의 반대개념으로 '개항당'이라 하지 않고 '개화당'이라 한 것을 하나의 사례로 들 수 있다. "외국과 통교할 때에 중론이 분분하였습니다. 우리나라에도 일찍이 개화당과 쇄항당이 있었는데, 나는 처음에는 쇄항당에 속했다가 마침내 개화당이 되었습니다(外國交通之

'왜양일체'의 일본과 수교를 주장한 문호개방론을 개화사상의 범주에서 제외할 수 없는 것이다.

조선인으로서 '개화'를 언급한 최초의 사례는, 오경석이 조일수교 교섭 때 미야모토 오카즈(宮本小一)·모리야마 시게루(森山茂)와 담화할 때 "개화인을 만나 개화 이야기를 나누니 매우 유쾌하다"[101]는 것이 그것이다. 오경석은 이 자리에서 기선, 철도, 전신 등 일본의 문명개화 실상을 탐문한 뒤에 "우리나라도 철과 석탄을 채굴하는 것을 알면 나라가 반드시 부유해질 것"[102]이라는 희망을 표명하였다. 그렇지만 오경석이 정말로 '개화'라고 표현했는지 의문이다. 당시 중국에서는 일본에서 유행한 개화와 유사한 의미의 단어로 '자강'을 사용했기 때문이다.[103] 오경석이 일본의 개화에 관심을 보인 것은 그가 이미 『중서문견록』을 통해 그 실상을 파악하고 있었기에 가능했다. 『중서문견록』 제4호(1872년 11월)엔 도쿄에서 나가사키까지의 전신 개통과 도쿄와 교토 구간의 철도 건설계획을 소개하였다. 제5호에선 에도(도쿄)와 요코하마 구간의 철도 완공,

---

際, 不無衆論之紛紜矣. 我國曾有開化黨·鎖港黨爲稱, 而初也我以鎖港黨, 竟爲開化黨矣)". 李鑢永,『日槎集略』, 「訪外務省卿井上馨問答」.

101 『日本外交文書』9, 38면.

102 『日本外交文書』9, 37면.

103 몇 가지 사례를 들면 다음과 같다. 1872년 8월에 공포한 일본의 학제를 소개한 『중서문견록』제10호(1873년 5월)에 "儼然一亞細亞之英國也 在昔未與西國修好 正不知彼我之間强弱何似 近與泰西輯睦 備悉情形 始恍然於得失之故 乃力圖自强之逑 於是建國學於東都 現復定議於八大城建大學院八 小學院三十二 大小蒙館通國共立五萬八千六百 女館居其半 其小學院以算格天文化學幷各國語言文字爲課 其大學院功課復添律法醫學等科 …… 必成東海之英國"라 하여, 서양식 교육제도의 도입을 자강을 도모하기 위한 것으로 표현하였다. 1875년 강위와 형부시랑 黃鈺과의 필담에서 황옥은 일본이 양복으로 복제를 바꾼 것을 자강을 위해서(其改用西人服色 意在自强)라고 한 것을 들 수 있다(『姜瑋全集』, 889면). 이처럼 개화와 자강은 호환되었기 때문에 훗날 『독립신문』과 『皇城新聞』에서 康有爲 등의 변법자강운동을 개화로 표현했던 것이다.『독립신문』1897년 5월 25일, 1898년 10월 3일, 10월 20일, 10월 21일 ; 『皇城新聞』 1898년 10월 11일.

화륜선의 모방 제조, 철광산의 개발 등을 싣고 있다.[104] 그리고 『중서문견록』에서 기선, 전신, 철도, 제철, 석탄 채굴 등 당시의 최첨단 기술은 세밀한 삽화를 곁들여 상세히 소개했기[105] 때문에 오경석은 이들 서양의 근대기술이 부국강병의 요체임을 충분히 인식할 수 있었을 것이다.

오경석이 산업혁명의 요체인 철과 석탄을 언급한 것과 박규수가 화륜선을 언급한 것을 대비시켜 서양의 근대적 생산력에 대한 박규수의 인식이 오경석처럼 깊지 못했을 걸로 보는 견해도 있지만[106], 박규수가 『중서문견록』을 읽은 점을 고려하면 이는 성립할 수 없는 주장이다. 대원군이 모리야마 시게루가 화륜선을 타고 온 것을 문제 삼았기 때문에, 박규수가 "세계 각국이 화륜선을 병선으로서만 아니라 상선이나 조운에 이용함으로써 그 편리함을 취하고 있다"[107]고 화륜선만 언급했을 뿐이다. 박규수가 수신사로 일본을 방문하려 한 것도 『중서문견록』에 묘사된 일본의 문명개화의 실상을 확인하려는 의도였을 것이다.

이상으로써 『중서문견록』이 한국의 개화사상` 형성에 지대한 영향을 끼친 것을 확인할 수 있었다. 중암 김평묵이 『중서문견록』을 '서양학의 앞잡이'라고 한 이유도 이해할 수 있게 되었다. 박규수는 1872년의 제2차

---

104 "由耶多城抵約哥哈馬城之鐵路 業已告成 在各大城均設電報 以通往來信息 …… 日本民風節儉 勤於工作 性亦聰慧 凡學泰西一切製造 莫不精而且速 嘗觀荷蘭人所著書內繪有火輪船式 卽能仿之 至紡織綢絲 雕刻各種金銀磁漆等器 皆甲於他國 其興水利 理農政從前皆法中國而不及 今多願效泰西 又開玻璃廠 種葡萄 學造葡萄酒 及苦酒 茶樹亦多栽植 土山蠶絲蠶種最盛 每歲運往外國者不少 山中鐵鑛頗旺 現擬設法開採 後可不必藉資英國之鐵 則貿易更加蒸蒸日上矣"

105 관련된 기사는 다음과 같다. 「輪船源流考 并圖」, 「泰西製鐵之法 并圖」(제5호), 「續泰西製鐵之法 并圖(제6호), 「電報論略」(제8호), 「鐵路有益說」(제10호), 「續鐵路有益說」(제11호), 「蒸氣論」(제13호), 「西國各國煤鐵論」(제23호).

106 姜在彦, 鄭昌烈 譯(1981), 188면 ; 구선희,「개화파의 대외인식과 그 변화」, 『한국근대 개화사상과 개화운동』, 신서원, 1998, 118면.

107 박규수, 『환재집』권11, 「書牘」答上大院君(5).

연행에서 중국 양무운동의 성과를 확인하고자 하였으나 소기의 성과를 거둘 수 없었다. 양무운동의 중심지가 상해나 천진 등의 개항장이어서 북경에서 그 실상을 파악하기에는 한계가 있었다. 이후 1874년에 박규수가 『중서문견록』을 접하면서부터 서양 각국이 근대의 기술문명으로 부강을 경쟁하고 있는 실상과 중국보다 일본이 더 발 빠르게 문명개화로 나아가고 있는 현실을 생생히 인식하게 되었다. 국가 간의 계서적(階序的) 질서를 부정하고 만국평등관에 입각한 『만국공법』과 함께 긍정적 일본관을 담은 『중서문견록』이 박규수를 대일 수교론으로 이끌었다 할 수 있다. 이 때문에 박규수가 외롭게, 또한 줄기차게 대일 수교론을 제창한 1874년부터 개화사상의 시점으로 봐야 할 것이다.[108]

2) 개화파 양성

박규수와 동시대 인물이며 위정척사파의 종장인 이항로의 문인인 김평묵은 박규수 학문의 연원과 그 사상이 후진에 끼친 영향을 아래와 같이 피력하였다.

> 재상 박규수는 그의 조부 지원 이래로 외국의 학문에 조예가 깊었다. 매양 말할 때마다 외국의 사정에 이르면 반드시 신명이 나서 심취하였다. 서인 후배들 중에 약간 재예(才藝)가 있어 그의 문하를 출입하는 자면 모두 그의 의논을 계승하였는데 그때 그들은 대개가 국사에 참여하였다. 한 마리 수컷이 외치면 백 마리 암컷이 따라하여 금할 수 없었다.[109]

---

108 황현이 "대원군 때 斥洋을 힘써 주장하다가 갑술년(1874)부터 일본과의 통교를 주장하여 앞뒤가 맞지 않았다(在雲峴時則力主斥洋, 甲戌後力主通倭, 首鼠兩截)"고 박규수를 비난한 때이다(『梅泉野錄』 권1, 甲午以前 上).

109 "朴相則自厥祖趾源以來, 深於外國之學, 每說到外國事, 必神怡而心醉. 西人後輩, 薄有才藝之出入門墻者, 皆傳襲其議, 而是時, 皆與聞國事. 所以一雄倡之, 百雌和之, 而莫之

위의 글은 실학자 박지원의 개방적 세계관을 계승한 박규수의 지도에 의해 개화파가 형성되었다는 말과 다름이 없다. 이 자료는 김옥균이 박규수의 문하에 들어가 세계 대세를 깨닫고 동지들과 함께 국사를 걱정하였다는 김윤식의 기록[110]과 맥을 같이한다. 그리고 "그 新思想은 내 일가 朴珪壽집 舍廊에서 나왓소. 金玉均, 洪英植, 徐光範, 그리고 내 伯兄(筆者曰 伯兄이라 함은 泳教를 가리침이다)하고 齋洞 朴珪壽집 舍廊에 모엿지오"[111]라고 한 박영효의 회고담과도 대략 일치한다. 이중에 김옥균(1851~1894)·박영효(1861~1939)·서광범(1859~1897)은 후술할 이재긍(李載兢, 1857~1881)과 함께 개화당(급진개화파)의 핵심 멤버이다.

김옥균이 1872년 알성시 문과에서 장원급제할 때 박규수는 독권관(讀券官)이었다. 박영교(1849~1884)와 박영효는 박규수와 일가로, 박영효는 수원유수 신석희와 박규수의 추천으로 12세에 철종의 부마가 되었다.[112] 박영교는 제2차 수신사 파견 때 부사로 삼으려 할 정도로 개명적인 인물이었다.[113] 홍영식(1855~1884)은 북촌시사의 일원으로 박규수와 절친한 홍순목의 아들이다. 1881년 조사시찰단 파견 때 어윤중과 더불어 가장 개명적인 인물로 알려졌으며 갑신정변 때는 우의정이 되어 개화당을 대표했다.

이 외에 유길준(1856~1914)은 박규수의 감화로 조선 최초의 유학생이 되었다.[114] 박규수 집안과 유길준 집안은 선대부터 원수지간이었음에도,

---

有禁"(金平默,『重菴先生別集』권10,「行狀」).

110 "初古愚游於瓛齋先生門下, 頗曉宇內大勢, 嘗與同志, 憂歎國事"(金允植,『續陰晴史』하, 577면).

111 李光洙,「甲申政變回顧談, 朴泳孝氏를 만난 이야기」,『東光』제19호, 1931년 3월.

112 孫炯富, 앞 책, 182면.

113 1880년 4월 25일 곤도 마스키(近藤眞鋤) 영사가 하나부사 요시모토(花房義質) 공사 앞으로 보낸 서한(『花房義質關係文書』110-13).

114 文一平(1939), 267~268면.

박규수는 유길준을 자신의 문하에 받아들여 『해국도지(海國圖志)』나 한역된 서양서적을 주면서 외국의 사정을 공부하도록 권고하였다.[115] 그 결과 유길준은 그 때까지 공들여 준비한 과거 공부를 그만두고, 1881년에 조사시찰단의 일원인 어윤중을 따라가서 후쿠자와 유키치가 세운 게이오 기주쿠(慶應義塾)에 유학하게 된 것이다.

온건개화파의 대표적 인물로 알려진 김윤식(1835~1922)은 박규수의 수제자로 10대 시절부터 박규수의 문하에서 수학하였고, 김홍집은 박규수의 절친한 벗 김영작의 아들이다. 김홍집(1842~1896)은 만년의 박규수와 이웃에 살면서 아침저녁으로 그를 종유하였다.[116] 김홍집은 김옥균 다음의 '개화인'이어서 뒤에 제2차 수신사로 발탁되었다.[117]

이외에 박규수는 고종의 사상적·정치적 스승이었을 뿐만 아니라 고종의 새로운 대외관 형성에 지대한 영향을 끼쳤다.[118] 박규수는 고종 즉

---

115 김윤식이 집필한 「矩堂詩鈔序」에 따르면 "박규수 선생이 일찍이 그 시를 보고 나라의 큰 그릇이 될 것을 알았다. 크게 칭찬하면서 위원의 해국도지를 주면서 '지금 외국의 일을 알지 못하면 안 된다'라고 하였다(兪吉濬,『兪吉濬全書』5, 一潮閣, 161면)"는 것인데, 필자가 보기에 유길준의 초기 개화사상 형성에 『해국도지』보다 한역서양서가 더 큰 영향을 준 것 같다. 「矩堂居士略史」에는 "故相臣 瓛齋朴公珪壽가 그 시를 見하고 그 포부의 비범을 贊賞하여 선세의 嫌避를 不顧하고 招進하야 세계의 대세를 語하며 漢譯한 구미열국의 서적을 贈하여 前途를 勉勵하며 隱然히 후일 국가의 事를 托하는 意를 示하더라(위의 책, 366면)"고 하였다. 여기서 '한역한 구미열국의 서적'이란 박규수가 읽은 『중서문견록』, 『만국공법』등을 말하는 것이 분명하다. 잘 알려져 있듯이 위원의 『해국도지』는 "오랑캐의 장기를 배워서 오랑캐를 제압한다(師夷長技以制夷)"는 海防을 위한 서적이다. 100권 본의 경우, 해방을 위한 세계 각국지리(권5~권70), 籌海(권1~권2, 권77~권80), 군사기술(권84~권95) 등으로 구성되어 있다[魏源(陳文源 등 주석), 『海國圖志』, 岳麓書社, 2008]. 물론 『해국도지』에도 서양 각국이 근대과학기술을 활용하는 현상이 서술되어 있지만, 서양과학기술의 원리를 이해함에 있어 『중서문견록』과 현격한 차이를 보인다.

116 김명호(2011), 149면.

117 1880년 5월 10일 곤도 마스키 영사가 하나부사 요시모토 공사 앞으로 보낸 서한(『花房義質關係文書』110-15)에서 "애석하게도 이미 김굉집(김홍집)으로 결정되었다. 그렇지만 이 이는 현재 김옥균 다음의 개화인이라 한다"고 당시의 평판을 보고하였다.

118 박규수에 대한 고종의 특별한 신뢰와 박규수가 청년 국왕 고종에게 '새로운 사고'를 촉구하

위 초에 강관으로 특별히 임명되어, 1864년 · 1865년과 1869년부터 1874년까지 8년간 89회, 연평균 11회의 강연을 주관하였다.[119] 우의정으로 있을 때는 고종에게 일본의 서계를 수용하도록 촉구하였고, 조일수호조규 체결 때에는 약방도제조로 고종의 지근거리에 있으면서 조선 조정이 '개화'로 방향을 전환하도록 보좌하였다. 고종 사후인 1920년 3월 31일에 박규수는 신응조(申應朝), 이돈우(李敦宇), 민영환과 함께 고종 묘정(廟庭)의 배향공신이 되었다.[120] 그리고 영의정 이최응도 박규수와 편지왕래를 통해 일본과 수호를 주장하게 되었으며[121] 1880년대 초 고종과 함께 정부의 개화정책을 주도하였다.[122]

박규수가 개화파를 양성한 시기는 우의정을 사임한 뒤인 1874년부터인 것으로 보이는데,[123] 그의 대일 수교론이 대원군의 반대, 이유원과의 불화 등으로 의도한 결실을 보지 못하자 후속 세대에 기대를 걸고 후진

기 고심한 것에 대해서는 강상규(2013), 제5장 「고종의 정치의식과 새로운 대외관의 형성」 참조.

119 김성혜(2013), 177면.

120 『순종실록』부록 권12.

121 조일수호조규 체결 때 영의정 이최응과 이조판서 민규호는 국왕의 신임을 바탕으로 정부 내에서 일본과의 수호를 주도하였다(『日本外交文書』9, 96면).

122 이최응의 아들 이재긍의 친척인 이헌우(李獻愚)에 따르면 고종과 이최응을 '개화당'의 일원이라고까지 하였다. 이재긍 · 박영효 · 김옥균 · 서광범 등 개화당에서 1881년 1월말 이헌우를 일본에 밀파하여, 이와쿠라 도모미(岩倉具視) 右大臣과 같은 유력 인물의 조선파견을 요청하였는데, 이는 일본의 무력을 배경으로 반개화파를 정부에서 일소하고 권력을 장악하기 위해서였다. 이 자리에서 이헌우는 "현재 개화당에는 국왕, 이최응과 위에서 언급한 4명, 그리고 이를 따르는 몇 명밖에 없다(現今開化黨ト申候ハ、國王李最應ト上陳ノ四名、之ニ隨スル數名ノ外無之)"라고 하였다. 1881년 2월 14일 와타나베 고키(渡邊洪基)가 하나부사 공사에게 보낸 서한(『花房義質關係文書』 281-4).

123 "錦陵尉박영효씨의 말을 듣건대 자기가 김옥균 씨를 처음 만나게 된 것은 이 박 정승 집 사랑이었는데, 그때 박 정승은 벼슬을 내놓고 집에 한거하여 찾아가는 청년들이 있으면 즐겨서 외국 형편과 시국 담화를 하여 주므로 有志한 이는 그 사랑에 많이 모여들었으며, 김옥균 이하 갑신개혁당의 신지식이 그 대부분은 이 사랑에서 박정승에게 배워 얻은 것이라 한다"(文一平, 앞 책, 267~268면).

을 양성한 것이라 할 수 있다. 당시로서는 고령인 68세에 박규수가 개화파를 양성하기 시작한 그것 자체만으로 하나의 역사적 사건이 되기에 충분하다고 하겠다.

사상적 결사로서의 개화파는 이후 분기되어 김옥균과 박영효 등은 오경석, 유대치 등 중인계층과 결합하여 개화당이라는 비밀 정치결사를 조직하기에 이른다. 조선의 변혁을 열망한 이들 중인계층은 신분적 한계로 인해, 개혁에 필요한 정치권력에 접근하기 위해 북촌의 양반자제를 찾아간 것으로 보인다. 이들이 주체가 되어 북촌의 양반자제를 포섭했다기보다는 박규수가 후진을 양성하고 있다는 소식을 듣고 이들을 찾아간 것으로 보는 것이 자연스럽다. 그리고 박규수 사후(1876년 12월 27일)에 이들이 김옥균, 박영효 등과 결탁하여 개화당을 조직하게 된 것이다. 상대적으로 전통적 유교문화에 덜 침잠된 이들 청년들은 박규수가 전한 한역서양서의 내용을 호기심 가득한 눈으로 흡수했을 것이고, 무엇보다도 끝내 박규수의 서계수용론이 받아들여지지 않은 것은 정치의 문제임을 간파하였을 것이다. 개화를 수용할 수 있는 주체세력의 형성이 관건이라 생각한 이들은 외세의 힘을 빌려서라도 정부 내의 반개화파를 일소하고 권력을 장악하려 하였다.

끝으로 지금까지 제대로 알려지지 않은 개화당의 활동을 소개하면서 본고를 마무리 하고자 한다. 먼저 개화당의 결성 시기에 대해서는 여러 학설이 있지만, 아래의 자료는 개화당이 1878년에 조직되었음을 분명하게 보여주고 있다.

> 그는(박영효 : 옮긴이) 71년 전(辛酉, 1861년 : 옮긴이)에 수원(水原) 박생원(朴生員=元陽)의 둘째아들로 태어나서 나이 겨우 열두 살적(1872년 : 옮긴이)에 철종대왕(哲宗第一王女永惠公主) 금릉위(錦陵尉)가 되고 벼

슬은 상보국(上輔國)이었다. 열일곱 살(1877년 : 옮긴이)에 유 생원(劉大致)을 통해서 구미(歐米)의 서적을 대강 섭렵하여 신문화를 흡수함에 따라, 우리나라의 국운이 날로 그릇되어 가는 것을 통한하고 썩은 정사(政事)를 하루바삐 개혁하야 청국의 기반(羈絆)을 벗어나서 우리도 당당한 독립국을 만들어 놓으려고 뜻하여 신분의 귀천을 묻지 않고 천하의 지용강개지사(知勇慷慨志士)를 거두어서 굳게굳게 결교(結交)하였다. 이것이 개혁운동 칠년 전(戊寅)의 일이다.

처음에는 김옥균, 서광범과 박영효 세 사람이 동지가 되여 천하의 투사(鬪士)를 규합하였다. 최초의 계획으로는 "이 상감을 모시고서는 국가와 민족을 구제할 수는 도저히 없으니 먼저 폐립(廢立)을 단행하고 견고한 기초를 세워 개혁사업을 성취하겠다"는 것으로 종실(宗室) 중에 가장 총명하고 영준한 이재긍(李載兢=高宗從弟)과 결탁하야 구체적 설계를 세웠는데 뜻밖에 이의 요사(夭死)로 인하야 제일의 계획은 와해되었다.[124] (원문을 현대어로 고침)

위의 자료는 뒤에 일본에서 『고균(古筠)』이란 잡지를 간행한 바 있는 김옥균 연구가 김진구의 글이다. 먼저 주목되는 점은 위의 기사가 민태원의 『김옥균전기』(1969)에 "그네들 중에 구체적 계획이 있은 것은 이로부터 7년 전 되는 무인(戊寅 : 1878년)의 해였으나, 마침 중요 동지의 사망으로 제1차 계획은 필경 토붕와해"되었다는 구절과 매우 유사하다는 것이다. 민태원의 『김옥균전기』는 자신의 『불우지사 김옥균 선생 실기(不遇志士金玉均先生實記)』(1926)를 현대어로 다듬어 다시 출간한 것이다. 민태원이 서문에서 밝히고 있듯이 『불우지사 김옥균 선생 실기』를 집필할 때 김진구와 김철호(金喆鎬)가 수집한 자료에 크게 의존하였다. 당시 도쿄에서 활동한 김진구와 김철호는 김옥균 전집을 간행하기 위해

124 金振九, 「金玉均과 朴泳孝」, 『삼천리』 제15호, 1931년 5월.

귀국하여 자료수집 중이었는데 민태원이 이들이 수집한 자료를 활용한 것이다.

다음으로 개화당의 결성시기를 '이로부터 7년 전인 무인년(1878년)'으로 한 점이 주목된다. 일반적으로 갑신신정변의 7년 전이라면 1884년에서 7을 뺀 1877년이지만 김진구의 셈법으로는 1878년이 맞다. 왜냐하면 김진구는 이 글의 모두에서 박영효가 태어난 해인 1861년을, 집필시기인 1931년의 70년 전이 아니라 71년 전이라 했기 때문이다. 이 셈법에 따르면 갑신정변 7년 전은 1877년이 아니고 1878년이다. 그리고 옛 사람들이 연도를 간지로 기억하는 것에 익숙하다는 점을 고려하면 무인년, 곧 1878년이 개화당의 결성시기임이 분명한 것으로 보인다. 이 1878년은 이동인이 히가시 혼간지(東本願寺) 부산 별원을 처음 방문한 때이다. 6월 2일(양력) 첫 방문 이후 이동인은 몇 차례 더 부산 별원을 방문하여 주지 오쿠무라 엔신(奧村圓心)과 친분을 쌓는 등 사전 준비를 거쳐 1879년 9월에 일본에 건너가게 된 것이다.

위의 기사에서 '고종의 폐립' 운운은 당시의 실상과는 거리가 멀지만,[125] 이재긍의 요절로 개화당의 제1차 거사계획이 무산되었다는 것은

---

125 세력이 약한 개화당은 오히려 국왕을 등에 업고 개혁을 추진하려 하였다. 1881년 4월 9일 하나부사와 서광범, 이헌우 등이 밀담할 때, 이헌우는 "지금 臟腑에 병이 있는데 이를 고치지 않고 헛되어 수족의 灸鍼으로 족하다고 하면 심장 또한 장차 병을 얻을 것이다. 임금은 심장과 같고 신하는 臟腑·四肢와 같다. 장부와 사지의 병을 먼저 제거하지 않으면 심장의 병을 막지 못할 것이다. 기무부(통리기무아문)의 설치, 시찰관(조사시찰단)의 파견 같은 것은 모두 수족의 구침이다. 어찌 능히 장부의 병을 없애고 심장의 병을 막고 健全하기를 바란다고 할 수 있겠는가"(『公文別錄·朝鮮始末續錄』 JACAR Ref. A03023633400)라 하여 勳舊·貴戚세력을 제거하려 하였다.
1882년 4월 나가사키에 도착한 김옥균, 서광범, 강위, 변수(邊燧, 강위의 제자) 일행은 우정(禹鼎, 禹子重, 25세, 변수의 친구)과 김동억(金東億, 35세)을 미리 도쿄로 보내 하나부사와 필담하도록 했다. 이들은 하나부사에게 일본군 3,4천 명을 빌려달라고 요청하면서(『花房義質關係文書』 408-8), "현재 우리 주상은 어질고 현명한데, 소인배들이 이 어질고 현명함을 가려 인민이 도탄에 빠졌기 때문에 은거하고 있는 장사와 英俊한 이들이 팔을 걷어붙

당시의 1차 자료와 일치하기 때문에 이 기사는 신빙할 수 있다. 이재긍은 15세에 이른바 '소년등과'하였는데 대원군이 20세 이전에는 창방(唱榜)하지 말라고 신정왕후에게 울면서 호소하였다 한다.[126] 그런데 고종은 이 약속을 어기고 이재긍이 17세인 1873년에 방방(放榜)하였다.[127] 고종은 친정을 준비하면서 종친의 유력 인물인 이재긍을 발탁하여 지지기반으로 삼으려 한 것 같다. 이후 그는 고속 승진을 거듭하여 1879년에는 도승지를 역임하고 1880년에 호조참판을 거쳐 이조참판이 되었다. 12월 22일 통리기무아문이 설치되자 개화당으로는 유일하게 당상이 되어 전선사(典選司)와 어학사를 관장하였다. 원래 병약한 이재긍의 요절은 공식기록엔 병사로 기록되어 있지만 당시에는 대원군 세력에 의해 독살된 것이라는 소문이 자자하였다.

제2차 수신사 김홍집이 황준헌의 『조선책략(朝鮮策略)』을 받아 귀국하자 국왕 고종과 영의정 이최응은 먼저 미국과 조약을 체결하기로 방침을 정하고 이동인과 탁정식을 다시 일본에 밀파하였다. 1880년 11월 15일(양력) 영국공사관 서기관 사토우(E. Satow)를 만난 이동인은 당당한 함대의 호위아래 전권사절의 파견을 요청하였으며[128], 11월 17일에는 이와

이고 이를 갈면서 정치를 개혁하여 선정을 꾀하려 한다(今我主上仁且明, 而羣小擁弊(蔽)仁明, 使人民陷于塗炭, 而此隣國之所不知者也. 今弊邦隱居壯士英俊之徒, 揚腕磨齒, 將革其政, 一通善政之計者也)"(『花房義質關係文書』 408-3)고 주장하였다.

위의 주장은 김옥균의 생각을 대변하는 것이기도 하다. 1883년 고토 쇼지로(後藤象次郞)·후쿠자와 유키치에게 보낸 서한에서 "대군주께선 비록 지극히 영명·총단하시나 저렇듯 400년간 누적된 완고한 습속은 갑자기 바뀔 수 없을 것이니, 기세 상 부득불 한번 대경장을 해서 정부를 개혁한 뒤에 군권을 높이고 민생을 보전할 수 있다"고 하였다(金玉均, 『金玉均全集』, 109~119면).

126 『승정원일기』, 고종 8년 1월 3일.

127 『승정원일기』, 고종 10년 4월 26일. "李載兢唱榜, 本欲待年, 今承聖敎, 非雲峴本意云"(李晩燾, 『響山日記』 계유 4월 29일).

128 Ian RUXTON ed.(2009), p.458.

쿠라 우대신을 만나 이재긍의 서한을 전하면서 군함을 대동한 유력자의 파견을 요청하였다.[129] 이 기회에 일본으로부터 무기를 얻어 권력을 장악하고 국정을 개혁하려 한 것이다. 그러나 일본 정부는 하나부사 변리공사를 단독으로 파견하여 개화당의 요청을 거절하였다.[130]

영의정 이최응의 아들 이재긍에 대해서는 지금까지 전혀 주목하지 않았는데, 1881년 1월 23일 요절할 때까지 '개화당의 우두머리'[131]라고 불렸으며 정부의 개화정책을 막후에서 주도하였다. 1882년 6월 22일 해관진도(津海關道) 주복(周馥)과 영선사 김윤식과의 필담은 이를 잘 보여준다.

> 주복 : 이산향(이최응)이 일본과 친밀하다고 들었다. 그러한가?
>
> 김윤식 : 이 사람은 주견이 없다. 그 아들 재긍이 연소하나 식견이 있고 자못 외무를 잘 알아 그 아들이 생존할 때에 일본인을 잘 대했다. 이 때문에 일본인과 친밀하다는 소문이 있었다. 지금 그 아들이 이미 사망하여 이최응이 따를 곳이 없게 되자 오직 척왜, 척양을 주장하고 있다. 이는 그 동생(대원군)의 위염(威焰)을 두렵게 여기기 때문이다.[132]

이최응이 주견이 없다거나 이재긍 사후에 척왜, 척양을 주장했다는 김윤식의 평가는 친일개화정책에 대한 그의 반감을 표출한 것으로 사실과 다르다. 이최응은 이재긍 사후에도 통리기무아문의 총리로 정부의 개화정책을 주도하였다. 앞서 본 것처럼 이최응은 박규수의 영향으로 정부

---

129 근대한국외교문서 편찬위원회 편(2012), 157면.

130 『日本外交文書』14, 294~295면.

131 1881년 4월 14일 곤도 마스키(近藤眞鋤) 영사가가 이노우에 가오루(井上馨) 외무경에게 보낸 보고서(『花房義質關係文書』 110-31) ; 「近藤領事ヨリ朝鮮僧無不探問書ヲ進達ス」(『公文別錄 · 朝鮮始末續錄』, JACAR. Ref. A03023633300).

132 "聞李山響與日人親密 然耶 此人沒主張 其子載兢 年少有識見 頗諳外務 其子存時亦善待日人 此所以有與日人親密之語 今其子已亡 山響莫適所從 惟以斥倭斥洋爲主 蓋亦顧畏其弟之威焰也"(『淸季中日韓關係史料』, 문서번호 485, 770면).

내에서 서계수용을 주장하기에 이른 인물이다. 이로써 박규수 사상의 영향은 온건개화파와 급진개화파 뿐만 아니라, 1880년대 초 정부의 개화정책을 주도한 국왕·이최응—이재긍으로 이어져서 또 하나의 갈래를 형성했던 것이다.

5. 맺음말

지금까지 박규수가 만년에 일본의 서계를 수용하자고 주장하고 조일수호조규 체결을 주도하여 조선의 문호개방을 선도한 것과 개화파를 양성하여 후대에 지대한 영향을 끼친 과정을 중심으로 살펴보았다. 이상의 논의를 정리하면서 맺음말에 갈음하고자 한다.

조부 박지원의 실학을 계승한 박규수는 그 개방적 세계관의 영향으로 일찍부터 해외정세와 정보에 관심을 가졌다. 박규수는 1872년 제2차 연행을 통해 중국 양무운동의 실상을 파악하려 했지만 소기의 성과를 거둘 수 없었다. 양무운동의 중심이 상해나 천진 등 개항장이어서, 청류론(淸流論)이 지배하고 있는 북경에서 양무운동의 실상을 온전히 파악하기는 어려웠기 때문이다. 마침 『중서문견록』이 북경에서 간행되자, 박규수는 1874년에 이를 입수하여 서양이 근대과학기술을 바탕으로 부국강병을 경쟁하는 모습은 물론 중국의 양무운동보다 더 긍정적으로 묘사된 메이지 초기 일본의 실상을 생생하게 접할 수 있었다.

박규수는 일본과 서계문제가 불거지자 『중서문견록』과 함께 유입된 『만국공법』을 근거로 서계수용을 강력히 주장하였다. 박규수는 국가 간의 계서적 질서를 부정하고 평등한 관계를 규정한 『만국공법』과 일본의 메이지유신을 긍정적으로 소개한 『중서문견록』에 영향을 받아 서계수용론을 주장하게 된 것이다. 그렇지만 당시로서는 파격적인 박규수의 서계 수용론은 일본의 침략적 행태와 맞물리면서 관철될 수는 없었다.

이후 일본의 군사적 압력 아래에서 진행된 조일수호 교섭에서 박규수는 일본의 침략에 대응하는 전략을 마련하는 한편, 『만국공법』과 중국이 서양과 체결한 조약을 참조하여 적극적으로 대응하였다. 그 결과 조선은 일본의 일방적 요구를 막아내면서 자주적 문호개방을 달성할 수 있었다.

박규수는 우의정을 사직한 이후 후속세대에 기대를 걸고 후진을 양성하였으며 이들이 개화파를 형성하였다. 이중에 김옥균·박영효 등은 박규수 사후인 1878년에 중인세력과 결합하여 개화당을 조직하면서 개화파는 온건개화파와 급진개화파(개화당)로 분기하게 된다. 김윤식·김홍집 등 장년층의 온건개화파는 이후 중견관료로서 정부의 점진적 개화정책을 뒷받침하였다. 주로 청년층들로 구성된 개화당은 박규수의 서계수용론이 관철되지 못한 것이 정치권력의 문제임을 간파하고 개화를 추진할 수 있는 정치주체의 형성에 골몰하였다. 심지어 개화당 세력은 외세를 이용해서라도 정부 내의 반개화파를 일소하고 권력을 장악하려 하였다. 이밖에 박규수 사상의 영향은 온건개화파와 급진개화파 뿐만 아니라, 1880년대 초 정부의 개화정책을 주도한 국왕·이최응과 이재긍에게도 계승되었다. 박규수는 고종의 정치적·사상적 스승이었으며 이최응은 박규수와 서신교환을 통해 개화사상을 지니게 되었고, 이최응의 아들 이재긍은 개화당과 출입하면서 막후에서 정부의 개화정책을 주도하였다.

參考文獻

金允植,『續陰晴史』, 국사편찬위원회 한국사료총서DB.

姜瑋,『姜瑋全集』, 亞細亞文化社, 1978.

근대한국외교문서 편찬위원회 편(2012),『近代韓國外交文書』제5권, 동북아역사재단.

金玉均(1979),『金玉均全集』, 亞細亞文化社.

金綺秀,『日東記游』, 한국고전번역원 한국고전종합DB.

金平默,『重菴先生別集』, 한국고전번역원 한국고전종합DB.

李晩燾,『響山日記』, 국사편찬위원회 한국사료총서DB.

李𨯶永,『日槎集略』, 한국고전번역원 한국고전종합DB.

文一平,『湖岩全集』3, 朝鮮日報社出版部, 1939.

朴珪壽,『瓛齋集』, 성균관대 대동문화연구원,『瓛齋叢書』6, 1996.

신헌 지음 · 김종학 옮김(2010),『심행일기』, 푸른역사.

兪吉濬,『兪吉濬全書』5, 一潮閣, 1971.

이성민 옮김(2016),『환재집』4, 성균관대학교 출판부, 2016.

『各司謄錄』13, 국사편찬위원회 각사등록DB.

『高宗實錄』, 국사편찬위원회 고종실록DB.

『독립신문』, 국립중앙도서관 대한민국 신문 아카이브.

『東光』, 국사편찬위원회 한국근현대잡지자료DB.

『同文彙考』, 국사편찬위원회 한국사료총서DB.

『龍湖閒錄』, 국사편찬위원회 한국사료총서DB.

『梅泉野錄』, 국사편찬위원회 한국사료총서DB.

『삼천리』, 국사편찬위원회 한국근현대잡지자료DB.

『純宗實錄』, 국사편찬위원회 순종실록DB.

『承政院日記』, 국사편찬위원회 승정원일기DB.

『倭使日記』, 규장각 소장 奎貴 16034.

『日使文字』, 규장각 소장 奎 16036.

『日省錄』, 서울대 규장각 일성록DB.
『中外爛報』, 규장각 古5710-4.
『漢城旬報』, 국립중앙도서관 대한민국 신문 아카이브.
『皇城新聞』, 국립중앙도서관 대한민국 신문 아카이브.
郭廷以 主編(1972), 『淸季中日韓關係史料』, 中央硏究院近代史硏究所.
牧原憲夫 編(1986), 『明治建白書集成』제3권, 筑摩書房.
福澤諭吉, 『福澤諭吉著作集』, 慶應義塾大學出版會, 2002.
福澤諭吉, 『續福澤全集』, 岩波書店, 1934.
森山茂(1875), 『朝鮮理事誌』, JACAR, Ref. B03030132600.
奧義制(1875), 『朝鮮交際始末』, JACAR, Ref. B03030191000.
魏源, 陳文源 등 주석(2008), 『海國圖志』, 岳麓書社.
丁韙良, 『萬國公法』, 同文館, 同治 3년(1864).
早稻田大學社會科學硏究所 編(1958), 『大隈文書』제1권, 早稻田大學社會科學硏究所.
『公文別錄 · 朝鮮始末續錄』, アジア歴史資料センター(JACAR) Ref. A03023633400.
『報告使 · 館司來狀』, 對馬島宗家文書 기록류 국편 5838.
『三條家文書』, 日本國會憲政資料室 소장.
『日本外交文書』(https://www.mofa.go.jp/mofaj/annai/honsho/shiryo/archives).
『宗重正家記』, 서울대 중앙도서관 고문헌자료실 소장, 4106 58.
『中西聞見錄』, 규장각 소장 奎中 4590. 일본국회도서관 디지털 컬렉션 (http://dl.ndl.go.jp).
『花房義質關係文書』, 국사편찬위원회 소장 마이크로필름.
Ian RUXTON ed.(2009), A Diplomat in Japan Part II : The Diaries of Ernest Satow, 1870~1883, Lulu Press Inc.
Park Il-Keun ed.(1982), ANGLO-AMERICAN DIPLOMATIC MATERIALS RELATING TO KOREA, Shin-mundang.

강상규(2013), 『조선정치사의 발견-조선의 정치지형과 문명전환의 위기』, 창비.
김명호(2008), 『환재 박규수 연구』, 창비.

김성혜(2013), 『재위 전기 고종의 통치활동』, 선인.

김종학(2017), 『개화당의 기원과 비밀외교』, 일조각.

김흥수(2009), 『한일관계의 근대적 개편과정』, 서울대출판문화원.

나미키 요리히사 · 이노우에 히로마사, 김명수 옮김(2017), 『아편전쟁과 중화제국의 위기』, 논형.

裵基剽(2008), 『秋琴 姜瑋의 海外紀行詩 硏究』, 성균관대 한문학과 박사논문.

孫炯富(1997), 『朴珪壽의 開化思想硏究』, 一潮閣.

愼鏞廈(1987), 『韓國近代社會思想史硏究』, 一志社.

李光麟(1973), 『開化黨硏究』, 一潮閣.

李光麟(1979), 『韓國開化思想硏究』, 一潮閣.

李光麟(1989), 『開化派와 開化思想 硏究』, 一潮閣.

李完宰(1999), 『朴珪壽 硏究』, 集文堂.

이헌주(2018), 『姜瑋의 開化思想 硏究』, 선인.

황태연(2018), 『한국 근대화의 정치사상』, 청계.

加藤周一 · 丸山眞男 編(1991), 『飜譯の思想－日本近代思想大系 15』, 岩波書店.

岡本隆司(2011), 『中國「反日」の源流』, 講談社.

姜在彦(1996), 『朝鮮の開化思想』(著作選第III卷), 明石書店.

姜在彦(1980), 『朝鮮の開化思想』, 岩波書店[鄭昌烈 譯(1981),『韓國의 開化思想』, 比峰出版社).

渡邊 浩(2010), 『日本政治思想史』, 東京大學出版會.

石田徹(2013), 『近代移行期の日朝關係－國交刷新をめぐる日朝雙方の論理－』, 溪水社.

熊月之(1994), 『西學東漸與晚清社會』, 上海人民出版社.

原田環(1997), 『朝鮮の開國と近代化』, 溪水社.

James, Palais(1975), Politics and Policy in Traditional Korea, Harvard University Press.

구선희(1998), 「개화파의 대외인식과 그 변화」,『한국근대 개화사상과 개화운동』, 신서원.

金炳佑(2001), 「高宗의 親政體制 形成期 政治勢力의 動向」, 『大丘史學』63.

金世恩(2000), 「고종초기(1864년~1873년)의 經筵」, 『震檀學報』89.
김명호(2011), 「실학과 개화사상」, 『한국사 시민강좌』48, 일조각.
金泳鎬(1978), 「『朴珪壽全集』 解題」, 亞細亞文化社.
안외순(1996), 「大院君執政期 高宗의 對外認識~遣淸 回還使 召見을 중심으로-」, 『韓國政治學會報』30-2.
이경미(2009), 「19세기말 서구식 대례복 제도에 대한 조선의 최초 시각 : 서계 접수 문제를 통해」, 『한국의류학회지』33-5.
이헌주(2006), 「自主的 開國論 形成에 관한 硏究」, 『國史館論叢』108.
朱昇澤(1991), 「姜瑋의 開化思想과 外交活動」, 『韓國文化』 12.
韓哲昊(1998), 「고종 친정 초(1874) 암행어사 파견과 그 활동」, 『史學志』31.
山內弘一(2013), 「朴珪壽-'實學'から'開化'へ」(趙景達外 編,『講座 東アジアの知識人』1, 有志舍.
趙景達(1995), 「朝鮮における實學から開化への思想的轉回-朴珪壽を中心に-」, 『歷史學硏究』678.

부록

환재 연구 논저 목록

환재 연보

『환재 박규수 연구』 집담회

찾아보기

환재 연구 논저 목록

■ 원전

『瓛齋先生集』, 普成社 1913.

『朴珪壽全集』, 아세아문화사 1978.

『瓛齋叢書』, 성균관대 대동문화연구원 1996.

『尙古圖會文義例』, 실학박물관 소장 ; 『瓛齋叢書』, 영인 수록.

『錦葵詩鈔』, 실학박물관 소장 ; 『환재총서』, 영인 수록.

『錦葵詩集』, 실학박물관 소장 ; 『환재총서』, 영인 수록.

『莊菴詩集』, 실학박물관 소장 ; 『환재총서』, 영인 수록.

『錦葵志林』, 실학박물관 소장 ; 『환재총서』, 영인 수록.

『莊菴文稿』, 실학박물관 소장 ; 『환재총서』, 영인 수록.

『叢桂雜藁』, 일본 靜嘉堂文庫 소장.

『鳳韶餘響集』, 실학박물관 소장 ; 박철상 소장.

『居家雜服攷』, 국립중앙도서관 소장 ; 日本 大坂府立圖書館 소장 ; 『朴珪壽全集』 및 『환재총서』, 영인 수록.

『繡啓』, 서울대 奎章閣 소장 ; 『박규수전집』 및 『환재총서』, 영인 수록.

『朴瓛齋文』, 日本 天理大 소장 ; 『환재총서』, 영인 수록.

朴珪壽 簡札, 실학박물관 소장.

『瓛齋手柬』, 김윤조 소장.

『瓛齋尺牘』, 조철오 소장.

「東輿圖」, 일본 天理大 소장 ; 東洋文庫 소장.

■ 번역서

김채식 · 이성민 역(2017), 『환재집』, 성균관대학교 출판부.

조지형(2011), 「「벽위신편 평어」 역주」, 「「벽위신편 평어」를 통해 본 환재 박규수의 천주교 인식과 대응론」, 참고자료, 『누리와 말씀』 29, 인천가톨릭대학교.

조효순 역(2000), 『거가잡복고』, 石室.

■ 연구저서

김명호(2005), 『초기 한미관계의 재조명』, 역사비평사.

김명호(2008), 『환재 박규수 연구』, 창비.

손형부(1997), 『박규수의 개화사상연구』, 일조각.

이완재(1989), 『초기개화사상연구』, 민족문화사.

이완재(1999), 『박규수 연구』, 집문당.

原田環(1997), 『朝鮮の開國と近代化』, 廣島 : 溪水社.

■ 연구논문

강상규(2012), 「박규수와 고종의 정치적 관계 연구」, 『동양정치사상사』 11-1, 한국동양정치사상사학회.

김명호(1993), 「환재 박규수 연구(1)－수학기의 박규수」, 『민족문학사연구』 제4호, 민족문학사연구소.

김명호(1993), 「환재 박규수 연구(2)－은둔기의 박규수 上」, 『민족문학사연구』 제6호, 민족문학사연구소.

김명호(1995), 「환재 박규수 연구(3)－은둔기의 박규수 下」, 『민족문학사연구』 제8호, 민족문학사연구소.

김명호(1996), 「『환재총서』 解題」, 성균관대 대동문화연구원, 『瓛齋叢書』.

김명호(1996), 「박규수의 『尙古圖會文義例』에 대하여」, 이지형교수 퇴임기념논총, 『한국의 經學과 漢文學』, 태학사.

김명호(1996), 「박규수의 「地勢儀銘幷序」에 대하여」, 『震檀學報』 82, 震檀學會.

김명호(1997), 「박규수의 『繡啓』에 대하여」, 『대동문화연구』 32, 성균관대 대동문화연구원.

김명호(1997), 「박규수의 문학관」, 『韓國漢文學硏究』 20, 한국한문학회.

김명호(1998), 「19세기 조선 실학의 발전과 환재 박규수」, 한국실학연구회, 『韓中實學史硏究』, 민음사.

김명호(1998), 「燕巖 散文의 계승자, 박규수」, 이상택교수 환력기념논총, 『한국고전소설과 서사문학』 下, 집문당.

김명호(1999), 「박규수의 金石書畵論」, 『漢文學報』 1, 우리한문학회.

김명호(1999), 「1861년 熱河問安使行과 박규수」, 『한국문화』 23, 서울대 한국문화연구소.

김명호(1999), 「박규수의 학문관」, 『진단학보』 88, 진단학회.

김명호 · 남문현 · 김지인(2000), 「南秉哲과 박규수의 天文儀器 제작」, 『朝鮮時代史學報』

12, 조선시대사학회.

김명호(2000), 「실학과 개화사상의 관련양상－철종시대 박규수의 활동과 燕巖의 영향」, 『대동문화연구』 36, 성균관대 대동문화연구원.

김명호(2001), 「대원군정권과 박규수」, 『진단학보』 91, 진단학회.

김명호(2002), 「박규수의 초기 한시」, 『한문학보』 6, 우리한문학회.

김명호(2003), 「박규수의 宮詞 '鳳韶餘響'에 대하여」, 『한국한문학연구』 31, 한국한문학회.

김명호(2003), 「제너럴셔먼호 사건과 박규수」, 『대동문화연구』 42, 성균관대 대동문화연구원.

김명호(2007), 「박규수의 '執遂念行'에 대하여」, 『한국한문학연구』 40, 한국한문학회.

김명호(2011), 「『거가잡복고』 해제」, 경성대학교 한국학연구소, 『韓國禮學叢書』 85, 부산 : 민족문화.

김명호(2011), 「실학과 개화사상」, 『한국사 시민강좌』 48, 일조각.

김명호(2012), 「문헌 해제: 박규수, 「벽위신편 평어」」, 『개념과 소통』 10권 10호, 한림과학원.

김명호(2015), 「박규수」, 한국실학학회 · 중국실학연구회 · 일본동아실학연구회 · 실학박물관, 『동아시아 실학사상가 99인』, 학자원.

김성배(2012), 「박규수와 時務의 국제 정치학 : 중국관과 한중관계 요인을 중심으로」, 『한국정치학회보』 46-2, 한국정치학회.

김신재(2000), 「박규수의 개화사상의 성격」, 『경주사학』 19, 동국대 경주사학회.

송병기(1996), 「박규수의 對美開國論」, 이기백선생 고희기념, 『韓國史學論叢』 하, 일조각.

유홍준(1993), 「환재 박규수의 서화론」, 『泰東古典硏究』 10집.

이정옥 · 남후선(1986), 「玄端服考－박규수의 『居家雜服攷』를 중심으로」, 『민족문화논총』 7, 영남대 민족문화연구소.

이종묵(2010), 「19세기 말 박규수가 살던 계동의 풍경」, 『문헌과 해석』 52.

임존양(2017), 「학술적 우상과 중국－조선 간의 문화교류 : 박규수가 참여하였던 고염무사당의 會祭를 중심으로」, 『사림』 59, 수선사학회.

정용화(2004), 「사대 · 중화질서 관념의 해체과정 : 박규수를 중심으로」, 『국제정치논총』 44-1, 한국국제정치학회.

조지형(2011), 「「벽위신편 평어」를 통해 본 환재 박규수의 천주교 인식과 대응론」, 『누리와 말씀』 29, 인천가톨릭대학교.

조효순(1989), 「『거가잡복고』를 통해 본 박규수의 복식관」, 『한국복식』 7호, 檀國大 석주선기념민속박물관.

한은수(1998), 「박규수 詩世界의 一考察－'鳳韶餘響絶句'百首를 중심으로」, 『漢文學論集』 제16집, 槿域漢文學會.

尹素英(1995), 「轉換期の朝鮮の對外認識と對外政策－朴珪壽を中心に」, お茶の水女子大學 博士論文.

金文子(1979), 「シャーマン号事件と朴珪壽」, 『朝鮮史研究會報』 55.

金文子(1980), 「朴珪壽の實學」, 『朝鮮史研究會論文集』 17, 東京: 龍溪書舍 1980.

趙景達(1995), 「朝鮮における實學から開化への思想的轉回－朴珪壽を中心に」, 『歷史學研究』 678, 青木書店.

原田還(1975), 「晉州民亂と朴珪壽」, 『史學研究』 126, 廣島史學研究會.

原田環(1978), 「1860年前後における朴珪壽の政治思想」, 『朝鮮學報』 86.

原田環(1979), 「朴珪壽の對日開國論」, 『人文學報』 46, 京大人文研.

原田環(1980), 「朴珪壽起草の洋擾奏文・咨文について」, 『朝鮮史叢』 4, 神戶: 青丘文庫.

山內弘一(1996), 「朴珪壽と'禮義之邦'」, 『上智史學』 41, 上智大學史學會.

胡佩佩(2016), 「朴珪壽與清朝'顧祠修禊'文人的尺牘交流研究」, 『河北科技師範學院學報(社會科學版)』 第15卷 第1期.

작성: 김명호

환재 연보

서기	제왕 연대	나이	환재의 사적
1807년	순조 7	1	▸ 9월 27일(양력 10월 7일), 한양 북부(北部) 가회방(嘉會坊) 자택에서 박종채(朴宗采)와 전주(全州) 유씨(柳氏) 사이의 3남 중 장남으로 태어나다. 본관은 반남(潘南)이고, 자는 환경(桓卿)·예동(禮東), 호는 환재(桓齋)·장암(莊庵)·균심(筠心) 등이다. 아명(兒名)은 규학(珪鶴)이다. 부친 박종채는 연암(燕巖) 박지원(朴趾源)의 차남으로, 경산(慶山) 현령을 지냈다. 모친 전주 유씨는 선비 유영(柳詠)의 딸이다. 유영은 정조 때 『춘관통고(春官通攷)』 등을 편찬한 문신 유의양(柳義養)의 장남이며, 유영의 아우 유화(柳訸)는 승지를 지냈다.
1813년	순조 13	7	▸ 『논어』를 읽고 그 문체를 모방하여 분판(粉板)에다 "효성스러운 백성이라야 신하가 될 수 있다(孝民可以爲臣)", "군자를 존경할 수는 있어도 업신여길 수는 없으며 소인을 업신여길 수는 있어도 존경할 수는 없다(君子可敬而不可侮 小人可侮而不可敬)"고 써서 부친의 칭찬을 받다. ▸ 이 무렵, 외종조(外從祖) 유화의 서루(書樓)에서 날마다 책들을 뒤적이며 놀다. 하루는 그의 곁에서 석탑을 그리며 놀자, 그림 솜씨가 매우 뛰어난 것을 본 유화가 석탑 그리는 법에 비겨 학문하는 방도를 깨우쳐주는 시를 지어주다.
1815년	순조 15	9	▸ 6월, 백부 박종의(朴宗儀)가 향년 50세로 별세하다. 박종의는 박희원(朴喜源 : 박지원의 형)의 양자가 되었으며, 평생 선비로 지냈다.
1816년	순조 16	10	▸ 첫째 아우 박주수(朴珠壽)가 태어나다. 주수는 작고한 백부 박종의의 양자가 되었다.
1818년	순조 18	12	▸ 이 무렵, 『박물지(博物志)』 『습유기(拾遺記)』 『유양잡조(酉陽雜俎)』 『오잡조(五雜俎)』 『물류상감지(物類相感志)』 등을 읽고 연금술에 흥미를 느껴 실험을 해 보

			기도 하고, 『본초강목(本草綱目)』을 살펴가며 약용 식물을 조사하여 우리나라의 잘못된 약명을 바로잡기도 하다.
1819년	순조 19	13	▸「하운다기봉부(夏雲多奇峯賦)」를 짓다. ▸9월, 한양성 동쪽의 명승지들을 구경하고 「성동시(城東詩)」(오언 140구)를 짓다. ▸화가 김기서(金箕書)의 「이호산장도(梨湖山莊圖)」를 노래한 시(「梨湖山莊圖歌」)를 짓다.
1820년	순조 20	14	▸이 무렵, 척숙(戚叔) 이정리(李正履) · 이정관(李正觀) 형제를 종유하며 문학 수업을 받다. 이정리는 박지원의 처남인 이재성(李在誠)의 장남으로 북청 부사를 지냈으며, 그의 아우 이정관은 예산 현감을 지냈다. ▸정월 대보름날, 척숙 이정리와 함께 시(「上元會醇溪山亭 分韻得盖字」)를 짓다. ▸봄, 척숙 이정관을 대신하여 승려 옥인(玉印)에게 게어(偈語)를 지어주다. 그 뒤 옥인과 용허(聳虛)의 요청으로 불당의 글씨를 써주다. ▸4월, 외종조 유화를 따라 석경루 등을 유람하고 「석경루 잡절(石瓊樓雜絶)」(오언절구 20수)을 짓다. 당시 석경루는 추사 김정희의 별장이었다. 그곳에서 유화의 벗인 추사를 배알(拜謁)하였다. ▸척숙 이정리의 시에 화운하다(「謹和醇溪韻」, 「又和醇溪」). ▸척숙 이정리와 함께 연작시 「우청 연구(雨晴聯句)」를 짓다. ▸6월, 척숙 이정관과 함께 시(「季夏雨中 奉暢軒叔 重會君子亭 共賦」)를 짓다. ▸겨울, 연행(燕行)에 나서는 형조 서리 하응청(河應淸)에게 송별시(「送法曹椽河應淸之燕」)를 지어주다. ▸중국에서 구해온 희귀한 수선화를 얻고 기뻐서 시(「得水仙花喜賦」)를 짓다. ▸소동파의 시에 차운하여 수선화를 노래하는 시를 짓다(「雪夜 次東坡聚星堂韻 賦水仙花」, 「又次東坡松風亭韻 賦水仙花」). ▸이 무렵, 글 짓는 실력이 크게 향상되다. 시를 본 조종

			영(趙鍾永)이 찾아와 망년지교를 맺다. 조종영은 유화의 절친한 벗으로, 이조 판서를 지냈다.
1821	순조 21	15	▸2월, 둘째 아우 박선수(朴瑄壽)가 태어나다. ▸척숙 이정리의 모친 칠순 축시(「百鶴圖歌」)를 짓다. ▸천수재(千秀齋) 이노준(李魯俊)이 빌려준 아름다운 새를 감상하고 시(「彩鳥 二絶」)를 짓다. ▸9월, 강릉(康陵) 참봉으로 재직 중인 이정리에게 시(「九秋 次杜韻 上醇溪」)를 지어 바치다. ▸외종조 유화가 향년 43세로 별세하자, 그가 남긴 글들을 수습하여 문집을 편찬하고 그의 영전에 바치는 제문(「祭外從祖芝山公文」)을 짓다.
1822	순조 22	16	▸합천 군수로 부임하는 이노준에게 합천의 역사와 문화유적을 노래한 「강양죽지사(江陽竹枝詞)」(칠언절구 13수)를 지어 바치다. ▸5월, 소동파의 『동파지림(東坡志林)』을 모방한 잡록(雜錄)인 『금유지림(錦蕤志林)』을 완성하다. ▸9월, 부친과 척숙 이정관을 따라 경기도 양주를 거쳐 도봉산 일대를 유람하고 「도봉기유(道峯紀遊)」(고시와 근체시 도합 38수)를 짓다. ▸홍역을 앓다. ▸동짓날, 척숙 이정리의 시에 차운하여 시를 짓다(「謹次醇溪大叔 分冬至陽生春又來賦各體韻」). 그 중 첫 수가 「동지일 우성(冬至日 偶成)」이다.
1823	순조 23	17	▸5월 단오 다음날, 동몽(童蒙)의 일원으로 선발되어 창덕궁 희정당에서 어명에 따라 시(「喜雨應製」)를 짓다. ▸족질 설로(雪鷺 : 성명 미상)의 시에 차운하여 배율(排律)을 짓다(「次韻雪鷺族姪七夕詩」). ▸8월, 휴가차 여행을 떠나는 조종영에게 송별시(「述懷呈斗陽趙公」)를 지어 바치다.
1824	순조 24	18	▸이 무렵, 가을에 『이소(離騷)』를 읽고 있는데 충주의 시인 서미(徐湄)가 찾아와 교분을 맺다.
1825	순조 25	19	▸정월 대보름날, 운종교에서 다리밟기를 하고 시(「乙酉上元夜 與同閈諸人 踏雲從橋」)를 짓다. ▸5월, 물려받아 살고 있던 조부 박지원의 옛집 계산초

			당(桂山草堂)으로 효명세자(孝明世子)가 왕림하여 학업을 장려하고 돌아가다.
1826	순조 26	20	▸10월, 담헌(湛軒) 홍대용(洪大容)의 손자 홍양후(洪良厚)와 처음 교분을 맺고, 동지 부사 신재식(申在植)을 따라 연행에 나서는 그에게 증언(贈言)을 지어주다.
1827	순조 27	21	▸역대 중국의 뛰어난 인물에 관한 글들을 광범하게 발췌하고 그에 대해 평어를 붙인 『상고도 회문의례(尙古圖會文義例)』(16권 16책)를 완성하다. 척숙 이정리와 그의 벗 홍길주(洪吉周)가 서문을 지어주다. ▸2월, 순조의 명으로 효명세자가 대리청정을 시작한 뒤, 성균관 유생의 일차 전강(日次殿講)에서 『주역』을 진강(進講)하고 효명세자의 인정을 받다.
1828	순조 28	22	▸『의례(儀禮)』부터 시작하여 삼례(三禮)를 연구하다. 『심정의례수해(審定儀禮修解)』를 지었으나, 현재 전하지 않는다.
1829	순조 29	23	▸6월, 부친 박종채가 음보(蔭補)로 선공감 가(假)감역에 임명되어 처음 벼슬에 나아가다. ▸가을, 효명세자의 명으로 『연암집(燕巖集)』을 진상하다. 그와 아울러 『상고도 회문의례』를 진상하고, 조선조 역대 임금들의 행적을 예찬한 「봉소여향(鳳韶餘響)」(칠언절구 100수)을 지어 바치다. ▸조부 박지원이 안의 현감을 지냈을 적에 지인동자(知印童子)로서 그를 모셨다는 김득우(金得禹)에게 「화림가(花林歌)」를 지어주다. 김득우는 가을에 척숙 이정관이 의령 현감으로 재임 중인 이정리를 찾아갔을 때 만난 것을 계기로 알게 되었다. ▸동짓날 밤에 「백설세모행(白雪歲暮行)」(칠언 104구)을 짓다. 그 뒤 홍길주의 저서 『숙수념(孰遂念)』을 읽고 감동하여 「숙수념행(孰遂念行)」으로 시의 제목을 고쳤다.
1830	순조 30	24	▸2월, 전년에 조종영이 별세하여 그의 영전에 바치는 제문(「祭北海趙公文)을 짓다. ▸벗 이헌명(李憲明)의 모친 회갑 축시(「中原有奇樹 爲李氏壽」)를 짓다.

			▸4월, 부친 박종채가 복온공주(福溫公主) 가례(嘉禮) 때 본궁(本宮) 수리 감역으로서 6품으로 승진하다. ▸5월, 효명세자가 요절하여 「효명세자 만장(輓章)」을 대작(代作)하다. 효명세자에 대한 변함 없는 충성을 다짐하는 뜻으로 자호의 '환(桓)'자를 '환(瓛)'자로 고치고, 이후 1848년까지 18년 동안이나 은둔생활을 하다.
1831년	순조 31	25	▸1월, 부친 박종채가 조부 박지원의 언행을 기록한 『과정록(過庭錄)』을 저술하다. 1826년에 탈고했으나 그 뒤 일부 수정하여 최종적으로 완성한 것이다.
1832년	순조 32	26	▸5월, 이헌명의 부친 회갑 축시(「澆花辭 爲李氏澆花齋壽」)를 짓다. ▸양반 사대부의 의관(衣冠) 제도 개혁을 논한 『거가잡복고(居家雜服攷)』(3권 2책)를 탈고하다. 이는 아우 주수의 제안과 협조로 이루어졌다. ▸연행을 떠나는 이에게 글(「贈人入燕序」)을 지어 주다.
1833년	순조 33	27	▸12월(1834년 양력 1월), 부친 박종채가 경상도 경산 현령에 임명되다.
1834년	순조 34	28	▸1월, 모친 전주 유씨가 향년 55세로 별세하다. ▸11월, 순조가 승하하고 왕세손인 헌종이 즉위하다. 순조의 비(妃)인 순원왕후 김씨가 수렴청정을 시작하다. 효명세자가 익종(翼宗)으로 추존되다.
1835년	헌종 1	29	▸여름, 부친 박종채의 임소에서 아우 주수가 『거가잡복고』를 필사하고 교감하다. ▸11월 13일, 부친 박종채가 향년 56세로 임지에서 순직하다. 부친을 따라가 있던 아우 주수도 이틀 뒤에 요절하였다. 주수의 부인은 안동(安東) 김씨로, 부제학을 지낸 김근순(金近淳)의 딸인데 이듬해 6월에 순절했다.
1836년	헌종 2	30	▸11월, 장인 이준수가 안산(安山) 군수에 임명되다. 이듬해 12월까지 재임하였다.
1839년	헌종 3	33	▸10월, 척숙 이정리가 동지사 서장관으로 연행에 나서다. 아우 이정관이 따라가다. 북경에서 동성파(桐城派) 문인 매증량(梅曾亮)·오가빈(吳嘉賓)에게 김매순(金邁淳)의 글 등을 소개하고, 하장령(賀長齡)·위원(魏

			源)이 편한 『황조경세문편(皇朝經世文編)』(120권)을 구입하여 이듬해 3월에 귀환하다.
1840년	헌종 6	34	▸이 무렵, 10년 동안이나 등한시했던 시 창작을 재개하다. 시 짓기를 좋아하지 않는다는 벗 김상현(金尙鉉)의 조롱을 받고 해명 삼아 장편 고시(「渭師嘲余不喜作詩以一百韻解之」)를 짓다. ▸3월, 『삼한총서(三韓叢書)』 중 조부 박지원의 『열하피서록(熱河避暑錄』 표지에 제사(題詞)를 쓰다. ▸9월, 중양절(重陽節)에 김상현의 집을 방문하여 그의 증조 김상악(金相岳)과 성리학자 정호(程顥)·주희(朱熹)의 영정에 절하고 시(「經臺宅 拜韋庵公遺像」)를 짓다. ▸벗 윤종의(尹宗儀)·김영작(金永爵)·김상현과 함께 북한산을 유람하고 시(「秋晩 同淵齋諸友宿禪房 賞楓」)를 짓다. 4인의 작품을 모은 시권(詩卷) 『북산추음(北山秋吟)』에 선배 홍길주가 제사(題詞)를 써주다. ▸백작약을 노래한 현감 김익정(金益鼎)의 시에 차운하다(「夏篆使君示咏白灼藥詩」). 김익정의 부인은 백부 박종의의 딸로서, 김익정의 조카인 김윤식(金允植) 형제를 양육하였다. ▸성진 첨사로 부임하는 신관호(申觀浩: 개명 櫶)에게 송별시(「贈申僉使觀浩城津之任」)를 지어주다. ▸전라도 병마우후로 부임하는 이인규(李仁奎)에게 송별시(「別李而春虞侯」)를 지어주다. ▸이 무렵, 관직에서 은퇴하여 동대문 밖 번계(樊溪)에 칩거하고 있던 서유구(徐有榘)를 종유하다. 그의 서실인 자연경실(自然經室)에서 열린 시회(詩會)에 종종 참석하여 선배 홍길주·윤정현(尹定鉉), 벗 김영작·김상현·서승보(徐承輔)·서유영(徐有英)·신필영(申弼永)·홍우건(洪祐健) 등과 함께 시를 짓다. 서유구에게 바친 시 2편(「呈徐楓石致政尙書」, 「擬古 呈楓石菴」)이 현재 전한다.
1841년	헌종 7	35	▸3월, 벗들과 석경루에서 묵으며 시(「辛丑暮春 宿石瓊樓 次壁間詩」)를 짓다. ▸11월, 아우 주수의 기일에 맞추어 『거가잡복고』의 서

			문을 짓다.
1842년	헌종 8	36	▸8월, 성균관 유생으로 일차 전강에서 합격하여 상을 받다.
1843년	헌종 9	37	▸척숙 이정리가 북청 부사로 재임 중 향년 61세로 별세하다.
1845년	헌종 11	39	▸2월, 7대조 박미(朴瀰)의 유고를 모은 『문정공 문초(文貞公文鈔)』를 편찬하고 서문을 짓다.
1848년	헌종 12	42	▸1월, 『고려사』에 실린 명나라 태조의 칙서를 읽고 감개하여 그에 대한 발문(「高麗史 洪武聖諭跋」)을 짓다. ▸3월, 윤종의가 천주교와 서양의 침략을 물리칠 대책을 강구하기 위해 『벽위신편(闢衛新編)』(7권)을 편찬하자, 그에 대해 논한 「벽위신편 평어(闢衛新編評語)」를 짓다. 이는 위원(魏源)의 『해국도지(海國圖志)』에 의거하여 천주교를 비판하고 대책을 제시한 글이다. ▸5월, 증광시 문과에 병과(丙科)로 급제하여 오랜 은둔 생활을 청산하고 비로소 벼슬길에 나서다. ▸11월, 장인 이준수(李俊秀)가 향년 71세로 별세하다. 이준수는 월사(月沙) 이정귀(李廷龜)의 후손으로, 안산 군수를 지냈다. 박규수가 부인 연안(延安) 이씨와 언제 결혼했는지는 알 수 없으나, 오랫동안 은둔하여 학업에만 전념했으므로 장인의 후원을 적지않게 받았던 듯하다. ▸12월, 사간원 정언에 임명되다.
1849년	헌종 15	43	▸2월, 장인 이준수의 영전에 바치는 제문(「祭外舅李公文」)을 짓다. ▸5월, 평안도 용강(龍岡) 현령에 임명되다. ▸6월, 헌종이 승하하고, 정조의 이복동생 은언군의 손자인 철종이 즉위하다. 순원왕후 김씨가 수렴청정을 시작하다. ▸심한 이질로 다섯 달이나 고생하다. ▸동짓날(음력 11월 27일), 용강현의 북극고도(北極高度 ; 위도)를 측정하다. ▸이 무렵, 용강현의 『읍지』 편찬을 계획하고, 용강 출신 선비 오창선(吳昌善)과 안기수(安基洙)의 도움을 받아

			우리나라 전도(全圖)인 「동여도(東輿圖)」를 제작하다.
1850년	철종 1	44	▸5월, 고조 장간공(章簡公) 박필균(朴弼鈞)에게 내린 증시(贈諡)를 용강 임소에서 맞이하다. ▸6월, 순원왕후의 명으로 전라도 부안 현감과 관직을 맞바꾸다. ▸8월, 부안현에 부임하다. ▸12월 19일(양력 1851년 1월 20일), 남극노인성(南極老人星)을 관측하다. ▸이 무렵, 천문관측을 위해 평혼의(平渾儀)와 간평의(簡平儀), 지세의(地勢儀) 등을 손수 제작하고, 지세의의 구조와 기능에 대해 해설한 「지세의명(地勢儀銘)」을 짓다. ▸이 무렵, 계산초당에서 니동(泥洞 : 종로구 운니동)으로 새로 집을 사서 이사하다.
1851년	철종 2	45	▸3월, 나주에 있는 시조 박응주(朴應珠)의 묘를 배알하고 후사(後嗣)를 잇게 해달라고 비는 글(「謁先祖戶長公墓文」)을 짓다. ▸부안 현감에서 해임되다. ▸4월, 실록청 낭청에 임명되다. ▸5월, 홍문관 부수찬에 임명되다. 경연(經筵)에 참석하다. ▸박선수의 장남 제정(齊正)이 태어나다. 제정은 박규수의 양자가 되었다. ▸6월, 헌종 탈상(脫喪) 후 헌종의 신위(神位)가 종묘의 본전에 모셔짐에 따라 진종(眞宗: 영조의 장남)의 신위를 영녕전으로 옮겨야 하는 문제가 야기되어 고위 관원들의 의견을 수합하게 되자, 진종의 조천(祧遷: 신위를 옮김)을 지지하는 의견(「眞宗大王祧遷當否議」)을 올리다. ▸7월, 전월에 이어, 진종의 조천에 반대한 영의정 권돈인(權敦仁)을 탄핵하는 홍문관의 연명차자(聯名箚子)에 동참하다. 그로 인해 하마터면 평안도 강서현으로 유배될 뻔하다. ▸8월, 전라좌도 경시관(京試官)으로 파견되어, 9월에 복명하다.

			▸귀환 도중에 구례 화엄사에 들러 화엄 석경(華嚴石經)의 파편들을 살펴보다. ▸섣달 그믐날, 벗 신석희(申錫禧)와 함께 홍문관에서 숙직하며 시(「辛亥除夕 宿玉堂 賦示士綏」)를 짓다.
1852년	철종 3	46	▸1월, 홍문관 수찬으로서 왕에게 『국조보감(國朝寶鑑)』과 『갱장록(羹墻錄)』을 읽도록 권하는 상소를 올리다. ▸2월, 전월에 이어, 헌종 사후 조병현(趙秉鉉)의 무리로 몰려 유배된 신관호 등의 방면 조치에 항의하는 홍문관의 연명차자에 수찬으로서 동참하다. ▸5월, 6월, 7월, 11월, 12월, 옥당(玉堂)으로서 소대(召對)와 경연에서 왕을 교도하고자 진력하다. ▸7월, 부교리로서 문신들을 대상으로 한 제술(製述)에서 수석을 차지하여 상을 받다. ▸8월, 유배 중인 권돈인 · 김정희(金正喜)의 석방과 조병현의 죄명 삭제 조치에 반대하는 홍문관의 연명차자에 부수찬으로서 동참하다. ▸함경 감사로 재임 중인 윤정현이 신라 진흥왕의 황초령(黃草領) 순수비 탁본을 보내오다.
1853년	철종 4	47	▸1월, 홍문관 수찬에 임명되다. ▸4월, 부수찬에 임명되다. ▸6월, 부교리에 임명되다. ▸11월, 교리, 수찬에 임명되다. ▸12월, 교리에 임명되다. ▸겨울, 안기수가 제작한 중국 지도에 발문(「安魯源手摹神州全圖跋」)을 지어주다.
1854년	철종 5	48	▸1월, 경상좌도 암행어사에 임명되다. 이후 낙동강 동쪽 지역을 두루 순행하고 귀로에 충청도와 경기도 일부 지역을 지나면서, 전 · 현직 관리들의 부정과 환곡제도 등의 폐단을 조사하다. 벗 서승보의 부친인 전 밀양부사 서유여(徐有畬)에 대해서도 사정을 두지 않고 탐관오리로 지목하고 봉고 파직 조치를 내렸으므로, 서승보로부터 절교를 당하다. ▸4월, 척숙 이정관이 향년 63세로 별세하다. ▸11월, 암행어사 임무를 마치고 왕에게 보고서인 『수계(繡啓)』(2책)를 올리다.

			▸12월, 암행어사 임무를 성실히 수행한 공로로 정3품 당상관인 동부승지에 특별 임명되다. 승정원에서 함께 숙직하던 이삼현(李參鉉)과 연구시(聯句詩)를 짓다.
1855년	철종 6	49	▸5월, 좌부승지에 임명되다. ▸11월, 화가 정내봉(鄭來鳳)에게 청 고염무(顧炎武)의 화론(畵論)에 대한 발문(「錄顧亭林先生日知錄論畵跋」)을 지어주다.
1856년	철종 7	50	▸5월, 우부승지에 임명되다.
1857년	철종 8	51	▸윤5월, 동부승지에 임명되었으나 병으로 곧 교체되다. ▸6월, 우부승지에 임명되었으나 병으로 곧 교체되다. ▸7월, 동부승지에 임명되어, 9월까지 재임하다. ▸「대구 민충사 중건기(大邱愍忠祠重建記)」를 짓다. 경상 감사인 벗 신석우(申錫愚)가 영조 초의 무신란(戊申亂) 진압에 공로가 컸던 전 경상 감사 황선(黃璿)의 사당인 민충사(愍忠祠)를 복구하고 나서 그에 대한 글을 지어주도록 요청하여 지은 것이다. ▸10월, 진주 목사에 임명되었으나, 신병을 이유로 소장(訴狀)을 바쳐 11월에 파면되다.
1858년	철종 9	52	▸2월, 동부승지에 임명되었으나 곧 교체되다. ▸5월, 동부승지에 임명되다. ▸6월, 황해도 곡산 부사에 임명되다.
1859년	철종 10	53	▸2월, 박선수가 증광시에서 진사 급제하다. ▸벗 신기영(申耆永)의 요청으로 그의 부친 신교선(申敎善)의 묘지명(「處士滷泉申公墓誌銘」)을 짓다.
1860년	철종 11	54	▸1월, 곡산 부사에서 교체되다. 그와 동시에 좌부승지에 임명되었으나 곧 교체되다. ▸윤3월, 동부승지에 임명되었으나 병으로 곧 교체되어 요양하다. ▸12월, 영국·프랑스 연합군의 북경 점령으로 청 함풍제(咸豊帝)가 열하(熱河)로 피신한 소식을 접한 정부가 열하 문안사(問安使)를 파견하기로 하자, 자원하여 부사(副使)에 임명되다.
1861년	철종 12	55	▸1월, 북경을 향해 출발하다. 그에 앞서 벗들과의 송별

			연에서 칠언 56구의 장편 고시(「辛酉孟春 將出疆 留別諸公」)를 짓다. ▸2월, 압록강을 건넌 뒤 난니보(爛泥堡)에서 동지사의 정사로서 귀환하던 중인 신석우와 조우하다. ▸3월, 북경에 도착했으나, 함풍제가 조선 사신에게 열하 예방(禮訪)을 면제한다는 칙유를 내림에 따라 5월까지 북경에 체류하다. 중국의 정세에 대해 보고하는 편지를 비변사로 발송하다. ▸북경에서 심병성(沈秉成)·동문환(董文渙)·황운혹(黃雲鵠)·왕증(王拯)·왕헌(王軒)·풍지기(馮志沂)·정공수(程恭壽) 등과 교유하고, 조부 박지원의 글과 아울러 「지세의명」「벽위신편 평어」 등을 그들에게 보이고 평을 구하다. 심병성에게 산수화를 그려주고 시(「題手畫 贈書圖 贈別沈仲復」)를 짓다. 황운혹의 요청으로 「완정복호도(完貞伏虎圖)」를 노래한 칠언 32구의 장편 고시(「題完貞伏虎圖」)를 지어주다. 자인사(慈仁寺)의 고염무(顧炎武) 사당, 자수사(慈壽寺)에 봉안된 명나라 효정태후(孝定太后 : 神宗의 母后)의 영정, 장춘사(長椿寺)에 봉안된 명나라 효순태후(孝純太后 : 毅宗의 모후)의 영정 등을 참배하다. ▸동문환이 베푼 송별연에서 오언 160구의 장편 고시(「顧祠會飮 賦贈沈仲復諸公」)를 짓다. 심병성 등에게 송별시(「辛酉端陽翌日 書贈沈仲復諸公」)를 지어주다. ▸6월, 귀환하다. ▸9월, 성균관 대사성에 임명되다. ▸10월, 북경에서 교분을 맺은 심병성·동문환·황운혹·왕증·왕헌·풍지기 등에게 서신을 보내다. 이후 꾸준한 서신 왕래를 통해 이들과 우정을 이어가다. ▸선배 윤정현의 요청으로 그의 부친 윤행임(尹行恁)의 묘지명(「吏曹判書贈領議政 尹公行恁墓誌銘」)을 짓다.
1862년	철종 13	56	▸2월, 진주농민항쟁이 일어나, 사태 수습과 진상 조사를 위한 안핵사(按覈使)에 임명되다. ▸3월, 경상도 선산에 도착하자, 사태를 온건하게 수습함으로써 민심 안정에 주력할 뜻을 밝힌 관문(關文)을 진주로 발송하다.

			▸진주에 도착한 뒤, 현지에 부임하기까지의 활동 상황을 보고한 장계를 올리다. ▸함양 · 거창 등에서도 농민항쟁이 잇달아 일어나자, 항쟁의 배후 세력으로 토호들을 지목하고 양반 사족층의 책임을 추궁한 관문을 도내 각 고을로 긴급 발송하다. ▸경상도 우병사 백낙신(白樂莘)의 탐학을 보고하는 장계를 올리다. ▸5월, 진상 조사 보고가 지체되고 있다는 문책에 대해 해명하는 장계를 올리다. 마침내 조사 사업을 마무리하고, 항쟁의 원인이 된 환곡 부정 실태를 밝힌 「사포장계(查逋狀啓)」, 항쟁 주모자 및 가담자를 수사한 「사계발사(查啓跋辭)」, 그리고 환곡제도 개혁을 위한 특별기구 설치를 건의하는 「강구방략(講究方略)」을 지어 올리다. ▸진상 조사에 석 달이나 걸리고 죄수들에 대해 지나치게 가벼운 형벌을 청구했다는 이유로 삭직(削職) 처분을 받다. ▸양반 사족층의 책임을 추궁한 관문에 대해 영남 유생들이 반발하는 상소를 잇달아 올리다. ▸윤8월, 우부승지에 임명되었으나 사양하는 상소(「右副承旨 違召後 自劾疏」)를 올리고, 이후 은거하다. ▸김포 군수로 재임 중인 윤종의의 초대로 신석우 · 조면호 등과 함께 한강의 서강(西江)에서 출발하여 김포까지 뱃놀이를 다녀오면서 시(「壬戌仲秋 與同人 赴尹士淵太守之約」)를 짓다. ▸겨울, 중국의 심병성에게 중봉(重峯) 조헌(趙憲)의 유허비(遺墟碑) 탁본과 고려 말 진철선사(眞澈禪師)의 보월승공탑비(寶月乘空塔碑) 탁본을 보내다. ▸안핵사로 재임할 때 진주의 관고에 소장된 『대명률직해(大明律直解)』를 발견하고 그에 대해 고증한 글(「題晋州官庫所藏大明律卷後」)을 짓다.
1863년	철종 14	57	▸5월, 이조 참의에 서용(敍用)되다. ▸7월, 벗 남병철(南秉哲)이 별세한 뒤, 그의 유고에 대한 서문(「圭齋集序」)을 짓다. ▸12월, 철종이 승하하고, 홍선대원군의 차남인 고종이

			즉위하다. 익종의 비(妃)인 신정왕후 조씨가 수렴청정을 시작하다.
1864년	고종 1	58	▸1월, 신정왕후의 전교에 의해 종2품 가선대부에 특별 가자(加資)되고, 동지의금부사에 임명되다. 그에 따라 부친 박종채와 조부 박지원, 증조 박사유(朴師愈)에게 각각 이조 참판과 이조 참의, 사복시 정(司僕寺正)이 추증되다. ▸한성 우윤, 병조 참판, 동지춘추관사에 임명되다. ▸2월, 동지돈녕부사, 동지경연사에 임명되다. ▸3월, 도승지, 강관(講官), 예문관 제학에 임명되다. ▸4월, 예문관 제학, 대사헌, 동지실록사에 임명되다. 예문관 제학을 사양하는 상소(「辭藝文提學疏」)를 올리다. ▸4월, 5월, 6월, 8월, 9월, 10월, 11월, 12월, 강관으로서 『소학』을 권강(勸講)하다. ▸6월, 경연 특진관(特進官), 홍문관 제학에 임명되다. ▸8월, 예문관 제학, 승문원 제조에 임명되다. ▸9월, 한성 좌윤에 임명되다. ▸개성 유수 김영작이 지은 「북해 조종영 생사 유허비음기(北海趙鍾永生祠遺址碑陰記)」의 글씨를 쓰다. ▸10월, 도승지, 이조 참판, 전설사 제조, 도승지에 임명되다. ▸예조 판서 김병학(金炳學)이 지은 「노락당기(老樂堂記)」의 글씨를 쓰다. 노락당은 대원군의 저택인 운현궁의 중심 건물이다. ▸겨울에 천둥이 치는 이변을 만나 왕이 신하들에게 의견을 구하는 교서(「下雷異求言敎」)를 지어 바치다. ▸박선수가 증광시 문과에 장원 급제하여, 통정대부에 가자되고 병조 참의에 임명되다. ▸11월, 비변사 유사 당상에 임명되다. ▸『법선도(法善圖)』와 『인심도심도(人心道心圖)』의 서문 제술인(製述人)의 한 사람으로 낙점되어 「법선도 발(法善圖跋)」과 「인심도심도 발(人心道心圖跋)」을 지어 바치다. ▸12월, 홍문관 제학, 대사헌에 임명되다. ▸화공을 시켜 연행(燕行) 당시 자인사의 고염무 사당에

			서 중국 문사들과 만나던 광경을 그린 「고사음복도(顧祠飮福圖)」를 그리게 하고 이를 심병성에게 보내다. 그와 아울러 『해경세초해(海鏡細草解)』 등 천문 수학에 관한 남병철의 저서들을 함께 보내면서, 수학에 조예가 깊은 왕헌에게 전해주도록 당부하다. ▸홍양후가 편지를 보내오다.(『寬居外史』)
1865년	고종 2	59	▸2월, 정2품 자헌대부에 가자되고, 한성 판윤에 특별 임명되다. 그에 따라 부친 박종채와 조부 박지원, 증조 박사유에게 각각 이조 판서, 이조 참판, 이조 참의가 추증되다. ▸3월, 홍문관 제학, 동지춘추관사, 공조 판서, 선혜청 제조, 동지경연사에 임명되다. ▸4월, 경복궁 중건을 위한 영건도감(營建都監)의 제조, 예조 판서, 동지의금부사에 임명되다. ▸만동묘(萬東廟)가 철폐됨에 따라, 예조 판서로서 만동묘의 현판을 대보단(大報壇)에 수장하다. 그러나 한편으로는 만동묘 철폐 명령을 취소하도록 요청하는 상소(「請還寢萬東廟停撤疏」)를 지어두다. ▸5월, 석경루에서 수진보작(壽進寶酌)이라는 상서로운 술잔이 발굴되자, 예조 판서로서 이를 예찬하는 글(「壽進寶酌銘」)을 지어 바치다. 내의원 제조에 임명되다. ▸윤5월, 예문관 제학, 『대전통편(大典通編)』 찬집 당상(纂輯堂上)에 임명되다. ▸6월, 예조 판서로서 종묘 사직의 제사 때 서계(誓戒)와 이의(肄儀)를 행하는 곳을 변경하는 데 대해 반대하는 의견(「廟社大享 誓戒肄儀 移行議」)을 올리다. ▸7월, 예문관 제학에 임명되다. ▸8월, 『대전통편』 교정 당상, 지돈녕부사, 예문관 제학에 임명되다. 영호남의 수재민을 위로하는 윤음(「慰諭嶺湖被災人綸音」)을 짓다. ▸10월, 예문관 제학에 임명되다. ▸12월, 성단(星壇)의 악사(樂詞)를 지어 바치다.
1866년	고종 3	60	▸2월, 평안 감사에 임명되다. ▸3월, 윤정현이 지은 「동현재 산수진적 발(董玄宰山水眞蹟跋)」의 글씨를 쓰다.

			▸5월, 평안 감사로서 철산에 표착(漂着)한 미국 상선 서프라이즈(Surprise)호의 선원들을 구조하여 중국으로 안전하게 이송하도록 하다. ▸7월, 대동강에 미국 상선 제너럴셔먼(General Sherman)호가 침투하자, 평양 중군 이현익(李玄益)과 평양 서윤 신태정(申泰鼎)을 파견하여 문정(問情)하게 하다. 여러 차례의 설득과 식량 제공에도 불구하고 중군을 억류하고 인명을 살상하는 등 횡포를 부리며 퇴각하지 않으므로, 마침내 평양의 군민(軍民)들을 지휘하여 화공(火攻) 전술로 셔먼호를 격침하고 토마스(R. J. Thomas) 목사 등 일당을 몰살하다. 셔먼호를 격침한 공로로 정2품 정헌대부에 특별 가자되다. ▸8월, 외세의 침입에 대비하여 대동강 입구의 동진(東津)에 진(鎭)을 설치하도록 건의하다. 특별 가자에 감사를 표하고 유공(有功) 군민들에 대한 포상을 요청하는 상소(「辭特加正憲疏」)를 올리다. ▸9월, 프랑스 함대가 침입하여 병인양요가 일어나자, 대동강 연안에 토성을 급히 쌓도록 지시하고 평안도 포수들을 모집하여 강화도로 급파하다. ▸11월, 대동강에서 여러 차례 서양대포 발사 시험을 하다. ▸12월, 미국 군함 와츄세트(Wachusett)호가 내도하여, 셔먼호 사건에 대한 해명을 요구한 함장 슈펠트(R. W. Shufelt)의 조회(照會)를 전달하고 퇴거하다. 슈펠트의 조회에 대해 황해 감사 명의로 된 답서(「擬黃海道觀察使 答美國人照會」)를 지어두다. ▸동문환에게 백금 50냥을 보내 북경 자수사에 봉안된 효정태후의 영정을 보수하도록 부탁하다. 영정 보수 작업은 이듬해 5월에 완수되었다.
1867년	고종 4	61	▸7월, 동진 첨사 이종원(李鍾元)의 지휘 하에 동진진(東津鎭)이 완성되다. ▸9월, 임지에서 환갑을 맞이하다. ▸12월, 병으로 사의를 표명했으나 평안 감사에 잉임(仍任)되다.
1868년	고종 5	62	▸3월, 셔먼호 선원들이 일부 생존하여 억류되어 있다는 미국측 주장을 전한 중국의 자문(咨文)에 대해 회답하는

			자문(「請開諭美國使臣 勿致疑怪咨」)을 맡아서 짓다. ▸ 미국 군함 셰난도어(Shenandoah)호가 내도하여, 셔먼호 생존 선원 석방 문제에 대한 협상을 요구한 부함장 페비거(J. C. Febiger)의 조회를 전달하다. ▸ 4월, 셰난도어호가 퇴거하자, 중국에 셰난도어호 내항 사태의 전말을 알리고 미국측의 의혹을 풀어주도록 청하는 자문(「美國兵船回去 請使遠人釋疑咨」)을 기초하다. ▸ 독일 상인 오페르트(E. J. Oppert) 일당이 대원군 부친인 남연군의 묘 도굴에 실패한 뒤 달아나자, 중국에 오페르트 사건의 전말을 알리는 자문(「陳洋舶情形咨」)을 기초하다. ▸ 7월, 벗 김영작이 별세한 뒤, 그가 남긴 시첩(詩帖)에 제사(「題卲亭遺墨帖」)를 쓰다. ▸ 8월, 평안 감사에 잉임되다. ▸ 9월, 임지에서 진갑을 맞이하다. ▸ 10월, 청북 암행어사와 청남 암행어사가 모두 평안 감사 박규수의 선정(善政)을 보고하다. ▸ 벗 서유영이 의령(宜寧) 현감으로 재임 중 암행어사의 탄핵으로 파직당해 평안도 삼등(三登)으로 유배가던 길에 찾아오다.
1869년	고종 6	63	▸ 1월, 평안 감사 사직 상소를 올렸으나, 내년 봄까지 잉임하라는 비답(批答)이 내리다. ▸ 3월, 양자 제정(齊正)이 요절하다. ▸ 4월, 평안 감사에서 해임되다. 그 뒤 후임 한계원(韓啓源)에게 보낸 편지(「與新箕伯某公」)가 전한다. ▸ 5월, 의정부 당상에 환차(還差)되다. ▸ 6월, 관상감 제조, 형조 판서, 예문관 제학에 임명되다. ▸ 7월, 홍양후에게 편지를 보내다.(『是學』) ▸ 8월, 10월, 강관으로 복귀하여 진강하다. ▸ 8월, 형조 서리들의 부정 사건에 대해 형조 판서로서 자인(自引)하는 연명상소를 올리다. ▸ 9월, 홍양후에게 편지를 보내다.(『是學』) ▸ 10월, 예문관 제학에 임명되다. ▸ 11월, 홍양후에게 편지를 보내다.(『是學』) ▸ 12월, 동지성균관사, 공시(貢市) 당상에 임명되다.

			▸양자가 요절한 뒤 양손(養孫)을 구하는 문제로 목천(木川)에 다녀오던 길에 천안의 수촌(壽村)에서 은거 중인 홍양후를 방문하고 담헌 홍대용의 묘를 참배하다.
1870년	고종 7	64	▸2월, 3월, 4월, 5월, 8월, 윤10월, 11월, 12월, 강관으로서 진강하다. ▸윤10월, 종자(宗子 : 종가의 맏아들) 즉 요절한 아우 박주수의 양자를 세울 수 있도록 청원하는 상소를 올려 예조의 허가를 받다. ▸11월, 김성근(金聲根)의 집에서 열린 시주(詩酒)의 모임에 참석하여 신석희 · 조면호 등과 시를 짓다. 홍선대원군이 차운시(次韻詩)를 보내오다. 자택에서 신석희 · 조면호 · 신응조(申應朝) · 김상현 · 김세균(金世均) · 김기수(金綺秀) 등과 시회를 열다. ▸12월 김세균의 집에서 신석희 · 조면호 · 김상현 등 15인이 모여 '십오로회(十五老會)'를 열고 시를 짓다. 조면호의 집에서 난매회(暖梅會)를 열고 신석희 등과 함께 홍선대원군의 매화시(梅花詩)에 화운(和韻)하는 시를 짓다. 홍선대원군은 난매비(暖梅費)를 보내왔다. 연말에 자택에서 신석희 등과 함께 시회를 열다.
1871년	고종 8	65	▸1월, 승문원 유사 당상에 임명되다. ▸2월, 『동문휘고(同文彙考)』의 교정 당상에 임명되다. ▸미국 함대의 원정을 통고하고 아울러 통상(通商)을 촉구하는 미국 공사 로우(F. F. Low)의 친서를 전달한 중국의 자문에 대해 회답하는 자문(「美國封函轉遞咨」)을 짓다. ▸2월, 3월, 5월, 10월, 12월, 강관으로서 『중용』을 진강하다. ▸3월, 예문관 제학에 임명되다. ▸4월, 지의금부사로서 오페르트 일당과 연계된 천주교인들에 대한 친국(親鞫)에 참여하다. ▸관상감에 있던 해시계 간평혼개일귀(簡平渾蓋日晷)의 탁본을 박선수에게 보내다. ▸단종 복위 모의에 가담했다가 사육신을 뒤따라 자살한 박심문(朴審問)에게 시호가 추증되다. 그 뒤 박심문의 신도비명(「忠貞朴公審問神道碑銘」)을 짓다.

			▸미국 함대가 원정을 감행하여 신미양요가 일어나다. 강화해협의 입구인 손돌목에서 최초의 무력충돌이 발생한 뒤 미국측이 보낸 항의 서신에 대해 강화 진무사(鎭撫使) 정기원(鄭岐源)을 대신하여 회신(「江華府留守兼鎭撫使鄭岐源 送美國公使照會」)을 짓다. ▸5월, 초지진과 덕진진 · 광성진 전투 이후 장기간 대치하던 미국 함대가 자진 철수하자 신미양요의 전말을 중국에 알리는 자문(「美國兵船滋擾咨」)을 짓다. 강화도 포군의 군량 조달을 위해 포량미(砲粮米)를 징수하는 문제에 대해 의견(「沁都兵餉措畫議」)을 올리다. ▸9월, 조면호가 지은 고시 「명엽게(明葉偈)」에 대해 칭송하는 평어를 지어주다. ▸11월, 홍문관 및 예문관 대제학, 지성균관사(대제학이 겸임함)에 임명되다. 대제학을 사양하는 상소(「辭大提學疏」)를 올렸으나 받아들여지지 않다. ▸용강현 출신 김득진(金得振)의 충효를 표창하는 정문(旌門)이 내리자 정문의 음기(「振武功臣金得振旌門陰記」)를 짓다. ▸12월, 변란을 기도한 이필제(李弼濟) 일당에 대한 추국(推鞫)에 지의금부사로서 참여하다. ▸감제(柑製)에서 독권관(讀券官)으로서 진사 한장석(韓章錫)을 수석으로 뽑다.
1872년	고종 9	66	▸1월, 홍문관 및 예문관 대제학, 지성균관사에서 사임하다. 승문원 제조, 공시 당상에 환차되다. ▸2월, 알성시 문과에서 독권관으로서 김옥균(金玉均)을 장원으로 뽑다. ▸홍양후에게 편지를 보내다.(『古稱燕士』) ▸4월, 대원군에게 청원 편지를 올려 청 동치제(同治帝)의 결혼을 축하하는 진하 겸 사은사(進賀使兼謝恩使)의 정사로 임명되다. ▸역모 죄인에 대한 친국에 지의금부사로서 참여하고, 왕이 일부 죄인에게 감형 조치를 명한 데 대해 반대하는 연명상소에 동참하다. ▸홍양후에게 편지를 보내다.(『瓛齋集』 권9) ▸5월, 6월, 강관으로서 진강하다.

			▸5월, 형조 판서에 임명되다. ▸윤종의에게 답신을 보내다. ▸6월, 진하사의 정사가 됨에 따라 종1품 판중추부사에 가설(加設)되다. ▸7월, 북경을 향해 출발하다. 수역(首譯)으로 오경석(吳慶錫)이 수행하다. 보수한 명 효정황후의 영정에 대한 기문(「孝定皇后畵像重繕恭記」)을 지어 가지고 가다. 윤정현에게 부탁하여 짓게 한 「효정이태후 상정개장기(孝定李太后像幀改裝記)」도 함께 가지고 가다. 북촌시사(北村詩社)의 동인인 신석희 · 조면호 · 박원양(朴元陽 : 朴泳孝 부친) · 김세균 · 홍순목(洪淳穆 : 洪英植 부친) 등이 송별시를 지어주다. ▸9월, 북경에 도착하여 동치제의 결혼식 축하행사에 참여하다. 정공수와 재회하고, 동문찬(董文燦) · 오대징(吳大澂) · 이자명(李慈銘) · 장지동(張之洞) · 예은령(倪恩齡) · 만청려(萬靑藜) · 팽옥린(彭玉麟) · 팽조현(彭祖賢) · 숭실(崇實) 등과 새로 교분을 맺다. 동문찬 · 오대징 · 이자명 등에게 박선수의 『설문해자익징(說文解字翼徵)』을 보이고 평을 구하다. 동문찬의 청으로 「신라왕 정계비(定界碑 : 진흥왕 황초령 순수비)」 탁본에 제사(題詞)를 써주다. 예은령에게 빌려서 감상한 명나라 충신 양계성(楊繼聖)과 양련(楊漣)의 글씨에 대해 발문(「敬題楊椒山 · 楊應山二先生遺墨後」)을 지어주다. 고염무 사당과 자수사 · 장춘사를 다시 찾아가 참배하다. 천진교안(天津教案)의 사죄 사절로 프랑스를 다녀온 숭후(崇厚)의 형 숭실로부터 유럽의 정세(프로이센 · 프랑스전쟁 발발)에 관한 정보를 전해 듣다. ▸11월, 북경을 출발하여, 12월에 귀환하다. 고종에게 서양식 총포와 군함 제조에 성공한 청 양무운동(洋務運動)의 성과를 보고하다. ▸함경도의 저명한 성리학자였던 임종칠(林宗七)의 문집에 서문(「屯塢集序」)을 지어주다.
1873년	고종 10	67	▸2월, 5월, 6월, 8월, 9월, 10월, 11월, 강관으로서 진강하다.

			▸5월, 형조 판서, 지의금부사에 임명되다. ▸6월, 내의원 제조에 임명되다. ▸11월, 홍선대원군의 정책을 비판한 최익현(崔益鉉)의 상소로 인해 홍선대원군이 하야하고 고종이 친정(親政)을 시작한 뒤, 규장각 제학에 임명되다. ▸12월, 우의정에 임명되다. 그에 따라 부친 박종채와 조부 박지원, 증조 박사유에게 각각 영의정, 좌찬성, 이조 판서가 추증되다. 경모궁(景慕宮) 및 분원(分院) 도제조에 임명되다. 규장각 제학에서 해임해주기를 청하는 차자(「乞解內閣提學箚」)를 올리다. 경연에서 왕에게 신하들과 적극적으로 국사를 의논할 것을 건의하다(「賓對上殿啓」).
1874년	고종 11	68	▸1월, 왕에게 절약하고 검소한 생활을 하도록 건의하다(「賓對上殿啓」). 청나라 동전 통용 금지 조치에 따른 대책(「淸錢革罷後 措畫捄弊議」)을 건의하다. ▸2월, 내의원 도제조에 임명되다. ▸3월, 성균관 유생을 대상으로 한 시험인 춘도기(春到記)에서 독권관으로서 김윤식을 수석으로 뽑다. ▸5월, 왕실과 왕족의 간략한 족보인 『선원보략(璿源譜略)』의 발문을 짓다. ▸6월, 왕에게 백성을 위하는 일념으로 국정에 임할 것을 건의하다(「賓對上殿啓」). ▸원자(元子)가 수두(水痘)에서 회복된 것을 축하드리는 자리에서, 종전의 격식에서 벗어난 일본의 서계(書契)를 더 이상 물리치지 말고 접수할 것을 주장하다. ▸8월, 서계 접수를 반대한 홍선대원군을 설득하는 편지를 올리다. ▸9월, 우의정에서 해임해주기를 청하는 상소(「乞解右議政疏」)를 올리다. ▸만동묘가 복설(復設)됨에 따라 의식 절차를 정하는 문제에 대해 의견(「萬東廟儀節講定議」)을 올리다. ▸우의정에서 해임되고, 판중추부사에 임명되다. ▸11월, 병자호란 때 심양(瀋陽)에 잡혀간 김상헌(金尙憲)에게 중국인 맹영광(孟英光)이 그려준 국화꽃 그림에 대해 제사(「題孟樂癡畫菊帖」)를 짓다.

			▸12월, 4년 전에 작고한 전 영의정 조두순(趙斗淳)에게 시호가 내려 그의 시장(「領議政致仕奉朝賀 趙公謚狀」)을 짓다. ▸임진왜란 때 경상도 영천(永川)의 의병장이었던 정세아(鄭世雅) 부자의 사적을 기록한 『호수실기(湖叟實記)』의 중간본(重刊本)에 서문(「重刊鄭剛義公實記序」)을 지어주다. ▸전라병사 이승연(李承淵)의 청탁으로, 병자호란 때 척화를 주장하고 운둔한 그의 선조 이기발(李起浡)의 문집에 서문(「西歸集序」)을 지어주다.
1875년	고종 12	69	▸1월, 일본의 국사(國使)가 군함을 타고 부산에 와서 재차 서계의 접수를 요구하자, 서계 접수에 반대하는 대원군에게 설득하는 편지를 올리다. ▸2월, 서계 문제의 대책을 묻는 좌의정 이최응(李最應)의 편지에 답하다. 이후 이 문제로 계속 서신을 주고받다. ▸4월, 홍양후가 영돈녕(領敦寧) 이유원(李裕元)의 천거로 호조 참의에 임명되다. ▸5월, 사옹원 제조로서 진상 물품 문제로 자인(自引)하는 상소를 올리다. ▸서계 문제를 논하는 어전회의에서 서계의 접수를 주장하다. ▸서계 접수에 반대하는 대원군에게 거듭 설득하는 편지를 올리다. ▸수정한 『선원보략』의 발문을 짓다. ▸6월, 대원군의 운현궁 복귀를 촉구하는 상소를 주도한 유생들에 대해 감형을 요청하는 연명차자(「請疏儒裁處聯名箚子」)를 지어 올리다. 왕이 시원임 대신들의 요청을 거부하는 비답을 거두어들인 데 대해 송구해하는 연명차자(「相議定律批旨還收後聯名箚子」)를 지어 올리다. ▸8월, 일본 군함 운요호(雲揚號)가 강화도 해상에서 무력충돌을 일으키고 퇴거하다. ▸가을, 금강산 신계사(神溪寺)에 북경 자수사 경내의 비석에 새겨진 자죽관음상(紫竹觀音像)·어람관음상

			(魚籃觀音像)과 「서련부(瑞蓮賦)」의 탁본을 봉안하다. 이 탁본들은 1867년 동문환이 명 효정태후의 영정 보수 작업을 마친 뒤 보낸 것이다. ▸ 11월, 십년 전에 작고한 신석우에게 시호가 내려 그의 시장(「禮曹判書 申公諡狀」)을 짓다. 전년에 윤종의 · 조면호와 함께 신석우의 문집인 『해장집(海藏集)』을 편찬하였다. ▸ 12월, 내의원 도제조에 임명되다. ▸ 서미의 묘지명(「徐石史墓誌銘」)을 짓다. 서미는 1850년에 작고했다.
1876년	고종 13	70	▸ 1월, 일흔 살이 넘는 정2품 이상의 문신들을 예우하기 위한 기관인 기로소(耆老所)에 들다. ▸ 운요호 사건을 빌미로 일본의 전권대신 쿠로다 키요타카(黑田淸隆)가 함대를 이끌고 부산을 거쳐 북상하자, 그 대책을 논의하는 어전회의에서 수호(修好)를 표방하고 온 일본측에 대해 선공을 가해 분쟁의 빌미를 제공해서는 안 된다고 주장하다. ▸ 강화(講和)를 주장하는 조정의 대신들을 처형하라는 상소를 올린 최익현에 대해 국문(鞫問)을 요청한 시원임 대신들의 연명차자에 동참하다. ▸ 개수한 『선원보략』의 발문을 짓다. ▸ 요절한 양자 제정의 후사를 잇기 위해 일족 박제창(朴齊昌)의 아들 희양(羲陽)을 양손으로 들이다. ▸ 2월, 조일수호조규(朝日修好條規)가 조인된 이후, 강화를 비난한 상소에 직면하여 의정부 대신의 한 사람으로서 왕에게 견책을 내려주기를 자청하다. ▸ 봄, 역관 이용숙(李容肅)이 중국에서 용계동(龍繼東)의 전기(傳奇)를 구해오자 그에 대한 발문(「題龍槐廬彭溪傳奇後」)을 써주다. ▸ 4월, 내의원 도제조를 사임하다. ▸ 윤7월, 「죽석송월도(竹石松月圖)」(작가 미상)에 대한 제사(題詞)를 짓다. ▸ 8월, 원임(原任) 대신이 맡는 수원 유수에 임명되다. 부임한 지 수 일만에 발병하다. ▸ 화양동(華陽洞)의 환장암(煥章庵)에 자죽관음상 · 어

			람관음상과 「서련부」의 탁본을 봉안하다. ▸ 9월, 도교에서 신격화한 관우(關羽)의 사적을 그림으로 그리고 해설한 『관성제군 성적도지(關聖帝君聖蹟圖誌)』(청 盧湛 편찬)에 서문을 짓다. ▸ 12월, 병으로 사직 상소(「乞解水原留守疏」)를 올리다. ▸ 12월 27일(양력 1877년 2월 9일) 한양 북부 재동(齋洞) 자택에서 별세하다.

작성: 김명호

『환재 박규수 연구』 집담회

- 일시 : 2018년 7월 6일 금요일 오후3시
- 장소 : 실시학사
- 참석자 : 임형택, 김명호, 김흥수, 오상학, 김용태, 신로사

임형택 시작하겠습니다. 우리의 환재 연구가 2016년에 시작되어 3년이 경과했습니다. 이제 마무리를 짓고 그래서 결과물을 세상에 내놓게 되었습니다. 이 기획에 동참하신 연구자 여러분들 그 사이에 노고가 적지 않았을 줄로 생각됩니다. 저 자신도 긴 호흡의 글은 근래 쓰지 않다가 적잖은 분량을 만들어 내려니 괴로웠지요. 마감을 넘겨 쫒기는 심경으로 대충 손질해서 제출하였습니다만. 지금은 큰일에서 해방되었다는 마음이 듭니다. 실시학사 연구 총서에는 이와같은 집담회가 들어가게 되어 이 자리가 마련되었습니다. 자유롭고 가벼운 기분으로 말씀해 주시기를 바랍니다. 아마도 연구 과정에서 자랑하고 싶은 이야기도 있을 것이고 미처 다 쓰지 못한 사항이 있었을 터이니 털어놓기를 기대합니다. 나아가서는 환재의 시대에서 오늘에 이르기까지, 역사적 계기로 이어진 시간대라고 생각되는데 이런 점과 관련해서도 언급되는 것이 좋겠습니다.

사실상 이 연구 기획을 처음 설계한 분이 김명호 교수시고 해서 먼저 김교수에게 연구 계획을 설계한 취지랄까 방향이랄까 이에 대해 소개 말씀을 듣기로 하죠.

김명호 실시학사 총서의 일환으로 환재 박규수 연구를 기획하게 된 과정에 대해서 말씀드리겠습니다. 먼저 벽사 선생님 덕분에 이 기획이 추진될 수 있었다는 말씀을 드리고 싶습니다. 제가 2008년도에 졸저 『환재 박규수 연구』라는 책을 출간한 뒤 벽사 선생님께 올렸습니다. 그랬더니 뜻밖에도 벽사 선생님께서 친필 한문 편지를 보내주셨습니다. 당신도 『연암집』을 애독하시는 과정에서 연암의 손자인 환재에 대해서까지도 관심 갖고 글은 읽으셨으나 단 한 자도 그에 관해 논술을 한 것은 없어 스스로 안타깝게 생각했는데 이런 책이 나와서 너무 기쁘다고 격려하시는 말씀을 담은 친필 편지를 보내주셨습니다. 그때부터 이미 벽사 선생님께서 이 실시학사 실학연구총서의 일환으로 환재 박규수에 관한 연구를 염두에 두셨던 것이 아닌가 생각됩니다. 어떻게 보면 실학 연구의 범위에서 그동안 소홀히 되어 왔던 이 환재라는 존재에 대해서 유능한 연구 인력들이 모이게 된 근본 계기는 이와 같은 벽사 선생님의 평소 깊은 관심 덕분이라고 생각되고 그런 점에서 감사하게 생각합니다. 다만 선생님께서 살아계실 때 이 공동 연구의 성과물이 완성되어 선생님께 바쳐졌으면 좋았을텐데 정말 아쉽게 생각합니다.

박규수에 대한 종합적 연구기획

그러면 기획을 맡았을 당시 제 생각을 말씀드리겠습니다. 환재 박규수 연구가 사실은 환재 개인의 비중과 명성에 비해 너무 저조했습니다. 전공학자를 꼽아보면, 퇴임하신 한양대학교의 이완재 교수님, 작고하신 전주교육대학의 손형부 교수님, 그리고 제가 참가해 서너 사람밖에 사실 없습니다. 이처럼 적막한 상태에서 고독하게 연구를 해왔다고 생각됩니다. 또 제가 『환재 박규수 연구』라는 책을 내긴 했지만 그 책은 철종시대까지만 다루었기 때문에 환재의 활동 중에서 사실은 제일 중요한 시기인 대원군 집권기 고종시대 부분을 미완의 과제로 남겨둔 상태입니다. 게다가 제가 한다고 하기는 했지만 철종시대 부분까지도 사실 미흡한 부분이 적잖은 상태라고 생각합니다. 그래서 기존의 연구, 즉 저를 포함한 소수의 연구자들이 했던 연구 중에서 미흡한 부분과, 환재의 만년에 해당하는 고종 시대 박규수의 활동을 좀더 조명하는 방향으로 연구를 짜봤으면 좋겠다고 생각했습니다.

이에 따라 첫 번째는 19세기 사상사의 전반적인 지형 속에서 박규수의 사상이 어떤 의미를 가질 수 있는가를 짚어주는 연구를 임형택 선생님께 부탁드렸지요. 임 선생님이 논문에서도 밝히셨지만, 환재는 다산 정약용, 추사 김정희와 같은 선배 세대 학자와도 교류가 있었고, 또 동시대에 최한기 같은 인물들이 활동을 했으니까 그런 여러 중요한 인물들의 사상과 대비하면서 박규수의 사상사적 위상을 짚어주는 그런 작업이 꼭 필요한데 여태껏 이루어지지 않았습니다. 이것이 저에게는 항상 궁금한 과제였기 때문에, 임 선생님께 맡아주십사 부탁드린 것입니다.

그 다음은 환재 박규수의 두 번째 중국 여행에 관한 연구인데, 이것은 제가 자진해서 맡았습니다. 원고에서도 밝혔다시피 박규수의 사상에 대해서 실학에서 개화사상으로 전환했다는 것이 통설로 되어있고 두 차례에 걸친 중국 여행이 아마 그 계기가 되었을 것이라고 보아왔습니다. 그런데 제가 1861년의 첫 번째 연행을 검토해 본 결과로는 아직 개화사상에 도달했다고 보기 어렵다는 결론에 도달했습니다. 과연 그렇다면, 두 번째 중국여행도 박규수의 만년의 중요한 활동의 하나인데 그때 북경을 다녀오면서 사상적으로 어떤 모색을 했던가가 스스로 궁금했기 때문에, 그것을 제가 한 번 다루어 보려고 했던 것입니다.

그 다음에, 박규수라는 인물을 연구할 때 그를 고립된 존재로 봐서는 안될 것입니다. 박규수와 밀접한 교유 관계에 있던 인물들을 함께 다루어야만 박규수도 제대로 밝힐 수 있을 것 같은데 그런 점에서 제일 흥미있는 사람이 담헌 홍대용의 손자인 홍양후(洪良厚)라는 분입니다. 담헌과 연암을 중심으로 활발했던 영정조 시대의 북학이 19세기에 와서 어떻게 계승이 되었는가 하는 문제는 아마 연암 손자인 박규수와 담헌 손자인 홍양후 두 사람의 교유 관계를 중심으로 풀어보면 가장 잘 해명할 수 있지 않을까 싶습니다. 신로사 선생은 널리 알려지지 않은 홍양후의 저작들을 발굴해서 중요한 논문들을 발표한 바 있습니다. 그래서 신 선생님에게 환재와 홍양후의 교유를 중심으로 북학사상의 19세기 계승 여부를 좀 밝혀주십사 부탁드리려고 했습니다.

다음으로, 같은 맥락에서 말씀드리자면, 환재와 함께 시사(詩社) 활동을 했던 분들은 동시에 정치적으로도 유명한 분들인데, 19세기 연구가 충분히 이루어지지 못하다 보니까 이분들에 대해서도 아직 조명이 덜 되었습니다. 북촌(北村)이라고 하는 서울의 특정한 지역에서 서로 친밀하게 시사 활동을 했던 이런 분들을 통해서 박규수를 조명해 보면 특히 그가 당대의 유수한 문인이기도 했던 사실이 잘 드러날 것 같다는 생각을 했습니다. 그런데 다행스럽게 그중에 조면호(趙冕鎬)에 대해서는 이미 김용태 교수가 중요한 연구서를 펴냈습니다. 또 조면호와 마찬가지로 박규수와 친분이 깊었던 신석희(申錫禧)라는 분에 관한 자료가 일본 교토대학 등에 소장되어 있었기 때문에 그런 자료들을 활용해서 밝혀 보면, 고종시대 때 서울에 거주한 사대부들의 문학 활동을 밝히는 작업도 되면서 그러한 시사 활동을 통해 문인으로서의 박규수를 함께 살펴볼 수 있지 않을까 싶어서 김용태 교수에게 그에 관한 연구를 부탁드렸습니다.

제주대학교에 계시는 오상학 교수님에게는 환재의 천문 · 지리학 성과에 대한 연구를 부탁드렸습니다. 환재는 다방면으로 학문적인 활동을 했는데 천문학과 지리학 방면까지 관심을 가지고, 단편적이지만 글도 남기고 했습니다. 그런데 그 중에서 「동여도(東輿圖)」라는 지도 제작을 추진한 사실이 있는데, 2000년대 초 제가 연구할 때까지만 해도 그 지도가 실존하는지 몰랐습니다. 그 뒤에 신로사 선생의 도움으로 일본 텐리(天理)대학에 「동여도」가 소장되어 있음을 알고 복사본을 입수하게 되었지요. 그래서 이 「동여도」를 중심으로 해서 환재의 천문 · 지리학적 성과를 전문적으로 다루는 연구가 있었으면 좋겠다 생각했는데, 마침 오 교수님이 『조선시대의 지도와 세계인식』이란 저작에서 그 문제를 다루셨더군요. 그래서 그 문제를 집중적으로, 진짜 전공하시는 분이 다루어주시길 기대하면서 부탁을 드렸습니다.

김흥수 교수님에게는 강화도조약 전후의 개화사상에 대한 연구를 부탁드렸습니다. 전에 저는 김 교수님의 『한일관계의 근대적 개편 과정』이란 저작을 보고 정말 기뻤습니다. 왜냐하면 환재의 가장 중요한 활동이 사실은 강화도수호조약을 체결하는 과정에서 활동한 부분인데 그 부분을 저도 미처 연구하지 못했고, 기존의 국사학 쪽 연구를 살펴보아도 제대로 안되어 있는 것 같아 안타깝게 생각했습니다. 그런데 김 교수님의 저술을 보고는 '바로 이 책이다!'라고 느꼈기 때문입니다. 이렇게 한일관계의 근대적 과정을 전공한 분에게 부탁드리면, 환재 연구에서 아직 제대로 연구되지 않은 중요한 논점인 박규수의 개화사상 문제, 개항론, 강화도수호조약 추진 과정에서 박규수가 기여한 부분에 대한 더 전문적인 연구가 이루어지지 않겠나 하는 기대에서 김흥수 교수님께 연구를 부탁드렸습니다.

이상과 같이 기존 연구에서 미흡한 부분과 박규수의 만년의 활동에 중심을 두어서 여섯 분의 연구자들이 합동으로 연구가 되면 좋겠다고 생각했는데, 다행스럽게도 잘 성사가 된 것 같습니다. 그전에는 한두 사람이 고립된 상황에서 연구하다가 처음으로 연구자 집단이 형성된 것 같아서 정말 기쁩니다. 이번 연구로 끝나지 않고 앞으로도 계속 학술적 유대가 유지되면서 환재 연구가 활성화되면 좋겠습니다.

임형택 이 연구의 전체 기획에 대해 잘 정리해 주셨습니다. 그럼 우선적으로 들을 필요가 있는 것은 여기에 참여하신 분들이 각자 전공 영역에 따라서 분담해 맡아 연구를 수행하셨는데 그 과정에서 역점 사항 내지 특히 강조하고 싶은 내용에 대해서, 그리고 자신이 취한 관점 내지 착안점에 대해서 되도록 간략히 말씀해 주시기 바랍니다. 순서는 딱히 기획의 순서대로 할 것은 없겠지요. 먼저 신로사 박사가 보고하기로 하지요.

신로사 저는 앞서 김명호 선생님께서 잘 말씀해 주셨듯이 박규수와 북학파의 계승 문제를 맡았습니다. 그리고 그중에서 박규수와 홍대용의 손자인 홍양후와의 관계에 대해 집중적으로 살펴보았습니다. 사실 홍양후와 박규수가 직접 관련된 자료는 그리 많지 않습니다. 그렇기 때문에 주변 자료를 섭렵해서 잘 풀어냈어야 하는데, 그렇게 하지 못한 것 같습니다. 이 두 사람의 접점을 살펴보다가 대명의리에 관한 부분을 확인할 수 있었습니다. 이에 대한 논의가 조금 더 진행되었어야 하는데, 그 점이 부족한 것이 가장 아쉽습니다.

대명의리 문제

임형택 우리가 각자 연구 소개의 말씀을 기계적으로 하지 말고 중간에 자연스럽게 논의를 섞는 것이 좋겠습니다. 우리 집담회가 논쟁적으로 활발하게 이어졌으면 해서요. 신박사가 금방 하신 발언 중에 대명의리(大明義理)란 문제를 충분히 다루지 못했다는 말이 있는데, 환재가 대명의리에 대해서 그렇게 깊은 관심을 두고 그랬느냐, 이 대목이 잘 이해하기가 어렵지요. 그러니까 기본적으로 존명적인 의식이나 중화주의적 입장에서 반청적 사고를 갖는다는 것은 명청교체기의 상황에서 그럴 수도 있었겠지만, 이미 2세기 이상 경과한 터에, 더구나 19세기로 오면 추사(秋史)라던가 다산(茶山)을 보면 종래의 존명반청의 이데올로기적 압박감에서 벗어난 측면이 확실하지요. 앞서 연암의 시대만해도 이 이데올로기적 문제를 붙잡고 씨름하면서 무척 사상적 고민을 하였거든요. 추사나 다산은 거기서 정신적으로 이탈한 것 같아요. 그런데 정작 추사의 아래 세대인 환재는 대명의리에 집착하는 측면이 드러나는데, 이점을 어떻게 해석해야 할까요? 벌써 떠나버린 차를, 그림자를 열심히 좇는 듯해서 이상하다는 생각이 드네요.(웃음)

신로사 네, 존명사상과 북학을 같은 자리에서 말하는 것은 언뜻 보면 모순적이라고 보이기는 합니다. 그렇지만 이들의 의식을 보면 그런 모습이 있는 것 또한 사실입니다. 다만 저로서는 그 이유나 배경에 대해서는 정확한 답을 모르겠습니다.(웃음)

김명호 그 점은 홍양후만 그러했던 것이 아니라 조부 담헌도 마찬가지였지요. 박규수도 그랬을 뿐만 아니라 연암도 그러했고요. 그러고 보면 오늘날 우리가 북학파라고 부르는 인물들의 사상에도 보수성이 있습니다. 지금까지 우리는 주로 북학파의 진보성만 이야기했는데 사실은 보수성도 상당히 강하거든요. 북학파의 기원을 따져보면 송시열을 중심으로 하는 서인 노론의 학통에서 나왔기 때문에 보수파들과 사상적으로 공유하는 부분이 반드시 있다고 생각합니다. 그것을 탈각했다면 참 좋았겠지만 실제로는 탈각을 하지 못했고, 오히려 뒷 시대에 와서 더 공고화되는 측면이 있습니다.

이런 점은 이번에 제가 환재의 제2차 연행을 연구하면서도 확인한 사항입니다. 이것은 달리 보면 나중의 동도서기론(東道西器論)으로 연결되는 부분인데, 북학파와 그 후예들은 동양 문명의 정통 계승자로서의 조선에 대한 자부심을 사상적 뿌리로써 계속 견지하고 있었습니다. 예컨대 의관제도의 개혁에 대한 관심이라던가, 명나라에 대한 사대 의리를 계속 지켜나가는 만동묘(萬東廟)와 대보단(大報壇) 제사, 이런 것들에 대한 자부심 같은 것입니다. 박규수의 경우도 『거가잡복고(居家雜服攷)』를 보면, 나중에 중원이 회복되어 다시 한족 왕조가 등장하게 되면 우리 조선이 계속 보존했던 중화 문명을 전수할 수 있을 것이라는 이야기까지 하고 있습니다(웃음). 지금의 근대민족주의적 사고에서 보면 굉장히 곤혹스럽지만, 그분들은 매우 강고한 신념으로 품고 있었던 생각입니다. 어쨌든 이런 측면이 있다는 사실을 인정을 해야 될 것 같고요, 왜 그랬는가에 대해서는 좀더 그 뿌리를 찾아봐야겠습니다.

제 생각에는 이분들이 결국 서인 노론의 학통에 있으면서 조금 진보적인 흐름을 형성했던 것이기 때문에 우리는 실학을 이야기하면서 진보성만 볼 것이 아니라 또 하나의 뿌리로서 이런 보수적인 측면도 있음을 인정해야 할 것 같습니다. 그런데 이것이 단순한 보수사상으로만 그치는 것이 아니라 진보적인 측면과 결합이 되기도 합니다. 나중에 동도서기론으로 구체화되기도 하는 것이니까요. 최근 저는 담헌 연구에 몰입을 하고 있는데 담헌의 경우도 그런 보수적 사고가 아주 강고합니다. 그래서 이런 점들을 어떻게 모순 없이 설명할 것인가 고민을 하고 있습니다.(웃음) 잠정적이기는 하지만, 학맥 학통 때문에 보수성을 지니게 되지 않았나 생각합니다.

임형택 담헌 말씀을 하셨는데, 담헌의 경우 이론적으로는 중국중심주의를 극복했단 말입니다. 연암의 경우 명청의 교체도 중국사에서 반복되었던 하나의 과정이고 청조의 전반기 치세를 이룩한 황제들에 대해 '현성지군'(賢聖之君)이란 표현을 쓰기도 하지 않아요. 이런 점은 또 어떻게 설명하느냐는 문제가 있습니다.(웃음)

김명호 종전에는 임 선생님께서 말씀하신 그런 진보적인 측면에만 의미를 부여했습니다. 그런데 더 파고 들어가보면 자꾸 이런 보수적인 측면이 나옵니다.(웃음) 그래서 이 문제를 어떻게 정합적으로 설명할 것인가, 이런 보수성에 동의하는가 하지 않는가를 떠나서 하나의 사상적 실태로서 파악을 해야 한다고 생각합니다. 연암의 경우도 대명의리가 굉장히 강해서 『열하일기』를 보면, 명나라 유민(遺民)이라던가 이여송(李如松)의 후손에 대한 관심, 이런 것들이 굉장히 깊습니다. 이런 것들을 단순히 모순이라고 치부할 수는 없고, 그들의 의식 내부에서는 서로 연결된 사고이기 때문에 총체적으로 보아야 한다, 그런 정도로 생각하고 있습니다.

임형택 총체적으로, 실상에 적합하게 보아야 한다는 말에는 나도 동의하는 바입니다. 서인 노론의 뿌리와 연관해서 보는 것으로는 설명이 잘 안 되는 것 같아요. 왜냐하면 반계 유형원 같은 분도 대명의리가 상당히 강하거든요. 그러니까 서인이라는 점을 하나의 요인으로 볼 수는 있겠지만 주된 요인으로 보는 것은 어렵지 않은가 생각이 됩니다. 저는 기본적으로 그 문제를 의리론에서 보는 것보다는 문명론적인 측면에서 보는 것이 좋다고 봅니다. 그리고 또 하나의 요인은 19세기로 들어와서, 특히 19세기 초기보다 후기에 대명의리가 강화되는 것은 위기의식과 관련되는 현상이 아닌가 생각이 들어요. 그러니까 문명적 위기의식, 서양세력과의 무력적인 충돌로 위기감이 고조되지만 문명의식에 있어서도 위기감을 갖게 되어서 더 강화되는 것이 아닌가 싶습니다.

이 문제는 중요한 사안으로서, 주목할 필요가 있겠습니다만, 지금 논의를 펼칠 자리는 아닙니다. 다음으로 넘어가죠.

북촌(北村)의 시사활동

김용태 교수가 시사(詩社)활동 특히 북촌의 시사활동을 연구했습니다. 시사가 단순히 문학사적인 측면에서도 물론 관련이 되지만 환재의 인간관계 또 북촌이라는 조건, 정치문화적인 지형과 관련해서도 중요한 부분인데 말씀해 주시죠.

김용태 네. 먼저 공부할 수 있는 좋은 기회를 주신 여러 선생님들께 감사의 말씀을 드립니다. 특히 저 혼자서는 입수하는 것이 불가능하였을 신석희의 문집 등을 제공해 주신 점에 대해서는 각별하게 감사의 뜻을 표합니다. 그런데 죄송스럽게도 제가 뚜렷한 성과를 올리지는 못하고 말았습니다. 방금 임형택 선생님께서 짚어주셨던 인간관계, 나아가 정치적 의미를 읽어 내었어야 했는데, 제가 그 미묘한 정치적 상황을 파악할 능력이 많이 부족함을 느꼈습니다. 그래도 아쉬운 대로 말씀을 드리자면, 철종 시절 환재가 본격적으로 벼슬길에 나서면서 안동 김씨 인물들과 가깝게 지내기 시작했다는 점, 고종 시절 대원군과도 시회 활동을 통해 밀접한 관계였다는 점은 밝혀낼 수가 있었습니다. 사실 제가 '북촌시사(시회)' 라는 용어를 사용하고자 하는 것은 18세기 실학파·북학파와 19세기 후반의 개화파가 단절된 것이 아니라 깊이 연결되어 있음을 잘 설명할 수 있는 방법이 될 수 있겠다는 기대 때문입니다. 실제로 지금까지 제가 확인한 바로는 교유와 인맥의 측면에서 보았을 때 북학파의 학문과 사상 문학이 북촌시사의 인물들을 통해 개화파로 연결되는 것 같고요, 환재도 그 중심인물이라고 할 수 있겠습니다. 그리고 또 한 가지 확인할 수 있었던 것은 환재의 문학적 재능이랄까 취향이 실은 매우 대단했다는 점입니다. 환재는 고염무의 학술 태도에 공명하여 경세학을 중시하면서 의식적으로 문학을 멀리했지만, 시사의 활동을 통해 언뜻언뜻 내비치는 환재의 예술적 면모는 대단히 인상적이었습니다. 만약 환재가 태평성대에 살았거나 벼슬길에서 멀리 있었다면 그 문학적 성취도 대단했을 것이라는 생각을 하게 됩니다.

임형택 북촌시사의 성격 말입니다. 그것을 가령 앞 시기에 있었던 여항시사(閭巷詩社)와 대비적으로 얘기할만한 것은 없습니까?

김용태 제가 북촌시사에 대해서 공부를 시작했을 때 들었던 첫 인상은 18세기 문학사에서 보았던 발랄함이랄까 하는 점들이 19세기 북촌시사에서도 여실히 보인다는 점이었습니다. 사실 19세기 문학사나 사상사는 퇴보한다는 것이 학계의 통설로 받아들여지고 있었기 때문에 저로서는 이 점이 오히려 신선하게 생각되었습니다. 그런데 그동안 19세기 한시사에 대한 연구도 깊어져서 북촌시단 이외에도 남촌시사 동촌시사 등의 존재도 알려지게 되었고, 또 19세기 시단의 특징으로 '전문시인'의 부상을 꼽는 연구자들이 늘고 있습니다. 북촌시사의 특징을 온전히 밝히려면 북촌시사 이외의 그룹들에 대한 공부가 있어야 할 것 같습니다.

임형택 시사 즉 문인들 그룹에 있어서 특히 18세기 풍산 홍씨 홍봉한도 그렇고 이분들은 많은 문인을 거느리고 해서 성과를 내는 것이 자신들의 위세를 자랑하고 자신들의 문화적 수준을 과시하는 그런 역할이 상당히 컸던 것 같아요. 북촌시사의 경우 특별히 중심이 되는 인물이 있었나요? 대원군이 그런 역할을 맡았나요?

김용태 맞습니다. 이번 연구에서도 제가 많은 지면을 할애했던 부분이 바로 대원군과 관련된 내용이었습니다. 고종 시대 때 대원군은 환재가 포함된 북촌시사를 크게 후원하였던 일이 있습니다. 그리고 19세기 초기의 경우 북촌시사의 중심인물을 저로서는 김조순으로 보고 있습니다. 김조순과 함께 했던 일군의 시인은 '담정 그룹'과 거의 겹칩니다. 19세기 중반의 경우 그런 정치적 중량감을 가진 누군가가 중심이 되지는 않았던 것이 아닌가 생각됩니다.

임형택 알겠습니다. 다음으로는 김흥수 선생님께서 말씀해 주시죠.

김흥수 제가 예전에 강화도조약 체결되기 전까지에 대해서는 연구한 것이 있었기에 이번 환재 연구팀에 합류하게 되면서 조금 쉽게 갈 수 있겠다고 생각을 했었습니다.(웃음) 그런데 연구를 하면 할수록 어려움이 생겼습니다. 환재의 경우에 있어서 강화도 조약을 체결하는 과정에서의 역할, 그리고 개화파의 양성, 이 두 가지가 대단히 중요한 의미를 갖지 않습니까? 그래서 제가 이번에는 환재와 개화파의 관련 이 부분을 집중적으로 연구해 보았습니다. 그런데 일반적으로 1872년 환재가 2차 연행을 하면서 개화사상으로 전향했다고 설명이 되어 왔습니다. 하지만 우리 연구팀의 김명호 선생님께서 2차 연행에서도 개화사상으로 전향하지 않았다고 하시는 바람에 저로서는 처음부터 새롭게 연구를 해야 했습니다.(웃음) 그때는 매우 고민스러웠지만 지금 생각하면 정말 다행이었다고 생각이 됩니다.

환재는 1874년부터 일본의 서계 수용을 강력히 주장을 합니다. 또 환재가 청나라 예부상서 만청려(萬青藜)에게 보낸 편지를 보면 『중서문견록』을 본 감회를 적어 놓은 부분이 있습니다. 그래서 저는 중서문견록을 살펴봐야겠다는 생각을 하게 되었고 이것을 실마리로 삼았습니다.

『중서문견록(中西聞見錄)』의 영향

그런 점에서 김명호 선생님의 논지가 저에게 새롭게 공부를 하도록 하는 채찍이 되었다고 할 수 있겠습니다. 『중서문견록』에 대해 조금 말씀드리자면 연구자들 대부분이 그저 책 이름만 알고 있는 정도였습니다. 그런데 이 자료는 중국에서 1872년부터 1875년까지 만 3년 동안 매달 발행된, 모두 36권의 잡지입니다. 내용을 살펴보니까 유럽의 중요한 과학 기술을 매우 세밀한 그림을 곁들여 상세히 소개하고 있었습니다. 이것을 『해국도지』와 비교해 보면 수준 차이를 금방 알 수 있을 정도로『중서문견록』이 월등합니다. 해국도지에도 여러 기기에 대한 설명과 그림이 나옵니다마는 제가 봤을 때 해국도지를 통해 실제로 기기를 제작할 수 있었을까 하는 의문이 들기도 했는데요, 『중서문견록』은 아주 세밀합니다. 환재도 『중서문견록』을 매우 흥미진진하게 읽었다는 기록을 남기고 있는 걸 보면 환재가 『중서문견록』의 영향을 많이 받았다는 생각을 하게 됩니다. 당시 조선은 일본과 서계 문제로 갈등을 겪고 있긴 했지만 일본에 대한 제대로 된 정보를 접하기 어려운 상황이었습니다. 그런데 『중서문견록』에는 「각국근사(各國近事)」라는 제목으로 세계 여러 나라의 최신 소식을 소개하고 있는데, 일본에 대한 최신 소식도 「일본근사」라 하여 거의 매호에 수록되고 있습니다. 그 기사들은 주로 중국에 와 있던 선교사들이 편집한 것인데, 선교사 입장에서는 서양화를 지향하는 일본에 대해 우호적일 수밖에 없었습니다. 그래서 중국의 양무운동보다도 일본의 메이지유신의 성과를 더 상세하게 기록해 놓았을 뿐만 아니라 높이 평가하였습니다. 당시 양무운동도 북경의 청류파 반대파들의 견제를 받으면서 상해나 천진 등 개항장을 중심으로 전개되었기 때문에 조심스럽게 소개되어 있습니다. 중국의 필자를 살펴보면 대부분 가명입니다. 그 정도로 당시 양무운동에 대해 북경에서는 전반적으로 거부감이 있었습니다.

김명호 선생님께서 말씀하셨듯이 박규수가 1872년도에 북경에 갔을 때 당시 북경의 분위기에서 양무운동의 성과를 제대로 인식하는 것은 상당히 한계가 있을 수밖에 없었겠다는 생각이 들었습니다. 박규수로서는 내심 양무운동의 성과를 알아보고 싶었겠지만 북경에서는 알 수가 없었을 겁니다. 그러나 다행히 『중서문견록』이라는 잡지를 볼 수가 있었습니다. 그래서 제가 보기엔 『중서문견록』에 담겨 있는 일본에 대한 긍정적 인식이 박규수에게 영향을 끼쳐서 나중에 서계 문제에도 전향적으로 나왔다고 봅니다.

그리고 또 한 가지 논할 문제는 흔히 급진개화파로 부르는 개화당의 결성 시기입니다. 이와 관련한 논란이 요즘 많이 있습니다만, 여러 자료를 보았을 때 1878년으로 볼 수 있지 않을까 합니다. 당시 핵심인물은 박영효, 김옥균, 서광범이라고 할 수 있습니다. 그러다가 1879년이나 1880년쯤 되면 이재긍이라는 인물이 등장합니다. 지금까지 이재긍이라는 인물은 학계에 거의 알려지지 않았는데, 박규수와도 관계가 깊었던 이최응의 아들인 이재긍(李載兢)도 개화 정책의 추진에 있어 중요한 인물이었습니다. 다시 말해 환재, 이최응, 이재긍, 고종으로 이어지는 갈래도 개화사의 한 축을 형성했다고 할 수 있습니다. 이 정도로 말씀드리겠습니다.

임형택 1876년 강화도 조약 체결 진행 과정에서 청조(淸朝)의 입장이랄까 반응은 어떠했습니까?

김흥수 청조는 방임했다고 볼 수 있습니다. 사실 일본은 강화도조약 체결 때 군함을 이끌고 조선으로 가면서 자신들의 요구를 조선이 과연 수용할 것인가, 수용하지 않아 전쟁이 나지 않을까 우려를 많이 했습니다. 그래서 일본은 미리 1875년 말쯤에 모리 아리노리(森有禮)

라고 하는 특명전권공사를 중국에 보내 교섭을 하게 했는데 일본과 조선과의 수교에 대한 청조의 입장을 타진하기 위해서였습니다. 일본은 조선이 중국의 속국인지 아닌지를 담판 짓고 싶어했는데 중국은 애매하게 이야기를 했습니다. 일본은 청나라가 조선에 간섭을 할 것인가 말 것인가를 알고 싶었던 것인데 일본은 낙관적 전망을 하게 됩니다. 실제 청조는 별다른 간섭을 하지 않고, 단지 일본이 침략할 수 있는 빌미를 주지 말라는 내용의 문서만 조선에 보냅니다. 이에 따라 박규수는 일본이 청나라와의 약속도 있으니 함부로 전쟁을 하지는 못할 것이다, 그러니 빌미는 주지 말라는 내용의 편지를 접견대신 신헌에게 보냅니다. 중국은 전통적으로 조선이 속국이긴 하지만 내치와 외교는 자주에 맡긴다는 것이 전통적인 입장이었기 때문에 이런 입장을 강화도조약 때에도 유지합니다.

임형택 알겠습니다. 오상학 교수의 지도학 천문학에 관한 말씀 듣겠습니다.

박규수의 『동여도』

오상학 네, 저는 사실 천문보다는 지리 쪽 전공이어서 김명호 교수님께서는 텐리대학에 소장된 동여도에 대해서 깊이 있게 다루어 주면 좋겠다는 주문을 하셨습니다. 그리고 또 지난 모임에서 천문학에 대해서도 함께 연구를 하면 좋겠다는 말씀도 있었습니다. 그렇지만 박규수의 천문학에 대해서는 김명호 교수님께서도 연구를 많이 하셨기에 아무래도 새로 발굴된 동여도를 집중적으로 살피고자 했습니다. 그런데 텐리대학에 소장된 동여도는 한장석(韓章錫)이 소장했던 것임을 확인할 수 있었습니다. 그렇다면 동여도는 어떤 성격의 지도인가? 사실 동여도는 김정호의 청구도(靑邱圖)의 사본(寫本)입니다. 필사본 청구도는 현재 유형을 달리하면서 이본이 국내외 20여종 전하고 있습니다. 그중에서 동여도는 청구도의 초창기 사본이라고 볼 수 있겠습니다. 그리고 동여도와 유사한 사본들이 전하고 있습니다. 최근의 해외 자료 조사 작업의 성과로 인해 일본 동양문고에도 동여도와 같은 동일한 유형의 사본이 있음을 알게 되었습니다. 아마도 이것은 한장석이 소장했던 지도를 모사하면서 부본으로 작성된 것이 아닌가 생각됩니다. 전체적인 내용이나 필치로 보았을 때 덴리대학 동여도가 동양문고본보다 상세한 것은 사실입니다. 박규수가 직접 본인이 지도를 그리면서 수정한 것은 아니지만, 김정호의 청구도를 이전과는 다르게 재구성한 것은 사실입니다. 그런 점에서 박규수의 동여도에 대해서는 지도학적인 입장에서 상당한 공헌을 했다고 평가할 수 있겠습니다.

박규수는 지도 제작과 더불어 천문학적인 측량 작업도 하였는데 그중에서 특히 노인성 관측에 대해서는 기존의 천문학계에서도 많이 얘기가 안 되던 부분이었습니다. 노인성을 관측하기 위해서는 제주도 한라산에 가야만 한다고 얘기되어 졌기에 토정 이지함도 노인성을 관측하기 위해 제주도를 2번이나 방문했지만 결국 날씨 때문에 못보고 말았다는 이야기가 전하고 있을 정도입니다. 정확하게 노인성의 위치를 파악하고, 언제 관측이 가능한가 이런 부분을 가장 확실하게 알고 있었던 분은 역시 박규수라고 말할 수 있겠습니다. 안타깝게도 40대 이후 천문 지도 관련 업적이 보이지 않는데 이는 박규수가 관직에 나가면서 여유가 없어졌기 때문이었을 것으로 생각됩니다.

지세의(地勢儀)의 같은 경우는 대단히 전문적인 지리학 지식과 천문학 지식의 독창적 결합으로 평가할 수 있고 중국이나 일본에 있어서도 유사 사례가 보이지 않는데 이것이 계승되지 못한 것은 대단히 안타깝게 생각됩니다. 실제 최한기의 청동(青銅) 지구의 같은 경우는 측천(測天)보다는 측지적 성격이 강합니다. 그래서 박규수와 최한기와의 연결 고리가 보이지 않습니다. 그리고 박규수가 남긴 천문 지리 관련 기록이 단편적인 내용이어서 그것을 일관된 체계로 설명하는 것이 쉽지는 않았습니다. 또 초기의 성과가 어떻게 만년으로 이어지는가 하는 점도 드러나지 않아 어려움이 있었습니다. 향후 연구 방향에 대해 말씀드리자면, 동여도 같은 경우는 김정호 청구도 사본인데, 청구도 또한 독창적이지만은 않고 앞선 시기 지도의 영향 관계 속에서 연구가 이루어져야 하는 것처럼 박규수의 천문지리학도 앞선 시대의 성과와 비교하여 검토하는 연구가 이루어져야 할 것으로 보입니다.

임형택　김정호의 『청구도』가 『대동여지도』에 와서 진일보한 것이지요? 환재도 『대동여지도』를 보았겠지요?

오상학　네. 저도 그렇게 생각합니다. 대동여지도는 신헌의 도움으로 1861년에 제작되었으니까 환재도 분명 봤을 것 같습니다. 그런데 청구도와 대동여지도는 성격이 많이 다릅니다. 청구도는 1834년 손으로 제작된 것인데 비해, 아까 19세기 후반의 '위기의식'에 대해 말씀하셨습니다만 대동여지도는 군사적 성격을 강하게 지니고 있습니다. 김정호는 서양의 과학지식을 많이 수용하여 지구설이라던가 측천과 측지에 대한 지식을 알고 있었습니다. 예를 들어 경위도(經緯度) 1도의 실제 거리도 알고 있었습니다. 그런데도 대동여지도를 제작할 때는 복고적 방법으로 회귀하고 맙니다. 서양의 지리학 지식을 알고 있었기에 반영할 가능성도 있었지만 전통적 방식으로 흘러간 것입니다. 환재의 경우 천문지리학에 있어 만년에 어떤 입장을 지니고 있었는지 평가하기 어려움이 있습니다.

임형택 동여도는 대동여지도가 나오기 전의 성과라고 보아야겠지요? 동여도 제작 이후 환재는 관료로 바삐 지내다 보니까 지도 제작 관련 작업을 하기는 현실적으로 어려웠겠지요. 그런 측면에서 환재가 『대동여지도』의 성과를 수용해서 새로운 작업을 하기는 어려웠다고 볼 수 있지 않을까요?

오상학 네. 만년의 환재는 고위직에 있었으니까 대동여지도를 활용할만한 위치였다고 볼 수도 있습니다. 그러나 환재가 만년에 지도와 관련된 작업을 했다는 것을 알려주는 기록은 찾아볼 수 없었습니다.

19세기는 위기의 시대다

임형택 이젠 제 차례가 되었네요. 제 논문에서 취한 관점에 대해서만 말씀드리지요. 박규수의 시대인 19세기 중엽의 시간대를 규정한 두 측면이 있습니다. 한 측면은 개혁과 개방이 강하게 요구되는 상황이었던 점이고 한 측면은 그것이 위기를 동반하고 있었다는 점입니다. 이 양면성은 한반도 뿐아니고 중국대륙, 일본열도도 유사한 상황이었습니다. 이런 시대에 대응논리로서 부각된 학술사상은 대략 세 유파로 구분지어 볼 수 있는바 하나는 정통 성리학 진영에서 제기한 위정척사론, 다른 하나는 실학이라는 17세기 이래 신학풍에서 제기한 개혁개방론, 또 하나는 민중운동에서 종교사상의 형태로 출현한 동학입니다. 이 세 유파는 사상적 연원이나 현실적 대응방법론이 각각 달랐습니다. 그런 점에서 각기 역할과 의의를 평가할 수 있지만 개혁개방이 그 시대가 요구하는 방향이라는 점에서 박규수는 그 시대를 대변하는 사상가라는 관점을 취한 것입니다. 박규수의 경우 실학의 계보를 적통으로 계승한 존재이고 실제로 당면한 시대적 과제를 담당하여 역할을 했다는 점에서 19사상사의 지도상에서 중심위치에 있었다고 보고 논의를 폈습니다.

이번 공동연구를 통해서 얻게 된 새로운 성과에 대해, 연구사적 의의랄까 그런 점에 대해서 말을 나누었으면 합니다. 특히 만년의 환재에 대한 논평을 포함시켰으면 좋겠습니다. 김명호 교수가 설계자이자 지금까지 박규수 연구를 집중적으로 수행한 터이므로 한 번 더 부탁드립니다.

김명호 네. 집담회 준비 삼아서 여러 선생님들께서 쓰신 원고는 읽고 공부를 했습니다만 제가 제대로 요약해서 이야기할 수 있을는지 잘 모르겠습니다.(웃음) 제가 이해한 한도 내에서 말씀드리겠습니다.

먼저 환재에 대해서 다각적인 접근을 했다는 것 자체가 큰 성과라고 봅니다. 이전에는 주로 정치사, 사상사 측면에서만 환재를 언급했습니다. 예를 들어 대원군 집권 시기 환재의 활동이라든지, 개항 전후의 문제 그리고 실학사상과 개화사상의 관련성에 대해서만 언급되어왔습니다. 그런데 이번엔 다방면으로 논의가 확장되었다고 봅니다. 19세기 문학사에서 박규수가 어떤 위상을 가질 수 있는가 하는 관점에서 북촌시사와 관련하여 환재의 창작 활동이 연구되었습니다. 그 다음에 천문 지리, 특히 지리학적 성과에 대해서도 최초로 해명이 이루어졌습니다. 그리고 서계(書契) 문제를 중심으로 강화도조약 체결까지 사건의 전개과정이 김흥수 교수님의 노력에 의해서 많은 부분 밝혀졌습니다. 또 사상사적인 측면에서는 임형택 선생님께서 거시적인 시야에서 박규수의 사상을 읽을 수 있는 좌표를 제시해 주셨습니다. 그리고 신로사 선생에 의해서 홍양후라는 존재가 밝혀지고 박규수와 홍양후와의 관계도 처음 본격적으로 조명되었습니다.

제가 기여한 부분은 환재의 연행과 관련한 내용입니다. 요즘 국문학계에서 조선후기를 연구할 때 국제적인 교류가 관심사가 되면서 연행록 연구가 대단히 활발합니다. 그래서 '연행록'이라는 기록물이 있던 없던 간에 '연행'이라는 중요한 외교적 활동을 통해서 한중(韓中) 간에 문학적 사상적 정치적으로 어떤 변화가 초래되었는가 하는 문제에 대해서는 국내 학계 뿐만 아니라 중국 학계에서도 관심이 많아서 연구가 대단히 활발합니다. 이번에 제가 맡은 제2차 연행 연구는 환재의 사상 발전 자체를 연구하는 것에도 의미가 있겠지만 조선후기 한중 문화교류의 중심이 되는 '연행' 연구에도 어느 정도 도움이 될 것이라고 생각합니다. 저의 일차적 목표는 제2차 연행을 계기로 과연 환재의 사상에 진전이 있었는가를 검토하는 것이지만 여기에 국한되지 않고 한중 문학 교류까지 범위를 확대해 보려고 했습니다.

환재의 제2차 연행을 그의 사상적 발전과 연결시켜 이해했던 과거의 연구들을 살펴보면, 초창기 문일평(文一平) 선생의 논지에서 크게 벗어나지 못하고 아주 단편적인 이야기들 아니면 야사에 전해지는 이야기 등만을 가지고 성급하게 재단을 했다는 느낌을 받게 됩니다. 저는 그렇게 해서는 안 되겠다 싶어서 일단 연행 과정 자체를 실증적으로 복원해야겠다고 생각했습니다. 특히 북경에서 어떤 사람을 만났는가 하는 점에 치중을 했습니다. 지금까지는 만족(滿族) 출신인 숭실(崇實), 숭실의 동생 숭후(崇厚)의 서구 여행을 통한 정보 이런 것들에만 관심을 두었습니다. 그러나 실제로 살펴보면 동문찬(董文燦), 오대징(吳大澂), 이자명(李慈銘) 등과 같이 양무(洋務) 운동에 대해 비판적이었던 신진 문사들과 주로 교유를 많이 했고, 교류 내용도 금석(金石) 서화(書畫)에 치중되었다는 것을 알게 되었습니다. 그리고 모두(冒頭)에 언급되었던 대명의리와 관련되는 문제인데, 북경 유람 중에 특히 명나라 유적지를 애써서 방문을 했고, 환재가 관심을 가졌던 명나라 신종(神宗)의 생모의 영정, 즉 환재가 국내에서 먼저 성금을 보내 보수작업을 하도록 부탁했던 효정태후(孝定太后)의 영정을 참배하는 등 여행의 목적 중 하나가 대명의리에 부합하는 그런 활동이었습니다.

박선수의 『설문해자익징』

또 하나의 중요한 사업으로, 자신의 동생 박선수(朴瑄壽)의 문자학 저술을 가지고 가서 중국 학계에서 인정을 받고 출판도 하려고 굉장히 애를 많이 썼습니다. 제가 평가하기로 박선수의 저작 『설문해자익징(說文解字翼徵)』은 '해동 고증학파'라고 할까요, 추사(秋史)로부터 비롯된 조선의 고증학파에서 나온 유일무이한 저작이라고 할 수 있겠습니다. 이런 저작을 가지고 가서 평가받고자 하는 것이 제2차 연행의 중요한 목적이었는데, 정작 이에 대한 중국 문인들의 반응에 대해서는 단편적인 칭찬의 언급 이외에 자세한 내용은 지금까지 밝혀지지 않았습니다. 그런데 환재가 교유한 인물 가운데 이자명이 남긴 『월만당일기(越縵堂日記)』라고 하는 방대한 자료가 있습니다. 그 일기의 일부는 현대 활자로 옮겨져 알려져 있었지만, 모두 51책이나 되는 원본이 다행히도 서울대학교 중앙도서관 고문헌자료실에 소장되어 있었습니다. 경성제국대학 때 구입한 것으로 생각되는데 광복 이후로는 아마 제가 최초의 대출자가 아닌가 합니다.(웃음) 이 자료를 샅샅이 검토해 보니까 1872년 10월의 일기 두 군데에서 『설문해자익징』에 대한 대단히 전문적인 코멘트를 찾을 수 있었습니다. 제가 문자학에 대한 소양은 부족하지만, 여러 전문서적들을 공부하면서 해당 자료를 분석해서 그 핵심적인 내용을 논문에 밝혀 놓았습니다.

임형택 이자명의 평가가 궁금한데 좀 자세히 말씀해 주시죠.

김명호 아주 깐깐한 평을 했더라구요.(웃음) 전문가 입장에서 봤을 때, 박선수가 금석학(金石學)과 문자학 관련 문헌을 많이 보지 못했다, 그렇긴 하지만 일부 학설에서는 볼만한 주장을 하기도 했으니, 금문(金文) 자료를 직접 볼 수 없고 문자학 참고서적도 많지 않은 조선의 지식인으로서는 대단하다, 이런 식으로 평을 해놓았습니다. 환재는 『설문해자익징』을 먼저 동문찬과 오대징에게 보였던 듯한데 두 사람은 모두 이 책을 크게 칭찬했다고 합니다. 하지만 이는 의례적인 칭찬일 수도 있습니다. 그런데 이자명은 대등한 문자학자의 입장에서 전문적인 비평을 했습니다. 내려다 보는 입장이 아니라 대등한 위치에서 평가를 했습니다. 나중에 보면 오대징도 『설문고주보(說文古籒補)』라는 문자학 저술을 하였는데 암암리에 박선수의 저작을 의식하였다고 보는 국내 연구자도 있고, 저도 그럴 것이라는 심증을 갖고 있습니다. 『설문해자익징』은 결코 만만하게 볼 책은 아니고, 고증학의 불모지라고 할 수 있는 조선에서는 정말 평지돌출 같은 저작이라고 생각됩니다. 따라서 이 책이 단지 자신의 아우의 저술이기에 중국에 알리려고 했던 것은 아닙니다. 박규수는 고증학에 대해서도 상당한 조예가 있었던 데다가, 중국 학계가 고증학 중심으로 전개되는 과정에서 조선 학술계도 이런 측면에서 인정받지 않으면 안 되겠다고 생각하던 차, 마침 자기 아우가 고증학 저술을 내었기에 조선에서도 이처럼 수준 높은 고증학적 저술이 나왔다는 것을 인정받고 싶었던 것 같습니다. 이런 점을 논문에서 힘을 주어 이야기했습니다.

그리고 또 제가 통설에 대해서 다른 이야기를 했던 부분을 말씀드리고 싶습니다. 박규수가 제2차 연행 때 주로 사귀었던 사람들은 30,40대의 신진 문사들로, 당시의 용어로 '청류파(淸流派)'에 속했다는 점입니다. 이들은 청나라 조정에 대해서 내정(內政) 개혁을 요구하고 서양 열강에 대한 강경 투쟁을 주장하면서 양무파(洋務派)에 대해서도 비판적이었다는 사실입니다.

이와 관련하여 오경석에 대해서도 종래의 설과 다른 이야기를 조금 했습니다. 그 설에 따르면 오경석이 박규수보다 먼저 1850년대에 개화사상에 도달했고, 그 뒤 1860년대부터 두 사람은 개화사상의 동지가 되어 활동했다고 합니다. 그런데 오경석에 대해서는 저도 관심이 있어서 조금 연구를 해보았는데, 제가 보기에 1872년 이전에는 오경석도 개화사상이라고 할 만한 사상에 도달하지 못했습니다. 왜냐하면 오경석이 1850년대부터 말년까지 청나라 문인 학자들과 주고 받은 편지가 200여 통이나 남아 있는데(예술의전당 소장 『중사간독첩(中士簡牘帖)』) 그 편지들을 살펴보아도 금석 서화 이외의 이야기가 보이지 않습니다.(이문호, 「오경석의 한중 교류 연구－『중사간독첩』을 중심으로」, 한성대 박사논문, 2014 참조) 이런 점을 보아도 대외 위기가 급속도로 심화되는 1872년의 연행 이후에야 개화사상에 도달한 것이 아닐까 의심하고 있었습니다.

그런데 김홍수 교수님이 마침 논문에서 그 문제를 다뤄 주셨고, 또 오경석과 관련된 영국의 외교문서와 그 자료를 이용해 연구한 박사논문들을 소개해 주셨습니다. 그런 자료들을 검토해 보니까 박규수와 오경석의 관계를 재검토할 필요가 있다고 생각하게 된 것도 작은 소득이라 할 수 있습니다. 앞으로는 박규수를 다루더라도 박규수 개인에만 집중했던 데에서 벗어나 국내외의 인적 네트워크 등을 통해 확장된 시각으로 보아야 할 것 같습니다. 그리고 자료 발굴에도 나름 신경을 썼습니다. 지금까지는 『환재집(瓛齋集)』 중심으로만 연구가 이루어져 왔는데 사실 환재의 간찰이 굉장히 많이 전하고 있습니다. 저도 여러 경로를 통해 박원양(朴

元陽)이나 신응조(申應朝)에게 보낸 간찰 등 환재의 간찰첩을 수집 중에 있습니다. 이번 연구에서도 박규수와 관련 인물들의 간찰을 최대한 활용하려고 노력해보았습니다.

박규수의 실사구시

임형택 저도 박선수의 『설문해자익징』에 대해서 관심을 가지고 있습니다. 제 관심은 환재 학문의 가학적(家學的) 측면과 관련되는데, 운양 김윤식의 평가에 따르면 『설문익징』은 환재와 박선수 형제의 공동 저작이라고 할 수 있는 정도로 환재는 고증학에 대해 관심이 지대했음을 유추할 수 있기 때문입니다. 그리고 나아가서는 환재 학문의 성격과 관련된 대목인데 다름 아닌 '실사구시'입니다. 실사구시의 학문적 성과로 중국에서는 고증학을 들 수 있는데, 우리나라에 있어서도 『설문해자익징』만큼 뚜렷한 고증학적 성과는 없지 않은가 싶습니다. 관련하여 한 가지 술회하고 싶은 일이 있습니다. 전에 중국문학 특히 문자학에 관심있는 분들에게 『설문해자익징』에 대해 어떻게 평가하느냐고 물어보면, 대개는 그 수준을 무시하는 답이 돌아왔습니다. 우리나라의 문자학 업적으로 일제 때 권병훈(權丙勳)선생의 『육서심원(六書尋源)』은 상당히 높이 평가하면서도, 『설문해자익징』은 아마추어 수준이라는 식으로 낮추어 보는 것입니다. 제가 문자학에 대한 조예는 없었지만, 그렇게 간단하게 넘길 수 없는 문제다, 라는 심정이었습니다. 그런데 아까 언급하신 이자명이란 분의 언급을 들어보면, '깐깐하긴' 했지만 『설문익징』의 수준은 상당히 정도로 인정한 듯합니다.

환재 학문의 뿌리가 어디일까를 따져볼 때, 하나는 연암으로부터 내려온 가학적 연원이 크다는 점을 예전 분들이 지적했던 바였고 오늘의 견해로도 역시 그렇습니다. 또 한 측면은 청대 학술에 깊은 관심을 가지고 그것을 적극 수용하려고 노력하였던 점입니다. 중국학술과 관련해서는 환재가 고염무(顧炎武)를 굉장히 존숭했던 사실입니다. 환재는 북경에 있는 고염무 사당을 친교가 있었던 중국 지식인들과 함께 찾아가서 제사를 드리고 자리를 옮겨 음복을 하고 나서 후일에 '고사음복도(顧祠飮福圖)'란 그림을 그려 그날의 일을 기념하고 발문을 남깁니다. 또 그때 동참했던 중국지식인에게 그 그림을 보내 수정을 해서 동참했던 인사들과 나누어 가졌으면 좋겠다는 편지도 보냅니다. 고염무로 향한 환재의 존경심이 얼마나 대단했던지 실감케 하는 대목입니다. 물론 고염무는 대단한 학자로 청대 실학을 열었다고 평가할 수 있어 우리 쪽으로 말하면 위상이 유형원(柳馨遠)에 비유됩니다. 그런데 명말청초의 시간대에 고염무만 아니고, 황종희(黃宗羲)를 비롯해서 위대한 학자들이 기라성을 이루었거든요. 그럼에도 유독 고염무에 경도되었는지 실감케 합니다. '학문은 경술과 정치에 관련이 없으면 할 것이 없다'는 그 기본자세를 견지해서 위대한 업적을 이룩한데 가장 감복을 받습니다. 이 역시 실사구시의 관점에서 고염무를 바라봅니다. 그 실사구시가 추사의 실사구시와는 같지 않거든요. 구체적 논의는 뒤로 돌리고, 추사에 대한 환재의 생각으로 말을 돌려 보지요. 추사는 동시대의 대 선배이고 당론으로도 같은 노론에 속합니다. 환재는 추사의 서법을 두고 높이 평가하지만 초심자가 배우려고 들다가는 망한다는 식으로 경계하는 언급을 합니다. 추사의 학문에 대해서는 정면으로 거론한 대목을 찾아보지 못했습니다. 어쨌건 환재의 추사에 대한 태도가 미묘하다는 느낌을 받았습니다. 환재와 추사의 교유관계는 어떠한가요?

김명호 환재가 어린 시절에 외종조 유화(柳訸)를 따라가서 추사를 배알했다는 기록(『금유시초(錦蕤詩鈔)』, 「石瓊樓雜絶」)은 있지요. 환재가 어릴 적에 그의 학문을 지도했던 분 중의 한 분이 유화인데 그

분이 추사와 아주 친했기 때문에 유화를 따라서 추사의 별장이었던 석경루(石瓊樓)라는 곳에 가서 직접 배알했다고 되어 있습니다. 이후 성장한 뒤에 추사를 종유한 기록은 포착이 안 됩니다. 하지만 추사의 제자인 윤정현은 환재가 만년까지 존경하며 종유했던 선배였고, 역시 추사의 제자인 조면호가 환재의 절친한 벗이었던 점을 감안하면, 추사와 환재 사이에도 직간접적으로 교유관계가 이루어졌을 개연성이 높다고 생각합니다.

임형택 추사가 귀양을 오래 가 있었으니까 두 분이 실제로 접촉할 기회는 많지 않았을 것 같아요. 그런데 환재는 추사 쪽에 확실히 거리감을 두고 보기에 따라서는 우호적이 아니었던 듯싶어요. 지금 논의를 다시 고염무로 돌아가보겠습니다. 고염무의 『일지록(日知錄)』의 '화론'(畵論)에 환재는 독후감을 붙입니다. 말이 독후감이지 환재의 본격적인 미학이론으로 읽혀지는 내용입니다. 저 자신 전부터 비상한 관심을 가져왔던 것인데 다루지 못하다가 이번 기회에 거론했습니다. 환재는 고염무의 화론을 수용해서 회화의 현실성을 강조하는 논지를 펴지요. 환재는 회화의 본래적 의미는 '진경실사'(眞境實事)에 있다고 강조합니다. 현실주의적 화론이지요. 학문에서 '실사구시'를 회화영역으로 끌고 들어가서 '진경실사'의 구현을 역설한 것입니다. 환재의 '진경실사'를 강조하는 화론에서 직접 추사를 거명하진 않았지만 당시 풍미했던 추사풍의 사의적(寫意的) 경향을 겨냥한 것으로 생각됩니다. 지금 저의 설명이 충분치 못합니다만, 환재는 추사를 염두에 두고 비판적 사고를 했던 것은 분명해 보여요.

환재의 학문 정신과 요체는 '실사구시'에 있었고 회화에 있어서는 '진경실사'였던 것이지요. 물론 추사도 실사구시를 표방하지요. 추사의 실사구시는 학문방법론으로서 실증을 중시하는 것이었으며, 경세(經世)에 대해서는 발언을 하지 않았습니다. 일종의 실증주의입니다. 실사구시가 학문상에 적용된 폭이 대단히 넓었고, 그 말의 쓰임새도 사람마다 경우에 따라 달랐던 것인데 환재나 남병철(南秉哲)이 추구한 실사구시는 격물(格物) 그러니까 지도라던지 천문학이라던지 수학이라던지 그런 걸 중심에 둔 것이었지요. 그리고 경세까지도 실사구시가 되지 않으면 안 된다는 생각을 하게됩니다. 그래서 환재는 추사풍의 「세한도(歲寒圖)」와 같은 정신주의가 고상하고 좋긴 하지만 모두가 이렇게 가면 회화의 근본적 의미를 상실한다고 경고했던 거 같아요.

시간이 많이 갔는데 잠깐 휴식시간을 갖기로 하지요.

박규수의 역사적 위상

임형택 그러면 다시 속개하겠습니다. 예정된 순서로는 '환재론에서의 쟁점 사안'과 '환재의 실학자로서의 성격, 이상과 한계'의 차례입니다. 먼저 환재의 위치랄까, 이런 점에 대해서 이야기를 시작하지요. 앞서도 지적했듯, 19세기는 정말로 격변기이고 어려운 시기였습니다. 조선왕조 500년이 마지막 무너지는 지점이자, 중국 중심의 동아시아 체제가 해체단계에 들어가는 바로 그 직전 단계입니다. 내적으로 농민항쟁이라는 이런 성격의 사태가 폭발적으로 일어나서 결국은 동학농민전쟁에 의해 조선왕조 체제는 무너지게 된 것이지요. 그런 점에서 그 시대의 과제는 '개혁과 개방', 이것이 핵심 과제가 됐던 시대다고 규정했던 겁니다. 요는 그런 시대의 과제에 대해 학술적·사상적으로 어떻게 대응해서 논리를 마련하느냐는 문제인데요. 그런 점에서 저는 당시의 대응 양상을 세 가지로 구분지어 보았습니다만 그중에서 특히 민중운동이 국내적으로는 변혁을 주도합니다.

민중운동은 19세기로 들어오면서 큰 성격 변화가 일어납니다. 운동 형태에 있어서 그전에는 농민들이 삶의 터전을 이탈해서 군도(群盜)로 활동했습니다. 대표적 사례로는 16세기 초중반에 홍길동 · 임꺽정, 17세기 후반에 장길산을 들 수 있겠습니다. 그런데 19세기로 들어오면 농민이 자기의 생활근거지에서 이탈하지 않고 수탈과 불의에 항거해서 집단적 행동을 연출하여 자기들의 요구사항을 문건으로 작성해 자기네 고을 원님에게 올립니다. 그것을 '등장'(等狀)이라 하지요. 그래도 요구가 받아들여지지 않으면 시위를 벌이고 급기야 원님을 고을 밖으로 쫓아내는 사태까지 갑니다. 민란이다 민요(民擾)다 라고 일컬어진 것입니다. 운동형태의 변동을 주목할 필요가 있다고 봅니다. 19세기 중엽으로 들어와서 '민요 형태의 저항'이 폭발적으로 확대, 발전하여 1862년의 임술민란으로부터 1894년의 동학농민전쟁에 이르는 상황이 도래한 것입니다. 조선왕조의 붕괴를 초래한 그것입니다. 다음 단계의 상황입니다만 3 · 1운동이 기적적으로 일어날 수 있었던 운동사적 연원을 추구해보자면 바로 이 19세기 역사를 주도했던 민요형태의 민중운동에서 전이된 형태라고도 말할 수 있을 듯합니다.

19세기 후반의 민중운동의 사상적 배경은 주지하다시피 동학에 있지 않아요. 최제우의 동학이 갖는 의의를 높이 평가하면서도 그 시대의 과제가 '개혁과 개방'이라고 볼 때 소극적인 대응방식이었다고 봅니다. 정통 성리학 진영에서 제기한 위정척사론은 개방을 반대하는 강력한 논리를 개발하여 절체절명의 위기 상황에서 의병투쟁을 주도하는 이론으로 역할을 한 것입니다. 이점을 평가할 수 있지만 시대적 과제에는 대답을 하지 못하고 오히려 역행했다는 비판을 면할 수 없지 않은가 합니다. 이 대목에서 환재로 돌아와 보면, 그는 실학사상에 기반해서 논리를 세웠지요.

환재는 기본 입장이 개혁개방에 서 있고 그런 방향에서 논리를 세우고 실천을 했습니다. 이점에 있어서 학술적인 차원에서든 정치적 실천에서든 19세기를 대표하는 사상가로는 환재를 손꼽을 수 있다고 생각합니다. 하다 보니 제 말이 좀 장황하게 된 것 같습니다만, 관련하여 박규수의 학자 사상가로서의 존재, 그리고 실천적인 측면에서 의견을 개진해 주시기 바랍니다.

임형택 말씀들을 꺼내기 전에 사소한 의문이 있는데요, 환재가 살던 집이 어디 있었어요?

환재가 살았던 곳은 어딘가?

金明浩 여러 기록에 '재동(齋洞) 자택'이라 해서 재동에 있었다고 되어 있습니다.

임형택 그런데 이사를 다닌 거 아닌가요?

金明浩 네. 이사를 여러 번 다녔죠. 원래는 계산초당(桂山草堂)에서 살았지요.

임형택 그러니까 연암이 말년에 살았던 곳이죠?

金明浩 네. 거기서 환재가 부친과 함께 살다가 나중에 지방관(부안 현감)으로 나간 뒤로는 지금의 종로구 운니동에 또 살았습니다. '니동(泥洞)'이라고 했죠.

임형택 운니동이면 예전 덕성여대 있던 옆이네요?

김명호 네. 니동으로 이사 갔다고 아우 박선수에게 보낸 편지에도 나와 있습니다. 그런데 그다음에 발견되는 기록들을 보면 줄곧 재동에서 살았다고 되어있습니다.

임형택 그런데 재동 집 위치가 어딘지 알 수 있나요?

김명호 헌법재판소 그 부근인 것 같은데요. 육용정(陸用鼎 : 1843~1917)이 쓴 글(『宜田記述』, 「桂山松亭記」)에도 관련 내용이 있었습니다. 또 김용태 교수가 소개한 김윤식(金允植)의 기록(『續陰晴史』)이라던가 이런 데도 보면 환재의 고택(古宅)에 대한 내용이 있습니다.

김용태 서울학을 연구하는 분들의 견해에 따르면 지금의 대동상고 위쪽이라고 합니다. 헌법재판소가 아니고요. 지금 계동 인촌기념관 위쪽입니다. 일제시대까지 그 동네 사람들에게 '환재댁'이라고 알려져 있었다고 합니다.

임형택 그 연암의 후손으로 박공서(朴公緖) 씨라고 있지 않았습니까? 그분 얘기는 경신학교 자리라고 하던데 확실한지는 잘 모르겠습니다.

김명호 환재 고택에 대해서는 뒤에 환재가 쓴 다른 편지라든지 자료를 보면 서로 합치하지 않는 부분이 있습니다. 생전에 박공서 선생도 전문(傳聞)을 들으신 것이기 때문에 그대로 믿기는 어렵습니다. 계산초당이 헌법재판소 자리였다는 것은 확실하다고 봅니다. 그러나 환재 고택의 위치에 대해서는 당시의 지형이 지금에 와서는 많이 바뀌기도 해서 아직 확정을 못하겠습니다.

임형택 네. 보다 확실한 고증을 기대해 보겠습니다. 그런데 실학자로서 환재만큼 벼슬이 높았던 분이 없었단 말이에요. 그래서 나는 '실학 재상(宰相)'이라는 말을 쓰고 싶습니다. 다른 분들 중에 이런 말을 쓸 만한 분이 있었는지 모르겠습니다.(웃음) 그러니까 환재는 일반적으로 고위직에 있는 사람들과는 입장이 상당한 차이가 있었겠지요. 그런데 또 높은 자리에 있었기 때문에 말을 조심할 수밖에 없고 또 어떤 면에서는 좀 자기 보호색을 좀 가질 필요가 있지 않았을까요? 그래서 여러 가지 학술사상을 전개하는 데는 일정하게 자기 한계로 작용하지 않았겠는가, 이런 점도 유의해야 하지 않을까 합니다.

김용태 개인적인 궁금증을 좀 여쭙고 싶은데요. 김흥수 선생님께서 『중서문견록』을 통해 중요한 사실을 규명하셨는데, 사실 김명호 선생님도 예전에 그 자료를 살펴보신 것으로 알고 있습니다. 『중서문견록』에 관련된 사항에 대한 김명호 선생님의 생각이 궁금합니다만.

김명호 그런 구체적인 논의를 여기서 할 수 있을지 모르겠네요. 여하튼 김흥수 선생님이 논문에서 『중서문견록』을 활용하여 새로운 주장을 펴서 재미있게 읽었습니다. 새로운 주장이고 아마 논쟁을 불러일으킬 흥미로운 주장이라고 생각됩니다. 사실 저도 일찌감치 그 책에 주목해서 중국 책방을 통해 구입한 지가 오래 됐습니다. 하지만 그동안 단속적으로 뒤져만 봤지 아직 본격적으로 연구를 하지는 못했는데 김흥수 교수님이 좋은 연구를 해주셔서 감사합니다. 저도 나중에 제대로 연구를 한 뒤에 보다 구체적인 생각을 말씀드리도록 하겠습니다.

고증학풍에서 경세학풍으로의 변화

다시 아까 임형택 선생님께서 말씀하신 것과 연결해서 제 생각을 말씀드려 보겠습니다. 저도 실학을 연구하는 학자의 한 사람이 되다보니까 나름 하나의 밑그림을 항상 생각하게 됩니다. 실학의 역사에서 19세기가 어떻게 평가되어야 마땅한가, 이런 생각을 많이 해봤습니다. 실학은 주로 영정조 시대를 중심으로 이야기되었는데 정작 19세기에 와서 실학이 어떻게 되었는가에 대해서는 아직까지 통설이랄까 정설이 없는 것 같습니다. 제 생각에는 19세기의 전반기와 후반기를 일단 구분해야 된다고 생각합니다. 전반기의 특징은 당색 또는 유파에 따라 각각 학파를 이어오던 실학이 그런 경계를 넘어서면서 합류하고 집대성되는 시기라고 말할 수 있습니다. 이것은 학문적 축적이 상당했기에 가능한 일이었겠죠. 마치 시조가 활발하게 창작이 됐기 때문에 18세기에 들어와서 『청구영언』이라던가 『해동가요』라던가 각종 시조집들이 나오듯이, 당색과 학맥을 따라 이어져 오던 실학이 19세기에 들어와서 집대성되는 현상이 분명히 두드러집니다. 대표적인 경우가 남인 같은 경우는 정약용 선생이 있겠고, 소론은 서유구 집안인 달성 서씨가와 홍양호, 홍경모 등 풍산 홍씨 집안에서 실학이 집대성이 됩니다. 또 노론에서 본다면 대표적인 경우가 연암과 박규수에 의해서 이루어지는데, 저는 환재의 초기 저작인 『상고도 회문의례(尙古圖會文義例)』라는 책이 바로 그 점을 잘 보여주고 있다고 생각해요. 이 책은 기본적으로는 조부의 문학적, 학문적 성과를 많이 담고 있지만, 또 담헌의 주장도 일부 여기에 들어 있습니다. 서유구의 『임원경제지』 못지않게 『상고도 회문의례』도 19세기 전반기 실학의 집대성을 보여주는 하나의 대작인 것입니다. 사실 영정조 시대부터 19세기 전반기까지 이어져왔던 실학이 그 상태로 머물러서는 안 되고 어떤 형태로든지 변화·발전을 해야 되는 시기가 19세기 후반기라고 할 수 있겠는데, 이때

극소수의 문인 학자들만 그러한 문제에 대응을 하였는데, 그중의 한 사람이 박규수가 아닌가 합니다.

그리고 19세기 전반기에도 보면 김정희 같은 분의 학풍은 영정조 시대의 실학과는 좀 다르죠. 추사는 청조 고증학의 직접적인 영향 속에서 말하자면 (제가 붙인 이름인데) 조선 고증학 내지는 해동 고증학이라고 할 수 있는 것을 추구했으나 학문적 성과물로 남겨진 건 없었죠. 그런데 19세기 후반에 와서 실학이 어떻게든 새로운 시대에 부응하여 변화·발전해야 했을 때 한쪽에서는 추사와 같은 학문을 계승하여 금석고증학을 통해 중국 학계와 보조를 맞추는 식으로 나아가려는 움직임이 있었던 것 같아요. 추사의 문하생인 역관 이상적(李尙迪)이라던가 이용숙(李容肅), 오경석 이런 사람들이 금석서화 쪽으로 치중했습니다. 이 분들과 직접적으로 연결되는 것은 아니지만, 박선수가 문자학 쪽에서 성과물로 『설문해자익징』을 내었죠. 박규수는 자기 아우의 저작이긴 하지만 거기에 크게 공감을 했고 조력을 하기도 했고요. 그런 측면에서 보자면 박규수는 조선고증학의 형성에도 일조했다고 생각합니다.

그러나 사실 더 중요한 대응은 대외적인 위기, 또 국내적으로는 세도정치의 적폐 청산 등의 실질적인 문제를 실학이 떠안아서 해결을 해야 하는 것인데, 이에 대해 적극적인 사고를 한 사람이 굉장히 드물어요. 굳이 꼽으라 하면 박규수와 최한기, 남병철 정도죠. 그런 가운데서 그나마 사상적 전변(轉變)의 움직임을 보여준 분이 박규수라고 저는 평가하고 싶습니다.

그리고 좀 전에 임형택 선생님께서 고염무에 대해서 말씀하셨습니다만, 고염무의 학술이 조선에 수용되는 과정에서 가장 고염무의 영향을 깊이 받고 또 그것이 사고의 변화와 연결된 사람을 꼽으라 하면 역시 박규수를 꼽을 수 있습니다. 물론 18세기에 이덕무(李德懋) 같은 경우도

『일지록』을 이미 읽고 영향 받은 것을 알 수 있고 이후로도 몇몇 학자들이 고염무에 관심을 갖고 영향관계를 보이기도 하지만, 이것이 구체적인 어떤 성과라던가 언행으로 나타난 경우는 박규수가 가장 대표적이라는 생각도 듭니다. 사실 그 당시 중국 학술계가 고증학풍에서 경세학풍으로 크게 변화가 일어나거든요. 그 전환기에 활동한 중요한 인물이 위원(魏源)입니다. 위원이 『경세문편(經世文編)』을 편찬했는데 이는 청조 경세학의 성과를 집대성한 책입니다. 이 책이 환재의 척숙(戚叔)인 이정관(李正觀)을 통해 조선에 들어왔지요. 또 당시 조선에서는 아주 이른 시기에 위원의 『해국도지』를 읽고 그것을 자기 사상으로 수용한 경우가 바로 박규수입니다. 이런 점들을 종합해보면 환재는 영정조 시대의 조선 실학을 한편으로 계승하면서, 고염무로 대표되는 청조의 경세학과 함께 종합한 인물이다, 라고 저는 의미를 부여해 주고 싶습니다.

그리고 19세기의 조선 과학사에서도 환재를 재평가해야 된다고 생각합니다. 오상학 교수님이 잘 정리해 주신 대로 박규수는 여러 천문의기 제작이라던가, 항성 관측이라던가, 지도 제작 등의 활동을 보여줬는데요, 특히 주목할 것은 '간평의(簡平儀)'라고 하는 천문의기입니다. 사실 환재의 간평의는 홍대용의 '측관의(測管儀)'와 똑같은 천문의기입니다. 명칭만 다를 뿐 똑같은 기능을 수행하는 것입니다. 왜 명칭을 다르게 했는지 모르겠지만 어쨌든 이러한 단적인 사례에서 보듯이 담헌에게서 이루어진 북학파의 천문 수학 성과가 박규수에 의해서 계승되고 있다는 사실도 좀 더 평가가 되어야 하겠다고 봅니다.

박규수의 사상적 한계에 대해서도 언급하고 싶은 게 있습니다. 이것은 역시 실학파 전반에도 관련되는 문제인데, 하여튼 민중운동과 연계가 참 부족하단 생각이 듭니다. '아래로부터 올라오는' 그 개혁의 움직임과 결합을 해서 이것을 에너지로 활용했었어야 마땅한데, 환재의 경우도 결국은 개명한 사대부 중심의 '위로부터의 개혁'을 생각했고 그것이 결국은 개화파 양성으로 연결됩니다. 예컨대 환재의 『거가잡복고』란 책은 양반 사대부들의 의상(衣裳) 개혁론을 제시한 책인데, 민중들이 무엇을 입고 먹는지, 그들의 의식주에 대해서는 관심이 없어요. 민중들의 어떤 고유한 의복에서 조선 문화의 정체성을 찾는다든지 하는 관점이 전혀 없습니다. 철저히 양반 사대부 중심으로 되어 있고 고대 중국의 복식(服飾)을 이상(理想)으로 삼는 사고방식입니다. 이런 면에서도 보듯이 민중운동과 연계가 부족해서 변혁운동의 동력을 아주 협소하게 잡았던 것이 선각자로서의 한계와 연결된다는 생각을 해봤습니다.

임형택 네. 환재의 과학기술의 측면에 관해서 말씀하셨는데, 환재와 함께 남병철·남병길 형제를 같이 얘기해야 될 것 같아요. 특히 환재와 남병철과는 학문적인 반려라 할 수 있고, 고염무에 대한 존경심도 비슷한 거 같고요. 그리고 환재의 실학이 민중운동과 연계되지 못했던 점이 아쉽다고 하셨는데 전적으로 동의를 합니다. 실학이 농민과 농업의 문제를 중요하게 사고하고 대책을 강구하였지만, 민중운동이 체제를 부정하는 방향으로 발전하는 데까지 사고가 따라가기 어려웠던 것이 아닌가 싶네요. 지방의 이른바 요호(饒戶) 부민(富民)이나 서울의 신흥계층과의 관련성을 유의할 필요가 있겠습니다. 지금까지 통설로 이야기되어 왔던 환재가 개화사상을 지녔던 중인층과 기맥이 통했다는 견해에 대해서는 어떻게 보십니까?

김명호 네. 그 문제는 김홍수 교수님이 더 하실 말씀이 많을 것 같아요.(웃음)

김흥수 근자에 서울대 외교학과 박사학위 논문에서 김종학 박사가 갑신정변을 주도했던 급진개화파 즉 개화당과 박규수는 관계가 없다는 주장을 폈어요. 개화당이 중인들 중심으로 조직되었다는 내용인데 최근에 『개화당의 기원과 비밀외교』라는 제목으로 출판이 되었습니다. 그래서 저도 관심을 가지고 살펴봤습니다. 양반 사대부인 박규수와 중인 역관 오경석을 그렇게 분리해서 봐야할 필요가 있을까, 하는 느낌을 받았습니다. 먼저 두 사람이 연계되어 있었다는 근거로 볼 수 있는 것은, 박규수가 보았던 『중서문견록』이 실은 오경석이 중국에서 가져온 것이라고 저는 보는데요, 1874년 오경석이 북경의 영국공사관을 방문해서 서기관 메이어스와 나눈 대화를 보면 『중서문견록』과 같은 책을 조선에 가지고 가면 죄를 받을 수도 있기 때문에 몰래 베끼고 있다는 말을 합니다. 이런 점은 두 사람이 긴밀한 관계였다는 것을 말해 줍니다. 그다음에 또 하나 주목해야 될 부분이 강화도 협상 과정입니다. 당시 한학 역관인 오경석이 수역을 맡았는데 본래 이 협상은 일본이 상대방이기 때문에 수역은 당시까지 계속 일본과 교섭을 해왔던 현석운이라는 왜학 역관이 맡았어야 합니다. 그런데 잘 아시다시피 강화도협상의 전략은 전부 박규수가 주도합니다. 오경석이 수역을 맡은 배경에 박규수가 있었다고 봅니다. 그런 점에서 두 사람을 연계해서 보는 것이 좋지 않나, 그런 생각이 듭니다. 그리고 한 말씀을 보태자면, 아까 임형택 선생님께서 환재가 고관을 지냈기에 그것이 어떤 한계로 작용했다는 말씀을 하셨는데, 박규수를 이해할 때 개인으로서의 사상과 조선 정부를 대변하는 당로자로서의 정치적 입장을 구분해서 봐야 할 필요가 있다는 점에서 저도 전적으로 동감입니다.

임형택 김종학 씨는 당시 중인층의 역할을 크게 평가했다고 하는데 당시 그 급진개화파들과 중인층의 관계는 어떻게 봤나요?

박규수 개화사상의 중인층과의 관련성

김흥수 오경석이 이미 1871년부터 개화당을 조직했을 것으로 보고요, 김옥균은 그들에 의해서 포섭이 된 것으로 보고 있습니다. 그런데 이는 주로 오경석의 아들인 오세창의 회고록을 근거로 삼는데, 사실 당시 오세창이 너무 어렸기 때문에 자세한 사정을 알기 어려웠을 겁니다. 강화도조약 직후 오경석은 바로 병환이 깊어졌구요. 그리고 오세창 회고담은 1944년 일본인이 편찬한 『김옥균전』에 실려 있는데 신뢰하기 어려운 자료입니다. 해방 후에 오세창을 인터뷰한 기사들이 좀 있는데요. 해방도 되었으니 오세창이 부친 오경석에 대해 자세하게 얘기할 만한데 그런 얘기를 안 해요.(웃음) 그래서 잘 모르겠습니다만 당시 역사 흐름과는 좀 맞지 않는다는 느낌을 받았어요.

김명호 예, 지금 김흥수 교수님이 김종학 씨의 주장에 대해 알려주셨는데요, 김종학 씨는 박규수와 개화파의 연계를 끊어버리고 오경석, 유홍기(劉鴻基) 같은 중인층이 급진개화파들과 결합해서 개화당이 탄생했다고 주장하고 있습니다. 그런데 이것은 그 근거로 제시한 영국의 외교문서를 확대 해석한 것이 아닌가, 저는 그렇게 보고 있습니다. 그중에 제일 큰 문제가, 오경석이 1874년 초에 북경 주재 영국공사관을 찾아갈 때 강위(姜瑋)하고 같이 갔다고 주장한 것인데 그것은 재고해야 할 것 같아요. 당시 오경석이 영국공사관에 간 건 거의 틀림없는 사실인 것 같습니다.(메이어스가 찍었다고 전하는 오경석의 사진의 복사본이 그 후손가에 소장되어 있음) 문제의 영국 외교문서를 꼼꼼히 살펴보면, 오경석이 영국공사관을 찾아간 동기도 개인적인 목적으로 자발적으로 갔다고 보기 어려운 점이 있습니다. 그 당시 조선 정부의 초미의 관심사는 일본이 과연 조선을 침략할 것인가, 한다면 언제 할 것인가, 이것이었습니다. 그런데 일본에 관한 정보가 너무 부족하니까 영국 공사관에 가면 혹시 관련 정보를 얻을 수 있지 않을까 하는 생각으로 간 거죠. 그래서 사실은 그 점이 두 사람이 나눈 화제의 주된 포인트였고요. 그러면서 메이어스가 흥미를 느낄 수 있도록 코드 맞추는 얘기를 많이 했어요. 그런 맥락에서 이런저런 발언들이 나온 것으로 읽힙니다. 김종학 씨의 박사논문을 보면 오경석이 '이왕 개항을 요구하러 왔으면 좀 장기주둔 해가지고 확실하게 하지 왜 금방 갔느냐'는 식으로 말한 대목을 주목했더라고요. 그 대목은 분명 중요하다고 생각되기는 하지만, 이것을 결정적인 근거로 해서 그 이후 전개하는 논지들은 상당히 많은 부분이 추론이고, 제가 볼 때는 조금 더 검증이 필요하다고 생각됩니다. 그중에 특히 오경석이 강위를 대동하고 갔다는 주장을 김홍수 교수님이 논문에서 사실로 인정하시고 서술을 하셨는데 저는 좀 아닌 것 같아요. 자세히 이야기하자면 상당히 길어서 여기서 할 얘기는 못 되는 것 같은데 다시 한 번 생각해 보셨으면 좋겠습니다.

다만 저는 이런 생각이 듭니다. 개화파가 출현하게 된 경로에 대해 두 가지 설이 있습니다. 하나는 '박규수설'이고 또 하나는 '중인설'이라 할 수 있는데 제가 볼 때는 이 두 가지 설은 양립이 가능합니다. 오경석이 역관으로 활동을 오래 했지만 수역이 처음 된 것은 박규수가 연행 갈 때였거든요. 그런데 대개 보면 연행 갈 때 누구를 수역으로 데려가느냐 하는 것은 정사(正使)의 의견이 많이 반영됩니다. 아마 오경석이 유능하다는 이야기를 환재가 듣고서 수역으로 천거하였을 것이고, 이를 계기로 해서 두 사람 사이에 급속하게 유대 관계가 맺어졌을 가능성이 아주 높다고 생각됩니다. 그래서 김옥균 같은 사람들조차도 박규수를 통해서 오경석과 연결되었을 가능성이 크다고 봅니다. 박규수가 신진 사대부들, 청년 사대부들에게 희망을 가지고 이 사람들에게 영향을 끼치는 과정에서 자신이 최근에 가까운 유대관계를 맺게 된 역관들을 소개했을 가능성이 저는 높다고 생각하거든요. 또 이용숙 같은 역관은 박규수와 아주 밀착된 관계를 맺고 북경을 오가며 환재의 심부름을 많이 했습니다. 그런데 이용숙과 오경석은 그야말로 동지나 다름이 없었고요. 물론 제 주장도 추론이기는 하지만, 그렇게 양 갈래로 보지 말고 '박규수설'과 '중인설'을 통합적으로 설명할 수가 있다고 봅니다.

비록 문헌적 증거는 아니지만, 제가 노촌(老村) 이구영(李九榮) 선생님께 들은 이야기가 있습니다. 그분의 5대조(李俊秀)가 바로 환재의 장인이세요. 그래서 집안에 전해오는 환재 관련 자료들도 상당히 있었고, 전문(傳聞)을 많이 들으셨다 그래요. 그런데 그중에 하나 재미난 게 뭐냐면, 재동 댁에 출입하던 후일 개화파가 되는 청년들 중에서 김옥균과는 실제로는 그리 가깝지 않았다고 합니다. 김옥균이 너무 과격해서 환재가 그에게 자중하라, 온고지신(溫故知新)하라고 타일렀다고 해요.(웃음) 또 환재가 오경석이나 유홍기와도 가까운 사이였고, 유홍기로부터 신식 서적을 구득했다는 이야기도 들었다고 하셨습니다. 빈약한 증거이긴 한데, 아무튼 개화파가 박규수로부터 탄생했다, 아니면 오경석이나 유홍기 같은 중인들로부터 출발했다, 이런 식으로 양단(兩斷)하지 말고 양자를 연계해서 설명할 수 있는 가능성은 좀 열어놔야 될 거 아닌가 생각합니다.

임형택 잘 알겠습니다. 개화사상과 관련된 문제는 이 정도로 정리가 되는 것 같습니다. 다만 환재가 '동도서기론자'인가 하는 문제는 좀 짚고 넘어가야 될 것 같습니다.

김홍수 저는 동도서기론에 대해서 잘 모릅니다.(웃음) 김명호 선생님께서 말씀하시죠.

동도서기론(東道西器論)

김명호 김홍수 교수님이 논문에서 잘 정리하셨던데 저도 거의 동일한 생각입니다. 개화파의 태동에 대해서 제가 읽어본 여러 관련 논저 가운데 김 교수님 설명이 자료와 가장 부합하고 추론이 정확한 해석 같아서 저는 대부분 동조하는 입장입니다. 그리고 개화파가 발전하는 과정에서 분화가 되었다는 주장에도 저 역시 동의합니다.

그런데 제가 볼 때는 환재의 생각을 가장 가깝게 따른 사람은 김윤식이라는 생각이 들어요. 분명히 환재의 생각은 '강화도수호조규를 맺음으로 해서 일본과의 전쟁을 피하고 시간을 벌어서 그 사이에 어떻게든 체제 정비랄까 개혁을 제대로 해보자' 이런 구상이었던 것 같은데, 그렇다면 그 길은 점진적인 개화 노선일 수밖에 없겠죠. 그리고 청나라와 우호적인 관계를 유지하는 친청(親淸) 노선에서 온건한 개혁 방식을 취하는 개화파가 나오는데 김윤식은 이를 대표한다고 생각됩니다. 반면에 일본의 명치유신(明治維新)을 모델로 삼아서 좀더 급속하게 근대적 개혁을 하려는 김옥균 같은 사람들이 나와서 이렇게 개화파가 둘로 분화됐다고 생각됩니다. 그러다가 갑신정변이 좌절되니까 그 다음에는 온건 개화파의 노선이 거의 국시(國是) 비슷하게 되지 않았나 싶어요. 1880년대 초에 고종의 명을 받아가지고 김윤식이 대원군 집권기에 전국에 세워진 척화비(斥和碑)를 철거하라는 교서를 쓰거든요. 그 다음부터는 일관되게 대외 개방정책을 견지하여 한 번도 후퇴한 적이 없습니다. 그래서 친청 노선의 온건 개화파로 출발한 그 흐름이 주류가 되면서 국가 정책으로 구현되어 나가는데, 이 노선을 따르는 사람들은 기본적으로 동도서기론자라고 할 수 있을 것 같습니다. 그러면 그 '동도'의 내용이 뭐냐면 조선왕조체제, 존명의리, 성리학을 중심으로 한 유학 이런 것들이 '동도'가 되겠고, 대외개방을 통해서 흡수한 서양의 과학기술 또는 일부의 제도가 '서기'가 되겠지요. 그래서 저는 동도서기론자는 개화파의 한 부류일뿐 아니라 주류라고 봅니다. 종래 개화파를 대표하는 존재로 간주되어 온 개화당은 사실 돌출적이고 일시적인 존재이며 단기간에 좌절된, 실패한 정치집단이었다는 생각이 듭니다. 지금까지 개화사상 연구는 개화당을 주류로 보고, 개화당이 개화사상을 정립시켜나갔다는 식으로 얘기를 했는데 저는 좀 다르게 봐야 된다고 생각합니다.

임형택 동도서기론에 관련해서, 사유(思惟)로서의 동도서기와 국가의 정책적인 방향으로서의 동도서기는 분리해서 볼 필요가 있다고 봅니다. 아울러 사유로서의 동도서기적인 요소를 앞 시대로 소급해서 끌어다 붙일 것은 없다는 거죠. 환재가 작고한 1877년의 단계에 와서는 모르겠어요. 하지만 그때도 아직 국가정책으로써 제출된 단계는 아니에요. 1880년 수신사(修信使) 김홍집이 『조선책략(朝鮮策略)』을 일본에서 가지고 들어왔을 당시 말썽이 일어나 갑론을박하는 과정에서 동도서기에 해당되는 논리가 제기됩니다. 그래도 바로 '동도서기'라는 용어가 나온 것은 아니에요. 당시 주장들을 살펴보면 중국의 중체서용론(中體西用論)에 통하는 논리가 제기됩니다. 이런 견해를 후일에, 그것도 1970년대로 와서 한 역사가(한우근선생)에 의해서 명명이 되었던 것이지요. 경위가 이렇기에 동도서기라는 용어는 잘못 되었다거나 폐기되어야 한다고 말하는 것은 결코 아닙니다. 마침 그 단계에서 중국에서 중체서용론이 제기되었고 일본에서는 화혼양재론(和魂洋才論)이 제기되었는데 조선에서는 동도서기론이 출현했다고 정리해볼 수 있는 것입니다. 다만 동도서기론은 특정한 역사시기에 제기된 논리이며, 그것은 동서가 만난 시대에 대응논리인데 역사상의 실천운동으로서는 실패한 것이었다는 점도 유의해야 한다고 봅니다. 동도서기론을 뒤에까지 끌고 다니는 건 참 고난합니다. 어떻게 도(道)와 기(器)를 이분법적으로 갈라칠 수 있겠어요. 지금도 동도서기론을 확대시켜서 이해하고 써먹는 동도서기론자를 흔히 볼 수 있지 않아요.(웃음) 소급해서도 그 이전 시기까지 '동도서기'라는 용어를 갖다 붙이는 것 또한 자제할 필요가 있다는 것이 저의 기본적인 생각입니다.

김명호 현대의 연구자들 중에서 환재를 '동도서기론자'라고 분명히 말씀하는 분이 있는지 잘 모르겠습니다만.... 저는 1861년 제1차 연행 당시 환재의 사상을 검토하면서 거기에서 동도서기론이 아니라 그것의 '맹아(萌芽)'를 찾을 수 있다고 조심스럽게 주장하기는 했습니다.

김흥수 임 선생님이 말씀하신 대로 이게 워낙 복잡한 문제이고 개념이 제대로 정립이 안된 상태이기 때문에 상당히 혼란스러워요. 동도서기론에서 동도의 내용과 서기의 내용이 계속 변화합니다. 일반적으로 정치체제나 사상적인 부분을 대개 동도라고 하는데 나중에는 정치체제도 서양의 것을 쓸 수도 있다는 식으로 변화할 수 있는 거거든요. 유길준 같은 경우가 그런 식으로 동도가 점점 축소되는 그런 방향으로 나아가고 있는 거죠. 그리고 김옥균 같은 경우에는 좀 전에 김명호 선생님께서 말씀하신 내용을 김옥균 자신도 알고 있었어요, 자기가 인상이 안 좋다는 것을.(웃음) 그래서 전면에 안 나서요. 그리고 김옥균이 메이지유신을 모델로 삼았다고 하는 것도 오해입니다. 처음에 그런 얘기를 하기는 해요. 김옥균과 박영효가 일본에 보낸 이동인(李東仁)이 하나부사 공사를 만나서는 일본을 모델로 개혁을 하고 싶다고 했다가 나중에 주일 영국공사관의 사토우 서기관을 만나서는 '영국과 교역하고 싶다'거나 영국의 힘을 빌리고자한다는 등의 얘기를 하거든요. 그리고 갑신정변 직전에 김옥균이 고종에게 조선을 스위스, 벨기에, 네덜란드 같은 강소국이랄까 중립국으로 만들자고 건의를 하거든요. 저는 이들도 크게 봤을 때는 동도서기론자에 속할 수 있다고 봐요. 사실 이들이 적극적으로 메이지유신처럼 옷도 서양식으로 바꾸자 하는 그런 주장을 펼친 건 아니거든요.

그리고 본래 동도서기라고 하는 게 사실은 서양문물 수용에 반대가 워낙 심하니까 그걸 좀 완화시키는 차원에서 수용을 좀 부드럽게 하기 위한 목적에서 나온 것으로 볼 수 있죠. 중국도 그렇고 일본도 그렇고 공통적인 현상 아닙니까? 거기서도 중체서용론이 나오고 화혼양재론이 나오는 그 자체가, 결국은 유교 전통이 있는 이런 나라들이 이단으로 얘기했던 것들을 필요에 의해 수용하기 위한 논리로서 등장한 것이 아니겠습니까? 그 속에는 입장의 차이나 편차가 있기 마련인데, 이것을 확대해서 급진이다, 온건이다, 변법이다, 개량이다 이런 식으로 재단하는 것은 사상사 연구에서는 필요할지는 모르겠지만 실상과는 많이 어긋나는 것 같습니다. 제가 봤을 때 그런 것들보다는 온건과 급진의 차이는 결국 어떤 수단을 사용해서든지 정권을 잡으려 했느냐와 그렇게 하지 않았느냐에서 생긴 것 같아요.

박규수와 김윤식

또 저는 온건파들이 특히 김윤식 같은 사람들이 환재의 사상을 온전히 계승했다고는 보지 않아요. 왜냐하면 놀라운 것이 환재가 강화도조약이 체결되고 난 다음에 70세 노령임에도 불구하고, 수신사로 일본에 가게 된 김기수에게 보낸 편지에서 자신이 대신 가고 싶다고 했다지 않습니까? 나이가 70인데다가 우의정까지 지낸 처지인데도 수신사로 가고 싶다고 한 것은 그의 적극성과 개방적 자세를 보여준 것이 아닌가 합니다. 그리고 환재가 대원군이나 이최응과도 편지를 주고받을 때 중국에서는 흠차 대신이 외국에 간다, 우리나라도 갈 수 있다, 나도 일본에 가서 일본 사람들과 이야기를 하고 싶다고 했을 정도로 적극적인 자세를 보였거든요. 그런데 김홍집이나 김윤식의 태도를 보면, 박규수 사상의 계승문제를 떠나서 태도 자체가 오히려 퇴보하거나 소극적이 아닌가 그런 생각이 듭니다. 예를 들어서 김홍집 같은 경우에는 처음에 수신사로 갔다가 나중에 다시 고종이 보내거든요. 다시 제3차 수신사로 가서 국서를 전달하고 이전에 중단된 수세담판을 계속하려고요. 그런데 김홍집이 계속 거부를 해요. 그래서 귀양도 갔다가 해배되고 반복을 합니다. 만약 박규수 같았다면 어디라도 갔을 거예요. 김홍집은 근대적인 외교 개념을 완전히 이해하지는 못한 것 같아요. 그 다음에 또 면천유배기 때 김윤식의 언급들을 보면 개화설 이런 것들을 완전히 부정을 합니다. 시골 선비인 육용정이 개화를 '개발변화'라고 한 것조차 부정하고 김윤식은 개화를 시무라고 하는데, 그 시무의 내용도 매우 소극적으로 규정하고 있어요. 이런 점에서 볼 때 온건개화파들이 환재의 사상이나 태도를 온전하게 계승했는지는 모르겠습니다. 이 문제에 대해서 저도 아직 완전한 결론을 내기에는 이르기 때문에 좀 더 고민을 해보겠습니다.

그리고 급진파들이 박규수하고 연결이 되는가의 문제인데요, 일단 이들은 온건파와 세대차가 있는 젊은 층이라는 점이 중요한 것 같습니다. 그리고 고종 임금도 친청 노선이라 볼 수 없습니다. 박영효가 임오군란 후 수신사로 일본에 갔을 때 유명한 얘기가 있지 않습니까, '지금 우리나라에서 독립을 원하는, 그러니까 청나라로부터 벗어나고자 하는 사람은 딱 세 사람이다, 고종, 박영효, 김옥균 이렇게 세 사람이라고 그렇게 얘기를 해요. 개화당은 고종을 자기편이라고 생각을 했던 거지요. 그런데 저는 이것이 세대와 관련이 있다고 봐요. 김옥균이나 고종이나 나이가 비슷하잖습니까.

임형택 네. 알겠습니다. 그런데 '고종이 반청(反淸)이다'라는 식의 발언을 그대로 믿을 수 있을지는 의심이 드네요. 왜냐하면 박영효가 일본에서 말할 때는 '우리 편이 취약하지만 그래도 임금이 우리를 지지해준다'는 식의 그런 계산된 논법일 수도 있겠다는 생각이 듭니다. 그 다음 김윤식에 대한 문제는 사실 참 곤혹스러운 부분이에요. 김윤식은 다 알다시피 1910년 주권을 상실한 이후 일본으로부터 작위(爵位)도 받았고 해서 환재 학문의 적통(嫡統)으로 놓고 보면 그림이 이상하게 됩니다. 김흥수 선생이 금방 말씀하신 환재의 사상이 그대로 김윤식에게 이어졌다고 보기 어렵다는 지적에 공감이 됩니다만 문제가 그리 간단치 않습니다. 실은 제 논고에서도 어딘가에서 다루고 싶었지만 끼어 넣을 자리도 마땅 잖아서 보류해 두었던 문제인데 마침 말이 나온 김에 좀 언급해두지요.

김윤식은 19세기 말 20세기에 말하자면 거물입니다. 한문학의 대가로서 창강 김택영이나 영재 이건창에 뒤지지 않는다는 평가를 당대에 이미 받았고 식견으로 말하면 오히려 더 해박했던 것으로 보입니다. 지위로 말하면 고위직으로 국정에 관여하게 됩니다. 그가 대표적인 동도서기론자이고 그래서 친청적(親淸的) 입장을 취했기 때문에 후세에 각광을 받지 못했지만. 그의 환재와의 관계로 말하면 환재의 유고를 정리, 간행하는데 중심역할을 합니다. 이런 사실을 고려할 때 환재의 수제자는 김윤식이다는 점은 부인하기 어렵다고 봅니다. 그렇지만 그가 환재의 사상 뿐 아니라, 더욱 삶의 자세를 제대로 이어받은 것으로 생각되지는 않아요. 그는 말하자면 선비의 기본정신인 지조가 투철하지 못했던 듯 보입니다. 주권을 빼앗기고 식민화된 마당에서 그는 정신적으로 크게 흔들려 우왕좌왕하는 것 같습니다. 이런 모습은 김윤식만 아니고 당시 많은 사람들에게 나타납니다. 그는 주권상실의 좌절을 맛보면서 사상적 변질현상을 일으켜서 '동아인문'(東亞人文)이란 개념으로 일본 중심적 문명론을 발설(김윤식이 「說文解字翼徵序」에 붙인 말)하기도 합니다. 그의 '동아인문'이란 말하자면 일본 중심으로 재편된 '동아인문론'이지요. 이런 논리에 도달한 것은 그 자신의 동도서기론과도 무관해 보이지 않습니다. 이 사상사적 연맥은 앞으로 면밀히 분석할 과제입니다. 그 다음 3·1운동의 단계, 그의 생애의 종막인데 3·1운동을 경험하면서 김윤식은 일본에 독립청원서를 제출했고, 그 때문에 작위를 박탈당하게 되지요. 이러한 일련의 김윤식의 행적 역시 근대적 왜곡현상의 한 사례로 간주해도 좋을 듯합니다.

오늘 우리의 논의가 충분하게 이루어지지는 못했습니다만, 여러 가지 쟁점을 정리했고 박규수를 포함해서 근대사 연구의 논점과 방향이 구체적으로 제시된 것으로 자평합니다. 오늘 집담회는 이것으로 마치겠습니다. 감사합니다.

(일동 박수)

나

다

사

차

타

파

하

집필진(원고 게재 순)

임형택 · 성균관대학교 명예교수
신로사 · 성균관대학교 한문학과 강사
오상학 · 제주대학교 지리교육과 교수
김용태 · 성균관대학교 한문학과 교수
김명호 · 서울대학교 국어국문학과 교수
김홍수 · 홍익대학교 역사교육과 초빙교수

실시학사 실학연구총서 14

환재 박규수 연구

1판 1쇄 발행 2018년 11월 15일

기　획 : 재단법인 실시학사
집필진 : 임형택 · 신로사 · 오상학 · 김용태 · 김명호 · 김홍수
펴낸이 : 김병환
펴낸곳 : 학자원
주　소 : 서울시 강동구 천호대로 1121
전　화 : 02) 6403-1000
팩　스 : 02) 6338-1001
E-mail : hakjaone@daum.net
등　록 : 2011년 3월 24일 제2011-14호

ISBN 979-11-6247-083-1 94810
979-11-87806-76-9 (세트)

값 33,000원